W0193897

Netzwerk-Design

Terry Quinn-Andry
Kitty Haller

Übersetzung:
Cosmos Consulting

Netzwerk-Design

Markt&Technik Buch- und Software-Verlag GmbH

Die Deutsche Bibliothek – CIP-Einheitsaufnahme

Netzwerk-Design : die komplette Anleitung für den Aufbau
professioneller Netzwerke / Terry Quinn-Andry;
Kitty Haller. – Haar bei München : Markt und Technik, Buch- und Software-Verl.

ISBN 3-8272-2032-7

Buch. 1998
    Gb.

Die Informationen in diesem Produkt werden ohne Rücksicht auf einen
eventuellen Patentschutz veröffentlicht.
Warennamen werden ohne Gewährleistung der freien Verwendbarkeit benutzt.
Bei der Zusammenstellung von Texten und Abbildungen wurde mit größter
Sorgfalt vorgegangen.
Trotzdem können Fehler nicht vollständig ausgeschlossen werden.
Verlag, Herausgeber und Autoren können für fehlerhafte Angaben
und deren Folgen weder eine juristische Verantwortung noch
irgendeine Haftung übernehmen.
Für Verbesserungsvorschläge und Hinweise auf Fehler sind Verlag und
Herausgeber dankbar.

Autorisierte Übersetzung der amerikanischen Originalausgabe:
Designing Campus Networks © 1998 Macmillan Technical Publishing

Alle Rechte vorbehalten, auch die der fotomechanischen Wiedergabe und der
Speicherung in elektronischen Medien.
Die gewerbliche Nutzung der in diesem Produkt gezeigten Modelle und Arbeiten
ist nicht zulässig.

Fast alle Hardware- und Softwarebezeichnungen, die in diesem Buch erwähnt werden,
sind gleichzeitig auch eingetragene Warenzeichen oder sollten als solche betrachtet
werden.

Das Logo Cisco Press ist ein eingetragenes Warenzeichen von Cisco Systems, Inc., USA.

10 9 8 7 6 5 4 3 2

02   01   00   99

ISBN 3-8272-2032-7

© 1998 by Markt & Technik Buch- und
Software-Verlag GmbH, Hans-Pinsel-Straße 9b,
D-85540 Haar bei München/Germany
Alle Rechte vorbehalten
Einbandgestaltung: Helfer Grafik Design, München
Programmleitung: Erik Franz, efranz@mut.de
Übersetzung und Lokalisierung: Cosmos Consulting GmbH/
Systemhaus/ISP/Redaktion, Cisco@cosmosnet.de
Fachlektorat: Ralf Kothe, Cisco Systems GmbH
Herstellung: Claudia Bäurle, cbaeurle@mut.de
Satz: text&form, Fürstenfeldbruck
Druck: Media-Print, Paderborn
Dieses Produkt wurde mit Desktop-Publishing-Programmen erstellt
und auf chlorfrei gebleichtem Papier gedruckt
Printed in Germany

Inhaltsverzeichnis

Vorwort   11

Einleitung   13

Teil 1   Datenverkehrsmuster   17

1   Verstehen von Datenverkehrsmustern   19
1.1   Zusammenfassung   21

2   Server-Plazierung   23
2.1   Enterprise Server   23
2.2   Verteilte Server   25
2.3   Migrationsmuster   26
2.4   Neue Servertrends   27
2.4.1   Netzwerk-Super-Server   27
2.4.2   Netzwerk-Computerserver   29
2.4.3   Web-basierter Anwendungsserver   31
2.5   Zusammenfassung   32

3   Auswirkungen des Broadcast-Verkehrs   35
3.1   Senden und Empfangen von Broadcasts   36
3.2   Wie Switches Broadcast-Verkehr handhaben   41
3.3   Wie Router den Broadcast-Verkehr behandeln   42
3.3.1   Generieren von Unicasts   43
3.3.2   Speichern von Broadcasts   44
3.3.3   Generieren von Broadcasts   45
3.3.4   Löschen von Broadcasts   46

3.4	Wie der Broadcast-Netzwerkverkehr die Endgeräte beeinflußt	47
3.5	Kontrollieren von Broadcast-Netzwerkverkehr	49
3.6	Zusammenfassung	52
4	**Multimedia-Datenverkehr**	**55**
4.1	Multimedia-Anwendungstypen	56
4.2	Multimedia-Verkehrscharakteristika	57
4.2.1	Multimediadaten als Unicast-Verkehr	57
4.2.2	Multimediadaten als Broadcast-Verkehr	58
4.2.3	Multimediadaten als Multicast-Verkehr	59
4.3	IP-Multicast-Operation	60
4.4	Voraussetzungen für Multicast-Operationen	62
4.4.1	Wie Server und Host mit Multimedia umgehen	62
4.4.2	Wie der Router Multimediadaten behandelt	66
4.5	Routing-Methoden für Multimediadaten	68
4.5.1	Multicast Open Shortest Path First	69
4.5.2	Distance Vector Multicast-Routing-Protokoll	70
4.5.3	Protocol Independent Mode	73
4.5.4	PIM dense-mode	74
4.5.5	PIM sparse-mode	74
4.6	Wie Switches Multimediadaten behandeln	79
4.6.1	Switches ohne Konfiguration	80
4.6.2	Switches mit Filter	81
4.7	Zusammenfassung	82
5	**Gegenüberstellung von lokalem und Cross-Campus-Verkehr**	**85**
5.1	Lokaler Netzverkehr	85
5.2	Cross-Campus-Verkehr	88
5.3	Auswirkungen von Internet-Verkehr auf den Campus	94
5.3.1	Campus-zum-Internet-Verkehr	94
5.3.2	Internet-zu-Campus-Verkehr	97
5.4	Broadcast und Multimedia auf dem Campus	100
5.5	Bestimmen des Verhältnisses von lokalem Netzverkehr gegenüber Cross-Campus-Verkehr	105
5.6	Zusammenfassung	106

Teil 2	Grundlegende Designelemente	109

6	**Zuverlässigkeit und Elastizität des Netzes**	111
6.1	Bedeutung und Notwendigkeit von Redundanzen	111
6.1.1	Minimaler Redundanzbedarf	112
6.1.2	Mittlerer Redundanzbedarf	113
6.1.3	Hoher Redundanzbedarf	114
6.2	Redundanzmethoden	115
6.2.1	Komponenten-Redundanz	115
6.2.2	Server-Redundanz	116
6.2.3	Netzverbindungs- und Datenpfadredundanz	117
6.2.4	Software-Redundanz	126
6.3	Zusammenfassung	132

7	**Festlegen der Verkehrsprioritäten**	135
7.1	Wo müssen Prioritäten gesetzt werden?	136
7.2	Die Software-Methode	137
7.2.1	Queuing-Methoden	137
7.2.2	Dienstgüte-Methoden	141
7.3	Die Hardware-Methode	145
7.4	Prioritätenvergabe bei ATM-Netzen	148
7.4.1	Konstante Bit-Rate (Constant Bit Rate: CBR)	148
7.4.2	Variable Bit-Rate (Variable Bit Rate: VBR)	149
7.4.3	Verfügbare Bit-Rate (Available Bit Rate: ABR)	149
7.4.4	Unspezifizierte Bit-Rate (Unspecified Bit Rate: UBR)	149
7.5	Zusammenfassung	150

8	**Sicherheitsaspekte**	153
8.1	Wieviel Sicherheit?	154
8.2	Benutzeridentität	154
8.2.1	Benutzerauthentifizierung	155
8.2.2	Manuelle Kombination Benutzername/Paßwort	157
8.2.3	Dynamische Benutzernamen/Paßwörter	158
8.2.4	Benutzerautorisierung	159
8.2.5	Autorisierung für den Server	160
8.2.6	Autorisierung für Router und Switches	160
8.3	Sicherheit innerhalb des Netzes	161
8.3.1	Der Einsatz von Filtern	161
8.3.2	Routen-Authentifizierung	163
8.4	Datensicherheit und Integrität	164
8.4.1	Sichern von Daten durch Verschlüsselung	165
8.4.2	Symmetrische Verschlüsselung	165

8.4.3	Asymmetrische Verschlüsselung	166
8.4.4	Hash-Funktionen	170
8.4.5	Einsatzbereiche für Verschlüsselung	174
8.5	Zusammenfassung	177
9	**Netzwerk-Design für Veränderung und Wachstum**	**181**
9.1	Die Wachstumsrate des Netzes	182
9.2	Benutzermobilität	184
9.2.1	Bewegen, Hinzufügen, Ändern	184
9.2.2	Wie Protokolle Mobilität ermöglichen	186
9.2.3	Mobilität der IP-Netze vergrößern	189
9.3	Skalieren mit virtuellen VLANs	196
9.3.1	VLAN-Arten	196
9.3.2	Wo VLANs eingesetzt werden sollten	199
9.3.3	VLAN-Verkehr auf dem Netz	210
9.3.4	VLAN-Technologien	213
9.4	Zusammenfassung	216
Teil 3	**Campus-Design und -Implementierung**	**221**
10	**Verstehen der strukturellen Grundlagen des Netzdesigns**	**221**
10.1	Der Gebäude-Baustein	221
10.2	Der Kern-Baustein	223
10.3	Der Server-Baustein	224
10.4	Skalierbarkeit des Netzwerk-Designs	227
10.5	Zusammenfassung	230
11	**Design 1 – Ein Basisnetzwerk**	**233**
11.1	Designanforderungen und Charakteristika	233
11.2	Basisentwurf	234
11.2.1	Gebäude-Baustein	234
11.2.2	Kern-Baustein	235
11.2.3	Server-Baustein	235
11.3	Datenverkehrsmuster	236
11.4	Redundanzen	238
11.5	Benutzermobilität	242
11.6	Sicherheit	244
11.7	Weitere Netzwerkdienste	245
11.8	Kleines Basisnetzwerkdesign	245
11.9	Zusammenfassung	246

12	**Design 2 – Ein skalierbares Netz**	249
12.1	Designanforderungen und Designcharakteristika	249
12.2	Skalierbarer Entwurf	250
12.2.1	Gebäude-Baustein	250
12.2.2	Kern-Baustein	251
12.2.3	Server-Baustein	251
12.2.4	Verbindung mit dem Internet	252
12.3	Datenverkehrsmuster	252
12.3.1	Broadcast-Domänen im Server-Baustein	253
12.3.2	Broadcast-Domäne im Kern-Baustein	254
12.3.3	Broadcast-Domänen im Gebäude-Baustein	256
12.4	Redundanz	258
12.4.1	Gebäude-Baustein-Redundanz	258
12.4.2	Kern-Baustein-Redundanz	262
12.4.3	Server-Baustein-Redundanz	263
12.4.4	Potentielle Netzwerkfehlerquellen	264
12.5	Multimedia	271
12.6	Sicherheit	277
12.7	Mobilität	279
12.8	VLANs	280
12.9	Festlegen von Netzwerkverkehrsprioritäten	288
12.10	Zusammenfassung	290
13	**Design 3 – Ein komplexes Netz**	293
13.1	Ein komplexer Netzentwurf	294
13.1.1	Gebäude-Baustein	295
13.1.2	Kern-Baustein	296
13.1.3	Server-Baustein	296
13.1.4	Verbindung zum Internet	296
13.2	Datenverkehrsmuster	297
13.3	Broadcast-Domänen im Server-Baustein	297
13.3.1	Broadcast-Domänen im Kern-Baustein	298
13.3.2	Broadcast-Domänen im Gebäude-Baustein	299
13.4	Redundanzen	300
13.4.1	Gebäude-Baustein-Redundanz	301
13.4.2	Kern-Baustein-Redundanz	304
13.4.3	Server-Baustein-Redundanz	305
13.4.4	Potentielle Netzwerkfehlerquellen	307
13.5	Multimedia	315
13.6	Sicherheit	320
13.7	Mobilität	323
13.8	VLANs	325

13.8.1 VLANs im Gebäude-Baustein 325
13.8.2 Benutzerschicht-VLANs 330
13.8.3 Kern-Baustein- und Server-Baustein-VLANs 335
13.8.4 Ausfall-Szenario für VLANs 337
13.9 Datenverkehrsprioritäten 341
13.10 Zusammenfassung 343

14 Vorbereitung für die Zukunft 347
14.1 Sprachübertragung über das Datennetz 347
14.2 Vom Internet beeinflußte Veränderungen 348
14.3 Weiterentwicklung der Technik und Geräte 348
14.4 Netzwerkmanagement 349
14.5 Zusammenfassung 350

Anhang: Technische Referenzen 351

Glossar 357

Stichwortverzeichnis 391

Vorwort

Die heutigen Kommunikationsstrukturen und Internetworking-Technologien für private Anwender, den Mittelstand und große Unternehmensnetze haben sich im Laufe der letzten Jahre mit großer Geschwindigkeit weiterentwickelt. Enormer Fortschritt zeigt sich auch in Form aktueller Host-, PC- und NC-Generationen, mit deren gesteigerten Leistungsdaten die heutigen Multimedia-Anwendungen, Groupware-Applikationen und verteilten Datenbankapplikationen innerhalb dieser neuartigen und oft sehr komplexen Netzstrukturen realisiert werden. Der Umgang mit und der Einsatz dieser globalen und modernen Informationstechnologie ist zu einem der wichtigsten Erfolgsfaktoren in der heutigen Geschäftswelt und Gesellschaft geworden.

Mit dem raschen Wachstum der weltweiten Netzwerkstrukturen hat sich Cisco Systems zum führenden Anbieter von Netzwerkkomponenten entwickelt. So stammen mittlerweile über 80 Prozent der Basistechnologie des gesamten Internets von dieser kalifornischen Firma. Darüber hinaus hat Cisco im Laufe der Jahre weltweit eine einmalige Struktur von Mitarbeitern aufgebaut, in der die kompetentesten Spezialisten des Kommunikationsmarktes helfen, Netzwerke zu planen, zu installieren und zu supporten. Ob in großen, weltweiten Enterprise-Netzwerken, bei Service-Providern oder in kleinen und mittelständischen Unternehmen: Cisco ist mit seinen innovativen Netzwerkprodukten vertreten.

Bisher war Ciscos Internetworking-Know-how hauptsächlich nur unseren Kunden zugänglich, deshalb möchten wir mit den

Cisco-Press-Publikationen neue Wege beschreiten, um unser Expertenwissen mit Ihnen zu teilen.

Unser Ziel ist es dabei, eine komplette Fachbibliothek von Publikationen zum Thema Internetworking zu erstellen. Im Vordergrund dieser Veröffentlichungen sollen dabei praxisorientierte, nützliche Tips über Design und Implementation von Routern, Switches, Access-Servern und netzübergreifenden Softwarelösungen stehen.

»Netzwerk-Design« ist ein Buch dieser Reihe, das Ihnen leicht verständlich die wichtigsten Design- und Implementationsrichtlinien von heutigen Netzwerkstrukturen erläutern soll. Durch die unterschiedlichen Anforderungen der drei Planungsbeispiele wollen wir dabei möglichst vielen individuellen Benutzeranforderungen gerecht werden.

Wir hoffen, daß diese Publikation auch eine Bereicherung für Ihre Netzwerk-Bibliothek ist, und wünschen Ihnen viel Spaß beim Lesen.

Ralf Kothe
Product Marketing Manager
Cisco Systems GmbH

Einleitung

Es wurden bereits einige gute Bücher über die verschiedenen technischen Aspekte der Netzwerkkonzeption, die Geräte, die Netzwerkprotokolle, die Routing-Protokolle und die Technologien geschrieben. Netzadministratoren und Designer, die sich mit den technischen Einzelteilen der Netzwerkkonzeption und deren Anwendung vertraut machen wollen, mangelt es nicht an Literatur zu diesem Thema.

Schwieriger ist es jedoch, Literatur zu finden, die sich mit systemübergreifenden Perspektiven beschäftigt: Literatur, die Wege aufzeigt, um aus diesen Einzelteilen ein elegantes, gut konzipiertes Netzwerk zu formen. Wir haben dieses Buch geschrieben, um diesem Mangel an Information für eine Kategorie von Netzwerken, den Campus LANs, abzuhelfen, indem wir diese aus der praktischen Konzeptionsperspektive heraus untersuchen. Dabei reicht die Auswahl der untersuchten Themen von individuellen Konzeptionseigenheiten bis hin zu den Methoden, mit deren Hilfe man eine Vielzahl von Konzeptionszielen in das Campus LAN integrieren kann.

Im amerikanischen Sprachgebrauch versteht man unter einem Campus LAN oder Campus Network ein lokales Netzwerk, das auf mehrere Gebäude verteilt ist, welche mit entsprechend leistungsstarken Verbindungen vernetzt sind. Ursprünglich nur von Universitäten betrieben, sind heutzutage viele größere Firmennetzwerke entsprechend ausgelegt (Anmerkung des Übersetzers).

Ziele

Zu oft lassen sich Netzwerkadministratoren von der aktuellen Technologie faszinieren oder begeistern sich für das schnellste Produkt auf dem Markt, ohne darauf zu achten, was ihr Netz wirklich benötigt, um effizient zu arbeiten. Ziel dieses Buches ist es, Netzwerkdesignern und Administratoren zu helfen, die Themen und Ziele, denen sie heutzutage in Campus-Netzen gegenüberstehen, zu verstehen, damit diese daraufhin ihre Netze so konzipieren können, daß sie eine optimale Leistungsfähigkeit aufweisen und die zukünftige Skalierbarkeit gesichert ist.

Zielgruppe

Netzadministratoren und Designer, die entweder neue Campus-Netzwerke konzipieren oder bestehende Netze verwalten, sind das Zielpublikum von *Netzwerk-Design*. Die Konzepte in diesem Buch sind im allgemeinen unkompliziert und intuitiv, so daß das erforderliche Wissen zum Verstehen dieses Buchs nur darin besteht, daß man ein grundlegendes Verständnis davon hat, was ein Netzwerk ist, was es macht und warum es existiert. Um jedoch die in diesem Buch vorgestellten Konzepte umzusetzen, benötigt man mehr Erfahrung im Umgang mit Netzwerkgeräten, Technologien, Netzwerkprotokollen und Routing-Protokollen.

Organisation

Diese Buch ist in drei Bereiche eingeteilt, die die steigende Komplexität von Konzeptionscharakteristika darstellen, und endet mit Beispielen zu Entwürfen von Campus-LANs.

Teil 1, »Datenverkehrsmuster«, konzentriert sich auf den Datenverkehr als das fundamentalste und grundlegendste Element, welches analysiert und verwaltet werden muß, um ein effizientes Netz zu konzipieren. In verschiedenen Kapiteln werden die kritischen Verkehrsmuster und Verkehrstypen untersucht.

Teil 2, »Grundlegende Designelemente«, beschäftigt sich mit den komplexeren, oft miteinander verflochtenen Konzeptionseigenschaften wie Redundanz, Sicherheit und Mobilität, welche die Netzwerkdesigner und Administratoren in das Netzwerk einbauen müssen.

Teil 3, »Campus-Design und -Implementierung«, führt die Konzepte und Netzeigenschaften aus Teil 1 und Teil 2 zusammen und stellt Konzeptionsbeispiele für einfache, skalierbare und komplexe Netze vor. Die in den jeweiligen Kapiteln enthaltenen technischen Ausdrücke und Hinweise werden im Text erklärt. Als Referenz befindet sich am Ende des Buchs ein Glossar der Bezeichnungen und ein Anhang, der die technischen Verweise einschließlich der RFCs und der Internet-Konzepte enthält.

Vorgehensweise

Thema dieses Buchs ist die systemübergreifende Konzeption von Campus-LANs. Wir vertiefen uns daher nicht in Details der Implementierung und Konfiguration, und nehmen an, daß die Leser mit diesen Details der Anwendungen und Geräte in ihrem jeweiligen Netzwerk bereits vertraut sind. Aus dem gleichen Grund beschäftigen wir uns nicht im Detail mit den individuellen Technologien, Geräten und Protokollen, die in einem Campus-Netz existieren. Unser Anliegen ist es, ein gesamtes Netzwerk zu entwickeln, um die kritischen Konzeptionsziele effizienter Datenfluß, Elastizität, Sicherheit, Mobilität und Skalierbarkeit zu verwirklichen.

Bei der Netzwerkkonzeption ist es im speziellen das Konzeptionsziel der Skalierbarkeit, das immer wieder auftaucht. Die Skalierbarkeit ist ein Ziel, welches allgegenwärtig ist, manchmal jedoch vernachlässigt wird. Der Blick des Netzwerkdesigners darf beinahe niemals ausschließlich auf die gegenwärtigen Verwendungszwecke des Netzes gerichtet sein. Die Fragen nach dem zukünftigen Wachstum des Netzes und der Veränderungen im System müssen in Betracht gezogen werden, obwohl man sich nicht unmittelbar damit beschäftigen muß. In *Netzwerk-Design* gibt es eigene Kapitel und Themen, die beschreiben, wie die Skalierbarkeit integriert werden kann.

Wir stellen Entwürfe vor, die als Grundlage für die Netzwerkkonzeption dienen. Die Entwürfe sind so detailliert, daß man sie verstehen und ausführen kann, und gleichzeitig so allgemeingültig, daß jeder Netzwerkdesigner den Entwurf als Grundlage für die Entwicklung seiner speziellen Netzwerkkonzeption verwenden kann.

Kapitel 1 – Verstehen von Verkehrsmustern

Kapitel 2 – Server-Plazierung

Kapitel 3 – Auswirkungen des Broadcast-Verkehrs

Kapitel 4 – Multimedia-Datenverkehr

Kapitel 5 – Gegenüberstellung von lokalem und
　　　　　　　　Cross-Campus-Verkehr

TEIL 1

Datenverkehrsmuster

Erstes Ziel eines erfolgreichen Netzwerkdesigns ist es, zu verstehen, welche Anwendungen und welchen Datenverkehr das Netzwerk unterstützen soll. Die Eigenschaften der Anwendungen spielen bei der Konzeption des richtigen Netzwerks eine wichtige Rolle. Diese Eigenschaften beinhalten Themen wie: Client-/Server-Kommunikation, die von den Anwendungen benötigte Bandbreite, Anforderungen an Verzögerungs- und Antwortzeiten und den Weg, auf dem die Anwendung das Netzwerk durchläuft. Das Netzwerk muß den Datenfluß, der von den Anwendungen kommt, und ebenso den Datenverkehr in Form von Routing Updates, Serviceanzeigen, Anfragen/Antworten, Handshakes und so weiter unterstützen. Jedes Kapitel in Teil 1 des Buchs konzentriert sich auf einen anderen, heutzutage in den Netzwerken verbreiteten Datenverkehrstypus.

KAPITEL 1

Verstehen von Datenverkehrsmustern

Jeder Netzwerkdesigner und Administrator wünscht, daß sein Campus-LAN effizient arbeitet. Ziel ist ein intelligentes, straffes Netzwerk, das den gestellten Anforderungen gewachsen ist, die Dienste bereitstellt, die Benutzer und Unternehmen benötigen, und das dem Administrator keine anderen Aufgaben mehr stellt, als neue Serviceleistungen zu planen und zu installieren, wenn der Bedarf danach entsteht.

In der Realität hingegen arbeiten Netzwerke nicht auf diese Weise. Server werden mit Datentransfer überladen und blockiert oder fallen ganz aus, Engpässe im Netzwerk verlangsamen den Datenfluß und beeinträchtigen dadurch die Produktivität der Benutzer, Netzwerkgeräte fallen aus und verursachen dadurch Verbindungsverluste und so weiter. Die Netzwerkadministratoren verbringen schließlich ihre gesamte Zeit mit der Störungssuche.

Ein Weg, den die Administratoren eingeschlagen haben, um diese Probleme zu lösen, war, dem Netzwerk mehr Leistung und Bandbreite hinzuzufügen – schnellere und größere Server, mehr Hochgeschwindigkeitsverbindungen zu den Endgeräten (z.B. Drucker oder Arbeitsstationen), erhöhte Bandbreite auf dem Backbone – alles, was nötig ist, um Überlastungen und Bandbreitenprobleme zu vermeiden.

Es ist verhältnismäßig einfach und billig, dem Campus-LAN mehr Leistung und Bandbreite zur Verfügung zu stellen, um Netzwerkprobleme zu lösen. Diese Lösung scheint auf kurze Sicht auch zu funktionieren, so daß der Netzwerkdesigner schockiert ist, wenn das Überlastungsproblem erneut auftaucht. Auf lange Sicht wird es nicht möglich sein, durch das bloße Hinzufügen von Bandbreite und Leistungskraft ein Problem zu lösen, das nicht im voraus sorgfältig durchdacht wurde.

Die gute Nachricht ist, daß viele Probleme gelöst oder sogar verhindert werden können, wenn der Netzdesigner die Datenverkehrsmuster im Netzwerk versteht. Woher der Datenverkehr kommt, wohin er geht und wo er innerhalb des Campus zirkuliert (in anderen Worten, die Datenverkehrsmuster) bestimmt, wie effizient die gegenwärtige Netzkonstruktion arbeitet.

Stellen Sie sich anstelle des Campus einen Fluglinien-Knotenpunkt vor. Die Flüge, die an diesem Knotenpunkt landen und starten, beeinflussen die Leistung des Knotenpunkts. Die Flugsicherheit muß die Verkehrsmuster und Flugpläne der abfliegenden und landenden Flugzeuge kennen und kontrollieren, um Chaos und Unfällen vorzubeugen.

In gleicher Weise beeinflußt der Datenverkehr, der auf den Campus kommt, den Campus verläßt und den Campus durchquert, die Leistungsfähigkeit des Netzwerks. In diesem Fall kann man die Netzwerkadministratoren mit der Flugverkehrskontrolle vergleichen. Sie müssen die Datenverkehrsmuster des Netzwerks kennen, um den reibungslosen Verkehr durch den Campus zu gewährleisten und um Verbesserungen und Routine-Wartungsarbeiten auf die Zeiten legen zu können, wo sie die geringsten Störungen im Netzwerk verursachen.

Der Datenverkehr wird von den Geräten und den Software-Anwendungen, die auf dem Netzwerk laufen, generiert. Vermutlich hat Ihr Netzwerk zumindest die typischen Anwendungen – Textverarbeitung, Datentransfer und E-Mail. Diese Anwendungen benötigen im allgemeinen nicht sehr viel Bandbreite, und ihre Datenverkehrsmuster sind ziemlich intuitiv. Die meisten modernen Campus-LANs haben und benötigen jedoch weit mehr als diese grundlegenden Anwendungen. Vielseitige Anwendungen wie Desktop Publishing, Videokonferenzen und WebTV-Broadcast-Programme gewinnen alle an Popularität. Die Eigenheiten dieser Anwendungen sind nicht immer einfach vorherzusehen.

Einer der Schlüssel, um ein Netzwerk erfolgreich zu betreiben, ist das Verständnis der Natur des Netzwerkverkehrs, der von den Netzanwendungen generiert wird. Man kann viele Probleme vermeiden, indem man die Datenverkehrsmuster, die von den Anwendungen und Geräten im Netzwerk generiert werden, versteht und kontrolliert.

Ein entscheidender Punkt, um Datenverkehrsmuster zu verstehen, ist die Basisnivellierung des Datenaufkommens im Netzwerk. Mit Basisnivellierung bezeichnen wir die Zusammenfassung der Daten, die zu normalen Operationszeiten auf den Hauptverkehrswegen den Campus durchqueren.

Wenn man den Netzwerkverkehr einige Male am Tag auf diese Weise bündelt, kann man das durchschnittliche Leistungsniveau des Netzes erkennen. Das Niveau wird bestimmt von den Zeiten, die eine Antwort benötigt, um während der Stoßzeiten und während der verkehrsarmen Perioden im Laufe eines Tages das Netzwerk zu durchqueren, von den Verkehrstypen auf dem Campus, der Netzauslastung der verschiedenen Teile des Netzwerks und so weiter. Mit Hilfe dieser Information kann man:

– erkennen, wo Engpässe auftreten könnten,

– schnell erfahren, wann eine gravierende Veränderung im Netzwerk auftritt,

– wissen, wann die Zeiten der höchsten und niedrigsten Netzauslastung vorliegen,

– die Fehlersuche erleichtern, da man Vergleichswerte kennt,

– Planungen für Verbesserungen und zukünftige Erweiterungen vornehmen,

– Erweiterungen und Routinewartungen zu Zeiten ansetzen, wo die Netzauslastung gering ist.

1.1 Zusammenfassung

Eine der fundamentalsten und vordringlichsten Aufgaben in einem Campus-LAN-Konzept besteht darin, die Datenverkehrsmuster zu verstehen. Andere Konzeptionskriterien – Skalierbarkeit, Sicherheit, Elastizität – und ihre Implementierungen sind von diesem Verständnis abhängig. In den Kapiteln 2 bis 5 besprechen wir einige gebräuchliche Anwendungen und Verkehrstypen, welche die Leistung von Campus-Netzen beeinflussen.

Dieses Kapitel behandelt die folgenden Themen:

- Enterprise Server
- Verteilte Server
- Migrationsmuster
- Neue Servertrends

KAPITEL 2

Server–Plazierung

In Campus-LAN-Konzepten sind die Server von entscheidender Bedeutung. Sie sind die Geräte, die dem gesamten Netzwerk oder auch Teilen des Netzes Serviceleistungen zur Verfügung stellen und den Zugang zu den Netzwerkressourcen (wie zum Beispiel Festplattenlaufwerke und Drucker) kontrollieren.

Die Server werden durch die Funktion, die sie im Netzwerk innehaben und durch die Benutzer, die sie unterstützen, identifiziert. Die zwei geläufigsten Typen sind *Enterprise Server* und *verteilte Server*. In letzter Zeit sind neue Typen wie der Super Server, der vernetzte Computerserver und der web-basierte Anwendungsserver entstanden.

Wo man diese Server aufstellt und wie man sie an das Campus-Netz anschließt, kann direkte Auswirkungen auf die Leistungsfähigkeit des Netzwerks haben. In diesem Kapitel werden die verschiedenen Servertypen und ihre optimale Nutzung im Netz definiert und die Vor- und Nachteile der neu entstehenden Servertrends diskutiert.

2.1   Enterprise Server

Enterprise Server (auch bekannt als *Zentralisierte Server*) unterstützen entweder alle oder eine Mehrheit von Netzwerkbenutzern. Ein E-Mail Server würde in diese Kategorie fallen, da seine Benutzer auf den Server zugreifen können, um ihre E-Mails zu lesen und zu senden, unabhängig davon, wo sie auf dem Campus angesiedelt sind.

In der Netzwerkkonzeption ist die physische Plazierung von Enterprise Servern einer der am wenigsten flexiblen Bereiche. Viele Netzwerkadministratoren ziehen es vor, die Enterprise Server, da sie den Datenverkehr aller Benutzer handhaben und für den Betrieb des Netzes von grundlegender Bedeutung sind, in das Rechenzentrum zu stellen, wo sie sich an einem einzigen, sicheren Ort befinden.

Für die Datenverkehrsmuster des Netzes ist es von entscheidender Bedeutung, wo sich der Enterprise Server befindet. Stellt man die Enterprise Server in die Nähe des Backbones, greift jeder Benutzer im großen und ganzen über die gleiche Anzahl von Netzwerkgeräten auf diese Server zu (siehe Bild 2.1).

Bild 2.1: Verbindung zwischen Enterprise Servern und dem Netzwerk

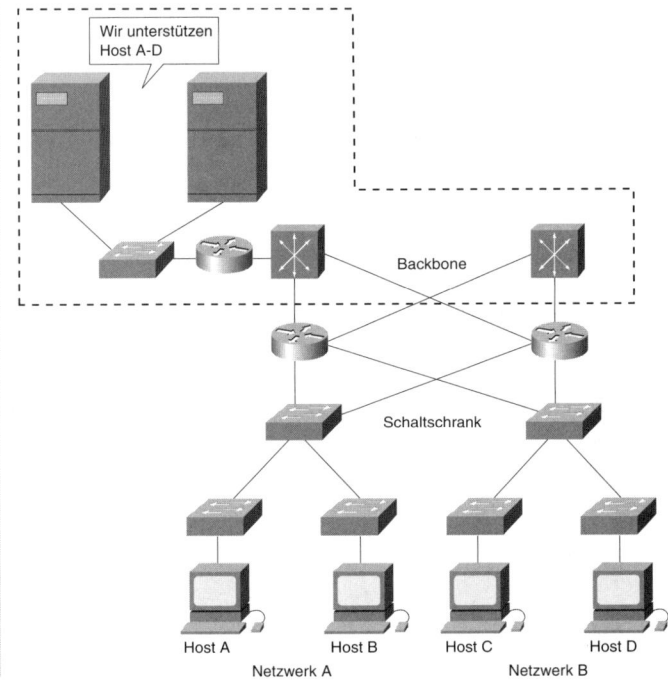

Angenommen, auf dem Campus befinden sich Gebäude 1, Gebäude 2 und Gebäude 3, und der E-Mail-Server steht in Gebäude 2. Obwohl die Benutzer in Gebäude 2 dem E-Mail-Server physisch näher sind, muß ihre Nachfrage nach E-Mail-Services genau wie bei den Benutzern in den Gebäuden 1 und 3 über einen Router laufen. Das ist aus Sicht des Datenverkehrs wichtig, da daraus eine gleichmäßigere Leistung für alle Benutzer resultiert, anstelle von unausgeglichenem Netzwerkverhalten auf dem ganzen Campus.

2.2 Verteilte Server

Verteilte Server (auch bekannt als *Lokale* oder *Workgroup Server*) unterstützen eine bestimmte Gruppe von Benutzern. So unterstützt beispielsweise der verteilte Server, der Informationen über die Lohnabrechnungen enthält, in der Regel nur die Buchhaltung oder die Personalabteilung. Wenn ein Konstruktionsserver eingerichtet wird, nur um die Konstruktionsabteilung zu unterstützen, so ist dies ebenfalls ein verteilter Server. Wenn jedoch dieser Konstruktionsserver viele Endbenutzer unterstützt, z.B. die Ingenieure, den Kundensupport etc., so ist er ein Enterprise Server, kein verteilter Server.

Ein verteilter Server wird normalerweise im gleichen Subnetz angeschlossen wie die Benutzer, die er unterstützt. Er wird daher vielleicht nicht im Rechenzentrum stehen, sondern in der Schalt- oder Verteilerstelle des Subnetzes (siehe Bild 2.2).

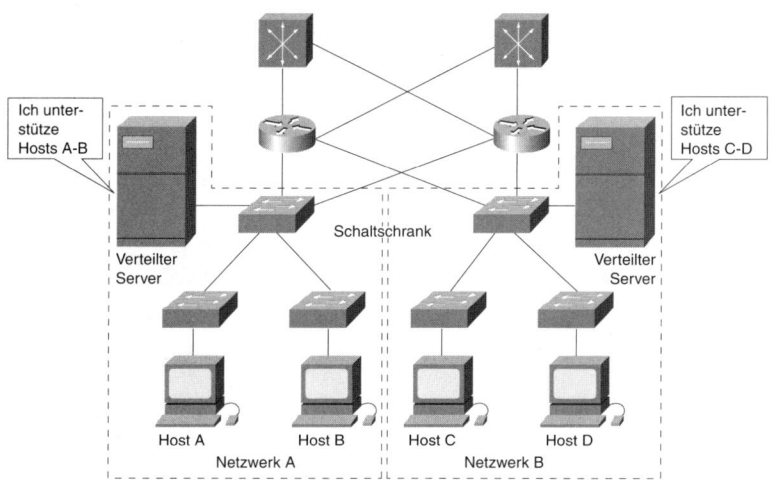

Bild 2.2: Typische Verbindung eines verteilten Servers zum Netz

Verteilte Server können die Menge an Netzwerkverkehr, die durch den Netzkern läuft, wesentlich verringern. Da ein verteilter Server normalerweise an denselben Switch angeschlossen ist wie die Benutzer, die er unterstützt, muß der Netzwerkverkehr zu einem anderen Ort geroutet werden. Dies senkt die

Datenverkehrsmenge auf dem Backbone, wodurch Netzwerkleistung und Antwortzeiten verbessert werden. Bild 2.2 zeigt, wie verteilte Server mit den Benutzern verbunden sind.

Der verteilte Server ermöglicht es außerdem, zu lokalisieren, welche Wege der Netzwerkverkehr auf dem Netz benützt. Das bedeutet, daß man ein besseres Überwachungssystem über Datenverkehrsmuster und Netzwerkverkehrseigenschaften unterhalten kann.

Sowohl Enterprise Server als auch verteilte Server haben ihre Vorteile. Am besten ist eine Situation, in der beide Servertypen zur Verfügung stehen. Das würde bedeuten, daß man verteilte Server dort einsetzt, wo man die Anwendung lokalisieren kann, und Enterprise Server dort, wo allgemeine Anwendungen betrieben werden, auf die jeder Zugriff haben muß, wie beispielsweise E-Mail oder öffentliche Webseiten.

2.3 Migrationsmuster

Die Entscheidung, wie man den jeweiligen Server einrichtet, als Enterprise Server oder verteilten Server, war und bleibt eine der wichtigsten Herausforderungen an den Netzwerkdesigner. In den frühen 90er Jahren wurden gewöhnlich nur Enterprise Server verwendet, was bedeutete, daß der gesamte Datenverkehr durch den Kern des Netzes zu den Servern lief. Aus konzeptioneller Sicht war dies sinnvoll, da auf den Servern wenige und wenig umfangreiche Anwendungen liefen, so daß das Problem der Netzleistung auf ein Minimum reduziert war. Eine typische Konzeptionsrate leitete 80% des Netzwerkverkehrs durch Enterprise Server und nur 20% durch verteilte Server (wenn diese überhaupt im Netz vorhanden waren).

Als die Anwendungen mehr Bandbreite benötigten und mehr Forderungen an die Leistungsfähigkeit des Netzwerks stellten, änderte sich diese Philosophie. Netzmanager begannen, populäre Programme durch die verteilten Server zu leiten, um sie den Benutzern näher zu bringen und um den Datenfluß durch den Kern des Netzes zu verringern. Mitte der 90 Jahre änderte sich die Konzeptionsrate dahingehend, daß man 80% des Netzwerkverkehrs durch die lokalen verteilten Servern leitete und 20% des Netzwerkverkehrs durch die zentralen Enterprise Server.

In den späten 90er Jahren ändert sich die Konzeptionsphilosophie erneut, indem sie sich rückwärts orientiert und ihr Augenmerk auf die zentralen Enterprise Server richtet. Die Ursache dafür sind zum großen Teil neue Software-Anwendungen wie Multimedia. Viele Multimedia-Anwendungen (die wir in Kapitel 4 im Detail besprechen werden) nutzen beispielsweise einen zentralisierten Video-Server. Mit dem Anstieg der Popularität und den vielfältigen Anwendungsmöglichkeiten von Multimedia wird mehr Netzwerkverkehr von diesen zentralisierten Servern kommen.

Neue Technologien und bandbreitenintensive Anwendungen zwangen die Netzwerkdesigner dazu, die Einsatzweise der Server in ihren Netzen ständig zu überdenken. Glücklicherweise hat die Serverhardware mit den neuen Anforderungen Schritt gehalten – Server sind größer, schneller und leistungsfähiger als noch vor zwei Jahren. Heute können die Netzwerkdesigner neue und kreative Einsatzmöglichkeiten für die Server finden, die im folgenden Abschnitt beschrieben werden.

2.4 Neue Servertrends

In einigen Netzen können die Fähigkeiten der Enterprise Server und der verteilten Server nicht alle Bedürfnisse des Netzwerks erfüllen. Als Folge davon haben sich neue Wege für die Nutzung von Servern entwickelt. Dazu gehören:

– Netzwerk-Super-Server

– Netzwerk-Computerserver

– Web-basierter Anwendungsserver

2.4.1 Netzwerk–Super–Server

Viele Enterprise Server sind einfach zu langsam, um die Vielfalt an Netzwerkverkehr, den sie erhalten, zu handhaben. Um mit den neuen Anforderungen Schritt zu halten, entstand die Idee eines *Super Servers*. Dieser Server besteht aus mehreren Enterprise Servern, die man zu einer einzigen leistungsfähigeren Maschine zusammengeschlossen hat (daher der Name *Super Server*). Diese Server verfügen über sehr viel mehr Verarbeitungskapazität und Geschwindigkeit, über multiple Netzwerkschnittstellenkarten, um mehr Daten handhaben zu können, und über viel mehr Datenspeicherkapazität. Super Server waren »in«, als große Mainframes üblich waren, und werden jetzt, wo ihre Leistungsfähigkeit gebraucht wird, wieder populär.

Obwohl der Super Server eine gute Lösung zu sein scheint, kann es Probleme geben, wenn man mehrere Server zu einem einzigen zusammenschließt, je nachdem was die ursprüngliche Funktion der Server war. Ersetzt man beispielsweise alle E-Mail-Server durch einen Super-E-Mail-Server, so gibt es einen kritischen Schwachpunkt im Netz. Kombiniert man einen bandbreiten-intensiven Anwendungsserver mit zwei anderen bandbreiten-intensiven Anwendungsservern, dann stehen möglicherweise nicht genug Verarbeitungsleistung und Bandbreite beim Zugriff auf den Super Server zur Verfügung, um den Datenverkehr, den diese Anwendungen verursachen, erfolgreich zu handhaben.

Ein anderes Problem ist, daß das Netzwerk den erhöhten Datenfluß zu den Super Servern unter Umständen nicht bewältigen kann. Wurde das Netz beispielsweise ursprünglich konzipiert, um vor allem lokalen Netzwerkverkehr zu den verteilten Servern abzuwickeln, dann ist es möglich, daß die Einrichtung von Super Servern und die Änderung der Datenverkehrsmuster nach einer umfangreichen Erweiterung der Netzwerkinfrastruktur verlangt, um den größeren Datendurchsatz bewältigen zu können. Ein weiteres Beispiel dafür wäre, daß man im voraus mehr Netzwerkverkehr erwartet, wenn man gewöhnliche Enterprise Server durch Super Server ersetzt, da mehr Benutzer und Anwendungen mit größerer Bandbreite höhere Anforderungen an die Infrastruktur stellen.

Bild 2.3 zeigt, wie Enterprise Server heutzutage aufgestellt werden, wenn man annimmt, daß das Netzwerk wachsen wird. Bild 2.4 zeigt das Design, das man vermutlich benötigen wird, um diese Super Server innerhalb eines Jahres zu installieren. Beachten Sie, daß das Bild 2.3 150 Enterprise Server und Bild 2.4 50 Super Server darstellt, was bedeutet, daß die Serverzusammenlegungsrate 3:1 beträgt. Zu jedem Super Server wird mehr Datenverkehr fließen (Bild 2.3) als zu den einzelnen Enterprise Servern (Bild 2.4), obwohl das gesamte Netzwerkverkehrsvolumen gleich bleibt.

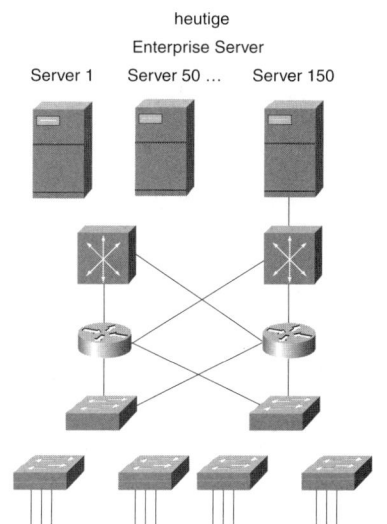

Bild 2.3:
Enterprise-Ser-
ver-Verbindun-
gen heute

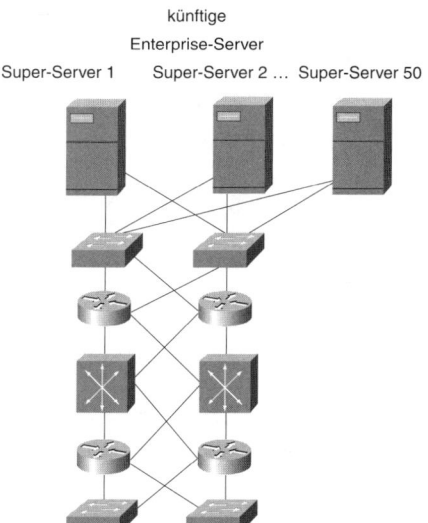

Bild 2.4:
Super-Server-
Anbindung in
einem Jahr

2.4.2 Netzwerk-Computerserver

Ein anderer Trend, der den Netzwerkverkehr beeinflußt, ist
die Migration zum *Netzwerk-Computerserver*. Dieser Server-
typ erinnert an die ersten Tage der Computerära, als man eine
Tastatur hatte, die mit einem »dummen« Terminal verbunden
war, der wiederum an den zentralen Computerserver angeschlossen war. Die Benutzer mußten nur ihre Computer hoch-

fahren, um unmittelbaren Serverzugang zu haben. Der Netz-werk-Computerserver ist in ähnlicher Weise eingerichtet. Die Benutzer nutzen einfach das Netz für all ihre Anwendungen – man benötigt keine Festplattenlaufwerke, da der Netzserver alle Informationen gespeichert hat und zur Verfügung stellt. Dies ermöglicht die Einrichtung einer sehr kostengünstigen Netzwerk-Arbeitsstation. Die Benutzer können ihre Maschinen aufbauen, wo immer sie wollen, oder sie mitnehmen, wo immer sie auch hingehen. Solange sie sich an das Netz anschließen können, finden sie dort all ihre Arbeit an einer Stelle im Netzwerk-Server. Die Nutzung dieser Maschinen kann natürlich das Netzwerkverkehrsvolumen im Netz anwachsen lassen. Ebenso wie bei den Enterprise Servern und den verteilten Servern wird das Netzwerkverkehrsvolumen auf dem Backbonepfad des Netzes vom Standort des Netzwerk-Computerservers bestimmt.

Ist beispielsweise jeder Netzwerk-Computerserver nur für eine bestimmte Benutzergruppe verantwortlich, kann der Netz-werk-Computerserver ein verteilter Server werden. Der Netz-werkverkehr zwischen den Stationen und dem Server kann lokal bleiben und muß nicht weite Strecken im Netz durchlaufen. Dies setzt jedoch voraus, daß die Benutzer ausschließlich von ihren Büros aus arbeiten und sich nicht bewegen oder über Telekommunikation arbeiten. Bild 2.5 zeigt dieses Szenario.

Bild 2.5:
Ein Netzwerk-
Computerserver
als verteilter
Server

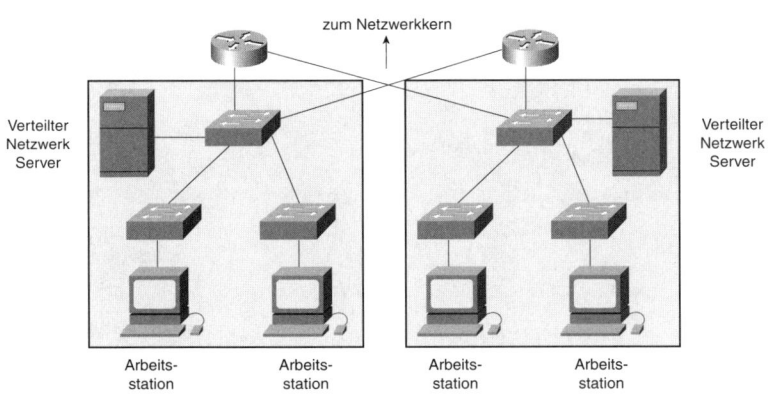

Bedient der Netzwerk-Computerserver jedoch eine große Gruppe von Benutzern im Netz oder wählen sich viele der Benutzer von einer Vielzahl von Standorten aus über das Telefonnetz ein, wird es unvermeidlich sein, daß der Datennetz-werkverkehr einen großen Teil des Netzes passiert. Der Netz-werk-Computerserver hat dann eher die Funktion eines Enterprise Servers, da er viele Benutzer im Netz unterstützt und der Netzwerkverkehr verschiedene Gebiete des Netzes passiert. Bild 2.6 stellt diese Situation dar.

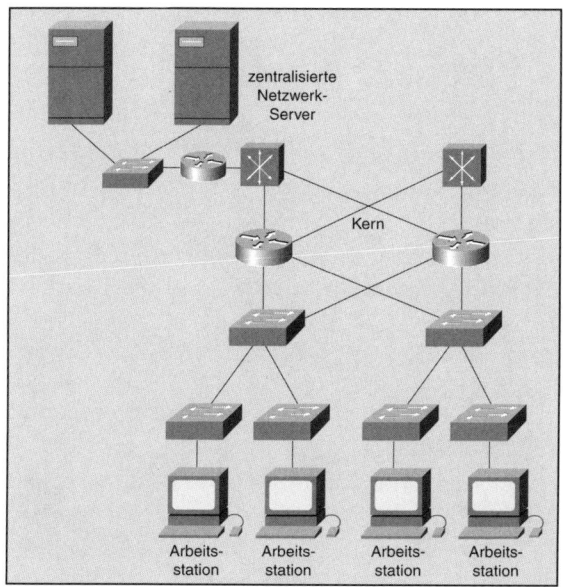

Bild 2.6:
Ein Netzwerk-
Computerserver
als Enterprise
Server

2.4.3   Web–basierter Anwendungsserver

Der *web-basierte Anwendungsserver* ist ein weiterer Server-typ. Mit web-basierten Anwendungen zapfen die Arbeitssta-tionen den Webserver an, um vom Server aus die Anwendung ausführen zu können. Der Web-basierende Anwendungsserver ist normalerweise auf der Enterprise-Schicht, da in der Regel eine Vielzahl von Benutzern auf ihn Zugriff haben müssen. Bild 2.7 zeigt ein charakteristisches Netzschema für web-basierte Anwendungsserver. Benutzer können heutzutage auch ohne große Schwierigkeiten ihre eigenen Webserver direkt auf ihren Maschinen installieren. Dadurch können Arbeitsstatio-nen ebenfalls zu Servern werden. Der Trend in Richtung Client-Webserver ist so neu, daß er noch keinen großen Ein-fluß auf die Netzwerkverkehrseigenschaften der meisten Netze genommen hat. Noch kann man nicht vorhersehen, ob der entstehende Netzwerkverkehr überwiegend lokaler Netzwerkverkehr oder Enterprise-Netzwerkverkehr sein wird.

Bild 2.7:
Vernetzungs-
schema für
web-basierende
Anwendungs-
server

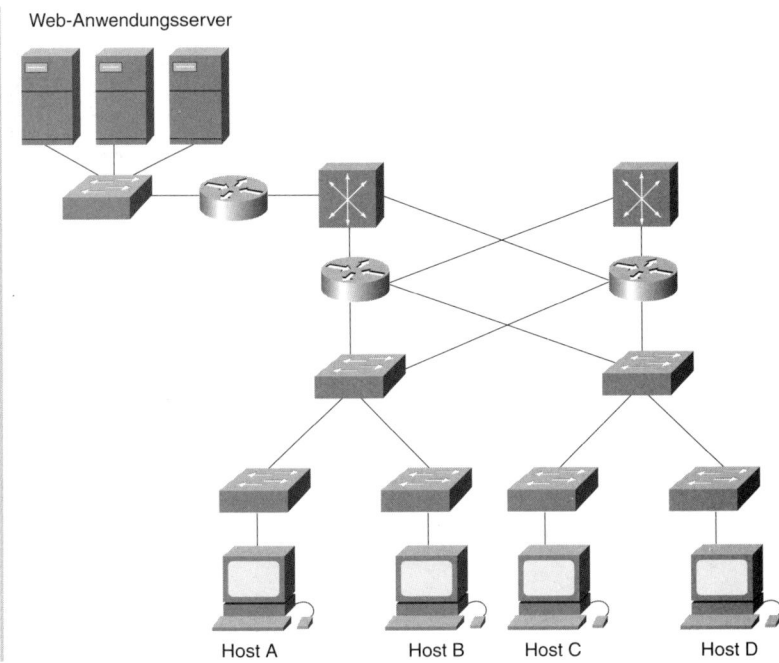

Web-Anwendungsserver

Host A   Host B   Host C   Host D

2.5 Zusammenfassung

Der Standort von Servern und ihre Funktion können für die Netzwerkverkehrsmuster von großer Bedeutung sein. Andererseits können auch die Netzwerkverkehrsmuster einen entscheidenden Einfluß auf die Server ausüben, der sich vor allem in der Leistungsfähigkeit des Netzes und der Benutzerantwortzeit niederschlägt. Bei der Festlegung des optimalen Serverstandorts ist es von entscheidender Bedeutung, daß man versteht, wo der Netzwerkverkehr herkommt und wo er hingeht und welcher Netzwerkverkehrstyp generiert wird. Der zukünftige Wandel der Rolle und der Verantwortlichkeiten der Server sollte außerdem schon bei der Planung berücksichtigt werden. Im nächsten Kapitel beschäftigen wir uns mit den Auswirkungen des Broadcast-Netzwerkverkehrs, einem Netzwerkverkehrstyp, der in allen Netzen vorhanden ist.

Berücksichtigen Sie beim Aufstellen von Servern folgende konzeptionelle Überlegungen:

- Enterprise Server unterstützen die meisten oder alle Benutzer im Netzwerk.

- Verteilte Server unterstützen eine bestimmte Gruppe von Benutzern im Netz.

- Berücksichtigen Sie beim Aufstellen des Servers, ob der Server eine Aufgabe in der Enterprise-Schicht oder der verteilten Schicht ausführt.

- Neue Software-Anwendungen wie Multimedia bevorzugen den Einsatz von Enterprise Servern gegenüber verteilten Servern.

- Da mehr Server in der Enterprise-Schicht arbeiten, verändern sich die gesamten Datenverkehrsmuster, die Netzinfrastruktur muß möglicherweise verändert werden.

Dieses Kapitel behandelt folgende Themen:

– Senden und Empfangen von Broadcasts
– Wie Switches Broadcast-Verkehr handhaben
– Wie Router den Broadcast-Verkehr behandeln
– Wie der Broadcast-Netzwerkverkehr die
  Endgeräte beeinflußt
– Kontrollieren von Broadcast-Netzwerkverkehr

KAPITEL 3

Auswirkungen des Broadcast-Verkehrs

Broadcast-Verkehr ist, genau wie beim Radio oder beim Fernsehen, eine Nachrichtenübertragung, die an mehr als einen Empfänger gesandt wird. Es handelt sich um eine Point-to-Multipoint-Übertragung. In Datennetzen werden die Broadcasts als Broadcast-Frames geformt und an alle Stationen verteilt.

Das Verständnis für die Wirkungsweise von Broadcast-Verkehr ist ein wichtiger Bestandteil eines erfolgreichen Netzwerk-Designs. Es liegt in der Natur von Broadcasts, daß sie ein Netz leistungsfähiger machen können, indem sie an jeden Netzteilnehmer wichtige Nachrichten schicken, aber auch lahmlegen können, indem sie es mit zu viel Netzwerkverkehr überlasten.

Man sollte daran denken, daß Broadcasts von großem Nutzen sind und wichtige Informationen zur Verfügung stellen. Broadcasts transportieren beispielsweise Routing Updates, die den Routern mitteilen, wie sie den Netzwerkverkehr regeln müssen. Einige Netzserver wie IPX-Server geben über Broadcasts bekannt, welche Dienste sie unterstützen. Ein einfacher Vorgang wie das Anfordern ihrer Adresse, um ins Netzwerk zu gelangen oder die Frage nach der Adresse der Station, an die sie Daten senden wollen, kann ebenfalls Broadcast-Frames generieren.

Tabelle 3.1 führt die wichtigsten Typen von Broadcast-Frames auf, die wir in diesem Kapitel besprechen. All diese Broadcast-Frames sind, ebenso wie viele andere, notwendig, um ein Netz erfolgreich zu betreiben. Man darf allerdings nicht zulassen, daß der Broadcast-Verkehr den übrigen Datenverkehr überwältigt. Dieses Kapitel erklärt die Arbeitsweise von Broadcasts und macht Vorschläge, wie man ihre Auswirkungen kontrollieren kann.

Broadcast-Frame-Typen	**Abkürzung**	**Definition**
IP Address Resolution Protocol Request	IP ARP	Broadcast, um die IP-Adresse zu erfahren, die mit einer bekannten MAC-Adresse korrespondiert
Dynamic Host Configuration Protocol Request	DHCP	Broadcast, um eine IP-Adresse für ein Endgerät zu erhalten
IPX Service Advertisement Packet	IPX SAP	Broadcast, welcher die Dienste bekanntmacht, die ein IXP-Server unterstützt
Routing Update	n/a	Broadcast, der von Routern gesendet wird und die Routing Updates für andere Router enthält

Tabelle 3.1: Broadcast-Frame-Typen

3.1 Senden und Empfangen von Broadcasts

Alle Daten die durch das Netz geschickt werden, müssen eine Quell- und eine Zieladresse haben, um von der Sendestation zur Empfängerstation zu gelangen. Ein Broadcast-Frame enthält automatisch die eindeutige Adresse der Sendestation als Quelladresse. Die Zieladresse eines Broadcast-Frames wird in den beiden Zieladreßfeldern des Frames erstellt.

Die zwei Zieladreßfelder in einem Frame korrespondieren mit den Schichten 2 und 3 des OSI-Referenzmodells. Bild 3.1 zeigt das OSI-Referenzmodell und die Schichten, aus denen es besteht.

Die Zieladreßfelder beginnen in der Schicht 2, der Media-Access-Control-(MAC-)Schicht. Für einige Broadcast-Frames besteht dieses Feld aus allen f's (Hexadezimalschreibweise), was soviel heißt, wie »sende mich an alle«. Bild 3.2 zeigt Schicht-2-Broadcast-Frames.

Bild 3.1: OSI-Referenz-modell

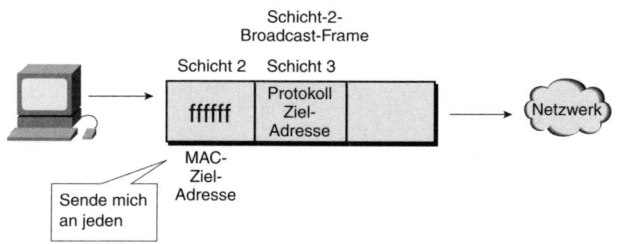

Bild 3.2: Schicht-2-Broadcast-Frame

Das zweite Zieladreßfeld für den Rahmen schließt Schicht 3 mit ein, die Vermittlungsschicht, allgemein bekannt als Protokollschicht. Diese Adresse stellt protokollspezifische Informationen zur Verfügung. Eine charakteristische Broadcast-Zieladresse des IP-Protokolls, die sagt »sende mich an alle« (so wie eine DHCP-Anforderung), ist 255.255.255.255. Bild 3.3 zeigt einen Broadcast-Frame, in dem die MAC-Zieladresse und die Protokoll-Zieladresse als Broadcast definiert sind.

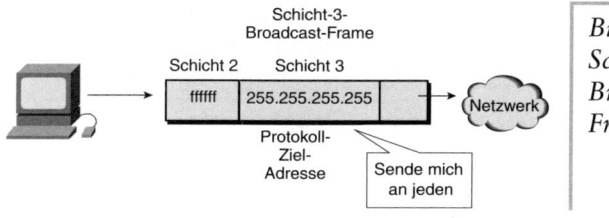

Bild 3.3: Schicht-3-Broadcast-Frame

Um dieses Beispiel richtig darzustellen, ziehen wir eine Parallele zum Telefonsystem. Nehmen Sie einmal an, Sie könnten den Telefonhörer abnehmen, * * auf Ihrer Wählscheibe wählen und so eine Verbindung zu jedem einzelnen US-Bürger herstellen. Dies wäre in etwa mit einem »sende mich an alle«-Broadcast zu vergleichen, wie er in Bild 3.3 dargestellt ist.

Broadcasts können auch auf bestimmte Teilbereiche des Netzes beschränkt werden. Das IP-Protokoll nutzt die Möglichkeit der Beschränkung der Broadcasts auf Subnetze (oder auch Teilnetze), um spezifische Gerätestandorte zu harmonisieren. Bild 3.4 stellt die Broadcast-Zieladresse für die verschiedenen IP-Klassen von Adressen ohne Verwendung der Subnetzmethode dar. Bild 3.5 zeigt die Broadcast-Zieladresse mit einer 8-Bit-*Subnetzmaske*.

Bild 3.4:
IP-Klassen-
Netzwerk-
Broadcasts

	IP-Klassen-Netzwerk	Anzahl Netzwerke	Anzahl Host
Klasse A	1.255.255.255	1.	255.255.255
Klasse B	130.130.255.255	130.130.	255.255.
Klasse C	200.200.200.255	200.200.200.	255

sende mich an jeden als Broadcast

255.255.255.255	alle Netzwerke	alle Hosts

Bild 3.5:
IP-Klassen-Sub-
netz-Broadcasts

Mit einer 8-Bit-Subnetz-Maske

	IP-Klassen-Netzwerke	Anzahl Netzwerke	Anzahl Subnetze	Anzahl Hosts
Klasse A	1.100.255.255	1.	100.	255.255
Klasse B	150.150.100.255	150.150.	100.	255
Klasse C	200.200.200.255	200.200.200.	N/A	255

Nehmen wir beispielsweise an, daß das Netz eine B-Klasse-IP-Netzadresse von 150.150.0.0. mit einer 8-Bit-Subnetzmaske hat und der Broadcast 150.150.100.255. als Protokoll-Zieladresse festlegt. Diese Adresse lautet übersetzt »sende mich an alle auf dem 150.150.100.-Subnetz des 150.150.0.0.-Netzes«. Das Netz ist 150.150., das Subnetz ist 100, und der Host ist 255 – was alle spezifiziert.

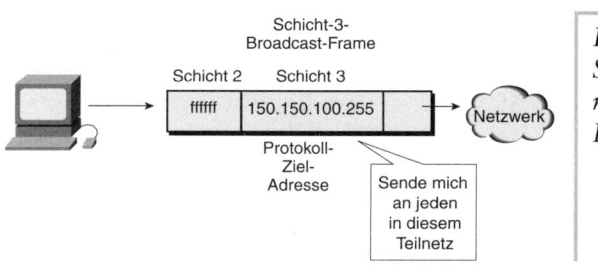

Bild 3.6:
Schicht-3-Sub-
netz-Broadcast-
Frame

Um noch einmal den Vergleich mit dem Telefonnetz zu gebrauchen, nehmen wir an, Sie könnten * 555 wählen und wären mit jedem in Verbindung, der die Vorwahl 555 hat. Das wäre dasselbe, als hätte man einen Broadcast in der MAC-Zieladresse und einen subnetzspezifischen Broadcast in der Protokoll-Zieladresse. Ein Routing-Update-Broadcast-Frame hat ein ähnliches Format.

Broadcast-Frames müssen keine Broadcasts in dem MAC-Zieladreßfeld und dem Protokoll-Zieladreßfeld haben, um Daten durch das Netzwerk zu schicken. Betrachten wir beispielsweise, was passiert, wenn eine Station das IP-Address-Resolution-Protokoll (ARP) benutzt. Wenn Station A Daten an Station B senden will, so muß sie erst die IP-Adresse von Station B erfahren. Um diese zu erhalten, sendet Station A einen IP-ARP-Anfrageframe, der die MAC-Zieladresse von Station B und eine Broadcast-IP-Zieladresse enthält.

Am Beispiel des Telefonnetzes heißt das, man wählt 11833 für die Auskunft und verlangt nach der Telefonnummer von Hans Müller. Dies läßt sich mit einer IP-ARP-Anfrage vergleichen, da man die MAC-Zieladresse kennt (Hans Müller), man jedoch eine allgemeine IP-Broadcast-Zieladresse (11833) benützt, um die genaue IP-Adresse (die genaue Nummer von Hans Müller) zu erfahren.

Bild 3.7 zeigt das IP-ARP-Anfragesschema. Antwortet Station B an Station A, so sendet sie einen Unicast-Frame, keinen Broadcast-Frame, zurück zu Station A. Sie setzt die MAC-

und IP-Adressen von Station A in die entsprechenden Ziel-adreßfelder und setzt ihre eigenen MAC- und IP-Adressen in das Feld MAC Source Address und das Feld Source Protocol Address.

Bild 3.8 zeigt die IP-ARP-Rückantwort an Station A. Station A erfährt die IP-Adresse von Station B aus der Antwort. Station A kann nun Daten an Station B senden, da sie die MAC-Adresse und die IP-Adresse von Station B kennt.

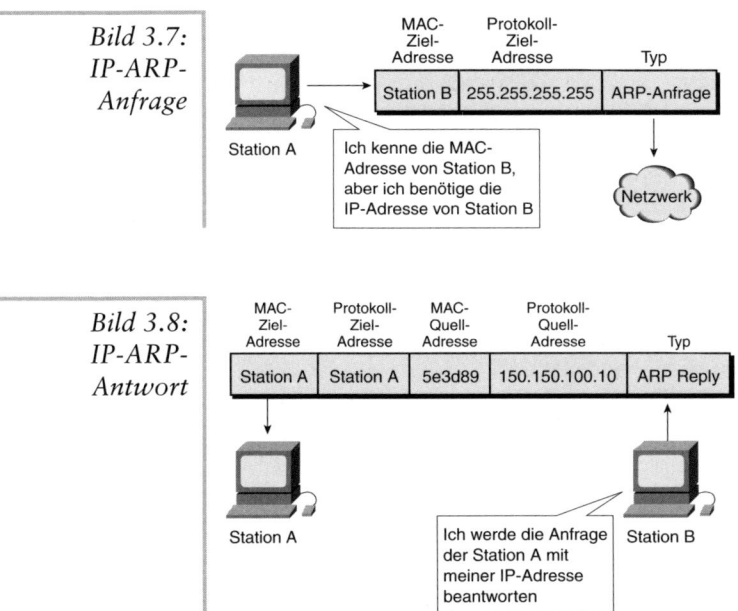

Bild 3.7:
IP-ARP-
Anfrage

Bild 3.8:
IP-ARP-
Antwort

Bild 3.9 zeigt vier Broadcast-Beispiele und wo sie eine Broadcast-Zieladresse benutzen. Die IP-ARP-Anfrage benutzt einen Broadcast in dem Feld IP Protocol Destination Address. Die DHCP-Anfrage benutzt einen Broadcast in dem Feld MAC Destination Address und dem Feld Protocol Destination Address. Die IPX SAP benutzt einen Broadcast in dem Feld MAC Destination Address und im Host-Teil des Felds Protocol Destination Address. Der Netzteil ist kein Broadcast. Routing Updates benutzen Broadcasts in ähnlicher Weise wie die IPX SAP.

Broadcast-Rahmen	MAC- Ziel- Adresse	Protokoll- Ziel- Adresse
IP-ARP-Anfrage	bekannte Adresse	255.255.255.255
DHCP-Anfrage	**ffffff**	255.255.255.255
IPX SAP	**ffffff**	network.ffffff
Route erneuern	**ffffff**	network.ffffff network.255

Bild 3.9:
Broadcast-
Rahmen
Beispiele

Verständlicherweise nutzt das Telefonsystem für den Transfer von Informationen nicht die Broadcast-Methode. Die Infrastruktur des Telefonsystems würde von der Menge an Telefonanrufen, welche die Broadcast-Methode generieren würden, überwältigt werden.

Wie also handhabt das Datennetzsystem die Broadcasts? Die folgenden Abschnitte erklären, wie Switches und Router Broadcasts behandeln, und wie die Endgeräte davon beeinflußt werden.

3.2   Wie Switches Broadcast-Verkehr handhaben

Jede Nachricht, die durch das Netz übertragen wird, wird von den Netzgeräten aufgehalten und weitergeleitet. Die erste Unterbrechung ist am Schicht-2-Switch (beispielsweise ein Ethernet Switch). Wenn der Broadcast den Schicht-2-Switch erreicht, betrachtet der Switch nur die MAC-Zieladresse, nicht die Protokoll-Zieladresse (siehe Bild 3.10).

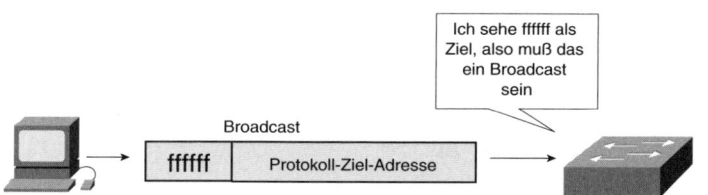

Ich sehe ffffff als Ziel, also muß das ein Broadcast sein

Broadcast

| ffffff | Protokoll-Ziel-Adresse |

Bild 3.10:
Ein Broadcast
tritt in einen
Schicht-2-
Switch ein

Schicht-2-Switches besitzen laut Definition nicht die Intelligenz, um Informationen der Vermittlungsschicht zu verstehen.

Sie können nur Informationen der MAC-Schicht verstehen. Als Folge davon weiß der Switch nicht, wie er den Weg des Broadcasts dirigieren kann. Da der Switch nur das »fffff« als MAC-Zieladresse identifizieren kann, versteht er die Instruktion »Sende mich an alle« und schickt den Broadcast-Rahmen auf all seinen Ports ab.

Bild 3.11 zeigt das Verhalten eines Switches nach dem Erhalt eines Broadcast. Dieses Verhalten, das an allen Switches im Netz auftritt, nennt man *Broadcast-Verbreitung*. Solange der Broadcast über die Switches läuft, verbreitet er sich über das Netz und erreicht alle Endstationen.

Bild 3.11: Switch der Broadcasts verbreitet

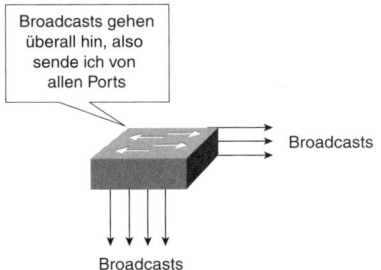

Die nächste Unterbrechung findet auf Schicht 3 statt, auf der die Router operieren. Erreicht der Broadcast ein Schicht-3-Gerät, wie beispielsweise einen Router, wird eine komplexe Aktion eingeleitet.

3.3   Wie Router den Broadcast–Verkehr behandeln

Wenn ein Broadcast-Rahmen einen Router im Netz erreicht, leitet der Router eine spezifische Aktion ein. Der Router verfügt über die nötige Intelligenz, um zu bestimmen, welcher Typ von Broadcast-Rahmen eingetroffen ist (eine IP-ARP-Anfrage, eine DHCP-Anfrage oder ein IPX SAP). Nachdem der Router die Natur des Broadcast-Rahmens erkannt hat, leitet er eine der folgenden Aktionen ein:

– Er verwandelt den Broadcast in einen *Unicast*, eine Übertragung, die nur an einen Empfänger geht.

– Er erstellt eine Tabelle und speichert die Broadcast-Information für spätere Anfragen.

– Er erstellt eine Tabelle und verschickt periodisch Broadcasts.

– Er löscht den Broadcast-Frame.

3.3.1 Generieren von Unicasts

Der Router kann den Broadcast in einen Unicast verwandeln und an das passende Gerät schicken, das auf den ursprünglichen Broadcast antworten kann. Wenn beispielsweise eine Station das erste Mal eine Verbindung zum Netz herstellt, hat sie keine IP-Adresse, sondern muß durch eine Anfrage eine Adresse erfragen (wenn DHCP aktiviert ist). Wenn das Netz DHCP verwendet, schickt die Station einen DHCP-Discover/Request-Broadcast-Rahmen ab, um den DHCP-Server um eine Adresse zu bitten.

Bild 3.12 stellt die Antwort des Routers auf eine DHCP-Anfrage dar. Wenn der Router eine DHCP-Broadcast-Anfrage von einer Station erhält, wandelt er den DHCP-Broadcast in einen Unicast mit der Zieladresse des DHCP-Servers um. Der Router sendet dann die Anfrage als Unicast-Rahmen an den DHCP-Server (siehe Bild 3.13).

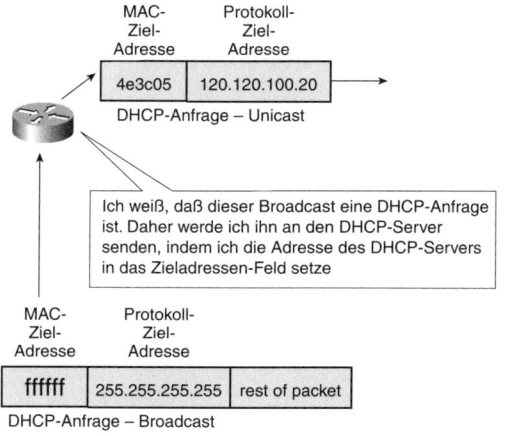

*Bild 3.12:
Ein Router
antwortet auf
eine DHCP*

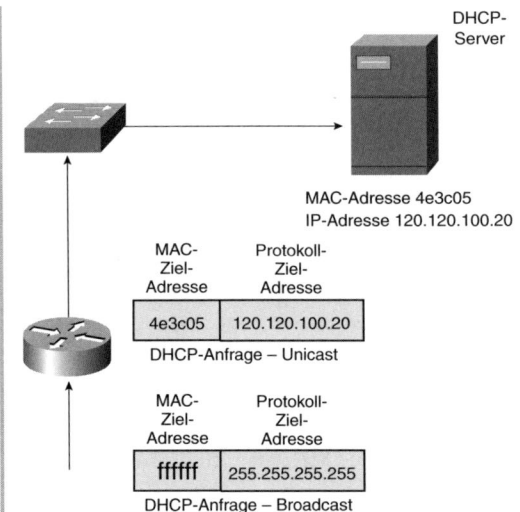

Bild 3.13:
Der Router
lenkt eine
DHCP-Anfrage
wie einen Uni-
cast-Rahmen

3.3.2   Speichern von Broadcasts

Der Router kann die Informationen, die im Broadcast-Rahmen enthalten sind, in einer vom Router erstellten Tabelle speichern. Der Router kann dann auf zukünftige Nachfragen bezüglich dieser Informationen entsprechend reagieren.

Ein Beispiel für diesen Vorgang ist IP ARP oder spezifischer Proxy-ARP (stellvertretendes ARP). Wenn der Router die IP-Zieladresse für eine MAC-Adresse der Station A erfährt, speichert er dieses Paar in seiner ARP-Tabelle. Das nächste Mal, wenn eine Station eine ARP-Anfrage nach Station A aussendet, kann der Router direkt auf die ARP-Anfrage antworten, daß heißt, er sendet das passende MAC/IP-Adressenpaar für Station A, das in seiner ARP-Tabelle gespeichert ist, an die nachfragende Station. Bild 3.14 stellt die Antwort des Routers auf eine IP-ARP-Anfrage dar.

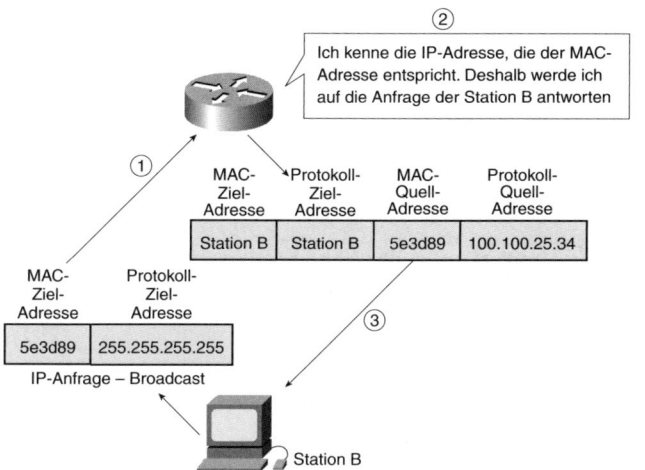

*Bild 3.14:
Antwort des
Routers auf eine
IP-ARP-
Anfrage*

3.3.3 Generieren von Broadcasts

Der Router kann eine Tabelle erstellen und periodisch Broad-
casts aussenden. Wenn ein Router beispielsweise eine IPX-
SAP-Tabelle unterhält, erfährt er die SAPs vom IPX-Server
und erstellt dann eine Tabelle. Dann sendet er, indem er eine
MAC-Broadcast-Zieladresse und eine IPX-Netz-Broadcast-
Adresse benutzt, die Tabelle in Form von Broadcasts alle 60
Sekunden an die anderen Router im Netz. So werden alle
Router über die Dienste, die im Netz erhältlich sind, auf dem
laufenden gehalten. Bild 3.15 zeigt den von einem Router
kommenden IPX-SAP-Update-Rahmen.

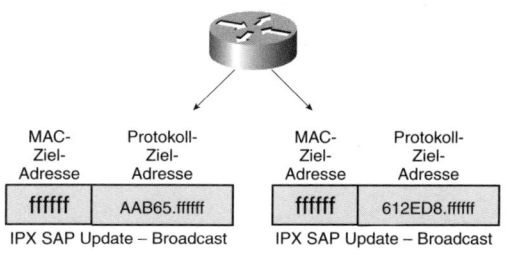

*Bild 3.15:
Router, der
IPX-SAP-
Updates
versendet*

3.3.4   Löschen von Broadcasts

Der Router kann den Broadcast-Rahmen löschen, ohne etwas mit ihm zu tun. Wenn ein Endgerät eine IP-ARP-Anfrage aussendet, die eine spezifische MAC-Zieladresse hat, sucht der Router, der die IP ARP erhält, in seiner ARP-Tabelle nach dem MAC/IP-Adressenpaar. Ist die MAC-Adresse nicht in der ARP-Tabelle, löscht der Router den Rahmen, da er das MAC/IP-Paar nicht kennt und daher auf die ARP-Anfrage nicht antworten kann.

In herkömmlichen Netzen ist der Router das einzige Gerät, das einen Broadcast stoppen und ihn daran hindern kann, durch das gesamte Netz zu laufen. Da ein Router die Protokollschicht versteht und das Tor zwischen den verschiedenen Netzen und Subnetzen darstellt, richtet er Broadcast-Domänen ein und kontrolliert, welcher Netzwerkverkehr zwischen den Netzen stattfindet. Der Broadcast-Rahmen kann sich innerhalb der Broadcast-Domäne bewegen, in der er generiert wurde, er kann jedoch nicht in andere Broadcast-Domänen eintreten (siehe Bild 3.16).

Bild 3.16: Broadcast-Rahmen, die sich in einem Netz bewegen

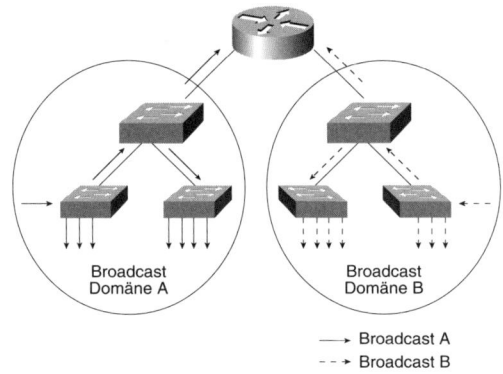

Wir haben erklärt, wie sich Broadcasts über das Netz verbreiten und wie Switches und Router die Broadcast-Rahmen handhaben. Wie aber behandeln die Endgeräte den Broadcast-Netzwerkverkehr?

3.4 Wie der Broadcast-Netzwerkverkehr die Endgeräte beeinflußt

Wenn Endgeräte Broadcasts empfangen, kann die Situation sehr dynamisch werden. Tests haben ergeben, daß bei Arbeitsstationen mit einen Pentiumchip 120 MHz, die 1000 Broadcast in der Sekunde erhalten, 15% der CPU nur genutzt werden, um diese Broadcasts zu handhaben. Bei 3000 Broadcasts in der Sekunde werden 28% der CPU nur für die Handhabung des Broadcast-Netzwerkverkehrs genutzt. Eine Sparc5-Station verhält sich ähnlich. Maschinen mit langsameren Prozessoren werden sogar mehr beeinträchtigt. Einige verschließen sich, wenn sie mehr als 3000 Broadcasts in der Sekunde verarbeiten müssen.

Werden Broadcast-Rahmen bearbeitet, so heißt das für die Endgeräte, daß ihnen ein geringerer Prozentsatz an CPU-Leistung zu Verfügung steht. Wenn ein Benutzer mit einer Datenbankanwendung arbeitet oder ein Dokument erstellt, steht der Prozentsatz an CPU, der für die Bearbeitung der Broadcasts genutzt wird, den Anwendungen des Benutzers nicht zur Verfügung.

Beachten Sie, daß die Anzahl der Broadcasts pro Sekunde in signifikanter Relation zu den Protokollen und Anwendungen steht, die Sie auf Ihrem Netz laufen haben. Wenn Sie nur IP verwenden oder nur wenige IPX-Server zur Verfügung stehen, so sind 3000 Broadcasts pro Sekunde für Sie sicher eine große Menge. Wenn Sie jedoch Broadcast-intensive Anwendungen wie NetBIOS betreiben oder 75 oder mehr IPX-Server zur Verfügung stehen, so können Sie Broadcasts in einer Größenordnung von 10000 bis 20000 pro Sekunde bearbeiten.

Ebenso operieren einige Anwendungen über Broadcasts. Ist eine dieser Anwendungen für Ihr Business von entscheidender Bedeutung, so werden Sie während der Hauptverkehrszeiten des Tages vermutlich mehr als 3000 Broadcasts pro Sekunde empfangen. Es ist wichtig, daß Sie die Zahlen der Broadcasts im Netz zu den Protokollen und Anwendungen, die auf dem Netz laufen, in Beziehung setzen. Die Anzahl von Broadcasts pro Sekunde kann die Verarbeitungskapazität einer Endstation auf unannehmbare Weise überlasten. Die Frage danach, wieviel Broadcasting zuviel für ein Endgerät ist, wird später in diesem Kapitel im Abschnitt »Kontrollieren des Broadcast-Netzwerkverkehrs« weiter diskutiert.

Wie wir schon früher bemerkt und in Bild 3.9 dargestellt haben, können Broadcast-Rahmen Broadcasts in den Feldern Protokoll- und MAC-Zieladressen haben. Es ist daher logisch, daß ein Broadcast, der von einem IPX-Server, der seine Dienste ankündigt, abgeschickt wird, nur zu IPX-Endgeräten geht.

Was den Broadcast-Netzwerkverkehr angeht, ist dies jedoch nicht unbedingt der Fall. Wenn ein IPX-Server seine Dienste via SAPs an das Netz versendet, schicken die Switches im Netz die Nachricht von allen Ports ab, unabhängig davon, ob die Endstationen das IP-, IPX- oder AppleTalk-Protokoll verwenden. Das geschieht, da die Switches nicht die Fähigkeit haben, Protokolladressen zu erkennen.

Die IPX-Endgeräte im Netz reagieren direkt auf den IPX-Broadcast. Die Endgeräte erhalten den IPX-SAP-Broadcast, bearbeiten den Rahmen und verwenden oder verwerfen ihn.

Die IP-Endgeräte im Netz reagieren nicht so direkt. Alle IP-Hosts, die mit dem gleichen Switch verbunden sind, wie die IPX-Endgeräte, bekommen ebenfalls den Broadcast. Die MAC-Broadcast-Zieladresse ist für IP und IPX gleich, so daß jedes IP-Endgerät den Broadcast bearbeiten muß, bevor es erkennt, daß der Rahmen kein IP-Broadcast ist, und ihn wegwerfen kann.

Obwohl der gesendete Rahmen ein IPX-Broadcast ist, müssen die IP-Arbeitsstationen ihre Tätigkeiten einstellen, um den Charakter des Broadcast zu prüfen und ihn schließlich wegzuwerfen, was bedeutet, daß wertvolle CPU-Zeit verschwendet wird. Bild 3.17 zeigt eine IPX-Arbeitsstation und eine IP-Arbeitsstation, die auf denselben IPX-SAP-Broadcast reagieren.

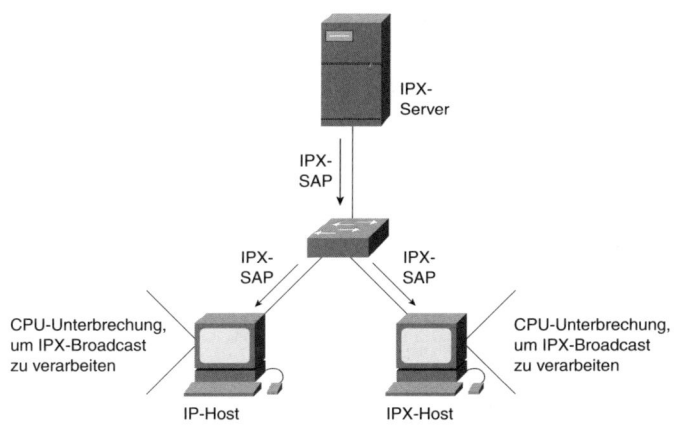

Bild 3.17:
IP- und IPX-
Endgeräte, die
auf denselben
IPX-SAP-
Broadcast
antworten

Der Grund warum die IP-Arbeitsstation den IPX-Broadcast prüfen muß, liegt in der Art und Weise, wie Broadcasts auf der Netzwerkkarte der Arbeitsstation gesendet und gehandhabt werden. Da die MAC-Broadcast-Zieladresse bei IP und IPX dieselbe ist – sie benutzen beide die Zieladresse ffffff –, kann die Netzwerkkarte nicht entscheiden, um welches Protokoll es sich bei einem gegebenen Broadcast-Rahmen handelt. Die Arbeitsstation muß den Rahmen zur CPU bringen, die wiederum den MAC-Adressenkopf vom Rahmen entfernen und einen Blick auf die Protokolladresse werfen muß, um festzustellen, welches Protokoll er hat, und zu entscheiden, ob der Rahmen für die Endgeräte von Nutzen ist oder nicht.

Diese Vorgehensweise wird für Protokolle benutzt, die die MAC-Broadcast-Zieladresse verwenden. Andere Protokolle wie AppleTalk nutzen Multicast-Rahmen, die eine etwas andere MAC-Zieladresse haben. Eine AppleTalk-Netzwerkstation kann den Broadcast-Rahmen unmittelbar verwerfen, da die Netzwerkkarte die MAC-Zieladresse nicht erkennt.

3.5 Kontrollieren von Broadcast-Netzwerkverkehr

Wir haben gesehen, daß Broadcasts wichtig sein können und nützliche Informationen enthalten können, die das Netz durchqueren müssen. Wenn Broadcast-Netzwerkverkehr jedoch unkontrolliert fließt, kann er verheerende Auswirkungen haben – vor allem auf die Endstationen, die, wenn sie sich verschließen, von den Benutzern nicht für ihre Aufgaben genutzt werden können. Das effizienteste Netzkonzept ist das, welches die Vor- und Nachteile des Broadcast-Datenverkehrs ausbalanciert und die Broadcasts unter Kontrolle hält.

Wie kontrollieren wir, wieviel Broadcast-Datenverkehr im Netzwerk stattfindet? Die folgenden Schritte sind im allgemeinen hilfreich:

1. Betrachten Sie die Anwendungen, die auf dem Netz laufen, und prüfen Sie, wie viele dieser Anwendungen Broadcast-intensive Rahmen aussenden.

2. Machen Sie sich Gedanken über die Protokolle, die Sie auf ihrem Netz laufen haben (NetBIOS verwendet beispielsweise sehr Broadcast-intensive Anwendungen; IPX sendet alle 60 Sekunden SAPs aus).

3. Verteilen Sie die Geräte, die den größten Teil der Broadcasts generieren, auf verschiedene Subnetze im Netz, so daß ihre Broadcasts von einem Router gestoppt werden können und nicht durch das ganze Netz laufen. Ziel ist es, zu verhindern, daß der Broadcast-Netzwerkverkehr die Leistung der Endgeräte nachteilig beeinträchtigt.

4. Versuchen Sie, die Anzahl der Protokolle und Anwendungen, die einen Großteil des Broadcast-Netzwerkverkehrs verursachen, zu verringern (besonders, wenn sie für Ihr Unternehmen nicht von entscheidender Bedeutung sind). In Anbetracht des offensichtlichen Trends, daß viele Netzwerke auf IP umgestellt werden, ist es vielleicht an der Zeit, NetBIOS und andere ungebräuchliche Protokolle nicht mehr auf Ihrem Netz laufen zu lassen.

5. Hüten Sie sich vor neuen Anwendungen, die in das Netz eingeführt werden, und prüfen Sie ihre möglichen Auswirkungen auf die Leistung der Netzwerk-Arbeitsstationen in Hinsicht auf den Broadcast-Netzwerkverkehr.

Wieviel Broadcast-Datenverkehr ist zuviel? Wenn die Menschen in Ihrer Firma schnellere Antworten von den von ihnen verwendeten Anwendungen bekommen, indem sie ihre Computer vom Netz trennen, ist Ihr Broadcast-Netzwerkverkehr

sicher zu hoch, und Sie haben ein Problem mit der Leistungsfähigkeit Ihres Netzes. Das Verlassen des Netzes ist ein drasti-
scher Schritt, den Sie unbedingt vermeiden sollten.

Überwachen Sie den Broadcast-Netzwerkverkehr, so daß Sie
sehen können, wo die hohen Zugriffe herkommen. Leider ist
es nicht einfach, Broadcasts zu überwachen. Um das zu tun,
müssen Sie zumindest ein Analysewerkzeug, wie beispielsweise
einen *Sniffer*, einbauen und das Netz beobachten. Das sollten
Sie eine Stunde lang während der Stoßzeiten und eine Stunde
während der ruhigen Verkehrszeiten tun, um ein Grundmuster
für die Menge an Broadcast-Netzwerkverkehr zu finden, der
durch das Netz fließt.

Oberflächlich betrachtet, scheint diese Aufgabe vernünftig
und nicht zu schwierig zu sein, besonders wenn Sie nur das
Backbone beobachten oder ein paar Subnetze. Müssen Sie
jedoch mehr als nur minimal überwachen, beispielsweise auf
der Endgeräteschicht, kann dies bedeuten, daß die Netzwerkadministratoren und die Supportabteilung eine Menge Arbeit
leisten müssen. Die Administratoren müssen das Backbone
und mehrere Arbeitsstationen an jedem Switch für alle Subnetze auf dem Netzwerk überwachen. Das erfordert viel Zeit
und Arbeitsleistung. Sicherlich können Endbenutzer ihre Stationen mit Hilfe von Software überwachen, was jedoch bedeuten würde, daß sie Zeit aufwenden müssen, um eine zusätzliche Arbeit auszuführen, die sie weder sehr glücklich machen
würde noch sehr produktiv wäre.

Es kann schwierig sein, Ihr Netz so zu konzipieren, daß es
flexibel genug ist, neue Anwendungen und Technologien zu
handhaben und gleichzeitig den normalen Broadcast-Netzwerkverkehr unter Kontrolle zu halten, unmöglich ist es jedoch nicht. Es ist schwierig, da es keine festen Formeln oder
industriellen Standards dafür gibt, wie Broadcast-intensiv die
jeweilige Anwendung ist, und der Einfluß jeder Anwendung
von Netz zu Netz unterschiedlich ist.

3.6 Zusammenfassung

Sie wissen jetzt, was Broadcast-Netzwerkverkehr ist, wie er sich durch das Netz bewegt, und wie man ihn kontrolliert. Wenn Sie eine neue Anwendung in Ihrem Netz benötigen, so sollten Sie deren möglichen Einfluß auf den Broadcast-Netzwerkverkehr im voraus analysieren und sie so integrieren, daß ihre Datenverkehrsmuster das Netz nicht überlasten.

Eine Gruppe von Anwendungen, die neuerdings populär sind und bereits bedeutende Auswirkungen auf die Datennetze zeigen, sind Multimedia-Anwendungen. Multimedia kann ebenfalls sehr Broadcast-intensiv sein und muß daher vom Netzwerkdesigner sorgfältig betrachtet und verstanden werden. Wir behandeln die Auswirkungen von Multimedia im nächsten Kapitel.

Folgende konzeptionelle Überlegungen sind für den Broadcast-Netzwerkverkehr relevant:

- Broadcasts stellen nutzbringenden und nötigen Netzwerkverkehr dar. Zuviel Broadcast-Netzwerkverkehr kann jedoch Probleme für die Leistungsfähigkeit der Netze mit sich bringen. Den Broadcast-Netzwerkverkehr zu managen, ist ein wichtiger Aspekt bei der Konzeption von Campus-LANs.

- Switches verteilen Broadcasts über das Netz.

- Der Einsatz von Routern, um Subnetze einzurichten und Broadcasts intelligent zu bearbeiten, ist ein effizienter Weg, um den Broadcast-Netzwerkverkehr zu kontrollieren.

- Endstationen können Broadcasts empfangen, die nicht für sie bestimmt sind, die sie jedoch trotzdem bearbeiten und verwerfen müssen. Man benötigt ein effizientes Netzwerk-Design, um diese Verschwendung von CPU-Zeiten auf einem Minimum zu halten.

- Eine Methode, den Broadcast-Verkehr zu kontrollieren, ist, die Protokolle und/oder Anwendungen zu reduzieren, die viel Broadcast-Netzwerkverkehr verursachen.

– Neue Anwendungen sollten hinsichtlich ihrer Auswirkungen auf den Broadcast-Verkehr geprüft werden, bevor sie in das Netz integriert werden. Es ist im allgemeinen einfacher, diese Auswirkungen vorherzusehen, als das System zu kontrollieren, wenn es bereits unter den Folgen von zuviel Broadcast-Netzwerkverkehr leidet.

Dieses Kapitel behandelt folgende Themen:

- Multimedia-Anwendungstypen
- Multimedia-Verkehrscharakteristika
- IP-Multicast-Operation
- Voraussetzungen für Multicast-Operationen
- Routing-Methoden für Multimedia-Daten
- Wie Switches Multimedia-Daten behandeln

KAPITEL 4

Multimedia–Datenverkehr

Multimedia-Anwendungen stellen ein aufregendes neues Medium dar, da sie so viel anzubieten haben – die Integration von Ton, Grafik, Animation, Text und Video. Es ist daher kein Wunder, daß Multimedia-Anwendungen so außerordentlich beliebt geworden sind und jeder diese Anwendungen auf dem Campus zur Verfügung haben will.

Es bedarf jedoch einer exakten Planung durch den Netz-designer, um das Netz so zu installieren, daß es diese Anwen-dungen handhaben kann. Multimedia-Anwendungen sind ihrem Charakter entsprechend vielschichtig, und bevor Sie erfolgreich operieren können, müssen einige spezifische Vor-aussetzungen im Netz gegeben sein. Damit Sie Ihr Netz auf diese Anwendungen vorbereiten können, ist den Multimedia-Anwendungen ein eigenes Kapitel gewidmet.

Das Kapitel beginnt mit der Definition typischer Multimedia-Anwendungen und den Wegen, über die sie durch das Netz laufen könnten. Danach werden die Protokolle untersucht, die der Netzwerkdesigner benutzen kann, um Multimedia-Anwendungen vom Sender zum Empfänger zu transportieren, und es werden die Auswirkungen dieser Protokolle auf den Datenverkehr dargestellt.

4.1   Multimedia-Anwendungstypen

Es gibt die unterschiedlichsten Multimedia-Anwendungen. Eine sehr beliebte Anwendung ist das Fernstudium, das es mehr Personen als nur den vor Ort anwesenden Studenten im Klassenzimmer ermöglicht, Kurse zu belegen. Die Anwendung ist interaktiv, so daß die Benutzer, obwohl sie an anderen Orten sind, Fragen beantworten und genauso am Unterricht teilnehmen können wie die Studenten im Klassenzimmer. Das Fernstudium ist eine Multimedia-Anwendung, da die Anwendung im Gegensatz zu Fernsehprogrammen, die von Transmitter- oder Satellitensignalen übertragen werden, über das Datennetz läuft.

Echtzeit-Bildverarbeitung ist ein anderes Beispiel für Multimedia-Anwendungen. Bei dieser Anwendung werden Bilder zur gleichen Zeit auf dem Bildschirm generiert, wie sie in der Realität auftauchen. Bei der Echtzeit-Bildverarbeitung hat der Benutzer die Möglichkeit, sich dynamisch zu beteiligen, da der Computer Tastenanschläge oder Befehle akzeptieren und ausführen kann, während das Bild erscheint. So können beispielsweise Ärzte, die sich an verschiedenen Orten befinden, während einer schwierigen Operation gleichzeitig Röntgenbilder untersuchen und sich gegenseitig über Computer ihre Bedenken mitteilen. Ein anderes Beispiel wäre ein kompliziertes Flugsimulationsprogramm, das sich der Echtzeitanimation bedient, um die Bewegungen in der Flugbahn des Benutzers in Bewegungen auf dem Bildschirm zu übertragen.

Andere beliebte Anwendungen sind Video- und Dokumentenkonferenz-Anwendungen. Bei Videokonferezen können die Teilnehmer, ähnlich wie beim Fernstudium, über das Datennetz kommunizieren, indem sie Video, Stimme und Text benutzen. Bei Dokumentenkonferenzen können die Benutzer zur gleichen Zeit dieselbe Datei sehen und bearbeiten.

Es ist zu erwarten, daß es sich als kompliziert erweist, verschiedene Medien zu einem zu verschmelzen und dieses kombinierte Medium durch das Netzwerk zu senden. Man kann außerdem annehmen, daß dieser Vorgang viel Bandbreite auf dem Netz beanspruchen wird. In den folgenden Abschnitten werden diese Themen untersucht.

4.2 Multimedia-Verkehrscharakteristika

Multimedia-Verkehr kann sich seinen Weg durch das Netz auf verschiedene Weise bahnen – als Unicast-Verkehr, als Broadcast-Verkehr oder als Multicast-Verkehr. Jede Methode hat andere Auswirkungen auf die Bandbreite des Netzes, die in den folgenden Abschnitten erklärt wird.

4.2.1 Multimedia-Daten als Unicast-Verkehr

Unicast-Verkehr ist eine Punkt-zu-Punkt-Anwendung. Er wird nicht zu jedem Netzteilnehmer gesendet. Früher mußten sich die Benutzer auf einem zentralen Video-Server anmelden, um an einer Videokonferenz teilzunehmen. Der Video-Server überprüfte jeden Benutzer und lieferte ihm die Videokonferenzen, für die er berechtigt war. Der Server diente als Mittelpunkt und verteilte die Videoströme an jeden Benutzer, wie in Bild 4.1 dargestellt. Mit jedem neuen Benutzer, der sich am Server anmeldete, wurde ein neuer Datenstrom generiert.

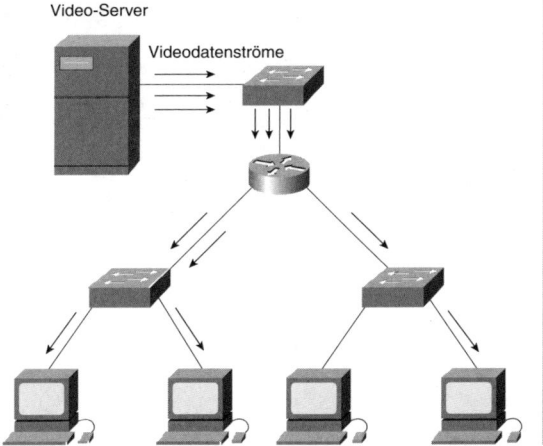

Video-Server

Videodatenströme

Bild 4.1: Multimedia-Daten, die als Unicast-Verkehr verschickt werden

Der Nachteil dieses Verfahrens ist, daß der Video-Server mehrere Ströme desselben Datenrahmens durch das Netz schickt. Das heißt, daß 20 Ströme mit denselben Daten durch das Netz gesendet werden, wenn sich 20 Benutzer mit dem Video-Server verbinden, um dieselbe Videokonferenz zu sehen. Aufgrund dieser Eigenschaft belegte der Multimedia-Verkehr schnell die gesamte Bandbreite des Netzes und verlangsamte so das Netz dramatisch.

Da der Netzwerkdesigner heute andere Möglichkeiten hat, Multimedia-Verkehr zu versenden, wird Unicast-Multimedia nur noch in geringem Ausmaß genutzt, besonders, wenn nur wenige Teilnehmer eine Videokonferenz einberufen wollen. Ist beispielsweise auf Ihrem Computer und auf dem eines Mitarbeiters in einem anderen Gebäude eine Netzwerkkonferenz über eine Multimedia-Anwendung installiert, dann können Sie eine Videokonferenz abhalten, anstatt das Telefon zu benutzen.

4.2.2 Multimedia-Daten als Broadcast-Verkehr

Broadcast-Multimedia-Verkehr ist eine Point-to-Multipoint-Anwendung. Dabei sendet der Video-Server einen Datenrahmen (anstelle mehrerer Ströme) aus, der an alle geht. Diese Point-to-Multipoint-Operation ist in Bild 4.2 dargestellt.

Bild 4.2: Multimedia, der als Broadcast-Verkehr versendet wird

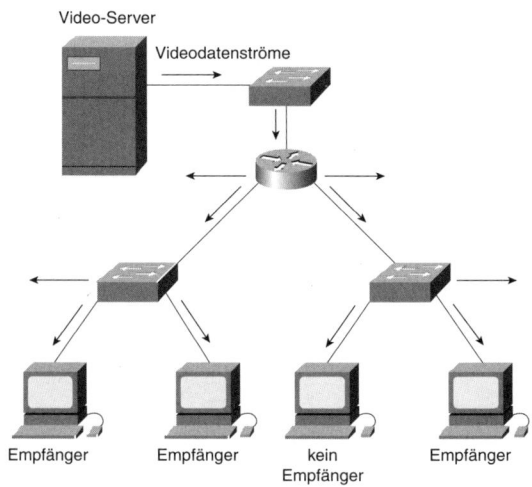

Video-Server

Videodatenströme

Empfänger   Empfänger   kein Empfänger   Empfänger

Broadcast-Multimedia wird in der gleichen Art und Weise über das Netz verteilt wie normaler *Broadcast-Verkehr*. Genau wie bei normalen Broadcasts muß jede Arbeitsstation den Broadcast-Multimedia-Datenrahmen bearbeiten. Anders als die Standard-Broadcast-Rahmen, die im allgemeinen klein sind, können Multimedia-Broadcasts 7 Mbyte oder mehr Daten enthalten. Wenn eine Endstation eine Multimedia-Anwendung nicht nutzt, muß sie den Broadcast-Verkehr trotzdem bearbeiten, was bedeuten kann, daß der größte Teil, wenn nicht sogar die gesamte zugeteilte Bandbreite verbraucht wird. Aus diesem Grund wird die Broadcast-Multimedia-Methode selten angewandt.

4.2.3 Multimedia-Daten als Multicast-Verkehr

Multicast-Verkehr ist wie Broadcast-Verkehr eine Point-to-Multipoint-Anwendung. Der Video-Server sendet jedoch den Datenstrom nicht an alle Netzteilnehmer, sondern nur an die Stationen, die ihn empfangen wollen.

Im Gegensatz zur Unicast-Methode sendet der Video-Server einen einzigen Datenstrom an mehrere Endgeräte (anstatt an jede nachfragende Arbeitsstation einen gesonderten Datenstrom zu senden). Bild 4.3 zeigt eine Multicast-Operation.

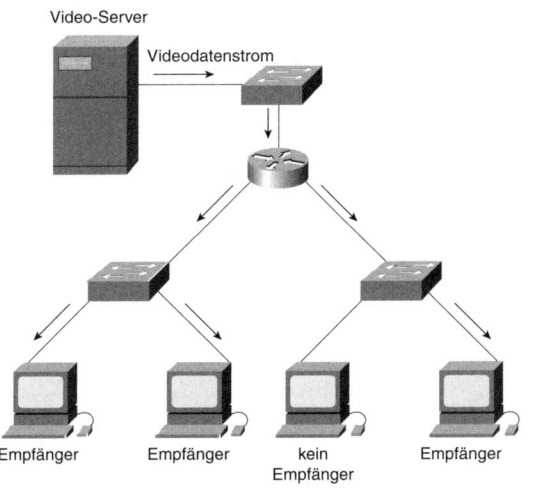

Bild 4.3: Multimedia, der als Multicast-Verkehr versendet wird

Da die Multicast-Methode einzigartige Möglichkeiten bietet, wurde sie von den Anwendungsentwicklern sehr rasch übernommen, um Multimedia-Daten zu versenden. Diese Methode des Multicasting ist in der »Host Extension for IP-Multicasting« (RFC 1112) definiert, welche im August 1989 standardisiert wurde. Das RFC 1112 reserviert unter anderem eine Reihe von Adressen auf der MAC-Schicht und auf der IP-Protokollschicht, die nur für das IP-Multicasting genutzt werden können. Die folgenden Abschnitte geben einen Überblick über den Standard und den Weg, auf dem sich das IP-Multicasting durch das Netzwerk bewegt.

4.3 IP-Multicast-Operation

Der Internet-Standard definiert IP-Multicasting ganz allgemein als die Übertragung eines IP-Datenrahmens an eine Host-Gruppe, die von einer einzigen IP-Adresse identifiziert wird. Wegen der Host-Gruppe und der »Eine-IP-Adresse-Regel« enthält der *IP-Multicast* eine spezifische Kombination aus der *MAC-Zieladresse* und der *IP-Zieladresse*, die folgendermaßen funktioniert:

Host-Gruppen werden von Klasse-D-IP-Adressen identifiziert. In der Protokollschicht muß die Multicast-Host-Gruppe eine D-Klasse-IP-Adresse haben, die zwischen 224.0.0.1 und 239.255.255.255 liegt (es ist sichergestellt, daß die IP-Adresse 224.0.0.0 keiner Gruppe zugeordnet ist). Die Host-Gruppe repräsentiert alle Benutzer der Multicast-Anwendung. Der Server sendet einen einzigen Multicast-Datenstrom an die Host-Gruppe, anstatt einzelne Datenrahmen an jedes Mitglied der Host-Gruppe zu senden (das wäre ein Unicast-Point-to-Point-Verkehr). Bild 4.4 zeigt eine Host-Gruppenadresse.

Bild 4.4:
Multimedia-
Multicast-
Rahmen

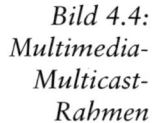
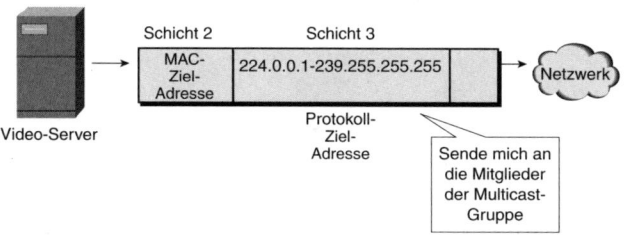

Die IP-Protokolladresse 240.0.0.1 wird benutzt, um alle Multicast-Hosts anzusprechen, die direkt mit demselben Netz verbunden sind, wie der Multimedia-Server. Bild 4.5 zeigt Endstationen, die sich in demselben Netz befinden wie der Multimedia-Server.

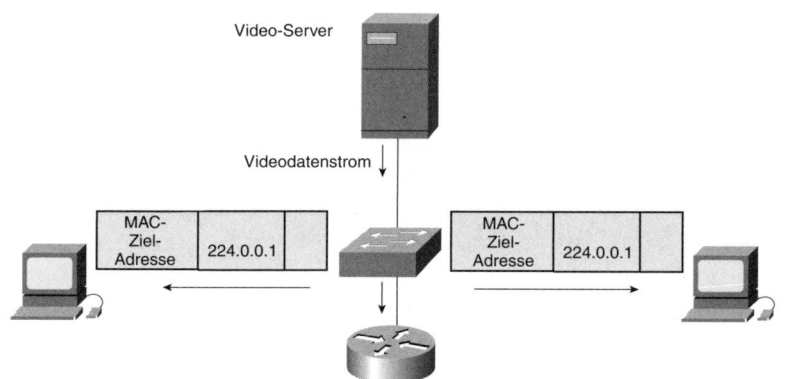

Bild 4.5:
Video-Server,
der einen
Datenstrom an
Benutzer sendet

Die MAC-Zieladresse für die MAC-Schicht beginnt immer mit 01-00-5E, gefolgt von der IP-Gruppenadresse. Diese Adressen verbinden sich, um eine einzige Multicast-Gruppenadresse zu bilden: 01-00-5E-xx-xx-xx (»xx-xx-xx« spezifiziert die IP-Gruppenadresse). Ist die IP-Protokoll-Zieladresse für eine Multimedia-Gruppe beispielsweise 224.10.10.10, lautet die MAC-Adresse 01-00-5E-10-10-10. Bild 4.6 zeigt dieses Beispiel.

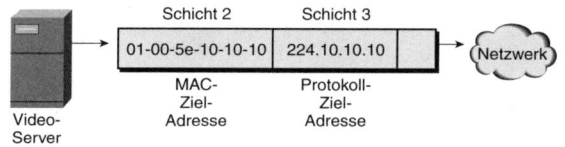

Bild 4.6:
Multimedia-
MAC- und
-Protokoll-
schichtadres-
sierung

Da nur die letzte Hälfte der MAC-Adresse für die IP-Host-Gruppenadresse verwendet wird, kann es zu Überschneidungen kommen. Die IP-Host-Gruppenadressen 224.10.10.10 und 230.10.10.10 haben beispielsweise die gleiche MAC-Adresse: 01-00-5E-10-10-10. Die Gruppen bleiben jedoch getrennt, da sie unterschiedliche IP-Host-Gruppenadressen (Protokollschicht) haben.

Abgesehen von Multicast legt der Internet-Standard auch zusätzliche Anforderungen fest, die von den Netzgeräten unterstützt werden müssen, damit sie die Multimedia-Anwendungen erfolgreich betreiben können.

4.4 Voraussetzungen für Multicast-Operationen

Wie zu erwarten, ist es notwendig, daß alle Netzgeräte – Server, Host, Router und Switch – koordiniert zusammenarbeiten. Man braucht außerdem zusätzliche Protokolle, damit jedes Gerät Multimedia-Anwendungen verstehen und unterstützen kann. Im folgenden Abschnitt wird definiert, welche Anforderungen ein Gerät erfüllen muß und wie jedes Gerät arbeiten muß, damit es Multimedia-Anwendungen unterstützen kann.

4.4.1 Wie Server und Host mit Multimedia umgehen

Der Multimedia-Server und der Host (auch Arbeitsstation genannt) müssen sowohl das Multicast-Adressierschema als auch das Internet-Gruppen-Management-Protokoll (IGMP), das im RFC 1112 spezifiziert ist, unterstützen können. IGMP definiert die Methoden, wie Multimedia-Nachrichten zwischen den Geräten eines LAN weitergereicht werden.

Will ein Host – nennen wir ihn Host A – eine Multimedia-Anwendung empfangen, sendet er eine Nachricht an den Server, in der er darum bittet, Mitglied der Multimedia-Host-Gruppe zu werden, welche die Anwendung empfängt. Dieser Schritt ist notwendig, da ein Multimedia-Datenrahmen nur an eine Host-Gruppe übertragen werden kann. Die Nachricht von Host A, die als IGMP-Join-Host-Group-Nachricht bekannt ist, ist in Bild 4.7 dargestellt.

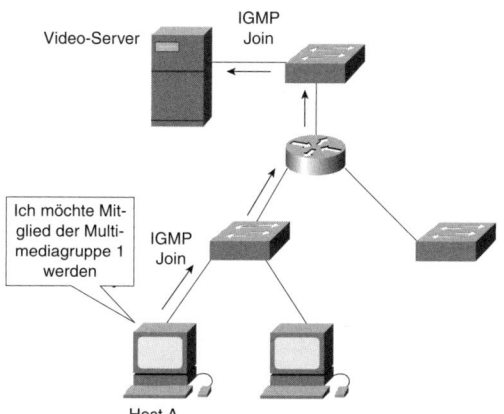

Bild 4.7:
Host, der eine
IGMP-Join-
Nachricht
sendet

Der Video-Server, der Multimedia-Anwendungen betreibt, sendet Datenrahmen nur an Mitglieder einer Multimedia-Host-Gruppe. Host A wird durch seine IGMP-Join-Nachricht Mitglied der gewünschten Gruppe und kann den Multimedia-Datenstrom empfangen (siehe Bild 4.8).

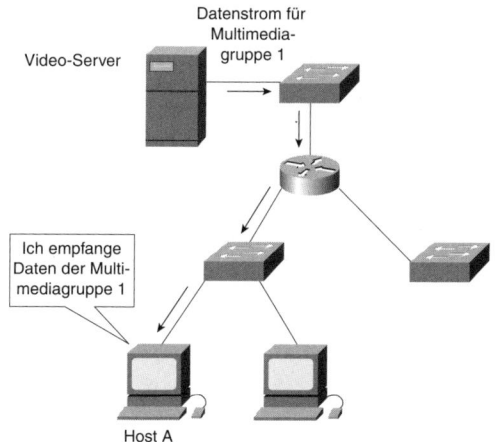

Bild 4.8:
Host, der einen
Multimedia-
Datenstrom
empfängt

Die Mitgliedschaft in einer Host-Gruppe ist dynamisch – das heißt, Hosts können sich jederzeit Gruppen anschließen oder diese verlassen. Außerdem gibt es keine Beschränkungen, wie viele Mitglieder eine Host-Gruppe haben darf oder wo diese sich befinden müssen. Dieser Vorgang wird noch einmal betrachtet, wobei jedoch dieses Mal auch die Besonderheiten der Gruppenadresse Beachtung finden.

Host A möchte an einer Videokonferenz teilnehmen, die als Multimediagruppe XYZ identifiziert ist. Die Gruppe hat die Adresse 230.1.1.1. Host A sendet ein IGMP-Join für die Multimediagruppe XYZ an den Video-Server. Bild 4.9 zeigt wie die Teilnahme zustandekommt. Der Video-Server antwortet, indem er Host A in die Multimediagruppe XYZ aufnimmt.

Bild 4.9:
IGMP-Join-
Anfrage, die an
einen Video-
Server geht

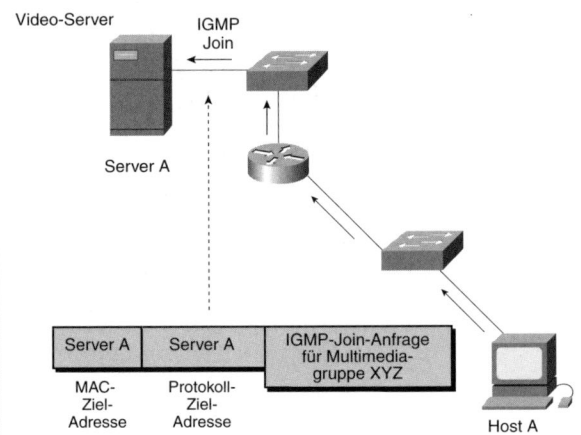

Der Video-Server sendet den Netzwerkverkehr der Videokonferenz für die Multimediagruppe XYZ ins Netz. Wie in Bild 4.10 veranschaulicht, wird die Videokonferenz an die IP-Multicast-Gruppenadresse 230.1.1.1 gesendet, die die MAC-Gruppenadresse 01-00-5E-01-01-01 enthält. Da Host A jetzt Mitglied der Gruppe ist, kann er an der Videokonferenz teilnehmen.

Wenn Host A die Videokonferenz verlassen will (Multimediagruppe XYZ), sendet er ein IGMP-Leave an den Server, und der Server löscht die Adresse von Host A aus der Mitgliedertabelle von Gruppe XYZ. Bild 4.11 zeigt den Prozeß des IGMP-Leave.

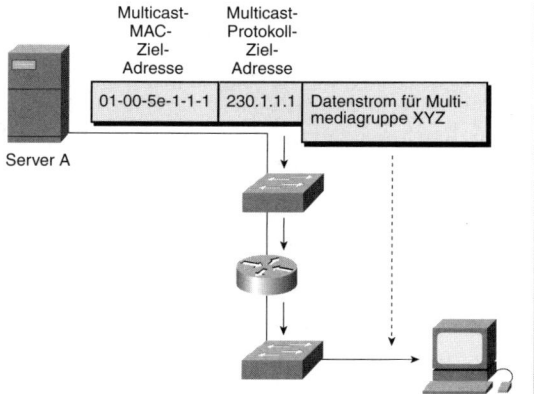

Bild 4.10:
IP-Multicast-
Gruppenadres-
sierschema

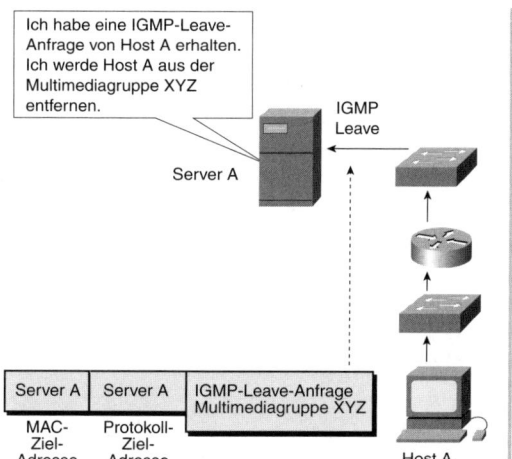

Bild 4.11:
IGMP-Leave-
Anfrage an
einen Video-
Server

Der Server muß genaue Informationen über die Mitglieder jeder Multimediagruppe, die er unterstützt, verwalten. Er ist außerdem dafür verantwortlich, daß der Datenverkehr an das Netz gesendet wird. Der Host hat die Aufgabe, Join- und Leave-Meldungen (Beitritts- und Austrittsmeldungen) an den Server zu senden, so daß er beginnen oder aufhören kann, den Multimedia-Netzwerkverkehr zu empfangen. Der Host ist außerdem dafür verantwortlich, daß die IGMP-Berichte an den Router zurückgesandt werden, was im nächsten Abschnitt behandelt wird.

4.4.2 Wie der Router Multimediadaten behandelt

Damit Multimedia-Anwendungen das Netz erfolgreich durchqueren können, müssen IP-Multicasts und IGMP auch von
den Routern verstanden werden. Zuerst wird betrachtet, wie
der Router IGMP behandelt. Dannach werden die Methoden
dargestellt, die die Router benutzen, um Multicast-Routing
durchzuführen.

Wie im vorhergehenden Abschnitt beschrieben, sendet ein
Host, der sich einer Multimediagruppe anschließen will, seine
IGMP-Nachricht an den Server. Diese Nachricht muß über
einen Router laufen (außer der Host und der Server befinden
sich auf demselben Subnetz, was höchst unwahrscheinlich ist).
Der Router muß wissen, daß es eine IGMP-Join-Meldung ist.
Wenn der Router die Meldung erhält, prüft er seine IGMP-
Tabelle und fügt die Netzinformation für den Host hinzu
(wenn das Netz nicht schon in der Tabelle ist), so daß er weiß,
daß er Multimedia-Multicast-Pakete an die Host-Schnittstelle
senden muß. Der Router trägt normalerweise die IP-Netz-
adresse des Host, nicht die spezielle IP-Adresse, in die Tabelle
ein. Bild 4.12 zeigt ein Beispiel einer IGMP-Tabelle.

Bild 4.12:
Router, der eine
IGMP-Join-
Anfrage weiter-
leitet

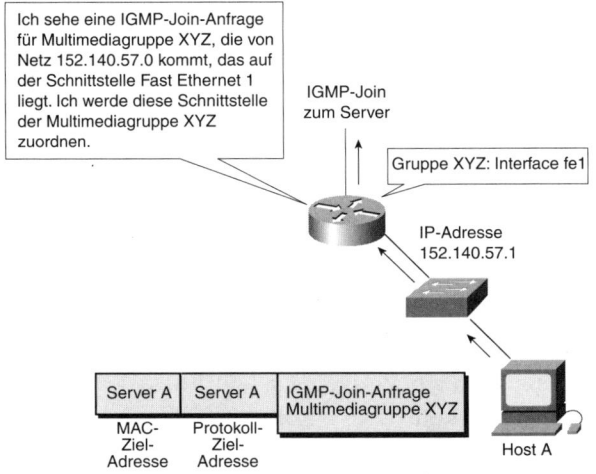

Der Router leitet die IGMP-Join-Anfrage dann an den Video-
Server weiter, der für die spezielle Multimediagruppe verant-
wortlich ist. Um die Anfrage weiterleiten zu können, muß der
Router alle IGMP-Anweisungen in den Meldungen verstehen,

da er sie sonst nicht zu den passenden Multimedia-Servern dirigieren könnte.

Router senden ebenfalls periodisch IGMP-Rückfragen aus, um ihre Gruppen-Mitgliedschaftstabellen auf dem neuesten Stand zu halten. Ein Router sendet auf jedem Netz eine Rückfrage für jede Multimediagruppe aus (siehe Bild 4.13).

Die Hosts reagieren auf die Rückfrage, indem sie eine IGMP-Meldung an den Router zurücksenden. Da für jede Multimediagruppe auf jedem Netz nur eine Meldung gesendet wird, muß jeweils nur ein Host jeder Multimediagruppe auf die Rückfrage antworten. Welcher Host die Meldung tatsächlich zurücksendet, ist für den Router nicht von Interesse. Die Details dieser Methode werden in RFC 1112 erklärt. Bild 4.14 zeigt Hosts, die IGMP-Meldungen an den Router zurücksenden.

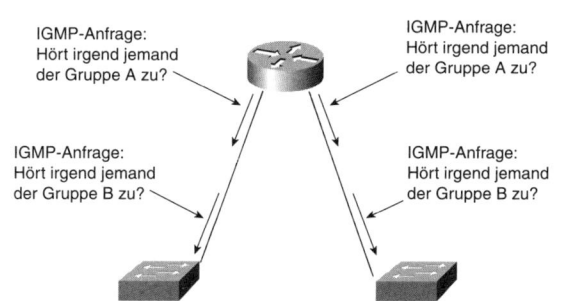

Bild 4.13:
Router, der eine
Update-Meldung an das
Netz sendet

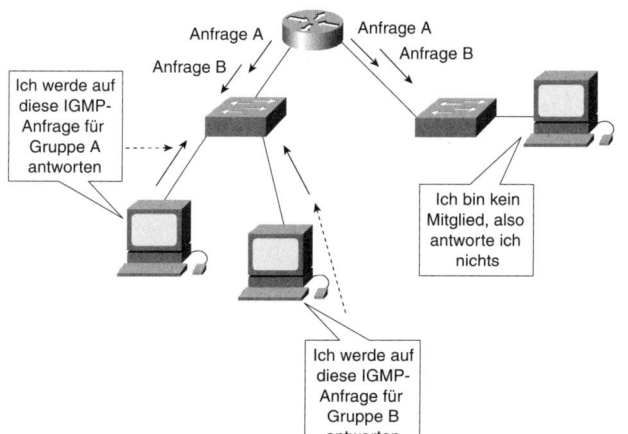

Bild 4.14:
Hosts, die auf
eine Router-
Update-Anfrage
antworten

Der Router muß nicht alle Mitglieder einer Multimediagruppe kennen. Sieht der Router beispielsweise eine IGMP-Anfrage von Netz 150.150.150.0 für die Multimediagruppenadresse 230.1.1.1 zurückkommen, behält der Router Netzwerk 150.150.150.0 als Mitglied der Gruppe 230.1.1.1 in seiner IGMP-Tabelle (siehe Bild 4.15).

Erhält der Router nach einigen Rückfragen an das Netzwerk 160.160.160.0 für die Multimediagruppenadresse 230.1.1.1 zur gleichen Zeit keine Rückmeldung, entfernt er das Netz 160.160.160.0 für die Gruppenadresse 230.1.1.1 aus der IGMP-Tabelle (siehe Bild 4.15).

Bild 4.15:
Router-Antwort
auf eine Host-
Update-
Meldung

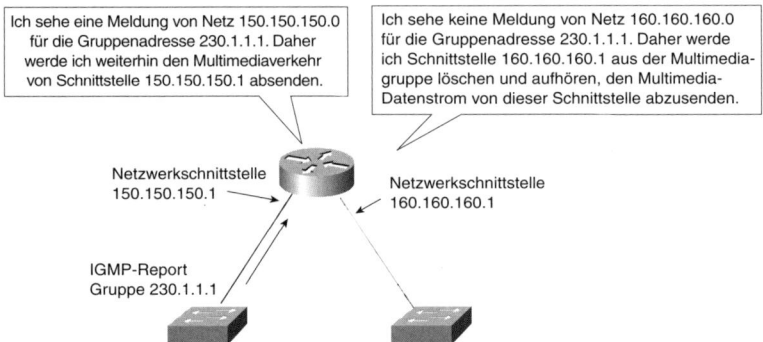

Solange der Router IGMP-Meldungen zurückbekommt, behält er diese Netzwerke weiterhin für jede Multimediagruppe in der IGMP-Tabelle.

4.5   Routing-Methoden für Multimediadaten

Die Router im Netz müssen wissen, welche Netze Multimedia-Verkehr empfangen und welche Netze Multimedia-Verkehr nicht empfangen können (IGMP hält den Router auf dem neuesten Stand). Multicast-Routing ist die Methode, die angewandt wird, um den Netzwerkverkehr zu den richtigen Netzen zu leiten.

Im allgemeinen sind Multicast-Routing-Protokolle Erweiterungen von Unicast-Routing-Protokollen – sie nutzen die Unicast-Ein-Netz-Ziel-Operation und bauen darauf auf, um Datenrahmen an mehrere Ziele zu senden.

Der Netzwerkdesigner hat derzeit die Wahl zwischen verschiedenen Multicast-Routing-Protokollen:

– Multicast Open Shortest Path First (MOSPF)

– Distance Vector Multicast-Routing-Protokoll (DVMRP)

– Protocol Independent Multicast (PIM)

– dichte (dense) Methode

– spärliche (sparse) Methode

Multicast-Routing-Protokolle können sehr komplexe Operationen haben. Da es von entscheidender Bedeutung ist, wie sich Multimedia auf den Netzwerkverkehr auswirkt, liefert die folgende Diskussion Details über Netzkonzeption und Verkehrsfluß. Genaue Informationen über den Aufbau eines Protokolls erhält man, wenn man die RFC- oder die Internet-Konzepte liest, auf die im Text und im Anhang A verwiesen wird.

Wie jedes Protokoll haben auch diese Protokolle ihre Vor- und Nachteile, die von der relativen Größe, der Komplexität und dem Internet-Arbeitsschema des jeweiligen Netzes abhängig sind. Die folgenden Abschnitte geben einen Überblick über die Arbeitsweise eines jeden Protokolls.

4.5.1 Multicast Open Shortest Path First

Multicast Open Shortest Path First (MOSPF ist definiert in RFC 1584) arbeitet in Verbindung mit IGMP. Es ist eine Erweiterung des OSPF-Routing-Protokolls. Zu den Eigenschaften von OSPF gehören Multipath Routing, Load Balancing und Least-Cost Routing. Auf die zuletzt genannte Eigenschaft baut das MOSPF auf. Mit Hilfe eines Link-State-Algorithmus bestimmt OSPF den kürzesten (least-cost) Pfad zwischen einer Quelle und einem Ziel. MOSPF führt dieselbe Aufgabe für Multicast-Datenrahmen aus. Das Protokoll erstellt Shortest-Path Trees, die sich in Richtung der Multicast-Empfänger verzweigen. Diese Eigenschaft ist ein wichtiger Aspekt bei der Netzkonzeption, da so die Verkehrsmenge, die durch das Netz läuft, reduziert werden kann. MOSPF arbeitet am besten, wenn jede Multimediagruppe viele Mitglieder hat.

MOSPF hat jedoch einen Nachteil, der seine Ursache in der »OSPF Autonomous Systems«-Eigenschaft hat.

»Autonomous Systems« sind Ansammlungen von Netzen, die in Gebiete aufgeteilt sind. Da die Netze in verschiedenen Gebieten liegen, können keine vollständigen Bäume (Ende-zu-Ende-Pfade) geschaffen werden, die von der Quelle bis zum Ziel reichen. Es können nur unvollständige Bäume bis zu den Gebietsgrenzen geschaffen werden.

Es ist das gleiche als wollte man mit einer Landkarte von Arizona nach Nevada fahren. Die Staaten können zu einem Gebiet gruppiert werden, das West-Staaten genannt wird. Sobald man jedoch an die Grenze von Arizona kommt, hat man keinen Hinweis mehr, wo man sich hinwenden soll.

Im Campus-Netz ist dieser Nachteil normalerweise kein Problem, da man innerhalb eines LAN arbeitet. Betreibt der Campus jedoch ein anderes Protokoll als OSPF, wie beispielsweise das Routing-Information-Protokoll (RIP), dann ist MOSPF vermutlich nicht die optimale Lösung. Verwendet das Netz RIP, heißt das, daß MOSPF seine eigenen Routen schaffen muß und möglicherweise mit RIP in Konflikt kommen könnte.

4.5.2   Distance Vector Multicast-Routing-Protokoll

Das *Distance Vector Multicast-Routing-Protokoll* (DVMRP ist in RFC 1075 definiert), ein Derivat von RIP, arbeitet ebenfalls in Verbindung mit IGMP.

DVMRP vereint Teile von RIP, wie den Distance-Vector-Algorithmus, mit dem Truncated-Reverse-Path Broadcasting-(TRPB-)Algorithmus. Wie der Name schon sagt, erhält der Router Anweisungen aus den Informationen, die von den Geräten zurückkommen (reverse-path). Das Reverse-Path-Forwarding wird später beschrieben.

Erhält der Video-Server eine Join-Anfrage von einem Host, sendet er die Multicastdaten dieser Multimediagruppe in das Netz. Die Router, die den Multimedia-Verkehr vom Server erhalten, fluten den Multicast anfänglich aus allen Ports, wie in Bild 4.16 dargestellt.

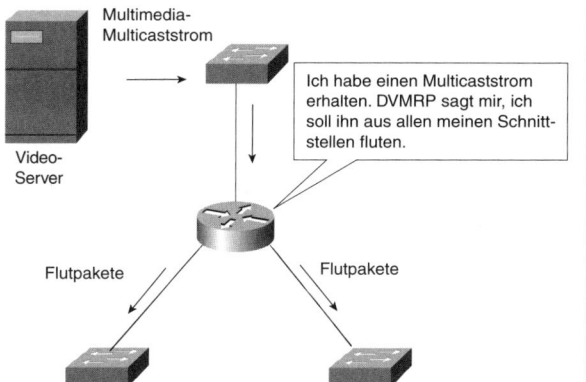

Bild 4.16:
DVMRP-
Operation über
den Router

DVMRP nimmt an, daß alle Router im Multicast-Transport-Modus sind, das heißt, daß die Router für das Multicast-Routing konfiguriert sind. Empfängt der Router Multicast-Ströme vom Server und sind andere Router an ihn angeschlossen, so nennen wir diesen Router Intermediate-Router. Der Intermediate-Router empfängt ständig Datenrahmen vom Server. Der Intermediate-Router nimmt an, daß bei den Routern, mit denen er verbunden ist, der Multicast-Forwarding-Modus konfiguriert ist und sendet das Multicast an die anderen Router. Bild 4.17 zeigt das Beispiel eines Intermediate-Routers.

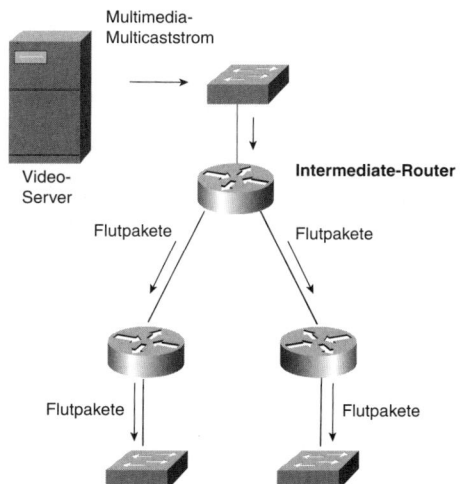

Bild 4.17:
Multimedia-
Datenstrom,
der über einen
Intermediate-
Router fließt

Der Router, der an die Subnetze der Endbenutzer angeschlossen ist, wird End-Router genannt. Entdeckt dieser durch die IGMP-Query/Report-Methode, daß auf keiner seiner Schnittstellen Gruppenmitglieder sind, hört er auf, den Datenstrom von der Schnittstelle abzusenden. Dieser Vorgang wird als *pruning back* (zurückschneiden) bezeichnet. Bild 4.18 zeigt das Beispiel eines End-Routers, der den Multicaststrom abschneidet.

Bild 4.18: Antwort eines End-Routers auf einen Multimedia-Datenstrom

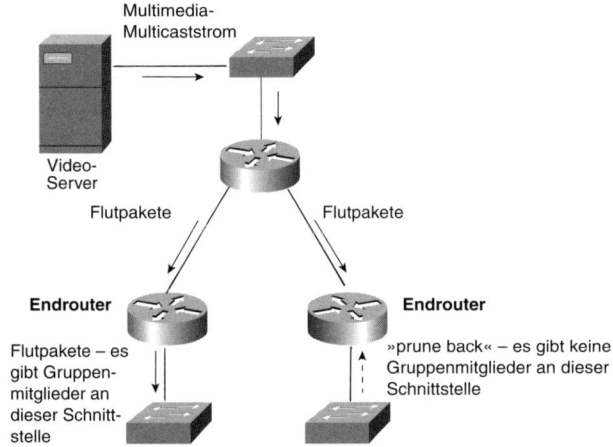

Hat ein End-Router keine Schnittstellen (wobei jede Schnittstelle ein anderes Netz repräsentiert), auf denen sich Gruppenmitglieder befinden, so sendet er eine Prune-Meldung an den Intermediate-Router, der sich direkt über ihm befindet. In der Prune-Meldung weist der End-Router den Intermediate-Router an, ihm keine Multimedia-Group-Multicast-Pakete zu senden. Der Intermediate-Router sendet daraufhin keine Multicast-Pakete mehr von dieser Schnittstelle ab.

Eines der außergewöhnlichen Merkmale von DVMRP ist, daß es ständig nach neuen Gruppenmitgliedern Ausschau hält, um seine Mitgliedertabelle auf dem aktuellen Stand zu halten. DVMRP fordert in regelmäßigen Abständen, im allgemeinen alle 60 Sekunden, von jedem Intermediate-Router, die Multicasts aus allen seinen Ports zu fluten und zu warten, bis der End-Router eine DVMRP-Prune-Meldung sendet. Das DVMRP-Multicast-Routing-Protokoll arbeitet daher am besten, wenn jede Multimediagruppe viele Mitglieder hat. Der Router muß dann nicht ständig Prune-back-Meldungen senden. Bild 4.19 verdeutlicht die Operationsweise des DVMRP-Protokolls.

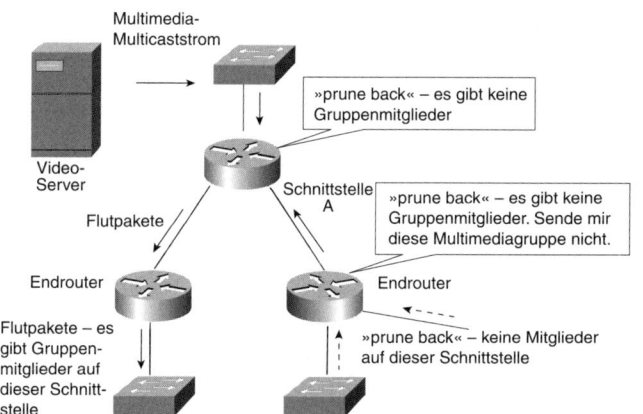

*Bild 4.19:
DVMRP-
Anfrage und
»prune back«-
Operationen*

Obwohl das periodische Senden von Anfragen die Mitgliedertabelle auf dem aktuellen Stand hält, sollte der Netzplaner jedes Protokoll, das Datenrahmen an das Netz flutet, sehr genau prüfen. DVMRP ist dafür ein ausgezeichnetes Instrument: Es ermöglicht es den Geräten, Multimedia-Anwendungen zu unterstützen, und beschränkt seinen Wirkungsbereich auf die dazugehörenden Schnittstellen, sobald diese bekannt sind. Das jedoch hat seinen Preis – seine Flutungsfähigkeit birgt gleichzeitig die Gefahr der Netzverkehrüberlastung.

4.5.3 Protocol Independent Mode

Der *Protocol Independent Mode* (PIM) ist die neueste Methode, die von der Internet-Gemeinde geschaffen wurde, um Multimedia-Verkehr zu handhaben. Wie die beiden ersten Multicast-Routing-Techniken (MOSPF und DVMRP) arbeitet PIM gemeinsam mit einem Unicast-Routing-Protokoll, wie z.B. OSPF, RIP oder das Enhanced Interior Gateway Routing Protocol (EIGRP), sowie mit IGMP zusammen. PIM gibt es in zwei Ausführungen: dense mode und sparse mode.

4.5.4 PIM dense-mode

Der *PIM dense-mode* (Name des Internet-Konzepts: draft-ietf-idmr-pim-dm-05.txt) ist dem DVMRP sehr ähnlich. Es benutzt den Reverse-Path-Forwarding-Mechanismus, was bedeutet, daß er das Multimedia-Paket flutet und die »prune-back«-Methode dort anwendet, wo eine Gruppe keine Mitglieder hat. PIM arbeitet ebenfalls dann am besten, wenn jede Multimediagruppe viele Mitglieder hat, da der Router dann weniger »prune-back«-Meldungen in das Netz senden muß. Bild 4.20 zeigt die Arbeitsweise des PIM dense-mode in einem Netz.

*Bild 4.20:
PIM-Protokoll
dense-mode-
Operation*

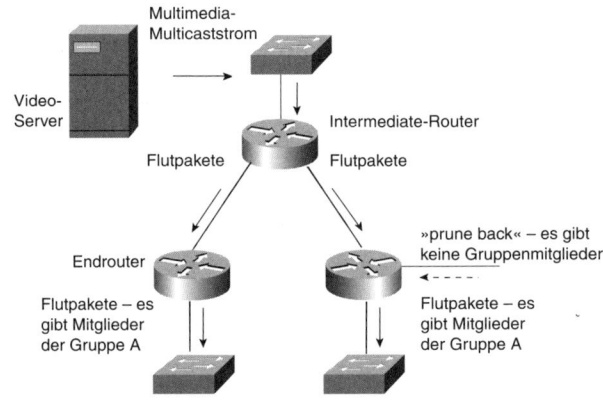

Der größte Unterschied zwischen DVMRP und PIM dense-mode besteht darin, daß DVMRP seine eigenen Routing-Pfade und -Tabellen erstellt, wohingegen PIM dense-mode die existierenden Routing-Pfade und -Tabellen nutzt, welche das Unicast-Routing-Protokoll (RIP, OSPF oder EIGRP) bereits angelegt hat.

4.5.5 PIM sparse-mode

Die nächste Form von PIM, *PIM sparse-mode* (definiert in RFC 2117), unterscheidet sich wesentlich von PIM dense-mode. Wie die vorher genannten Methoden arbeitet PIM sparse-mode mit IGMP und einem Unicast-Routing-Protokoll. Es wurde entwickelt, um Kleingruppen-Umgebungen optimal zu nutzen. Wie vorher dargestellt, arbeitet PIM dense-mode (wie auch MOSPF und DVMRP) am besten, wenn jede Multimediagruppe viele Mitglieder hat. Im Gegensatz dazu arbeitet PIM sparse-mode in Situationen mit einigen Multimediagruppen, denen nur eine geringe Anzahl von Mitgliedern angehören, optimal. Bild 4.21 zeigt die Arbeitsweise von PIM sparse-mode in einem Netz.

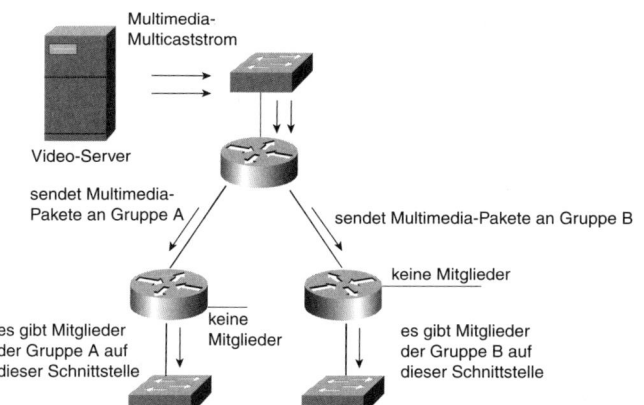

Bild 4.21:
PIM-Protokoll
sparse-mode-
Operation

PIM sparse-mode bietet eine einzigartige Möglichkeit, Router einzusetzen, um den Multimedia-Verkehr zu den Endstationen zu transportieren. Anstatt das Reverse-Path-Forwarding zu nutzen, bei dem der Verkehr an alle gesendet wird und das pruning-back angewandt wird, falls keine Mitglieder vorhanden sind, benutzt der PIM sparse-mode einen Treffpunkt-Mechanismus. Für jede der Multimediagruppen wird auf einem Router ein Treffpunkt konfiguriert. Die Multimediagruppen müssen nicht denselben Router als Treffpunkt nutzen. Man kann beispielsweise einen Router als Treffpunkt für Multimediagruppe A nutzen und einen anderen Router als Treffpunkt für Multimediagruppe B auswählen, wie es in Bild 4.22 dargestellt wird.

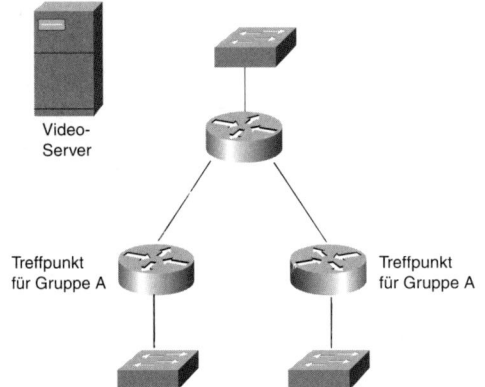

Sendet der Host seine IGMP-Join, so sendet der End-Router die Join-Anfrage an den Treffpunkt-Router, wie in Bild 4.23 dargestellt.

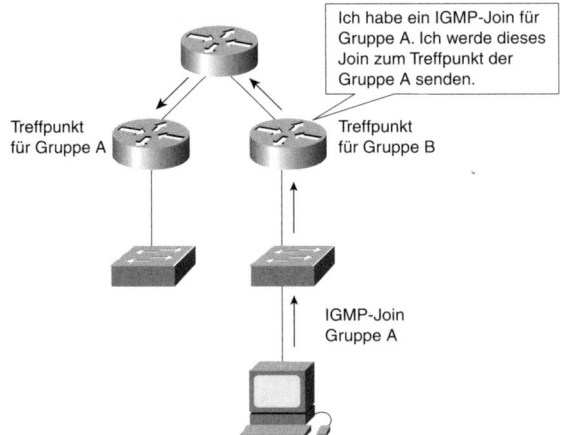

*Bild 4.23:
PIM-Treff-
punkt-Router,
die eine IGMP-
Join-Anfrage
weiterleiten*

Die IGMP-Join-Meldung wird zuerst am Treffpunkt registriert. Der Treffpunkt-Router sendet die Join-Meldung dann an den Video-Server. Bild 4.24 zeigt die Arbeitsschritte des Treffpunkt-Routers.

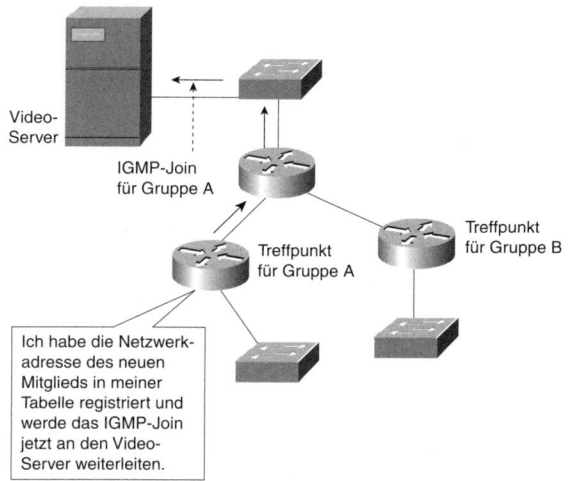

*Bild 4.24:
PIM-Treff-
punkt-Router,
der eine Join-
Anfrage
registriert*

Beginnt der Video-Server damit, den Multimedia-Verkehr los-
zusenden, sendet er ihn als erstes zum Treffpunkt-Router
(siehe Bild 4.25), der den Multicast-Verkehr dann an den End-
Router weiterleitet. Der End-Router sendet ihn dann durch
diejenige Schnittstelle aus, über die das Gruppenmitglied
angeschlossen ist (siehe Bild 4.26).

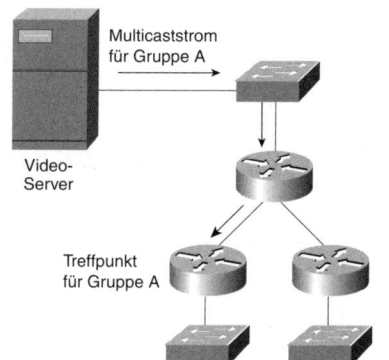

*Bild 4.25:
Server, der einen
Multimedia-
Datenstrom an
den PIM-Treff-
punkt sendet*

*Bild 4.26:
PIM-End-Rou-
ter-Antwort auf
einen Multi-
mediadaten-
strom*

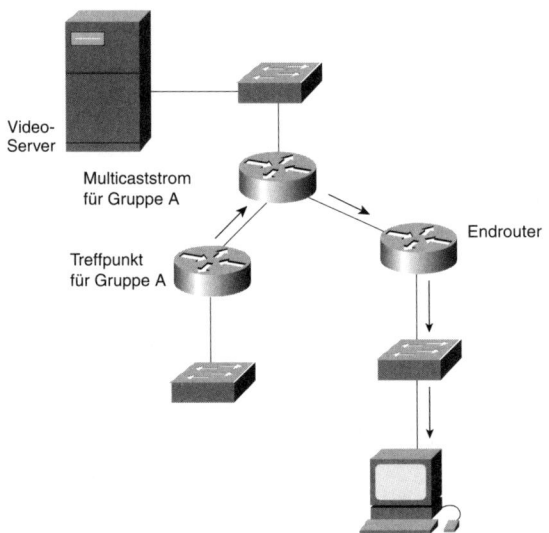

Sobald die Verbindung vom Video-Server zum Host (gemeint ist das Mitglied der Multimediagruppe) über den Treffpunkt hergestellt ist, optimieren die Router diesen Pfad und finden einen neuen Pfad durch das Netz (mit Hilfe von RIP, OSPF oder EIGRP), wie in Bild 4.27 dargestellt.

Es muß beachtet werden, daß der Multimedia-Verkehr zuerst über den Treffpunkt-Router laufen muß, bevor der Datenpfad zu seinen Gruppenmitgliedern optimiert werden kann.

Beim PIM sparse-mode bedarf es keiner Reverse-Path-Forwarding- und Pruning-Aktionen, um die Router davon abzuhalten, den Multimedia-Verkehr an Hosts zu senden, die ihn nicht wollen.

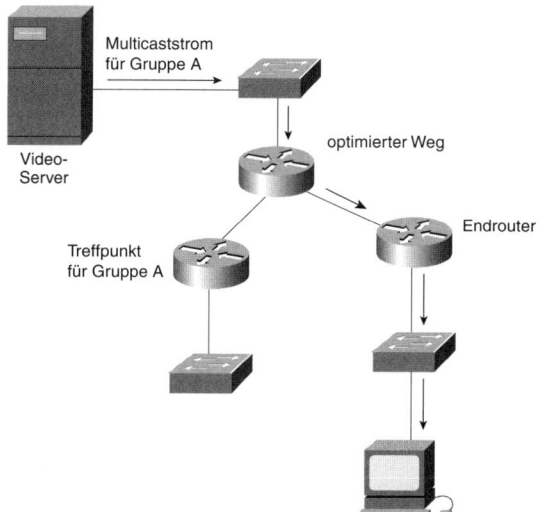

Bild 4.27:
PIM, das einen
optimierten
Pfad für einen
Multimedia-
Datenstrom
bestimmt

Da es der PIM sparse-mode den Intermediate-Routern ermöglicht, einen optimierten Pfad durch das Netz zu finden, fluten diese den Verkehr nicht aus all ihren Ports.

4.6 Wie Switches Multimediadaten behandeln

Das Verhalten von Switches bei den Multimedia-Anwendungen ist im Vergleich zum Verhalten der Router sehr viel einfacher.

Der Switch benötigt keine speziellen Netzwerkzeuge, um Multimedia zu unterstützen. Wird der Multimedia-Verkehr als Unicast gesendet, arbeitet der Switch als »Durchgangs«-Gerät, er sendet ihn einfach weiter zum Empfangsgerät. Wenn er als Broadcast gesendet wird, wird der Multimedia-Verkehr wie alle anderen Broadcasts behandelt und aus allen Ports des Switches geflutet. Eine Multimedia-Multicast-Übertragung wird in der gleichen Weise behandelt – der Switch sendet den Verkehr an alle Geräte. Das kommt daher, daß Multicast-Anweisungen auf der Protokollschicht liegen, die der Switch nicht erkennen kann. Der Switch sendet den Verkehr daher aus allen seinen Ports.

Um jedoch das Netz dabei zu unterstützen, effizienter zu arbeiten, kann und muß der Netzwerkverwalter einiges an den Switches konfigurieren. Zuerst wird beschrieben, wie das Netz arbeitet, ohne daß an dem Switch irgend etwas konfiguriert ist, um dann zu zeigen, wie die Arbeit der Switches im Multimedia-Verkehrsfluß optimiert werden kann.

4.6.1 Switches ohne Konfiguration

Sieht der Switch ein Multicast-Paket, behandelt er es wie ein Broadcast-Paket, das heißt, daß er das Paket aus allen seinen Ports sendet. Diese Operation ist in Bild 4.28 dargestellt.

Bild 4.28: Antwort eines Switch auf einen Multimedia-Datenstrom

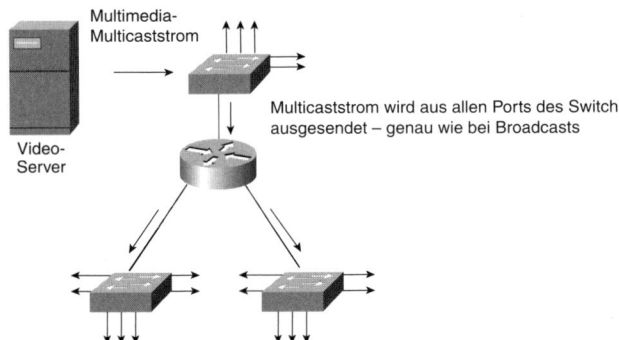

Technisch gesehen kann sich Multimedia ohne besondere Hilfe der Switches durch das Netz bewegen. Betrachtet man den Vorgang jedoch aus der Perspektive der Netzleistung und der Skalierbarkeit des Netzes, sollte der Switch irgendeine Art von Intelligenz besitzen, die es ihm ermöglich, Unicast Flooding zu vermeiden.

Angenommen, eine Firma bevorzugt internes Videotraining und bietet das häufig an. Videotrainingssitzungen können bis zu 4 Mbyte Daten und mehr erzeugen, die dann das Netz durchqueren und einen Multicast erzeugen.

Auch bei denjenigen, die das Training nicht mitverfolgen, wird die Arbeitsstation stark in Anspruch genommen, da auch sie diese 4 Mbyte an Daten verarbeiten muß, was in Bild 4.29 dargestellt ist.

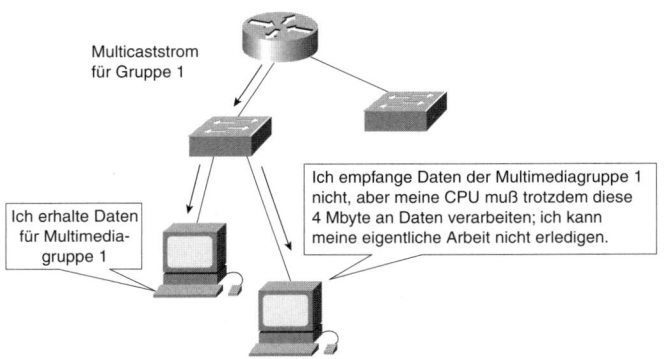

Multicaststrom
für Gruppe 1

Ich empfange Daten der Multimediagruppe 1
nicht, aber meine CPU muß trotzdem diese
4 Mbyte an Daten verarbeiten; ich kann
meine eigentliche Arbeit nicht erledigen.

Ich erhalte Daten
für Multimedia-
gruppe 1

Bild 4.29:
Antwort einer
Arbeitsstation
auf einen Multi-
media-Daten-
strom, der von
einem Switch
kommt

Wie in den vorhergehenden Abschnitten beschrieben, senden
die Router des Netzes Multicast-Verkehr an spezielle Host-
Gruppen und reduzieren dadurch die überflüssige Netzver-
kehrsmenge. Man muß jedoch beachten, daß der Multicast-
Verkehr, der den Router verläßt, für gewöhnlich wenigstens
durch einen Switch fließt, bevor er das Endgerät erreicht, und
der Switch den Multicast-Verkehr aus allen seinen Ports flutet.

4.6.2 Switches mit Filter

Um die Netzleistung zu optimieren, kann man einen Filtermechanismus auf dem Switch nutzen. Dies kann auf zwei Arten
geschehen:

– Für jeden Switch-Port kann ein Filter manuell konfiguriert
   werden.

– Eine dynamische Filtermethode kann benutzt werden.

Die erste Option, das manuelle Einrichten einer Multicast-
Adressen-Registrierung, kann eine mühsame Aufgabe sein, besonders wenn man berücksichtigt, daß ein Switch 24 Ports
oder mehr haben kann.

Was die zweite Option anbelangt, so richtet heutzutage jeder
Hersteller eine Art eigene dynamische Filtermethode ein, so
daß der Switch Multicast-Verkehr filtern kann, um ihn nur zu
den Ports zu senden, die Mitglied einer Multicast-Gruppe
sind. Einige Hersteller entwickeln den Switch so, daß er
IGMP-Pakete verstehen kann, und geben ihm dadurch etwas
Netzintelligenz. Andere Hersteller richten eine Schicht-2-
/Schicht-3-Verbindung ein, so daß der Switch die dynamische

Filtermethode anwenden kann, ohne daß er die Schicht-3-IGMP-Pakete verstehen muß.

Dynamisches Filtern scheint die beste Methode zu sein, im Switch zu filtern, aber zur Zeit benutzen alle Lieferanten eine andere, eigene Methode. Da die meisten Netze einen Mix aus Lieferantenprodukten benutzen, wäre das Resultat ein Mix aus Switch-Filtermethoden – es wäre ein Alptraum, wenn man eine solche Situation überwachen müßte!

Die manuelle Konfiguration der Filter ist mit hohem Administrations- und Zeitaufwand verbunden, aber es ist immer noch besser, als nichts zu tun.

4.7   Zusammenfassung

Damit Multimedia-Anwendungen das Netz erfolgreich durchqueren können, muß der Netzverwalter spezifische Anwendungen auf dem Netz installieren. Als erstes muß er entscheiden, auf welchem Enterprise-Server die Anwendung laufen soll. Als nächstes muß IGMP auf den Endstationen, dem Multimedia-Server und den Routern konfiguriert werden. Dann muß ein passendes Multicast-Routing-Protokoll (MOSPF, DVMRP oder PIM dense-mode oder sparse-mode) ausgewählt werden. Schließlich sollte ein Filtermechanismus in den Switches eingerichtet werden, um die Netzwerkleistung zu optimieren und zu verhindern, daß die Switches den Multimedia-Multicast-Verkehr durch das Netz durchlassen.

Man nimmt an, daß der von den Multimedia-Anwendungen generierte Verkehr Cross-Campus-Verkehr ist, da Benutzer an verschiedenen Orten von ihnen Gebrauch machen wollen. Das nächste Kapitel beschreibt, wie Multimedia und andere Arten von Verkehr durch das Netz gelangen.

Die wichtigsten Punkte, die man beim Entwerfen eines Campus-Netzes, das für Multimedia-Anwendungen geeignet ist, im Auge behalten muß, sind folgende:

– Aufgrund ihrer besonderen Fähigkeit, einen einzigen Datenstrom an mehrere Arbeitsstationen oder Endgeräte zu senden, ist die Multicast-Methode mittlerweile die Übertragungsmethode, die für die meisten Multimedia-Anwendungen genutzt wird.

- IGMP sollte im Netzwerk installiert sein, so daß Endgeräte an Sitzungen der Multimedia-Anwendungen teilnehmen oder diese verlassen können.

- Verschiedene Routing-Methoden für Multimedia stehen zur Auswahl. Eine Methode muß ausgewählt werden, dazu muß man wissen, wieviel Multimedia-Verkehr auf dem Campus erwartet wird.

- Das DVMRP-Routing-Protokoll ist das geeignete Protokoll für den Fall, daß eine Multimediagruppe eine Vielzahl von Mitgliedern hat.

- PIM dense-mode ist ebenfalls ein geeignetes Protokoll für den Fall, daß eine Multimediagruppe eine Vielzahl von Mitgliedern hat. Außerdem nutzt es bereits vorhandene Routing-Pfade und -Tabellen, die vom Unicast-Routing-Protokoll des Netzes eingerichtet wurden.

- PIM sparse-mode ist ein geeignetes Protokoll für den Fall, daß das Netz nur einige wenige Multimediagruppen mit geringer Mitgliederzahl hat. Außerdem ermöglicht es den Routern, den Pfad zwischen Multimedia-Sender und -Empfänger zu optimieren.

- Das manuelle oder dynamische Konfigurieren eines Filters für Multicast-Verkehr auf jedem Switch-Port sichert den leistungsfähigen Betrieb des Netzes.

Dieses Kapitel behandelt die folgenden Themen:

- Lokaler Netzverkehr
- Cross-Campus-Verkehr
- Auswirkungen von Internet-Verkehr auf den Campus
- Broadcast und Multimedia auf dem Campus
- Bestimmen des Verhältnisses von lokalem Netzverkehr gegenüber Cross-Campus-Verkehr

KAPITEL 5

Gegenüberstellung von lokalem und Cross-Campus-Verkehr

Um die optimale Netzwerkleistung zu erreichen, muß bei der Konzeption berücksichtigt werden, wie sich der Netzwerkverkehr durch das Netz bewegen wird.

In den vorhergehenden Kapiteln wurde der Netzwerkverkehr in verschiedene Typen, wie beispielsweise Broadcast- und Multicast-Verkehr eingeteilt. In diesem Kapitel wird untersucht, welche Teile des Netzes der Netzwerkverkehr durchquert, daß heißt, es wird festgestellt, ob der jeweilige Netzverkehr lokaler Verkehr oder Cross-Campus-Verkehr ist.

Wir beginnen mit einer allgemeinen Definition von lokalem Netzverkehr und Cross-Campus-Verkehr. Obwohl die Definitionen für sich zu sprechen scheinen, ist es hilfreich, den Verkehr am Beispiel von Netz-Operationen zu beschreiben, da jeder Typ von Netzverkehr den Campus auf unterschiedliche Art und Weise beeinflußt.

5.1 Lokaler Netzverkehr

Lokaler Netzverkehr ist Verkehr, der in einem kleinen Teilbereich des Netzes bleibt. Er läuft weder über einen Router noch benutzt er den Backbone des Netzes. In der Regel ist der lokale Netzverkehr auf Daten beschränkt, die zwischen einem Server, einem Switch und einem Endgerät fließen (siehe dazu Bild 5.1).

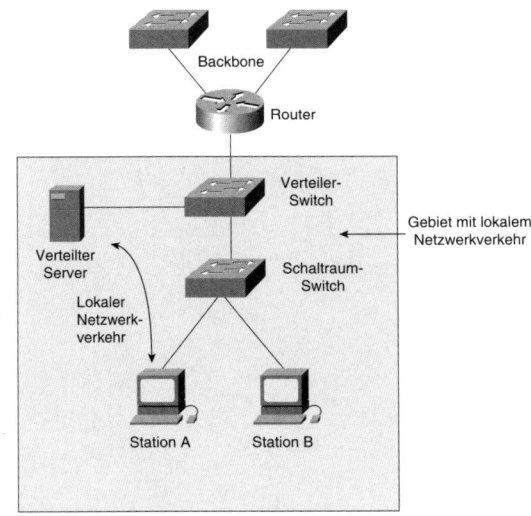

Bild 5.1:
Lokaler Verkehr
im Netz

Wie in Kapitel 2, »Server-Plazierung«, besprochen, unterstützen verteilte Server nur eine bestimmte Gruppe von Benutzern. Wird der verteilte Server an den Verteiler-Switch oder den Schaltraum-Switch angeschlossen und sind die Benutzer, die er unterstützt, ebenfalls an diesen Switch angeschlossen, dann ist der Netzverkehr, der an diesen verteilten Server geht, lokaler Verkehr.

Um den Pfad, den der Netzverkehr von der Arbeitsstation zum verteilten Server und zurück wählt, genauer zu untersuchen, betrachten wir Station A und Server B in Bild 5.2.

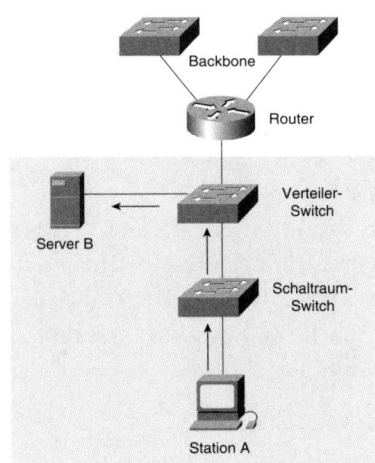

Bild 5.2:
Netzverkehr,
der von Station
A an Server B
gesendet wird

Die Arbeitsstation, Station A, sendet die Aufforderung, eine Datei vom verteilten Server – Server B – herunterzuladen. Die Aufforderung von Station A läuft über den Schaltraum-Switch zum Verteiler-Switch. Die Aufforderung läuft dann direkt zum Server B. Der von der Aufforderung generierte Netzverkehr muß nicht über einen Router oder das Backbone laufen. Bild 5.2 zeigt, wie die Aufforderung von Station A zu Server B läuft.

Server B erhält die Aufforderung und beginnt, die angeforderte Datei zu übertragen. Der Netzverkehr läuft zum Verteiler-Switch und hinunter zum Schaltraum-Switch. Er läuft dann direkt zu Station A, ohne den Router oder das Backbone zu berühren. Bild 5.3 zeigt, wie der Netzverkehr von Server B zu Station A läuft.

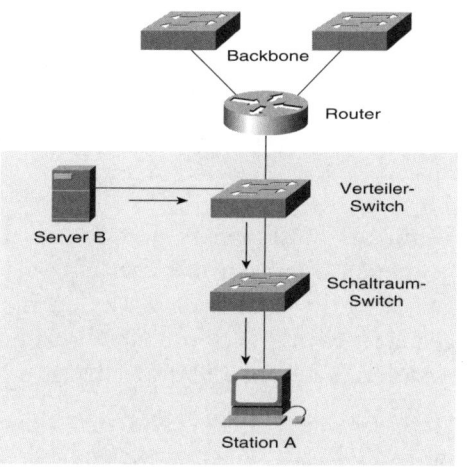

Bild 5.3:
Server B sendet
eine Datei an
Station A

Der Netzwerkverkehr zwischen den Arbeitsstationen und den Servern, wie in diesem Beispiel gezeigt, wird als Client/Server-Verkehr bezeichnet und ist heutzutage der gebräuchlichste Netzverkehrstyp in den Campus-Netzen.

Ein anderes Beispiel ist der Datenverkehr, der zwischen Endgeräten stattfindet, wie die »shared-whiteboard-Anwendung« (Dokumentenkonferenz) zwischen zwei Benutzern. Da diese Anwendungen immer beliebter werden, lohnt es sich, seine Auswirkungen auf das Verkehrsmuster des Netzes zu untersuchen.

Angenommen, die Stationen A und B in Bild 5.4 wollen an einem gemeinsamen Dokument arbeiten, indem sie eine »shared whiteboard«-Anwendung benutzen. Obwohl diese zwei Stationen nicht mit dem gleichen Schaltraum-Switch verbunden sind, haben sie einen gemeinsamen Verteiler-Switch.

Bild 5.4: Netzverkehr zwischen den Stationen A und B

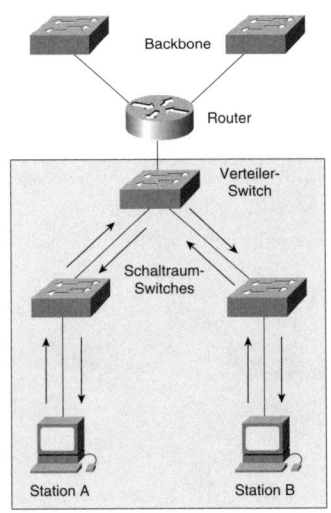

Wenn die Stationen A und B die »Whiteboard-Anwendung« benutzen, wird der Netzverkehr als Punkt-zu-Punkt-Verkehr zwischen den Stationen gesendet. Immer wenn das Dokument geändert wird, entsteht Netzverkehr. Bild 5.4 hebt die Teile des Netzes hervor, die dieser Netzverkehr durchläuft.

Der Netzverkehr, der von der »shared-whiteboard«-Anwendung generiert wird, wird als lokaler Netzwerkverkehr betrachtet, da er nur die Schaltraum-Switches und den Verteiler-Switch, aber weder den Router noch das Backbone berührt.

5.2 Cross-Campus-Verkehr

Cross-Campus-Verkehr ist Netzwerkverkehr, der das Backbone überquert und/oder durch einen Router läuft. In der Regel besteht der Cross-Campus-Verkehr aus Daten, die von Arbeitsstationen zu Enterprise-Servern oder zwischen Arbeitsstationen auf anderen Subnetzen fließen. Bild 5.5 zeigt den Bereich des Cross-Campus-Verkehrs.

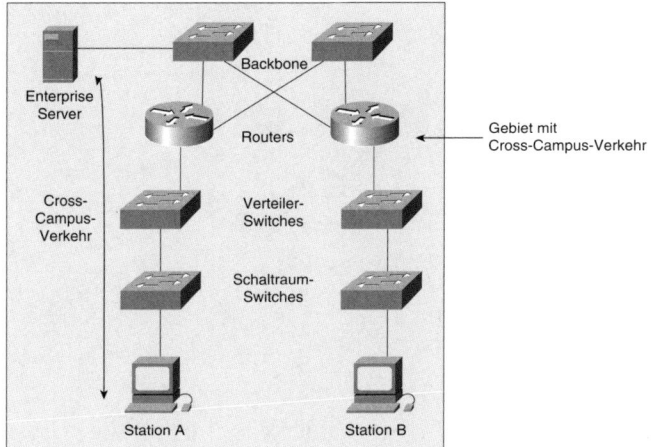

Bild 5.5: Bereich des Cross-Campus-Verkehrs

Genauso wie lokaler Netzverkehr durch den verteilten Server geleitet wird, durchläuft der Cross-Campus-Verkehr den Enterprise-Server. Da jeder Zugriff auf den Enterprise-Server haben muß, steht dieser nahe am Backbone des Netzes. Daher muß der ganze Netzverkehr, der zum Enterprise-Server geht, das Backbone überqueren (siehe Bild 5.5).

Betrachten wir ein Beispiel für Cross-Campus-Verkehr. In Bild 5.6 lädt Station A E-Mails vom E-Mail-Server herunter. Das Bild zeigt den Weg, den der Verkehr durchläuft. Die Aufforderung, E-Mails herunterzuladen, geht durch den Schaltraum-Switch sowie den Verteiler-Switch und gelangt dann zum Router. Der Router sendet die Aufforderung über das Backbone zum E-Mail-Server.

Sendet der E-Mail-Server die Daten an Station A zurück, so gelangen diese auf dem gleichen Weg durch das Netz (siehe Bild 5.6). Ebenso wie das Beispiel für lokalen Netzverkehr in Bild 5.2, wird dieser Netzverkehr als Client/Server-Verkehr bezeichnet, ist hier jedoch Cross-Campus-Verkehr, da er über das Backbone fließt.

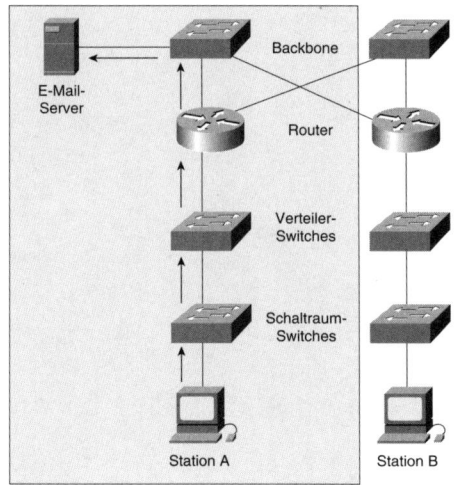

Bild 5.6:
Cross-Campus-
Verkehr zum
E-Mail-Server

Ein einfacher Dateitransfer kann ebenfalls Cross-Campus-Verkehr sein. Er kann den verteilten Server statt des Enterprise-Servers nutzen. In Bild 5.7 wird dargestellt, wie z.B. Station C eine Datei von Server B herunterladen möchte.

Wie Bild 5.7 zeigt, sind Station C und Server B nicht über den gleichen Verteiler-Switch verbunden. Bild 5.8 zeigt den Weg, auf dem die Daten von Station C zu Server B gelangen.

Bild 5.7:
Netzstandort
von Station C
und dem verteil-
ten Server B

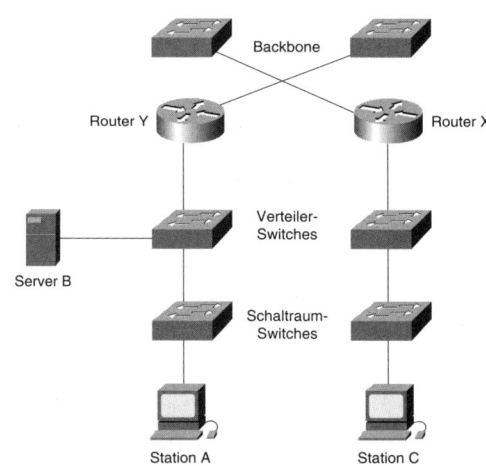

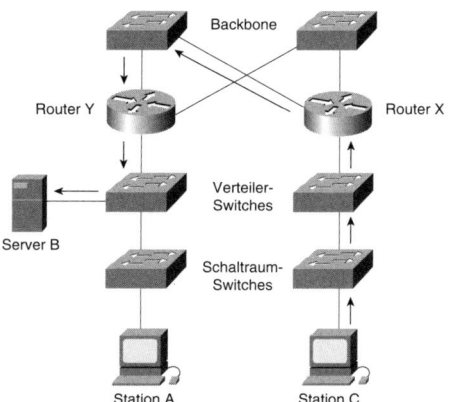

Station C sendet eine Aufforderung an Server B. Die Auffor-
derung läuft durch den Schaltraum-Switch und den Verteiler-
Switch, die lokal sind, zu Station C. Sie läuft dann durch den
Router X, der die Aufforderung über das Backbone zu Router
Y sendet. Die Aufforderung läuft dann von Router Y durch
den Verteiler-Switch zu Server B.

Der Weg, den die Daten nehmen müssen, zeigt, daß dieser
Netzverkehr Cross-Campus-Verkehr ist, obwohl ein verteilter
Server genutzt wird. Die Daten, die von Server B zu Station C
fließen, stellen auch Cross-Campus-Verkehr dar, da sie das
Netz-Backbone durchqueren.

Wie zu erwarten war, ist der Netzverkehr zwischen Endgeräten, die in verschiedenen Bereichen des Campus angesiedelt
sind, auch Cross-Campus-Verkehr. Betrachten wir noch einmal das Beispiel der »shared whiteboard«-Anwendung, aber
verschieben wir vorher noch die Benutzer. Bild 5.9 zeigt, wo
die zwei Arbeitsstationen, die diese Anwendung teilen, in dem
Netzwerk angesiedelt sind.

Vorher waren die Stationen über den gleichen Verteiler-Switch
verbunden (siehe Bild 5.4). In Bild 5.9 sind die Stationen über
verschiedene Verteiler-Switches verbunden.

Betrachten wir für diese Anwendung den Netzverkehr zwischen den beiden Arbeitsstationen. Station A ändert das
Dokument. Bild 5.10 zeigt den Pfad, den der Netzverkehr
durch das Netz nimmt.

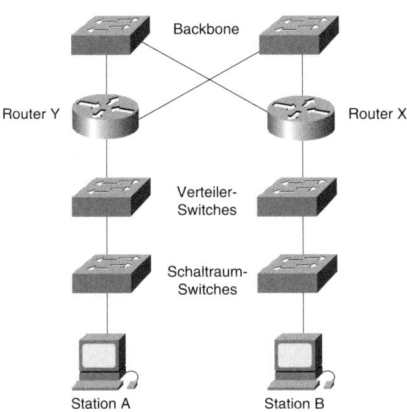

Bild 5.9:
Zwei Arbeits-
stationen, die
sich eine
Anwendung
teilen

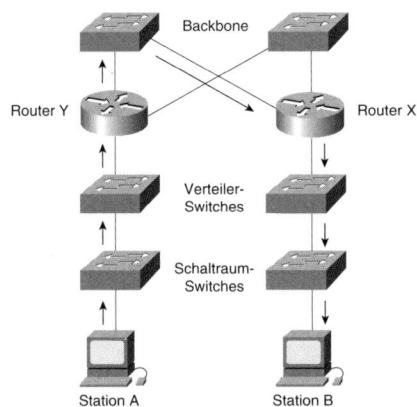

Bild 5.10:
Netzverkehrs-
pfad zwischen
Station A und B

Der Netzverkehr verläßt Station A und fließt durch den lokalen Schaltraum-Switch und den Verteiler-Switch. Er fließt durch den Router Y über das Backbone zu Router X. Router X sendet den Netzverkehr durch den Verteiler-Switch und den Schaltraum-Switch, die lokal sind, zu Station B. Dieser Netzverkehr überquert das Backbone und ist daher Cross-Campus-Verkehr. Das gleiche gilt für den Netzverkehr zwischen Station B und Station A.

Ein letztes Beispiel (Bild 5.11) für Cross-Campus-Verkehr zeigt Arbeitsstationen, die mit dem gleichen Verteiler-Switch verbunden, aber in verschiedenen Netzen angesiedelt sind.

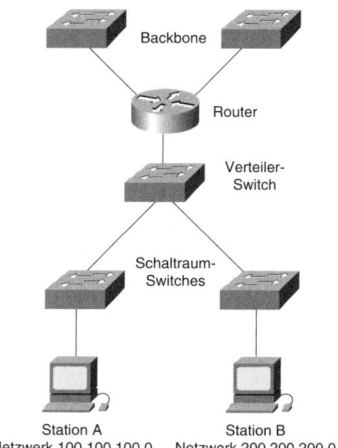

Bild 5.11: Arbeitsstationen in verschiedenen Netzen, die mit dem gleichen Verteiler-Switch verbunden sind

Angenommen, Stationen A und B nutzen in diesem Szenario die »shared whiteboard«-Anwendung. Ist der Netzwerkverkehr zwischen ihnen lokal oder Cross-Campus? Bild 5.12 zeigt den Pfad, den der Verkehr in dieser Situation durch das Netz nimmt.

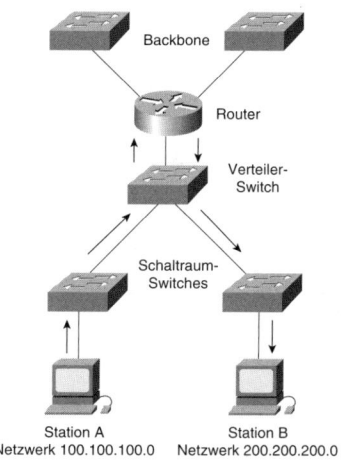

Bild 5.12: Netzverkehrspfad zwischen Station A und Station B

Station A macht eine Änderung, die sich über den Schaltraum-Switch und über den Verteiler-Switch ins Netz verteilt. Da die Stationen A und B auf verschiedenen Netzen liegen, kann der Switch den Netzverkehr nicht direkt zu Station B senden. Er muß den Netzverkehr zum Router leiten, der ihn dann zum Netz der Station B weiterleitet. Der Router sendet den Netz-

verkehr hinunter über den Verteiler-Switch und den Schaltraum-Switch zu Station B.

Da dieser Netzverkehr durch den Router laufen muß, handelt
es sich um Cross-Campus-Verkehr. Netzverkehr, der das
Backbone oder den Router durchläuft, ist Cross-Campus-Verkehr.

Bisher haben wir Netzwerkverkehrstypen dargestellt, die auf
dem Campus entstehen und enden. Es gibt jedoch noch einen
anderen Netzverkehrstyp, der in Betracht gezogen werden
muß – den Internet-Verkehr. Auf den ersten Blick scheint der
Internet-Verkehr den Rahmen eines Buches, das sich mit der
LAN-Konzeption beschäftigt, zu sprengen. Der Verkehr, der in
das Internet geht und vom Internet (auch bekannt als Wide
Area Network, WAN) auf den Campus kommt, hat jedoch
außerordentlich wichtige Auswirkungen auf das LAN.

5.3 Auswirkungen von Internet-Verkehr auf den Campus

Der Internet-Verkehr nimmt an Bedeutung für die Geschäftswelt zu und steigt sprunghaft an. Die Netzwerkdesigner müssen damit beginnen, die Auswirkungen dieses Netzverkehrs
auf das Campus-Netz zu beobachten, insbesondere die Auswirkungen auf die Server und Benutzer, die im Netz angesiedelt sind.

In den folgenden Abschnitten werden wir sehen, daß der
Netzverkehr, der vom Campus zum Internet geht, und der
Verkehr, der vom Internet auf den Campus kommt, unter-
schiedliche Auswirkungen auf das Campus-Netz hat.

5.3.1 Campus-zum-Internet-Verkehr

Wir konzentrieren uns bei dem Datenverkehr, der ins Internet
geht, auf die Mitarbeiter verschiedener Unternehmen oder die
Menschen zu Hause, die sich an unser lokales Netz über das
Internet anschließen. Diese Benutzer greifen auf die Campus-
Enterprise-Server und möglicherweise auch auf die verteilten
Server unseres Campus-Netzes zu, um Informationen zu erhal-
ten.

Wir untersuchen einige Situationen, in denen Netzverkehr den Campus-LAN verläßt und das Internet oder Wide-Area-Netz durchquert.

Da E-Mail in der heutigen Geschäftswelt weit verbreitet ist, beschäftigt sich unser erstes Beispiel mit dieser Anwendung. Hat ein Unternehmen Außendienstfilialen, Zweigstellen oder Angestellte, die sich über das Telefonnetz einwählen, müssen die Benutzer auf den E-Mail-Server im Campus-Netz zugreifen und ihre E-Mails über das Wide-Area-Netz oder das Internet abrufen können. Bild 5.13 zeigt, wie der E-Mail-Server auf dem Netz den Verkehr an das Wide-Area-Netz sendet.

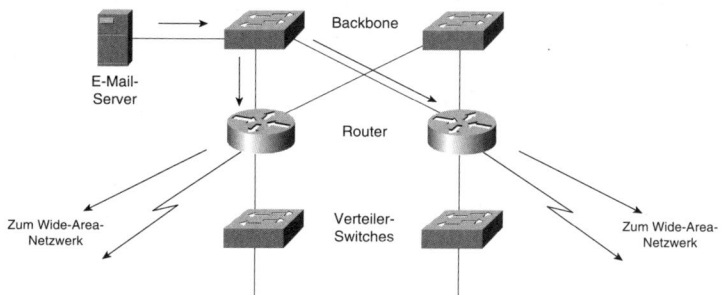

Bild 5.13:
E-Mail-Verkehr,
der sich über
das Wide-Area-
Netz verteilt

E-Mail-Server können als Enterprise-Server bezeichnet werden, da eine Vielzahl von Benutzern, von den unterschiedlichsten Standorten aus, auf sie zugreifen müssen. Der Teil des Campus-Netzes, der vom E-Mail-Verkehr berührt wird, ist das Backbone. Wie in Bild 5.13 dargestellt, verläßt der E-Mail-Verkehr die E-Mail-Server, geht durch das Backbone (wird dadurch zu Cross-Campus-Verkehr) und verläßt das Campus-Netz über einen Wide-Area-Router.

Datei-Server spielen beim Erzeugen von Cross-Campus-Internet-Verkehr ebenfalls eine aktive Rolle. Übertragen Netzteilnehmer von außerhalb des Campus-Netzes Dateien (ein Vorgang der als *FTP – File Transfer Protocol –* bekannt ist), werden die Daten vom Datei-Server des Campus-Netzes durch das Internet gesendet. Diese Datei-Server können Enterprise- oder verteilte Server sein. Bild 5.14 zeigt einen Enterprise-Datenserver, der Daten an das Internet sendet.

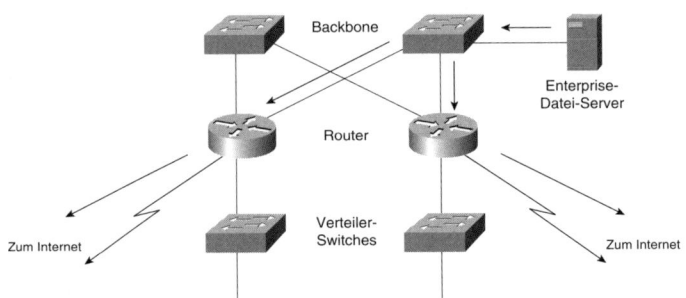

Bild 5.14:
Enterprise-
Datenserver, der
Daten an das
Internet sendet

Der Enterprise-Datenserver sendet, ebenso wie die E-Mail-Server, die Daten über das Backbone zum Internet-Router. Ein verteilter Server hingegen sendet die Daten auf andere Weise an das Internet (siehe Bild 5.15).

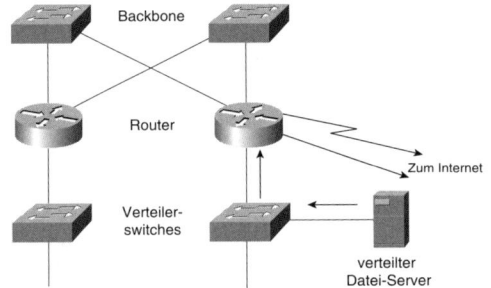

Bild 5.15:
Verteilter Server,
der eine Datei
in das Internet
sendet

Der verteilte Server sendet keine Daten über das Backbone. Die Daten bleiben jedoch nicht lokal auf dem Subnetz des verteilten Servers, sondern wandern über den Router, um zum Wide-Area-Netz zu gelangen, d.h., sie entsprechen der Definition von Cross-Campus-Verkehr.

Betrachten wir nun den Netzverkehr, der den Campus verläßt, um zum World Wide Web zu gehen. Wieder geht es hierbei um Enterprise-Server – diesmal *Webserver* –, auf die von vielen Netzteilnehmern, von den unterschiedlichsten Standorten aus, zugegriffen werden kann. Webserver befinden sich auf dem Campus, und wenn Benutzer durch das Web surfen, greifen sie auf den Webserver zu. Die gesamten Daten, die von den Webservern übertragen werden, müssen den Campus durchqueren, um in das Internet zu gelangen, das heißt, der Webverkehr muß das Backbone des Campus überqueren, um zum Wide-Area-Router zu gelangen.

Der Standort der Server im Netz bestimmt, in welcher Weise sich der in den vorhergegangenen Beispielen dargestellte Netzverkehr auf die Netzleistung auswirkt. Campus-Verkehr, der an das Internet geht, beeinflußt entweder das Campus-Backbone oder den Bereich, in dem sich der Server befindet. In beiden Fällen hat der Netzverkehr Auswirkungen auf die Netzleistung, da er einen Teil der Bandbreite und die Arbeitskapazität der Router beansprucht.

5.3.2 Internet-zu-Campus-Verkehr

Die Netzleistung wird ebenfalls von dem Verkehr beeinflußt, der vom Internet auf den Campus kommt. Wenn beispielsweise ein Benutzer auf dem Campus durch das Web surft und eine Datei vom Datei-Server eines anderen Unternehmens überträgt oder eine Anwendung von einem anderen Webserver abruft, kommt Verkehr aus dem Internet auf das Campus-Netz. Bild 5.16 zeigt, wohin der Netzverkehr im Internet während einer Web-Sitzung geht.

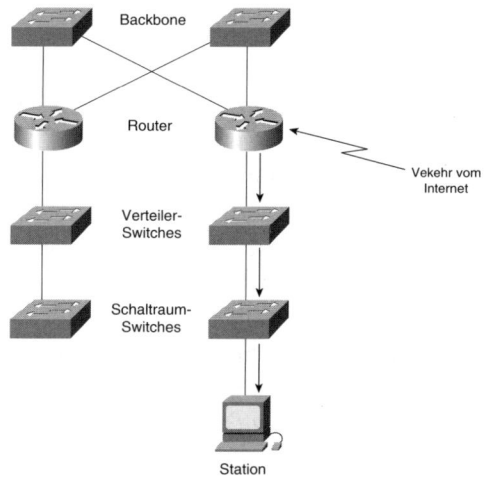

Bild 5.16: Netzverkehr, der vom Internet auf den Campus kommt

Die Daten kommen durch den Wide Area Router und durch das Campus-Netz, um den Rechner des Benutzers zu erreichen. Bild 5.16 zeigt, daß der Netzverkehr nicht das Backbone, wohl aber den Router überquert und es sich daher um Cross-Campus-Verkehr handelt.

Dieses Verkehrsmuster ändert sich, wenn man dem Rechner, wie in Bild 5.17 dargestellt, einen anderen Platz im Netz zuweist.

In dieser Situation muß der Verkehr – abgesehen vom Router, dem Verteiler-Switch und dem Schaltraum-Switch – das Backbone des Netzes überqueren, um zum Rechner des Benutzers zu gelangen. Im Gegensatz dazu wirkt sich das Verkehrsmuster in Bild 5.16 nur auf einen Router und zwei Switches aus.

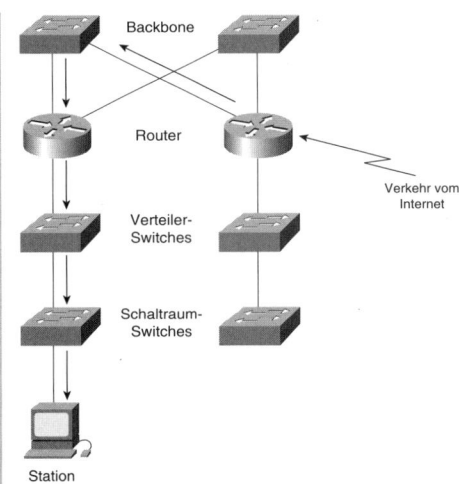

Bild 5.17: Internet-Verkehr, der das Campus-Netz betritt

Wir betrachten die Verkehrssituation bei Multimedia-Anwendungen. Angenommen, man nimmt an einer Videokonferenz teil, an der ebenfalls Mitarbeiter eines anderen Unternehmens beteiligt sind. Die Multimedia-Daten kommen vom Wide-Area-Netz oder vom Internet auf das Campus-Netz. Wie beim Beispiel des Web-Surfens geht dieser Netzverkehr zu den Endgeräten, und es ist möglich, daß er das Backbone durchquert. Ungeachtet dessen, ob er das Backbone durchquert, geht er jedoch über wenigstens einen Router, und es handelt sich daher um Cross-Campus-Verkehr.

Zurück zum E-Mail-Beispiel. Die meisten Netzwerk-Umgebungen, die E-Mail-Anwendungen unterstützen, ermöglichen es den Benutzern, am E-Mail-Verkehr außerhalb des Unternehmens teilzunehmen. Wenn man E-Mails abruft, dann werden diese vom E-Mail-Server heruntergeladen. Die E-Mails, die von anderen Unternehmen im Wide-Area-Netz oder Internet kommen, gehen nicht direkt zu einer Arbeitsstation, sondern zum E-Mail-Server auf dem Campus. Bild 5.18 zeigt eine E-Mail, die auf dem Campus ankommt.

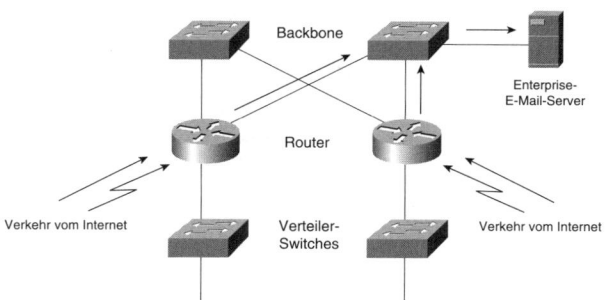

Bild 5.18: E-Mail, die vom Internet auf den Campus kommt

In dieser Situation gehen die Daten immer durch das Backbone, da die E-Mail-Server Enterprise-Server sind.

Diese drei Beispiele zeigen, daß Netzverkehr, der vom Internet oder vom Wide-Area-Netz kommt, Auswirkungen auf das Backbone des Netzes sowie auf den Bereich, in dem die Arbeitsstationen angeschlossen sind, haben kann.

Zusammenfassend kann man sagen, daß der Netzverkehr, der zum Internet geht, sich hauptsächlich auf das Backbone des Netzes und die Enterprise-Server auswirkt, auf die zugegriffen wird. Der Netzverkehr kann sich auch auf den Bereich auswirken, in dem die Verteilten Server angesiedelt sind, jedoch nur in geringerem Ausmaß. Kommt der Internet-Verkehr auf das Campus-Netz, so beeinflußt er beide Bereiche des Netzes, das Backbone und den Bereich der lokalen Benutzer, das Backbone des Netzes jedoch nur in geringerem Ausmaß. In allen Fällen handelt es sich bei diesem Netzverkehr um Cross-Campus-Verkehr.

Bisher haben wir die Unterschiede zwischen lokalem Netzverkehr und Cross-Campus-Verkehr in Hinblick auf die Verkehrsquelle und das Verkehrsziel – das heißt Client/Server-Verkehr, Client/Client-Verkehr und Internet-Verkehr – besprochen. Wie jedoch in Kapitel 3, »Auswirkungen des Broadcast-Verkehrs« und Kapitel 4, »Multimedia-Datenverkehr« dargestellt wurde, spielen der Netzverkehrstyp und seine Bandbreiten-Intensität eine wichtige Rolle bei der Konzeption des Netzes und der Netzleistung. Die Diskussion über den lokalen im Gegensatz zum Cross-Campus-Verkehr wird in den folgenden

Abschnitten fortgeführt, zusätzlich werden die Auswirkungen von Broadcast-Verkehr und Multimedia-Verkehr betrachtet.

5.4 Broadcast und Multimedia auf dem Campus

Erinnern wir uns an die Broadcast-Beispiele aus Kapitel 3, »Auswirkungen des Broadcast-Verkehrs«: IP ARPs, IPX SAPs oder Routing-Updates und DHCP-Aufforderungen. Es gilt festzustellen, ob diese Netzverkehrstypen lokaler oder Cross-Campus-Verkehr sind. Eine IP-ARP-Aufforderung entsteht als Broadcast an den Arbeitsstationen. Sie reist als Broadcast durch das Netz, bis sie einen Router oder die Zielstation erreicht (siehe Bild 5.19).

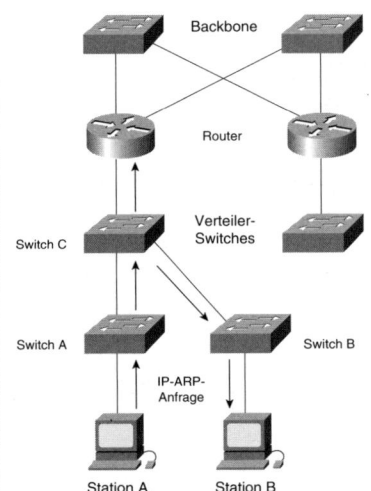

Bild 5.19: IP-ARP-Aufforderung, die das Netz durchquert

In beinahe allen Fällen wird die IP-ARP-Aufforderung nicht das Backbone überqueren, sondern statt dessen beim Router stehenbleiben. Die Switches A, B und C werden jedoch den Broadcast verbreiten. Da die ARP-Aufforderung auf einen Router trifft, kann man sie dem Cross-Campus-Verkehr zu-ordnen. Man muß jedoch beachten, daß in diesem Szenario der lokale Teil des Netzes am stärksten beansprucht wird. Der Broadcast durchläuft frei die zwei Schaltraum-Switches und den Verteiler-Switch. Es ist wichtig, zu erkennen, daß der Netzverkehr die Benutzer im lokalen Bereich des Netzes beeinflußt, obwohl er dem Cross-Campus-Verkehr zugeordnet wird.

Bei einem IPX-SAP-Broadcast startet der Rahmen am IPX-Server. Da der IPX-Server vermutlich ein Enterprise-Server ist, läuft der IPX SAP über das Backbone (siehe Bild 5.20).

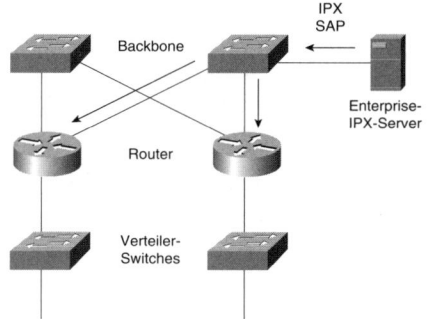

Bild 5.20:
IPX SAP beim
Überqueren des
Backbone

Dieser Broadcast ist eindeutig Cross-Campus-Verkehr. Ist der Server mit einem Router verbunden, wie in Bild 5.21 dargestellt, wird der IPX SAP dennoch dem Cross-Campus-Verkehr zugeordnet, da der Router die SAPs als Broadcast-Routing-Updates aussendet, die das Backbone des Netzes überqueren.

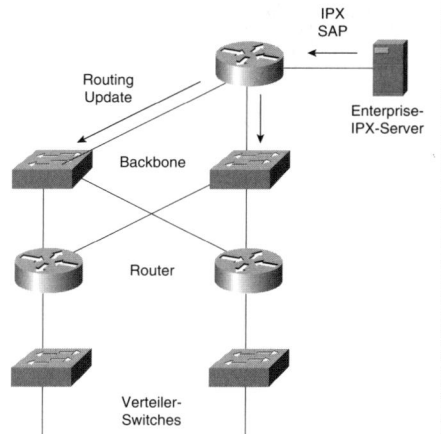

Bild 5.21:
Router, der
SAP-Routing-
Updates sendet

Das letzte Beispiel in dieser Diskussion ist die DHCP-Aufforderung, die wie eine IP-ARP-Aufforderung an den Arbeitsstationen startet. Die Arbeitsstation sendet die DHCP-Aufforderung aus, die dann als Broadcast durch das Netz geht, bis sie einen Router erreicht (siehe Bild 5.22).

*Bild 5.22:
DHCP-Auffor-
derung, die das
Netz durch-
quert*

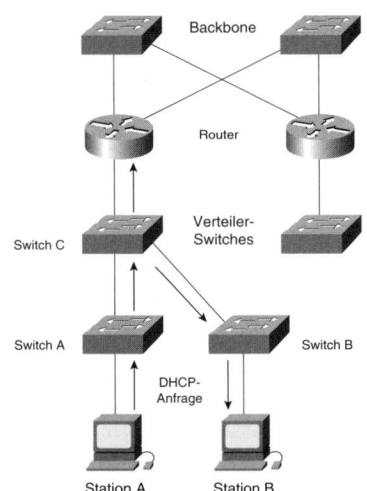

Ebenso wie im Beispiel zum IP-ARP-Request wird der Broadcast über die Switches A, B und C verteilt. Der Router beendet den DHCP-Broadcast und sendet ihn als Unicast über das Backbone zum DHCP-Server. Obwohl die DHCP-Anforderung das Backbone nicht überquert, muß sie der Router dennoch bearbeiten, was den Broadcast zu Cross-Campus-Verkehr macht. Der Router sendet dann den Unicast über das Backbone, so daß der Unicast ebenfalls Cross-Campus-Verkehr wird. Der DHCP-Broadcast wirkt sich ebenfalls auf das lokale Netz aus, da er über die Switches verteilt wird.

Diese Beispiele beschreiben nicht alle Netzverkehrstypen, die Broadcasts generieren, sie geben jedoch eine repräsentative Darstellung der lokalen und Cross-Campus-Auswirkungen von Broadcast-Verkehr.

Verallgemeinernd kann man alle Broadcasts als Cross-Campus-Verkehr bezeichnen, man muß sich jedoch gleichzeitig der Tatsache bewußt sein, daß Broadcasts sich ebenfalls auf die lokalen Teile des Netzes auswirken.

Multimedia-Verkehr ist ebenfalls vorwiegend Cross-Campus-Verkehr. In den meisten Fällen befinden sich die Multimedia-Server in Form von Enterprise-Servern im Netz. Daher werden die Multicast-Daten, die von den Multicast-Servern kommen, über das Backbone gesendet, um zu den passenden Endgeräten zu gelangen. Dies ist eindeutig Cross-Campus-Verkehr (siehe Bild 5.23).

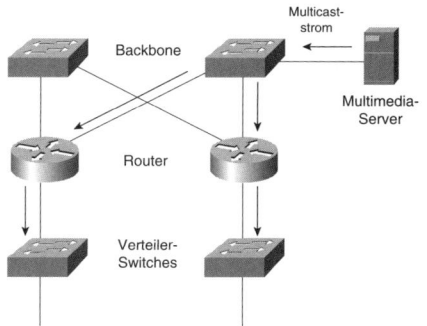

Bild 5.23: Multimedia-Verkehr, der das Backbone überquert

Die Multimedia-IGMP-Join- und Leave-Aufforderungen, die von den Arbeitsstationen erstellt werden, werden als Unicast-Verkehr verschickt. Die Arbeitsstationen senden diese Rahmen an den Multimedia-Server. Der Netzverkehr, der von diesen Aufforderungen generiert wird, muß ebenfalls das Backbone überqueren, was zu mehr Cross-Campus-Verkehr führt (siehe Bild 5.24).

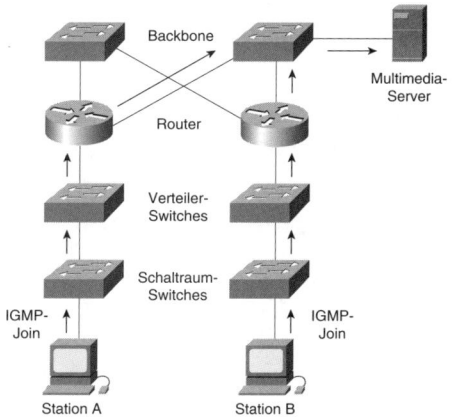

Bild 5.24: Multimedia-Verkehr, der das Backbone überquert

Aktualisiert der Router seine Gruppenmitgliedschaftstabelle, indem er IGMP-Rückfragen an die Netze sendet, wird dieser Netzverkehr, da er seinen Ursprung am Router hat, ebenfalls dem Cross-Campus-Verkehr zugeordnet.

Multicast-Routing ist eindeutig Cross-Campus-Verkehr, da die Router das Routing ausführen. Ob er nun DVMRP, PIM-dense-mode oder PIM-sparse-mode betreibt, der Router muß den Multimedia-Verkehr durch das Netz leiten. Bild 5.25 zeigt ein Beispiel für den Verkehrsfluß des PIM-dense-mode, und Bild 5.26 stellt den Verkehrsfluß des PIM-sparse-mode dar.

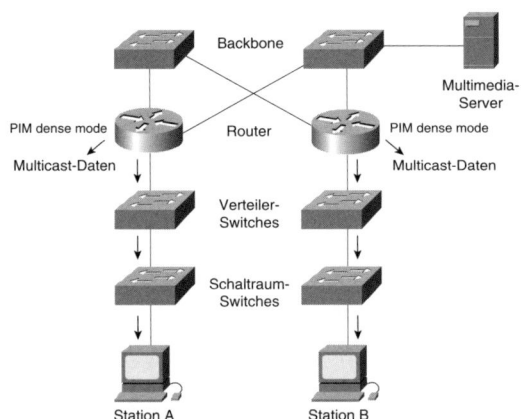

Bild 5.25: PIM-dense-mode beim Versenden von Cross-Campus-Verkehr

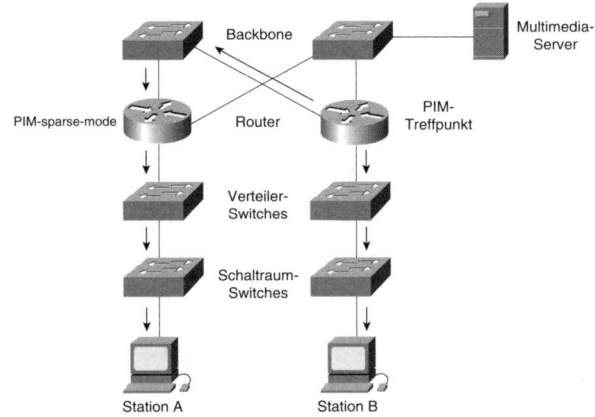

Bild 5.26: PIM-sparse-mode beim Versenden von Cross-Campus-Verkehr

Der PIM-dense-mode ermöglicht es dem Router, den Multicast-Verkehr zu den Benutzern hinunter zu fluten. Da der Router die Anweisungen ausführt, ist der Netzverkehr Cross-Campus-Verkehr.

Der Treffpunkt-Mechanismus für den PIM-sparse-mode sendet den Multimedia-Verkehr durch das Netz an jedes Gruppenmitglied. Wie in Bild 5.26 dargestellt, ist dies ebenfalls Cross-Campus-Verkehr.

Wie bei den Broadcasts, ist auch der Multimedia-Verkehr Cross-Campus-Verkehr. Der Multimedia-Verkehr wirkt sich sicher auf die lokalen Endbenutzer im Netz aus, wird aber, da er in beinahe allen Fällen das Backbone überquert und auf jeden Fall über einen Router läuft, als Cross-Campus-Verkehr charakterisiert.

Ein wichtiger Aspekt bei der Netzkonzeption ist es, zu wissen, welcher Netzverkehrstyp lokaler Verkehr und welcher Cross-Campus-Verkehr ist. Und noch wichtiger ist es, das prozentuale Verhältnis von Cross-Campus-Verkehr zu lokalem Netzverkehr zu bestimmen.

5.5 Bestimmen des Verhältnisses von lokalem Netzverkehr gegenüber Cross-Campus-Verkehr

Während sich das Campus-LAN vergrößert und entwickelt, muß festgelegt werden, wieviel Prozent des Netzverkehrs lokal bleiben kann und wieviel Prozent Cross-Campus-Verkehr nötig ist, damit den jeweiligen Bereichen die richtige Bandbreite zugeordnet werden kann.

Eine Methode, diese Aufgabe zu erfüllen, ist in Kapitel 3, »Auswirkungen des Broadcast-Verkehrs«, beschrieben. Ein Instrument zur Überwachung des Netzes wird auf verschiedenen Teilen des Netzes installiert, und es wird aufgezeichnet, wie viele Informationen jedes Netzsegment durchqueren. Daraus erhält man die Grundlage für das Verkehrsmuster des Netzes.

Sobald diese Grundlage erstellt ist, kann man erkennen, wohin sich der Verkehr im Netz bewegt, und es kann festgelegt werden, welcher Prozentsatz lokaler Netzverkehr und welcher Cross-Campus-Verkehr sein soll. Wenn sich die Datenverkehrsmuster im Netz ändern, kann festgelegt werden, wo die Veränderungen auftauchen und welche Auswirkungen sie auf das Netz haben.

Hat man eine Grundlage für das Verkehrsmuster festgelegt, wird es einfacher, die Auswirkungen der neuen Anwendungen auf die Netzleistung zu verstehen.

5.6 Zusammenfassung

Man ordnet Datenfluß dem lokalen Netzwerkverkehr zu, wenn der größte Teil der Informationen nicht das Backbone berühren und sich in der Nähe der Verteilten Server bewegen. Ist der Verkehr lokaler Natur, kann man sich darauf konzentrieren, zu entscheiden, wieviel Bandbreite dem verteilten Server zugeordnet werden muß. Da lokaler Netzwerkverkehr nicht den gesamten Campus durchquert, kann vermutlich ein weniger kompliziertes Netz betrieben werden.

Cross-Campus-Verkehr berührt sowohl Enterprise- und verteilte Server als auch Router. Da er das Backbone überquert, belastet er das Netz in größerem Ausmaß. Ist der Netzverkehr Cross-Campus-Verkehr, muß man sich darauf konzentrieren, wieviel Bandbreite den Enterprise-Servern, den verteilten Servern und den Routern zugeordnet werden muß. Vermutlich wird man eine komplexere Netz-Infrastruktur erhalten.

Die wichtigsten Netzwerk-Design-Aspekte, die sich aus diesem Kapitel ergeben und die man in Erinnerung behalten sollte, sind folgende:

- Lokaler Netzverkehr ist Verkehr, der das Backbone des Netzes nicht benutzt und der durch keinen Router geht.

- Cross-Campus-Verkehr ist Netzverkehr, der das Backbone des Netzes oder einen Router überquert oder beides tut.

- Internet-Verkehr, gleichgültig, ob er vom Internet kommt oder zum Internet geht, ist immer Cross-Campus-Verkehr. Wegen des beherrschenden Charakters des Internet-Verkehrs, besonders des E-Mail-Verkehrs, müssen die Netzwerkdesigner sich beinahe immer mit diesem Datenverkehrstypus und seinen Auswirkungen, die im ganzen Netz spürbar sind, auseinandersetzen.

- Broadcast und Multimedia-Verkehr sind vorwiegend Cross-Campus-Verkehr, obwohl sie sich oft auch auf lokaler Ebene spürbar auswirken.

– Werkzeuge zur Überwachung des Netzes müssen benutzt werden, um eine auf der Bandbreite basierende prozentuale Verteilung zwischen lokalem und Cross-Campus-Verkehr festzulegen, sowie um Bandbreite richtig zuzuordnen.

Kapitel 6 – Zuverlässigkeit und Elastizität
            des Netzes
Kapitel 7 – Festlegen der Verkehrsprioritäten
Kapitel 8 – Sicherheitsaspekte
Kapitel 9 – Netzwerk-Design für Veränderung
            und Wachstum

TEIL 2

Grundlegende Designelemente

In Teil I wurde die Bedeutung der Datenverkehrsmuster für das Netz behandelt. In Teil II geht es darum, diesen Verkehr zu optimieren und zu schützen, indem man die Elemente des Netzwerk-Designs anwendet.

Die Notwendigkeit, diese Elemente anzuwenden, ist eng mit der Notwendigkeit verbunden, Ihr Netz skalierbar zu machen, damit zukünftiges Wachstum und Veränderungen möglich sind. Ziel ist es, so zu planen, daß Sie übergangslos Menschen, Geräte, Verbindungen und sogar Datenverkehr hinzufügen können, wenn Ihr Netzwerk wächst. So wird das Wachstum des Netzes wahrscheinlich dazu führen, daß höhere Redundanzanforderungen entstehen. Es muß geplant werden, wie den Benutzern im Störungsfall ein verläßliches, elastisches Netz zur Verfügung gestellt werden kann

Ein anderer kritischer Bereich, der während des Wachstums des Netzes untersucht werden muß, ist die Sicherheit. Eine steigende Anzahl von Benutzern bedeutet unter Umständen, daß die Sicherheitsanwendungen überprüft werden müssen. Wie sicher ist das Netz, und ist diese Sicherheit ausreichend?

Des weiteren muß geplant werden, wie mit Hilfe der Methode der dynamischen Protokoll-Adressierung und möglicherweise mit der Installation von VLANs die Skalierbarkeit des Netzwerks gewährleisten werden kann, während sich das Netz aufgrund der steigenden Mobilität der Benutzer verändert.

Die Kapitel von Teil II werden dabei helfen, das Netz entsprechend zu analysieren.

Dieses Kapitel behandelt die folgenden Themen:

- Bedeutung und Notwendigkeit von Redundanz
- Minimaler Redundanzbedarf
- Mittlerer Redundanzbedarf
- Hoher Redundanzbedarf
- Redundanzmethoden
- Komponenten-Redundanz
- Server-Redundanz
- Netzverbindungs- und Datenpfadredundanz
- Software-Redundanz

KAPITEL 6

Zuverlässigkeit und Elastizität des Netzes

Wird ein Netzwerk konzipiert, möchte man zweifellos sicherstellen, daß es verläßlich ist und ein gewisses Maß an Elastizität besitzt, um gerüstet zu sein, falls Probleme auftreten. Bei der Konstruktion eines verläßlichen Netzwerks muß vor allem darauf geachtet werden, daß das Netz so gut wie möglich vor unvorhergesehenen Störungen geschützt ist.

Dieses Kapitel erklärt, wo und warum ein Redundanzplan notwendig sein kann und beschreibt die Werkzeuge, mit deren Hilfe man das Netzwerk am Laufen halten kann.

6.1 Bedeutung und Notwendigkeit von Redundanzen

Redundanz bezieht sich auf die Verwendung verläßlicher Backup-Methoden, mit deren Hilfe man sich vor Netzstörungen schützen kann. Es ist die Aufgabe der Netzkonzeption, zu bestimmen, wann das Netzwerk betriebsbereit sein muß und welche Teile für den täglichen Geschäftsbetrieb von entscheidender Bedeutung sind. Einige Unternehmen, wie beispielsweise Versandhäuser, nutzen ihr Netz 24 Stunden am Tag. Für sie sind die meisten Teile des Netzwerks zu jeder Zeit von extrem wichtiger Bedeutung, d.h., daß die Netzkonzeption umfangreiche Redundanz einplanen muß. In anderen Unternehmen, wie beispielsweise in Fabriken, müssen möglicherweise die Computer, die das Fließband steuern, 24 Stunden am Tag laufen, während die Computer in den Büros nur von 8 bis 19 Uhr benötigt werden. In diesem Fall benötigt das Fließband vollständige Redundanz, während die Büros mit weniger Redundanz erfolgreich arbeiten können.

Der Umfang an Redundanz, der im Netzwerk eingeplant werden muß, wird von mehreren Faktoren abhängig sein. Dazu gehören die Betriebszeit des Netzes und die Kosten in Form von Benutzerproduktivität und Geschäftsvorgängen.

Wird ein Server im Netzwerk installiert, ist bekannt, welche Aufgaben er übernimmt. Nun muß überlegt werden, wann dieser Server betriebsbereit sein muß und wie wichtig er für den Betrieb ist. Wie wird sich das auf die Rentabilität auswirken, wenn der Server aus irgendeinem Grund ausfällt? Lautet die Antwort »in großem Umfang«, so ist es unerläßlich, daß ein Redundanzplan erstellt wird. Sind außerdem Zeitspannen eingeplant, zu denen der Server aus dem Betrieb genommen werden kann, um Software- oder Hardware-Upgrades oder allgemeine Wartungsarbeiten durchzuführen?

Um diese Aspekte der Netzbetriebszeit, der Betriebskosten und der Produktivität zu klären, wird der Redundanzbedarf in drei Kategorien eingeteilt: minimale Redundanz, mittlere Redundanz und hohe Redundanz. In den folgenden Abschnitten wird jede dieser Kategorien kurz erklärt. Anschließend werden die verschiedenen Redundanzmethoden, die im Netzwerk angewendet werden können, beschrieben.

6.1.1 Minimaler Redundanzbedarf

Minimale Redundanz ist in den Netzwerken ausreichend, in denen unerwartete Stillstandzeiten die Benutzerproduktivität nicht beeinflussen oder den Geschäftsbetrieb nicht gravierend behindern. In diesem Fall kann im Unternehmen gearbeitet werden, obwohl das Netzwerk stillsteht, die täglichen Geschäftsabläufe können durchgeführt werden, ohne daß dabei Geld verloren geht oder der Betriebsablauf auf andere Weise behindert wird.

Im allgemeinen nutzt man die minimale Redundanz in Netzen, die folgende Kriterien erfüllen:

– Das Netz muß nur für eine Schicht am Tag zur Verfügung stehen.

– Die Stillstandzeit kann einfach nach der Arbeitszeit eingeplant werden.

– Im Falle eines Netzstillstands wird der Geschäftsbetrieb
nur minimal beeinträchtigt.

– Ein Netzausfall verringert die Benutzerproduktivität nicht
in entscheidendem Maße.

Auf minimalem Niveau kann Redundanz innerhalb der
Hardware-Geräte verwirklicht werden, indem man die Komponenten-Redundanz nutzt, die sich zusätzlicher Hardware
bedient, um Teile für ein Netzwerkgerät zu sichern oder zu
vervielfältigen. Ausfallzeiten können in Grenzen gehalten oder
vermieden werden, indem redundante Stromversorgungen,
redundante Prozessoren oder redundante Schnittstellenmodule
genutzt werden. Diese Redundanzebene stellt eine Basis-Netz-
sicherheit her. Fällt ein Gerät aus, bleibt das Netzwerk dennoch betriebsfähig.

Stellt sich während der Netzüberprüfung heraus, daß ein bestimmter Bereich mehr Elastizität benötigt als andere, kann
die Komponenten-Redundanz des Netzwerks erweitert werden. Man könnte einen Backup-Switch einbauen, der in
Aktion tritt, wenn der Primär-Switch versagt, und so diesen
Teil des Netzwerks in Betrieb hält, oder beispielsweise einen
Backup-Router für einen Primär-Router installieren.

Für Netzwerke mit minimalem Redundanzbedarf mag eine
Auswahl an Komponenten-Redundanz genügen. Es gibt jedoch eine Vielzahl von Methoden, Redundanz über Software
einzurichten. Diese Methoden werden im allgemeinen für
Netzwerke genutzt, die ein mittleres oder hohes Redundanzniveau benötigen, können jedoch ebenso für Netzwerke mit
minimalem Bedarf genutzt werden. Die Software-Methode
wird an späterer Stelle in diesem Kapitel im Abschnitt »Redundanzmethoden« dargestellt.

6.1.2 Mittlerer Redundanzbedarf

Ein mittleres Redundanzniveau wird in Netzwerken genutzt,
die während der Betriebszeiten ohne Einschränkungen betriebsbereit sein müssen, da das Unternehmen beim Ausfall

eines Netzwerkteils wichtige Funktionen verlieren würde und die Benutzerproduktivität sinken würde.

Im allgemeinen wird die mittlere Redundanz in Netzen genutzt, welche die folgenden Bedingungen erfüllen:

- Das Netzwerk muß für mindestens zwei Schichten betriebsbereit sein.

- Die zentralen Server müssen 24 Stunden am Tag in Betrieb sein.

- Stillstandzeiten müssen für die Wochenenden eingeplant werden.

- Liegen wichtige Teile des Netzwerks still, resultieren daraus Geschäftsverluste.

- Die Benutzerproduktivität leidet im Falle einer Netzwerkstörung.

Wird ein mittleres Redundanzniveau gefordert, sollte die Redundanz bei der Hardware beginnen, besonders dort, wo es sich um wichtige Geräte handelt. Außerdem sollte eine Form von Redundanz für Netzverbindungen, Datenpfade und Software eingerichtet werden, um Elastizität zu sichern und Netzstillstandzeiten in Grenzen zu halten. Diese zusätzlichen Möglichkeiten werden im Abschnitt »Redundanzmethoden« in diesem Kapitel beschrieben.

6.1.3 Hoher Redundanzbedarf

Ein hohes Redundanzniveau wird in Netzwerken genutzt, in denen der reibungslose Betrieb rund um die Uhr gewährleistet sein muß, und das 24 Stunden am Tag und 7 Tage die Woche. In vielen Fällen müssen 80% des Netzes nur von Montag bis Freitag in Betrieb sein, wobei am Samstag oder Sonntag eine Stillstandzeit eingeplant ist, um Erweiterungs- oder Wartungsarbeiten durchzuführen. Die restlichen 20% des Netzes müssen dauernd in Betrieb sein, um entscheidende Geschäftsbereiche in Gang zu halten.

Im allgemeinen wird ein hohes Redundanzniveau in Netzen genutzt, die folgende Anforderungen stellen:

– Das Netz muß 24 Stunden am Tag und 7 Tage die Woche in Betrieb sein.

– Stillstandzeiten müssen weit im voraus geplant und einem festgelegten Zeitplan folgend durchgeführt werden, so daß der Netzbetrieb rechtzeitig wieder aufgenommen werden kann.

– Bei Ausfall des Netzes entsteht ein beachtlicher Geschäftsverlust.

– Die Benutzerproduktivität leidet bei Ausfall des Netzes drastisch.

Um ein hohes Redundanzniveau zu erhalten, wird eine Mischung aus verschiedenen Redundanzmethoden genutzt, um die Netzelastizität jederzeit zu gewährleisten.

Diese Kombination vereint Komponenten-Redundanz, Netzverbindungs- und Datenpfadredundanz, verschiedene Formen der Software- und Server-Redundanz. Das Netz enthält normalerweise redundante Netzteile/Stromversorgungsnetze, redundante Prozessoren oder redundante Schnittstellenmodule. Außerdem wird Redundanz auf dem Netzwerkniveau (wie Hot-Backup-Verbindungen und Parallel-Router) eingerichtet. Es werden Backup-Server installiert, um die Durchführung wichtiger Prozesse zu sichern. Diese zusätzlichen Maßnahmen werden im folgenden Abschnitt »Redundanzmethoden« behandelt.

6.2   Redundanzmethoden

Es stehen einige Redundanzmethoden zur Verfügung, die man zur Sicherung der Betriebsbereitschaft des Netzes einsetzen kann. Die Auswahl reicht von Hardware-Optionen wie redundanten Stromversorgungsnetzen zu komplexen Software-Operationen wie doppelten Netzverbindungen. In den folgenden Abschnitten werden einige dieser Optionen dargestellt.

6.2.1   Komponenten-Redundanz

Ein erster Schritt beim Einrichten von Netzredundanz ist die Anwendung der *Komponenten-Redundanzmethode* – das Bereitstellen von zusätzlicher Ausrüstung, um betriebsunfähige

Geräte zu ersetzen. Zur Komponenten-Redundanz gehört die Nutzung zusätzlicher Hardware, um Ersatz- oder Backup-Teile wie Stromversorgungsnetze, Gebläse und Prozessoren, für ein Netzgerät zur Verfügung zu stellen. Komponenten-Redundanz heißt außerdem, daß Ersatzkomponenten vorhanden sind, um betriebsunfähige Geräte zu ersetzen, damit das Netz in Betrieb bleiben kann.

6.2.2 Server-Redundanz

Wie im Kapitel »Server-Plazierung« dargestellt wurde, geht der größte Teil des Verkehrs in den Campus-Netzen zu den Servern. Es ist daher sinnvoll, daß diese Server, abgesehen von geplanten Stillstandzeiten aufgrund von Wartungsarbeiten, ständig in Betrieb sind. Es gibt zwei Arten von *Server-Redundanz*: die Daten, die auf dem Server gespeichert sind, und die Server selbst.

In den meisten Fällen ist es unumgänglich, Sicherungsdatenspeicher zu haben. Es ist beispielsweise praktisch unvorstellbar, keinen Sicherungsdatenspeicher für die Kontoführung zu haben. So hätte eine Bank keine Informationen mehr über den Kontostand ihrer Kunden, wenn in ihrem Netz einige Geräte ausfallen würden.

Fällt ein Server aus, muß es immer noch möglich sein, die Informationen, die auf dem Server gespeichert waren, zurückzuholen, so daß nicht alles verloren ist.

Die Wichtigkeit der Informationen auf jedem Server entscheidet darüber, wie häufig eine Datensicherungskopie für den Datenspeicher dieser Geräte gemacht wird. Einige Server sind nicht von entscheidender Bedeutung, und es ist ausreichend, einmal in der Woche eine Sicherungskopie zu machen. Andere Server sind für die Unternehmensproduktivität von entscheidender Bedeutung, und es muß zwei- bis dreimal am Tag eine Sicherungskopie gemacht werden.

Auch die Server selbst benötigen Redundanz. Das Speichern von Daten sichert die Daten, schützt jedoch nicht die Anwendungen, die auf dem Netz laufen sollen. Wie wird sich das auf das Netz auswirken, wenn auf einem Server einige wichtige Anwendungen laufen und dieser Server ausfällt? Eine Möglichkeit ist es, mehrere Server zu haben, die diese Anwendungen betreiben können. Fällt ein Server aus, können sich die Benutzer mit einem anderen Server aufschalten und die Anwendungen von diesem Server aus betreiben. Sie verlieren dabei etwas Arbeit, können jedoch immer noch arbeiten.

Handelt es sich um außerordentlich wichtige Anwendungen, kann es sinnvoll sein, einen Ausweichserver zu haben, der die Daten des Hauptservers ständig sichert und die gleichen Anwendungen unterstützen kann. Auf diese Weise verliert der Endbenutzer, sollte der Hauptserver ausfallen, nicht unbedingt den Großteil seiner Arbeit, da der redundante Server das meiste gesichert hat.

In beiden Fällen ist es wichtig, daß die redundanten oder Ausweichserver sich nicht im gleichen Teil des Netzes befinden wie die Hauptserver. Verliert das Datenzentrum Strom, so ist es möglich, daß die Ausweichserver ebenfalls Strom verlieren, wenn sie im Datenzentrum in der Nähe der Hauptserver stehen. Um zu verhindern, daß die Ausweichserver ebenfalls betriebsunfähig werden, sollten sie sich an anderen Standorten in anderen Stromkreisläufen befinden. Daher ist es wichtig, das Netz zuerst genau zu betrachten und dann zu bestimmen, wo der Ausweichserver am besten stehen soll.

6.2.3 Netzverbindungs- und Datenpfadredundanz

Die *Netzverbindungs-* und *Datenpfadredundanz* verbinden zwei Redundanzformen, die voneinander abhängig sind. Netzverbindungsredundanz bezieht sich auf die physisch redundanten Verbindungen zwischen Netzwerkgeräten. Datenpfadredundanz bezieht sich auf die Software-Protokolle, die bestimmen, wie die Daten über diese Netzverbindungen laufen. Zuerst wird die Netzverbindungsredundanz kurz dargestellt, danach wird gezeigt, wie die Protokolle den Netzverkehr über diese Redundanzverbindungen leiten.

Im allgemeinen wird die Netzverbindungsredundanz in der Netzarchitektur eingeplant: von jeder Komponente im Netz zum Rest des Netzes wird mehr als eine Verbindung bereitgestellt. Bild 6.1 zeigt Netzverbindungsredundanz im Campus-Netz.

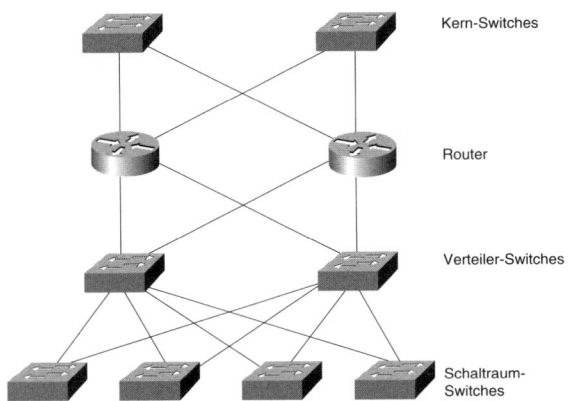

Kern-Switches

Router

Verteiler-Switches

Schaltraum-
Switches

Wie in Bild 6.1 dargestellt, sind die Schaltraum-Switches mit beiden Verteiler-Switches verbunden. Die Verteiler-Switches sind mit zwei Routern verbunden, und die Router sind mit mehr als einem Kern-Switch verbunden. Diese mehrfachen physischen Verbindungen bilden die Netzverbindungsredundanz.

Die Art und Weise, in der diese mehrfachen Verbindungen genutzt werden, wird von den Software-Protokollen bestimmt – genauer, dem Spanning-Tree-Protokoll und dem Routing-Protokoll, die auf dem Netz laufen.

Die Operation, die als Datenpfadredundanz bekannt ist, bestimmt, wie die Daten über die verschiedenen Netzverbindungen geschickt werden. Fällt eine Netzverbindung aus, sind andere Pfade verfügbar, auf denen die Daten durch das Netz reisen können.

Die Datenpfadredundanz gibt es in zwei Formen: *Hot-Backup* und *Parallel-Methode*. Bei der *Hot-Backup-Methode* existiert die physische Verbindung bereits und kann vom Spanning-Tree ohne manuelle Intervention aktiviert werden. Hot-Backup und Spanning-Tree werden von den Schicht-2-Switches genutzt. Bei der *Parallel-Methode* wird das Routing-Protokoll, das auf dem Netz läuft (wie RIP, OSPF oder EIGRP), genutzt. Die Schicht-3-Router im Netz nutzen die Parallel-Methode. Eine oder beide Methoden können genutzt werden, um die Datenpfadredundanz zu sichern.

Spanning-Tree

Spanning-Tree ist ein IEEE-Standard (IEEE 802.1d). Nachdem er eingerichtet ist, nutzt Spanning-Tree die physisch redundanten Netzverbindungen. Steht ein Datenpfad nicht mehr zur Verfügung, konfiguriert Spanning-Tree diesen Datenpfad neu, um die störungsfreie Netzkommunikation zu sichern. Dabei wird ein Hauptpfad aktiviert, während die anderen redundanten Verbindungen im Standby- oder Blockmodus bleiben und aktiviert werden, wenn die Hauptverbindung ausfällt.

Fällt der Hauptpfad aus, wird der zweite Sicherungspfad zum Hauptpfad und alle anderen redundanten Pfade werden in den Sicherheitsmodus gestellt. Dadurch verhindert Spanning-Tree, daß Datenpfadschleifen im Netz entstehen, und sichert somit die Datenintegrität und die Datenpfadrichtung. Bild 6.2 zeigt Switches mit redundanten Netzverbindungen und stellt den Hauptpfad und den Sicherungspfad dar.

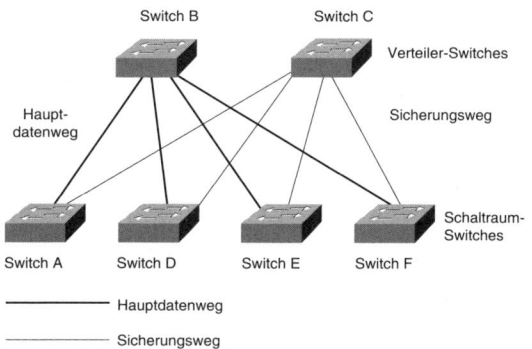

Bild 6.2: Hauptdatenpfad und Sicherungsdatenpfad

Man sieht, daß die Hauptverbindung den Daten nur einen Pfad zur Verfügung stellt, um von jedem der Schaltraum-Switches zu einem Verteiler-Switch zu gelangen. Die anderen Verbindungen stehen im Sicherungsmodus und leiten keine Daten weiter. Fällt, wie in Bild 6.3 dargestellt, eine Verbindung aus, muß sich der Datenpfad ändern.

Spanning-Tree aktiviert automatisch den Sicherungspfad und macht ihn zum Hauptpfad. Der Hauptpfad wird dementsprechend zum Sicherungspfad, wie in Bild 6.4 dargestellt. Diesen Vorgang bezeichnet man als Spanning-Tree-*Rekonvergenz*.

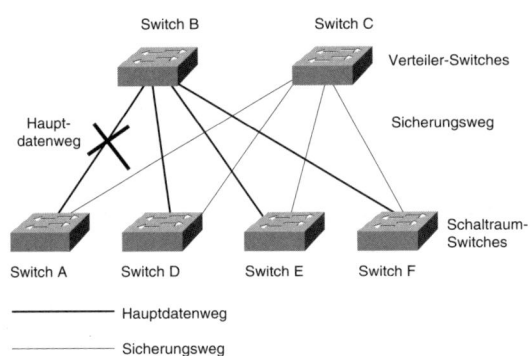

Bild 6.3:
Verbindungs-
störung

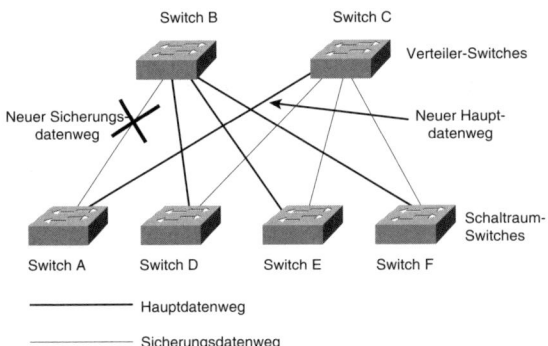

Bild 6.4:
Spanning-Tree-
Rekonvergenz

Die Daten fließen nun auf dem Hauptpfad durch das Netz. Es stellt sich die Frage, warum ein Protokoll wie das Spanning-Tree-Protokoll über Schicht-2-Switches arbeiten muß. Wir betrachten daher, was passieren würde, wenn zwischen den Switches verschiedene aktive Verbindungen existieren würden. Bild 6.5 zeigt dieselbe Netzverbindungsredundanz zwischen den Switches, die in diesem Fall aber alle aktiv sind. Wird ein Broadcast von Station A abgeschickt, trifft er auf Switch A, der den Broadcast aus allen seinen Ports sendet.

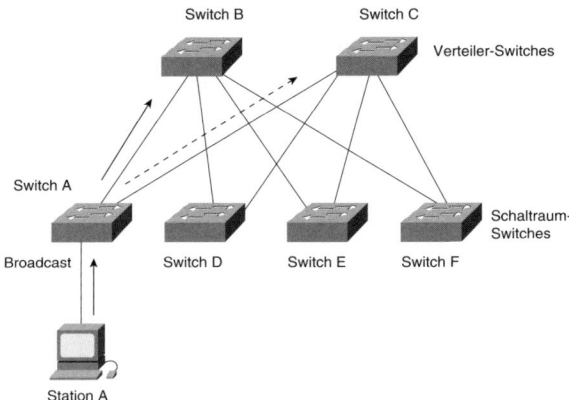

Bild 6.5:
Verbreiten von
Broadcasts über
verschiedene
aktive Verbin-
dungen

Der Broadcast erreicht die Switches B und C, die Switches
wiederum senden den Broadcast aus allen ihren Ports, wie in
Bild 6.6 dargestellt.

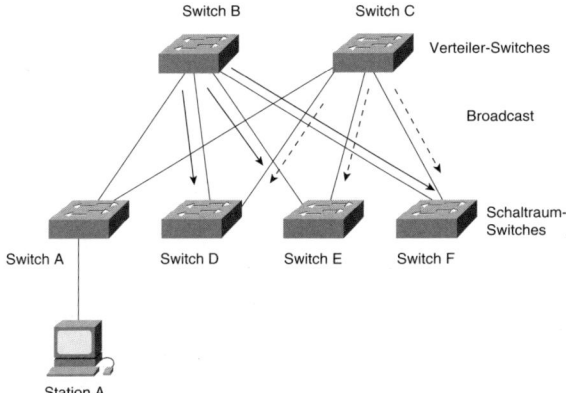

Bild 6.6:
Die Switches B
und C senden
den Broadcast

Wie die Darstellung zeigt, senden beide Switches B und C den
Broadcast, so daß die Switches D, E und F jeweils den Broadcast von den beiden Switches empfangen. Die Switches D, E
und F wiederum senden den Broadcast aus allen ihren Ports,
was in Bild 6.7 dargestellt ist.

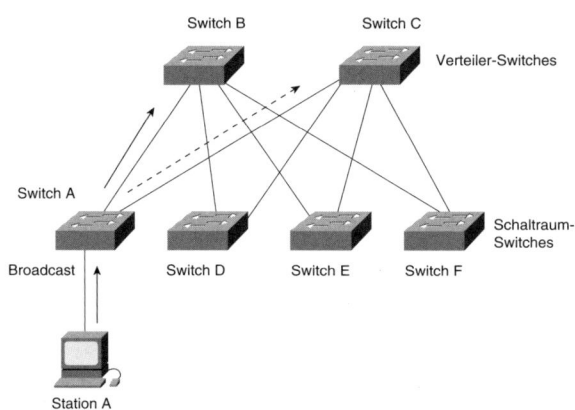

Dann geht der Broadcast, wie in Bild 6.8 dargestellt, von den Switches B und C zurück zu Switch A. Es entsteht eine Endlosschleife, und der Broadcast zirkuliert weiterhin zwischen den Switches und in Richtung der Endstationen. Aufgrund dieses Verhaltens ist es nicht möglich, mehr als einen Pfad im Netz zu tolerieren. Das Spanning-Tree-Protokoll löst dieses Problem, indem es automatisch nur einem Pfad die Erlaubnis erteilt, aktiv zu sein, und alle anderen Pfade zu Sicherungspfaden ernennt.

Bild 6.8:
Die Switches B
und C senden
den Broadcast
zurück zu
Switch A

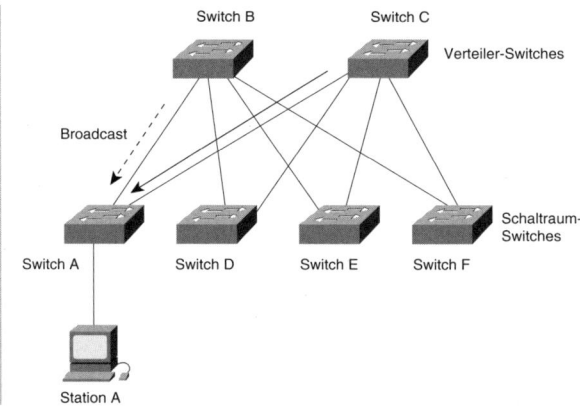

Das Spanning-Tree-Protokoll läßt sich allerdings Zeit bei der Umstellung der Datenpfade. Durch Verzögerung dauert die Umstellung in einfachen Netzen 50 Sekunden. In komplexeren Netzen ist die Umstellungszeit länger. Je mehr Schleifen im Netz sind, desto länger wird es dauern, bis sich das Netz vom

Ausfall einer Verbindung erholt hat. Dieser Vorgang kann geringfügig manipuliert werden, indem man die Verzugszeiteinschätzungen etwas ändert, er kann jedoch nicht entscheidend verändert werden.

Der IEEE-802.1d-Standard enthält weitere Informationen zum Thema Spanning-Tree und darüber, wie Spanning-Tree eingesetzt werden kann, um die Datenpfadredundanz zu gewährleisten.

Parallel-Methode

Spanning-Tree ist die Hot-Backup-Form der Datenpfadredundanz (Methode zur Gewährleistung der Datenpfadredundanz) und wird für redundante Verbindungen zwischen Schicht-2-Switches genutzt. Die andere Form von Datenpfadredundanz ist die *Parallel-Methode*, die von Routern auf dem Schicht-3-Niveau genutzt wird. Hier können verschiedene Pfade vom Router zu den anderen Netzgeräten eingerichtet werden, die es dem Netzverkehr gestatten, jeden Weg zu nehmen. Die Parallel-Methode wird allgemein auch als *Datenlast-Aufteilungs-Methode* bezeichnet. Bild 6.9 zeigt die redundanten Verbindungen zwischen Routern und Switches.

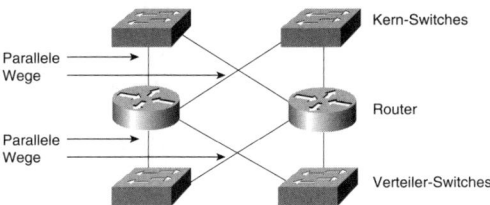

Kern-Switches

Parallele Wege

Parallele Wege

Router

Verteiler-Switches

Bild 6.9: Redundante Verbindungen zwischen Routern und Switches

Wird die Parallelschaltung auf Schicht 3 implemeniert, können alle redundanten Pfade genutzt werden, um Datenverkehr über das Netz zu schicken. Das funktioniert, da jede Schnittstelle auf dem Router ein anderes Netz oder Subnetz repräsentiert. Die redundanten Verbindungen befinden sich daher nicht auf dem gleichen Netz, wie das bei den Geräten der Schicht 2 der Fall ist. Es ist wichtig zu wissen, daß Schleifen entstehen, wenn es verschiedene Pfade auf dem gleichen Subnetz gibt. Bild 6.10 zeigt die Netzverbindungen auf dem Router und stellt die Schnittstellen mit ihren jeweiligen Netzadressen dar.

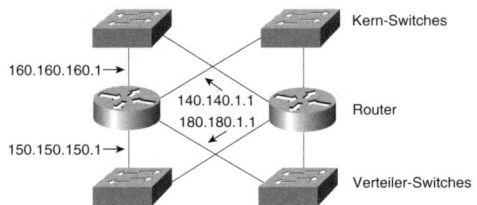

Das folgende Beispiel klärt den Begriff Parallelschaltung. In Bild 6.11 möchte Station A Daten an Server B schicken. Station A schickt die Daten ab, die Daten passieren Switch A und B und wandern hoch zu Router X. Router X hat die Wahl, die Daten zu Netz 100.100.100.0 oder zu Netz 200.200.200.0 zu schicken.

Bild 6.11:
Senden von
Daten über den
Router

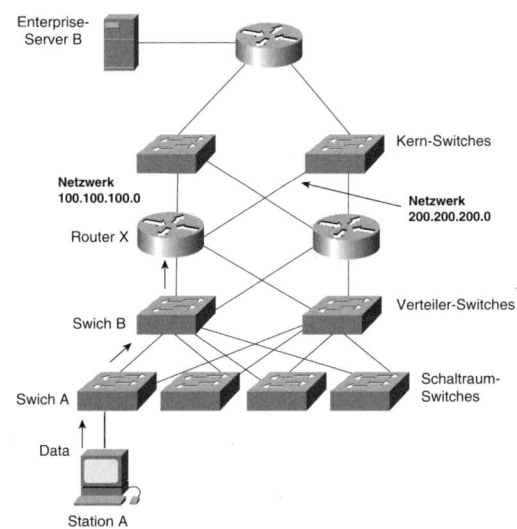

Das Netz, auf das der Router die Daten sendet, wird vom Routing-Protokoll bestimmt, das auf dem Netz läuft, wie beispielsweise RIP, OSPF oder EIGRP. Das Routing-Protokoll bestimmt, welcher Pfad der beste ist und weist den Router an, die Daten über diesen Pfad zu senden. (Die Methode, die von den Routing-Protokollen angewandt wird, um den besten Pfad zu bestimmen, ist bei jedem Routing-Protokoll eine andere und nicht Thema dieses Buches. Eine Querverweisliste für detailliertere Informationen über Routing-Protokolle befindet sich in Anhang A unter »Technische Referenzen«).

In unserem Beispiel schickt der Router die Daten von Netz 100.100.100.0 ab. Die Daten überqueren den Backbone, um Server B zu erreichen (siehe Bild 6.12).

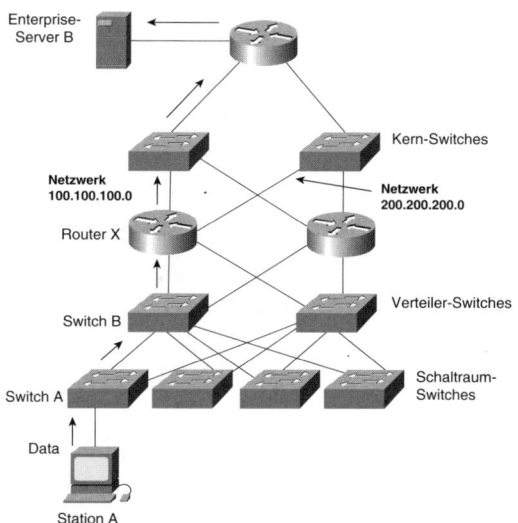

Bild 6.12: Der Router sendet Daten durch Netz 100.100.100.0

Kommen die Daten von Server B zurück, muß Router Y entscheiden, auf welchem Pfad er die Daten schicken soll. Diesmal entscheidet der Router Y, die Daten durch Netz 200.200.200.0 zu schicken (siehe Bild 6.13). Router X erhält die Daten über diesen Pfad.

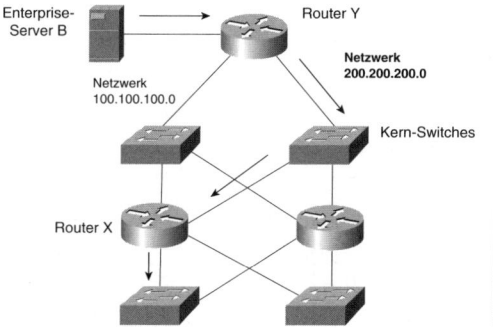

Bild 6.13: Router Y sendet Daten durch Netz 200.200.200.0

Router X schickt daraufhin die Daten weiter zu Station A. Wie dieses Beispiel zeigt, haben die Router beide Verbindungen genutzt, um Daten zu verschicken – in anderen Worten: eine Parallelschaltung.

Parallelschaltung stellt mehr nutzbare Bandbreite zur Verfügung, als das Spanning-Tree-Protokoll, da alle Datenpfade und Netzverbindungen zur gleichen Zeit genutzt werden können, um Daten durch das Netz zu schicken. Fällt ein Pfad aus, sind die anderen Pfade bereits in Betrieb, so daß die Umstellungszeit geringer ist. Auch hier hängt die Umstellungszeit davon ab, welches Routing-Protokoll benutzt wird, ist jedoch in allen Routing-Protokollen in jedem Fall kürzer als 50 Sekunden wie im Spanning-Tree-Protokoll.

Die Netzredundanz wird von den Hardware-Herstellern mit den verschiedensten Software-Methoden eingerichtet. Unglücklicherweise sind die meisten dieser Methoden urheberrechtlich geschützt, und es gibt keinen standardisierten Weg, die Software über die Plattformen der verschiedenen Hersteller hinaus zu unterstützen. Wir können jedoch diese Software-Redundanzformen im allgemeinen besprechen und ein Beispiel für Software-Redundanz darstellen, indem wir uns einer Methode bedienen, die gegenwärtig von der Internet-Gemeinde in Erwägung gezogen wird und ein Internet-Konzept ist.

6.2.4 Software-Redundanz

Ziel der *Software-Redundanz* ist es, dabei zu helfen, das Netz ohne manuelle Intervention wiederherzustellen und die Netzstillstandzeit so gering wie möglich zu halten. Das Spanning-Tree-Protokoll errechnet beispielsweise automatisch einen neuen Datenpfad, für den Fall, daß der Hauptpfad ausfällt. Das ist eine Form von Software-Redundanz. Die Benutzer werden nur kurz gestört, da das Netz sich ohne manuelle Intervention zu helfen weiß, und die Routing-Protokolle automatisch einen anderen Pfad errechnen, auf den sie den Netzverkehr leiten können, wenn ein Pfad ausfällt. Abgesehen von den Datenpfaden, gibt es jedoch andere Bereiche, die Software-Redundanz benötigen. Dazu gehören beispielsweise die Dienste, die man benötigt, um das Netz zu betreiben.

Betrachtet man z.B. die Dienste, die ein Standard-Netzverbindungsrechner liefert. Betreibt das Netz IP, benötigen die Endbenutzer eine IP-Adresse und ein IP-Default-Gateway (oder Standard-Gateway). Ohne diese beiden hat der Endbenutzer keinen Zugang zum Netz. Senden die Arbeitsstationen Daten durch das Netz, gehen diese durch das Standard-Gateway oder den Router. Fällt das Standard-Gateway aus, haben die Endgeräte keinen Zugang mehr zum Netz. In diesem Fall ist es ideal, wenn Software-Redundanz zur Verfügung steht, die die Standard-Gateway-Adresse schützt, ohne daß der Endbenutzer die Störung im Netz bemerkt.

Es gibt verschiedene Möglichkeiten, das IP-Standard-Gateway bei Netzausfällen zu schützen. Bild 6.14 zeigt ein Netz mit einem IP-Default-Gateway für eine Reihe von Arbeitsstationen, die erfolgreich arbeiten. Bild 6.15 zeigt einen Störfall, der diese Endgeräte daran hindert, über das Netz zu kommunizieren.

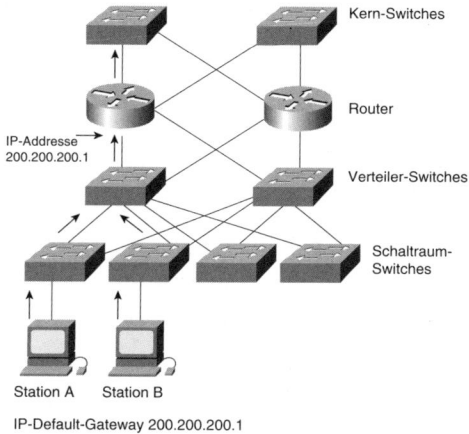

Bild 6.14: Netz mit funktionstüchtigem IP-Default-Gateway

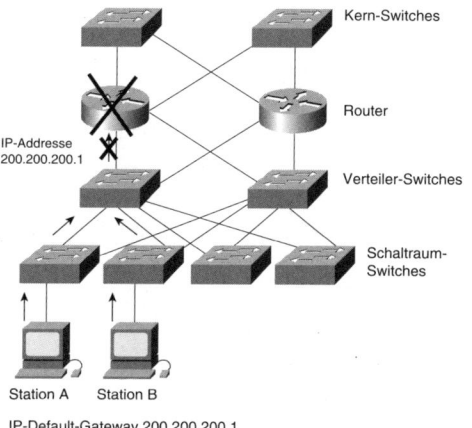

Bild 6.15: Netz mit ausgefallenem IP-Default-Gateway

Das Routing-Protokoll (RIP, OSPF oder EIGRP) kann automatisch einen neuen Pfad berechnen, um die ausgefallene Verbindung zu umgehen. Die Adresse des Standard-Gateway ist dadurch jedoch nicht geschützt. Die Benutzer werden für eine bestimmte Zeit gestört, die davon abhängt, wie schnell das Protokoll die Umstellung ausführen kann.

Um diesem Problem zu begegnen, wurde eine neue Methode entwickelt, um die Adresse des Standard-Gateway vor dem Ausfall zu schützen, die zur Zeit ein Internet-Konzept ist. Die Methode ist bekannt als *Hot-Standby-Routing-Protokoll* oder HSRP. HSRP hilft, den Netzbetrieb aufrechtzuerhalten, indem es zwei Routern die gleichen virtuellen MAC- und IP-Adressen zuordnet und dadurch einen »Phantom-« oder virtuellen Router schafft. Bild 6.16 zeigt diesen Vorgang.

Bild 6.16:
HSRP auf zwei
Routern

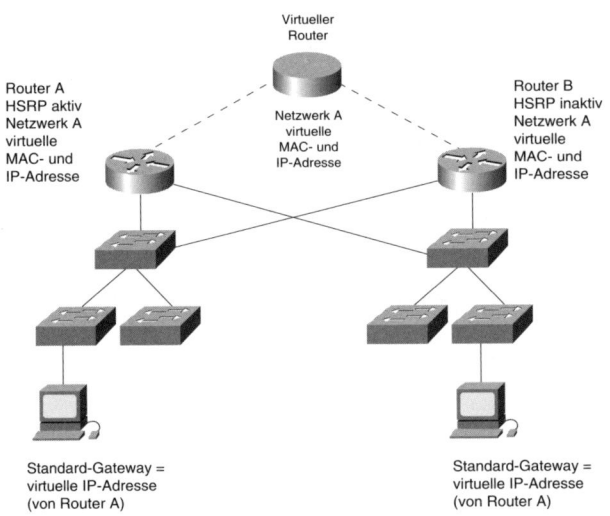

In unserem Beispiel ist Router A der Hauptrouter des HSRP für Netz A, und Router B ist der Backup-Router. Versagt Router A, wie in Bild 6.17, dann wird Router B der Hauptrouter des HSRP. Er übernimmt die virtuellen IP- und MAC-Adressen.

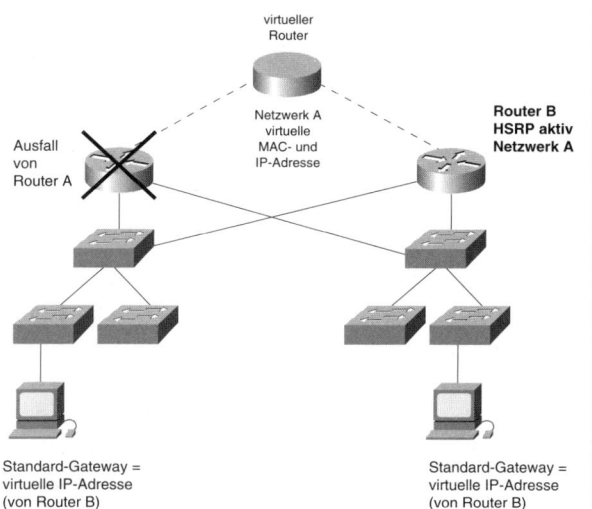

Da die Router dieselben virtuellen IP-und MAC-Adressen teilen, können die Endgeräte ihre gemeinsame IP-Standard-Gateway-Adresse (die der virtuellen IP-Adresse entspricht) behalten. Sie behalten damit die Möglichkeit, auf das Netz zuzugreifen. Für die Arbeitsstationen macht es keinen Unterschied, daß sie über einen anderen physischen Router gehen, und diese Veränderungen bedeuten für sie keine Störung.

Bild 6.18 zeigt, daß Router B der Hauptrouter des HSRP für Netz B und Router A der Backup-Router für Netz B ist. Ebenso ist Router A der Hauptrechner für Netz A und Router B der Backup-Router für Netz A.

Nachdem beide Router als HSRP-Hauptrouter für verschiedene Netze zur Verfügung stehen, können sie beide gleichzeitig benutzt werden, um den Netzverkehr zu verteilen. Keiner der Router ist darauf beschränkt, nur als Backup-Router zu agieren, der nur im Störungsfall in Betrieb ist. Beide Router können statt dessen parallel arbeiten. Das Internet-Konzept draftli-hsrp-00.txt. gibt weitere Informationen über HSRP.

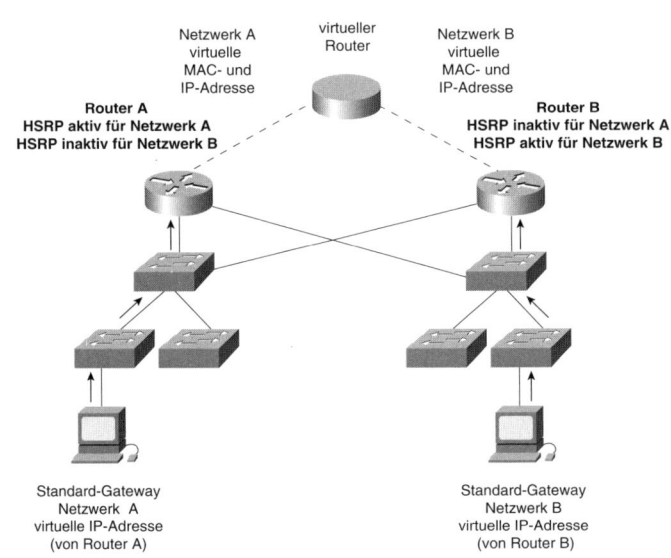

*Bild 6.18:
Router A und B
als Hauptrouter
und Backup-
Router des
HSRP*

Ein anderer Weg, die Bedeutung von Software-Redundanz zu prüfen, ist, ein *ATM-LAN-Emulation-(LANE-)*Netz zu betrachten. Im ATM LANE gibt es einige Dienste, die voneinander abhängig sind und in Betrieb sein müssen, damit das Netz arbeiten kann.

Da dieser Netztyp sich hauptsächlich auf Dienstleistungen stützt, ist er eines der besten Beispiele dafür, wie wichtig Software-Redundanz ist.

ATM LANE benötigt drei Dienste, die reibungslos operieren, damit Daten erfolgreich durch das Netz wandern können. Der erste Dienst ist der *LAN-Emulation-Configuration-Server (LECS)*. Es gibt einen LECS für das gesamte ATM-Netz. Der LECS teilt jedem LANE-Client mit, der auf das Netz zugreift, welchen LAN-Emulation-Server er ansprechen sollte, um eine ATM-Adresse zu erhalten. Sobald der LANE-Client seine ATM-Adresse hat, kontaktiert er den LECS nicht mehr. Fällt der LECS aus, können keine neuen LANE-Clients mehr auf das Netz zugreifen. (Die LANE-Clients, die sich bereits im Netz befinden, sind davon nicht betroffen.)

Der zweite Dienst ist der *LAN-Emulation-Server (LES)*. Es gibt für jedes Emulated LAN (ELAN genannt) einen LES. Aufgabe des LES ist es, den LANE-Client des ELAN ATM-Adressen zuzuteilen. Fällt der LES aus, können neue LANE-

Clients nicht auf das Netz zugreifen. (Auch hier sind Arbeitsstationen, die sich bereits im Netz befinden, nicht betroffen.)

Der dritte und letzte Dienst ist der *Broadcast and Unknown Server (BUS)*. Es gibt in jedem ELAN einen BUS, wobei der LES und der BUS sich in jedem ELAN auf demselben Netzwerkgerät befinden. Der BUS dirigiert den gesamten Broadcast-Netzverkehr im ELAN, ebenso wie Anfragen nach Zieladressen wie beispielsweise eine IP-ARP-Anfrage.

Sendet ein Endgerät einen Broadcast, geht dieser zuerst zum BUS, der ihn dann an das restliche ELAN schickt. Ebenso sendet eine Station, die die ATM-Adresse einer anderen Station benötigt, die Anfrage zuerst an den BUS.

Der BUS spielt eine wichtige Rolle im Betrieb eines LANE-Netzes – fällt der BUS aus, werden im Gegenzug alle Arbeitsstationen im Netz in Mitleidenschaft gezogen. Da sich der LES und der BUS auf demselben Gerät befinden, können neue LANE-Clients ihre ATM-Adresse nicht bekommen, wenn das Gerät ausfällt. Des weiteren können LANE-Clients, die sich bereits im Netz befinden, ihre Daten nur an Adressen senden, die sie bereits kennen, und die Broadcasts, die sie aussenden, kommen nirgendwo an, da der BUS nicht in Betrieb ist.

Es ist offensichtlich, daß der Netzbetrieb beeinträchtigt ist, wenn nur einer der drei LANE-Dienste ausfällt. Ohne Zweifel ist es unumgänglich, daß irgendeine Art von Backup-Dienst für die Hauptdienstleistungen in diesem Netz vorhanden ist.

Viele Hardware-Hersteller bieten Lösungen an, bei denen die Backup LECS und LES/BUS automatisch aktiv werden, wenn die Hauptdiensteinheit ausfällt. Derzeitig gibt es keine Standardmethode für die Einrichtung dieser Funktion, und die meisten Verkäufer halten sich an die ATM-LANE-Spezifikationsrichtlinien für die Implementierung. Wie bei allen anderen Methoden zur Sicherung der Netzelastizität wäre die Lösung des Problems ein automatischer Fail-Safe-Mechanismus, der keine manuelle Intervention verlangt. Die LANE 1.0- oder 2.0-Spezifikation informiert über die ATM-LANE-Emulation.

6.3 Zusammenfassung

Ziel jedes Netzwerk-Designers ist es, daß das Netzwerk betriebsbereit ist, wann immer es benötigt wird. Das kann bedeuten, daß es 8 Stunden am Tag in Betrieb sein muß oder rund um die Uhr, 7 Tage die Woche. In jedem Fall muß ein Redundanzniveau installiert sein, um sicherzustellen, das die wichtigen Teile des Systems zu kritischen Zeiten fehlerlos arbeiten.

Ohne Redundanz können Störungen der Netzwerkfunktionen und Dienste auftreten, die sich negativ auf die Geschäftstätigkeit und die Rentabilität des Unternehmens auswirken können. Es ist besonders wichtig, Redundanz für die Diensteinheiten zur Verfügung zu stellen, die das Netzwerk innerhalb eines bestimmten Zeitrahmens durchqueren müssen. Ist das Netz von einer bestimmten Anwendung abhängig oder werden zeitsensitive Anwendungen betrieben, wie zum Beispiel Sprache oder Echtzeit-Verarbeitung, so sollten die Teile des Netzes, die von diesen Anwendungen berührt werden, redundante Systeme bereithalten. Im nächsten Kapitel werden Möglichkeiten vorgestellt, wie man diesem Datenverkehr Priorität einräumen kann.

Die wichtigsten Punkte, an die man sich erinnern sollte, wenn man Netzwerkredundanz einrichtet, sind die folgenden:

– Komponenten-Redundanz heißt, daß in einem Netz Backup-Hardware oder Ersatz-Hardware genutzt wird und zusätzliche Komponenten bereitgehalten werden, für den Fall, daß sie gebraucht werden. Die Komponenten-Redundanz ist immer empfehlenswert – unabhängig davon, ob ein Netz minimale, mittlere oder hohe Redundanzanforderungen stellt.

– Server-Redundanz heißt, daß sowohl Daten als auch Anwendungen gesichert werden. Netze, die ein hohes Redundanzniveau benötigen, stellen im allgemeinen auch Server-Redundanz zur Verfügung.

– Ziel der Netzverbindungsredundanz ist es, für den Fall, daß ein Pfad ausfällt, alternative physikalische Pfade durch das Netz zur Verfügung zu stellen. Im allgemeinen benötigen Netze, die mittlere oder hohe Redundanzanforderungen haben, Netzverbindungsredundanz.

- Ziel der Datenpfadredundanz ist es, Datenverkehr über die aktiven physikalischen Pfade zu leiten. Datenpfadredundanz wird überall dort benötigt, wo die Netzverbindungsredundanz implementiert wurde, da die beiden als Gespann arbeiten.

- Spanning-Tree benutzt Hot-Backup-Verbindungen, wobei nur die aktive Hauptverbindung für den Datentransfer genutzt wird. Die Parallelschaltung benutzt alle Verbindungen für den Datentransport.

- Ziel der Software-Redundanz ist es, das Netz dabei zu unterstützen, den Betrieb nach einer Stillstandzeit, die so kurz wie möglich gehalten wird, ohne manuelle Intervention wiederaufzunehmen. Im allgemeinen müssen bei Netzwerken, die mittlere oder hohe Redundanzanforderungen haben, Software-Redundanzen implementiert sein.

Dieses Kapitel behandelt folgende Themen:

– Wo müssen Prioritäten gesetzt werden?
– Die Software-Methode
– Die Hardware-Methode
– Prioritätenvergabe bei ATM-Netzen

KAPITEL 7

Festlegen der Verkehrsprioritäten

Das Festlegen von Verkehrsprioritäten ist für das Wide-Area-Netz und für das Internet von größerer Bedeutung als für das Campus-Netz, weil die Netzverbindungen des WANs weit schneller überlastet und überfüllt sind, als die des Campus-Netzes. Engpässe im WAN und im Internet werden in der Regel von langsamen Verbindungen verursacht, die manchmal nur mit 12,2 Kbps und nicht schneller als mit T-1 (1,54 Mbps) oder E-1 (2,048 Mbps) Geschwindigkeit arbeiten. Das Campus-Netz vermeidet dieses Problem, da es mit höheren Geschwindigkeiten arbeitet (10 Mbps im Ethernet, 4 oder 16 Mbps im Token Ring und bis zu 155 Mbps im Fast Ethernet, FDDI oder ATM).

Darüber hinaus ist zusätzliche Bandbreite im WAN-Bereich sehr kostspielig, da man Mietleitungen benutzen und Zugangsprämien zahlen muß, während Bandbreite im Campus-Netz verhältnismäßig billig ist. Sobald die Kabel des Campus-Netzes einmal gekauft und installiert sind, fallen keine zusätzlichen Gebühren mehr an, und die Kosten können kontrolliert werden.

Dennoch gibt es Gründe, warum sich der Designer eines Campus-LAN Gedanken über Netzwerkverkehrsprioritäten machen sollte. Neue, in Entwicklung befindliche Technologien, wie zum Beispiel Voice-over-data, Echtzeit-Bildverarbeitung und Multimedia-Anwendungen, die strikte Zeitrahmen einhalten müssen, um erfolgreich arbeiten zu können, werden immer häufiger in Campus-Netzwerken eingesetzt. Außerdem sind einige dieser neuen Anwendungen sehr leistungshungrig und benötigen oft mehr Bandbreite als ein normales Campus-Netz bereitstellen kann. In diesem Fall kann man entweder viel Geld ausgeben und mehr Leitungen und Bandbreite zur Verfügung stellen, oder man nutzt die bereits vorhandene Bandbreite effizienter, indem man Verkehrsprioritäten festlegt.

In diesem Kapitel werden herkömmliche und neue Methoden für das Festlegen von Netzverkehrsprioritäten vorgestellt. Darüber hinaus werden Werkzeuge beschrieben, mit deren Hilfe man Netzwerkverkehrsprioritäten im Campus-Netz einrichten kann.

7.1   Wo müssen Prioritäten gesetzt werden?

Indem man Prioritäten festlegt, bestimmt man zunächst einmal grundsätzlich, welcher Datenverkehr zuerst durch das Netzwerk fließt. Es gibt zwei Fälle, in denen dies wichtig ist: wenn Netzwerkgeräte oder das Netzwerk selbst überlastet sind und wenn verzögerungssensitiver Datenfluß vorhanden ist.

Für den Fall, daß Engpässe an den Geräten oder im Netzwerk auftreten, entscheiden die Geräte, welcher Verkehr am wichtigsten ist und verschicken diese Daten zuerst. So hat beispielsweise eine Videokonferenz der Geschäftsführung Priorität über eine Web-Surfing-Sitzung und eine Echtzeit-Bildverarbeitungsanwendung hat Priorität vor Dateitransfers.

Beim Konzipieren von Prioritäten müssen einige Fragen beachtet werden:

– Wieviel Bandbreite benötigt der Netzwerkverkehr mit hoher Priorität?

– Ist der Netzwerkverkehr mit hoher Priorität konstant, oder tritt er nur ab und zu auf?

– Kann die Infrastruktur des Netzes den Datenverkehr mit hoher Priorität erfolgreich unterstützen?

Die Antworten auf diese Frage geben wichtige Hinweise darauf, welche Methode beim Festlegen von Prioritäten angewandt werden sollte. Netzdesigner können die geforderten Netzwerkverkehrsprioritäten mit Hilfe von Software-Lösungen, wie das Queuing, oder mit Hilfe von Hardware-Lösungen – indem Sie bestimmten Geräten mehr Bandbreite zuordnen – einräumen. Diese Lösungen, die einzeln oder auch kombiniert angewandt werden können, werden in den folgenden Abschnitten im einzelnen beschrieben.

7.2   Die Software-Methode

Die meisten Netzwerkgeräte halten sich an die »first-in, first-out«-Regel (FIFO), um den Datenfluß in Gang zu halten. Es können jedoch Software-Methoden angewandt werden, um diese Regeln zu ändern, so daß der Datenfluß zu »first-out«-Netzverkehr wird, weil er die höchste Priorität hat und nicht, weil er »first in« war. Eine Software-Methode für das Setzen von Netzwerkverkehrsprioritäten besteht darin, die Netzwerkgeräte darauf einzustellen, einen Mechanismus zu benutzen, der als »Queuing« bezeichnet wird. Eine andere Lösung ist die Benutzung eines »Dienstgüte«-Mechanismus (QoS: Quality of Services), der mit Software-Parametern garantiert, welcher Datenverkehr Priorität gegenüber anderem Datenverkehr erhält.

7.2.1   Queuing-Methoden

Beim *Queuing* (Warteschlangenverfahren) wird der Netzwerkverkehr in eine Reihe hintereinander gestellt, so daß er gemäß der vom Netzdesigner gewünschten Prioritätspräferenzen fließt. Da die LAN-Switches im allgemeinen die Queuing-Methoden nicht verstehen, wird das Queuing in Campus-Netzen auf der Router-Schicht installiert. Der ATM-Switch, der spezielle Queuing-Methoden verwendet, die später in diesem Kapitel beschrieben werden, stellt eine Ausnahme dar.

Das Queuing auf dem Router findet auf unterschiedliche Arten statt. Die geläufigsten Formen sind:

- Prioritäten-Queuing

- Bandbreitenteil-Queuing

- Geteiltes Queuing

- Queuing nach zugesicherter Bandbreite

Die folgenden Abschnitte stellen diese Queuing-Methoden detaillierter dar.

Prioritäten-Queuing

Diese Methode befiehlt dem Router: »Wenn überhaupt Netzverkehr vorhanden ist, dem Priorität eingeräumt wurde, schicke ihn ab. Alles andere muß warten.« Bild 7.1 zeigt ein Beispiel für das Prioritäten-Queuing.

Bild 7.1: Prioritäten-Queuing

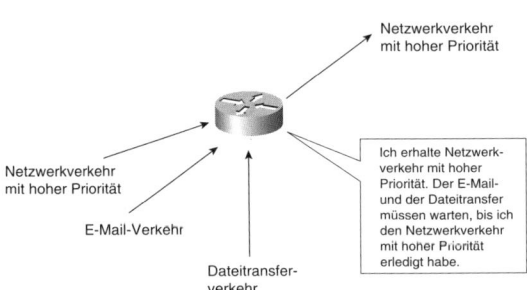

Das Prioritäten-Queuing funktioniert am besten in Netzen, die zu jeder Zeit genügend Bandbreite zur Verfügung haben und in denen selten verzögerungssensitiver Verkehr den Campus überquert.

Der Nachteil dieser Queuing-Methode besteht darin, daß bei Vorhandensein eines ziemlich konstanten Netzwerkverkehrs mit Priorität (wie zum Beispiel ein Datenstrom der Echtzeit-Bildverarbeitung) dieser die verfügbare Bandbreite auslasten kann und dadurch der übrige Netzwerkverkehr blockiert und nicht an das Netz geschickt wird.

Bandbreitenanteil-Queuing

Bei dieser Methode des Queuing wird dem Netzwerkverkehr mit hoher Priorität ein bestimmter Prozentsatz an Bandbreite zugeordnet, die übrige Bandbreite wird dem anderen Netzwerkverkehr zugeteilt. Der Prozentsatz wird normalerweise vom Netzadministrator konfiguriert. Mit der ihm zugeteilten Bandbreite verarbeitet der Router zuerst den Netzverkehr mit der höchsten Priorität und verschickt dann den übrigen Netzverkehr.

Angenommen, dem Netzwerkverkehr mit hoher Priorität wurde 50% der Bandbreite zugeteilt und der übrige Netzwerkverkehr erhält die anderen 50%, so erhält der Netzwerkverkehr mit hoher Priorität 50% der Bandbreite, der restliche Netzwerkverkehr wird nach der FIFO-Methode bearbeitet (siehe Bild 7.2).

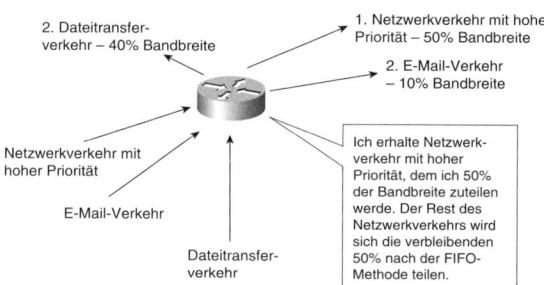

Bild 7.2: Queuing abhängig vom Prozentsatz der zugeordneten Bandbreite

Gibt es keinen Datenfluß mit Priorität, kann der Netzwerkverkehr die gesamte zur Verfügung stehende Bandbreite ausnutzen. Die Bandbreitenanteil-Methode ist gut geeignet für Netze, die gelegentlich Netzwerkverkehr mit hoher Priorität haben.

Diese Queuing-Methode hat jedoch zwei Nachteile: Wird Netzwerkverkehr mit hoher Priorität verschickt, ist der gesamte übrige Datenfluß auf die restliche Bandbreite beschränkt, bis die Daten mit hoher Priorität bearbeitet sind. Dadurch wird ein Engpaß verursacht. Diese Methode schränkt außerdem den Netzwerkverkehr mit Priorität ein, da dieser höchstens den Prozentsatz an Bandbreite nutzen kann, der ihm zugeteilt wurde. Wenn der Netzwerkverkehr mit hoher Priorität in unserem Beispiel 55% der Bandbreite benötigen würde, würden 5% des Verkehrs größere Verzögerungen hinnehmen müssen, als dies normalerweise der Fall wäre.

Geteiltes Queuing

Diese Methode hat eine geteilte Lösung, um Netzwerkverkehr durch den Router zu schleusen. Beim Geteilten Queuing können sowohl Netzwerkverkehr mit hoher Priorität als auch anderer Netzwerkverkehr von der Bandbreite des Routers gleichzeitig bearbeitet werden. Wenn die Daten mit hoher Priorität – beispielsweise Multimedia-Verkehr – nicht die gesamte zugeteilte Bandbreite benötigen, kann der Router Netzwerkverkehr, wie beispielsweise E-Mails, verschicken, während er gleichzeitig Multimedia-Verkehr verschickt. Dazu leiht er sich einen Teil der Bandbreite vom Netzwerkverkehr mit höherer Priorität aus (siehe Bild 7.3).

Bild 7.3: Geteiltes Queuing

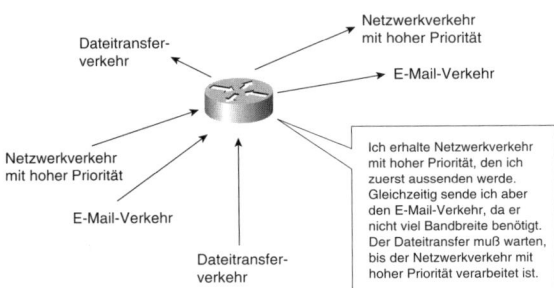

Die geteilte Queuing-Methode erlaubt es dem Verkehr mit Priorität, die Bandbreite zu nutzen, die er benötigt, während der übrige Verkehr bearbeitet wird, ohne warten zu müssen. Der Verkehr mit Priorität kann jedoch trotzdem nur die ihm zugeteilte Bandbreite nutzen, und der normale Verkehr wird nicht gleichzeitig bearbeitet (interleave), sollte der Verkehr mit hoher Priorität die gesamte ihm zugeteilte Bandbreite nutzen. Die Geteilte Queuing-Methode ist am besten für Netzwerke geeignet, die gelegentlich oder auch grundsätzlich einen ziemlich konstanten Datenfluß mit hoher Priorität haben.

Queuing mit zugesicherter Bandbreite

Bei dieser Methode wird dem Verkehr mit Priorität zu jeder Zeit eine bestimmte Menge an Bandbreite zugeteilt. Der Verkehr mit Priorität kann die Bandbreite nutzen, wann immer er sie benötigt. Diese Methode ist für Netze geeignet, die konstanten High-Priority- oder verzögerungssensitiven Datenverkehr, wie beispielsweise Videokonferenzen, haben. Ein Nachteil dieser Methode ist, daß für den Fall, daß kein Netzwerkverkehr mit Priorität das Netz überquert, der andere Verkehr nicht die Bandbreite nutzen kann, die für den Verkehr mit hoher Priorität reserviert wurde (siehe Bild 7.4).

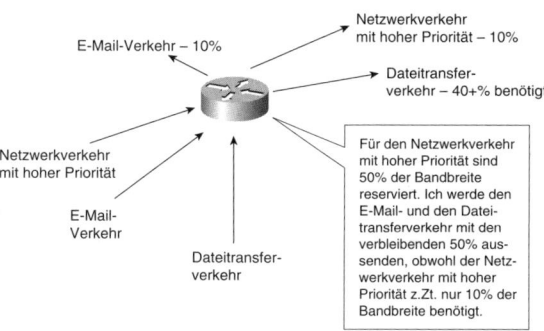

Bild 7.4:
Dedizierte
Bandbreite für
priorisierten
Datenverkehr

7.2.2   Dienstgüte–Methoden

Dienstgüte (QoS) ist eine andere Software-Lösung, um Verkehrsprioritäten zu setzen. QoS ist dem Queuing dahingehend ähnlich, daß es den Bandbreite-Bedarf (Verfügbarkeit von Diensten) des Verkehrs mit hoher Priorität kennzeichnet. QoS geht jedoch noch weiter als Queuing, es betrachtet die Leistungsanforderungen (Übertragungsqualität) der zu übermittelnden Daten. Im besonderen ist QoS für Anwendungen bestimmt, die eine Garantie dafür haben müssen, daß ihre Datagramme, nachdem sie von der Quelle losgeschickt wurden, innerhalb eines bestimmten Zeitraums ankommen. So sind beispielsweise einige Audio- und Video-Playback-Anwendungen allen Datengrammen gegenüber intolerant, die nach ihrer play-back-Zeit ankommen. QoS arbeitet in Verbindung mit einem der Queuing-Mechanismen, die in diesem Kapitel bereits beschrieben wurden.

Einige Internet-Konzepte und Arbeitsdokumente nehmen die Frage in Angriff, wie man einen garantierten Dienst (garantierte Verzögerung und Bandbreite) im Netz zustellen kann. Die Konzeption des »Resource Reservation Protocol« (RSVP) ist für Campus-Anwendungen am besten geeignet.

Ein Host benutzt das RSVP, um vom Netz bestimmte Dienstgüten zu verlangen. RSVP ist kein Routing-Protokoll, aber es wurde konzipiert, um mit einem Routing-Protokoll zusammenzuarbeiten. Routing-Protokolle bestimmen, wohin die Pakete verschickt werden. Das RSVP, das sich nur mit der QoS dieser Pakete auseinandersetzt, arbeitet normalerweise im Hintergrund.

Damit die optimale Leistung gesichert ist, muß RSVP auf einigen Netzwerkgeräten, Router und Server mit eingeschlossen, unterstützt werden. Zusätzlich sollte die Anwendung, die auf der Endstation läuft, RSVP unterstützen. Dies geschieht folgendermaßen:

Die Anwendung stellt zuerst fest, wieviel Bandbreite sie benötigt, um erfolgreich zu laufen. Die Anwendung benutzt dann RSVP, um eine Anfrage-für-Bandbreite-Nachricht an das Netz zu senden.

Die Nachricht bittet die Netzwerkkomponenten darum, die für die Anwendung nötige Bandbreite zur Verfügung zu stellen, wenn sie benötigt wird (in unserem Beispiel 1 Mbyte). Nicht das ganze Netz muß die Bandbreite garantieren, vielmehr müssen die Geräte auf dem Pfad zwischen der Endstation, auf der die Anwendung läuft, und dem Anwendungsserver diese Garantie leisten. Die Anforderungsnachricht, die um die Zuteilung von Bandbreite bittet, und der Pfad, den sie nimmt, sind in Bild 7.5 dargestellt.

Bild 7.5: Pfad von der RSVP-Endstation zum RSVP-Anwendungsserver

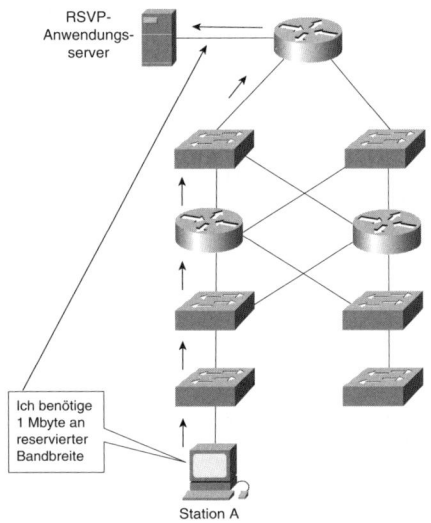

Das erste Gerät, auf das eine RSVP-Anforderung trifft, ist ein Switch. Da er RSVP nicht versteht und sich auch nicht dafür interessiert, schickt er das Paket einfach an sein Ziel weiter. Der Switch blockiert die Daten nicht, aber er garantiert auch nicht dafür, daß die Anwendung die Bandbreite bekommt, die sie benötigt. Bild 7.6 zeigt das Verhalten des Switches gegenüber dem RSVP-Anforderungspaket.

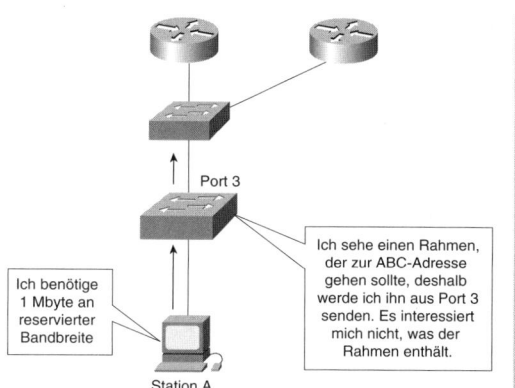

Bild 7.6:
RSVP-Anforde-
rungspaket im
Switch

Ein Router, der die Anfrage-nach-Bandbreite-Nachricht empfängt, versteht die Nachricht, bearbeitet die Anforderung und entscheidet dann, ob er die angeforderten 1 Mbyte Bandbreite für die Anwendung auf der spezifizierten Schnittstelle garantieren kann. Für den Fall, daß er das kann, schickt er die Anforderung den Netzpfad entlang (siehe Bild 7.7).

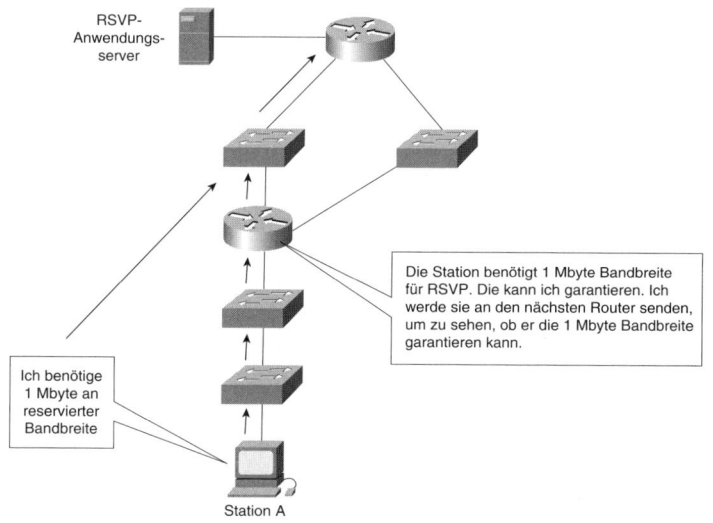

Bild 7.7:
Router, der die
RSVP-Anforde-
rung durch das
Netz schickt

Kann der erste Router (oder ein anderer Router auf dem Pfad) die Bandbreite nicht garantieren, sendet er eine Nachricht an die Endstation zurück und weist die Anforderung der Bandbreite zurück (siehe Bild 7.8).

Bild 7.8:
Router, der die
RSVP-Anforde-
rung zurück-
weist

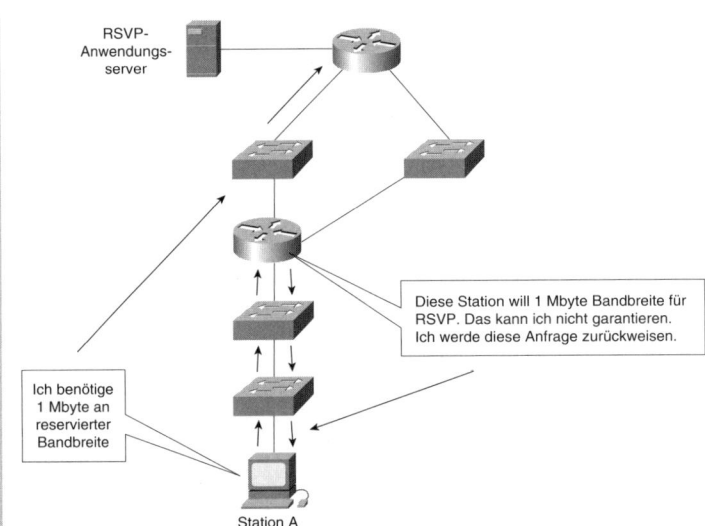

RSVP-Anwendungsserver

Diese Station will 1 Mbyte Bandbreite für RSVP. Das kann ich nicht garantieren. Ich werde diese Anfrage zurückweisen.

Ich benötige 1 Mbyte an reservierter Bandbreite

Station A

Die RSVP-»Anfrage-nach-Bandbreite«-Nachricht durchläuft den ganzen Pfad bis zum Server, der die RSVP-Anwendung unterstützt. Können der Router und der Server auf dem Pfad die Ein-Megabyte-Bandweiten-Anforderung unterstützen, wird eine garantierte 1-Mbyte-Verbindung für diese Anwendung über diese Geräte eingerichtet. Der Server schickt eine Bestätigung an die Endstationen zurück, von denen die Anforderung kam, und bestätigt, daß die gewünschte Bandbreite garantiert werden kann. Jeder Router auf dem Pfad reserviert 1 Megabyte Bandbreite für diese Anwendung (siehe Bild 7.9).

Die Endstation kann nun die Anwendung auf dem Netz betreiben. Die Bandbreite von 1 Mbyte ist dem Server garantiert, solange die Anwendung läuft. Wird die Anwendung neu gestartet, muß der RSVP-Prozeß von neuem beginnen. Während die Anwendung läuft, kann der übrige Netzverkehr, der die verbleibende Bandbreite nutzt, gleichzeitig bearbeitet werden.

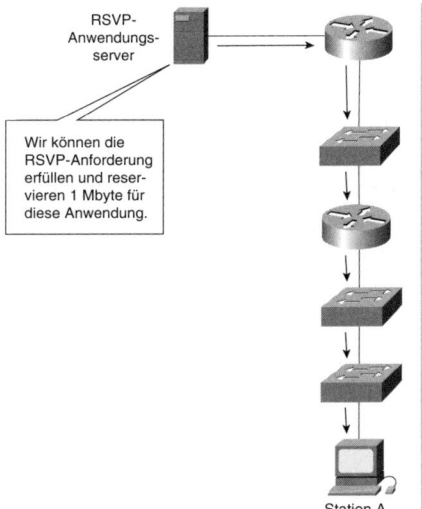

RSVP-
Anwendungs-
server

Wir können die
RSVP-Anforderung
erfüllen und reser-
vieren 1 Mbyte für
diese Anwendung.

Station A

*Bild 7.9:
Server sendet
eine Bestätigung
an die End-
station zurück*

Die benötigte Menge an Bandbreite, ob es nun 1 oder 3
Mbyte sind, wird auf dem Anwendungsniveau der Endstationen festgestellt. Sie ist auf der Grundlage der Anwendungs-
software konfigurierbar. Kann das Netz beispielsweise die
angeforderten 1 Mbyte Bandbreite nicht unterstützen, kann
der Benutzer die Menge auf 500 Kbyte garantierte Bandbreite
für die Anwendung reduzieren und eine neue RSVP-Anforderung an das Netz schicken.

Weitergehende Informationen über dieses »Resource Reservation Protocol (RSVP) Version 1 Functional Specification«
enthält die im Internet verfügbare Datei draft-ietf-rsvp-spec-
16.txt.

Für einige Netze und Anwendungen mag es nicht ausreichen,
eine Software-Lösung zu nutzen, um die benötigte Bandbreite
zu erhalten. In diesen Fällen kann man über die Hardware zusätzliche Bandbreite zur Verfügung stellen.

7.3   Die Hardware-Methode

Einige Geräte sind aufgrund von Bandbreiten-Engpässen im
Campus-Netz überlastet oder können verzögerungssensitiven
Verkehr nicht mehr bearbeiten. Möchte eine Endstation bei-
spielsweise eine RSVP-Videoanwendung betreiben, die 5
Mbyte Bandbreite benötigt, und ist die Endstation mit einem

Konzentrator verbunden, der 10 Mbyte Bandbreite anbietet, so ist sicherlich genug Bandbreite vorhanden, um die Anwendung zu betreiben. Das Netz kann jedoch möglicherweise der Anwendung nicht garantieren, daß sie 5 Mbyte erhält, da auf dem Konzentrator nicht genug Bandbreite zur Verfügung steht, um die Anforderung zu unterstützen und die Aufgaben zu erfüllen, die die anderen angeschlossenen Endstationen fordern. Dieser potentielle Engpaß ist in Bild 7.10 dargestellt.

Bild 7.10: Nicht genug Bandbreite für die Priority-Anwendung

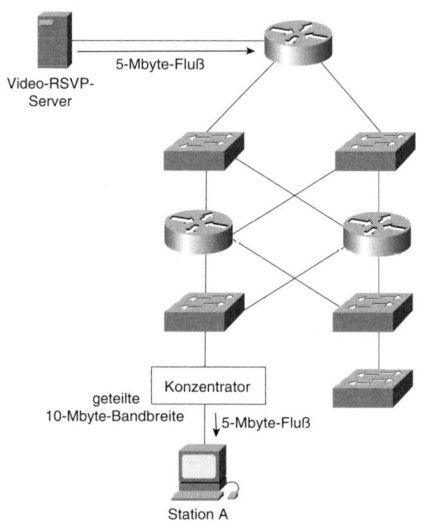

Wenn Benutzer Anwendungen betreiben, die eine hohe Priorität fordern, muß der Netzdesigner sicherstellen, daß die Netzinfrastruktur, einschließlich der Bandbreite, die Bedürfnisse dieser Anwendungen unterstützen kann. Ersetzt man im vorangegangenen Beispiel den Konzentrator durch einen Switch, wäre es möglich, daß aufgrund dieser Änderung genügend Bandbreite zur Verfügung steht, um die Videoanwendung zu betreiben. Diese Änderung zeigt Bild 7.11.

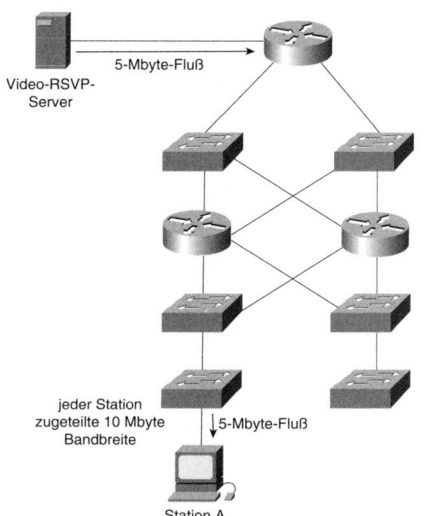

Bild 7.11:
Ersetzen des
Konzentrators
durch einen
Switch

Eine Hardware-Lösung wie die eben vorgestellte Lösung erfüllt möglicherweise die Bedürfnisse der anfragenden Endstationen. Es müssen jedoch ebenfalls die Forderungen nach Bandbreite der anbietenden Seite, der Server, in Betracht gezogen werden. Der Server, der die High-Priority-Anwendung sendet, muß eine Verbindung zum Netz haben, dessen Bandbreite hoch genug ist, um die von der Anwendung geforderte Menge an Bandbreite zu unterstützen. Zusätzlich dazu benötigt der Server eine bestimmte Menge an Bandbreite für die anderen Anwendungen, die er unterstützt. Ist der Server des vorangegangenen Beispiels über das Ethernet an das Netz angeschlossen und benötigt eine Anwendung 5 Mbyte Bandbreite, hat der Server nicht genügend Bandbreite, um all seine Funktionen zu erfüllen. Er benötigt mehr als eine 10-Mbyte-Ethernet-Verbindung zum Netz. Obwohl sich viele der ATM-Standards noch in der Entwicklung befinden, bieten die neuen Technologien einige interessante Lösungen für die Bedürfnisse des Datenverkehrs.

7.4 Prioritätenvergabe bei ATM-Netzen

ATM-Netze haben die Fähigkeit, verschiedene Dienstgüte-Anforderungen zu unterstützen. Sie können außerdem die Erlaubnis erteilen, daß die Bandbreite einer Vielzahl von Quellen zugeteilt wird und von diesen geteilt wird. Besonders die zuletzt genannte Fähigkeit übersteigt die Möglichkeiten der Queuing-Methoden.

ATM nutzt eine Technik, um Verkehrsprioritäten einzurichten, die als »Class of Service« bekannt ist und auf dem ATM-Switch durchgeführt wird. Die Güte des Dienstes im ATM wird von zwei Hauptparametern bestimmt: Zellverzögerung und Zellverlust. Zellverzögerung spezifiziert die maximale Zeitdauer, die vom Zeitpunkt des Sendens der Zelle bis zum Empfang der Zelle verstreichen darf. Zellverlust spezifiziert die akzeptable Anzahl an Zellen, die aufgrund von Staus fallengelassen werden können.

Die QoS-Anforderungen der Anwendung spielen eine wichtige Rolle in der ATM Class of Service.

ATM kombiniert vier »Class of Service«-Arten in seiner Technologie, die in den folgenden Abschnitten beschrieben werden. Die Anforderungen der Anwendung bestimmen, welche der vier Arten genutzt wird, um den Verkehr in jedem einzelnen Fall zu senden.

7.4.1 Konstante Bit-Rate (Constant Bit Rate: CBR)

CBR-Dienste unterstützen Benutzerinformationen, die einen konstanten Strom von Bits erzeugen. CBR verlangt in der Regel eine Dienstgüte, die eine minimale Verzögerungsvariation in der Ankunftszeit der CBR-Zellen sichert. Wie die heutigen Sprach- oder Videoübertragungen kann CBR einen bestimmten Zellverlust tolerieren.

Pfade mit geringer Verzögerung werden im Netz eingerichtet, um diesen Dienst zu unterstützen. Da CBR-Informationen in einer konstanten Rate ankommen, sind die Bandbreite-Anforderungen vorhersehbar und verhältnismäßig einfach zu handhaben. CBR ist hervorragend geeignet für Echtzeit-Sprach- und Video-Anwendungen.

7.4.2 Variable Bit-Rate (Variable Bit Rate: VBR)

Der VBR-Dienst hat ebenfalls einen niedrigen Toleranzfaktor (wenig Zellverlust und kurze Verzögerungen beim Echtzeit-Verkehr), akzeptiert jedoch eine größere Zellverzögerung bei Nicht-Echtzeit-Anwendungen, wie Sprache und Video in Paketform.

VBR handelt eine Spitzen-Zellrate, eine akzeptierte Zellrate und eine maximale Explosionsgröße für den Verkehr im ATM-Netz aus. Die akzeptierte Zellrate kann garantiert sein, die Spitzen-Zellrate und die maximale Burst-Größe sind jedoch nicht garantiert. Es folgt ein Beispiel dafür, wie diese Werte benutzt werden: Normalerweise werden 3 Mbyte Bandbreite genutzt, manchmal benötigt man jedoch 5 Mbyte für eine Anwendung, die 10 Sekunden dauert. In diesem Beispiel sind 3 Mbyte die akzeptierte Zellrate, 5 Mbyte die Spitzen-Zellrate, und 10 Sekunden sind die maximale Burst-Dauer. Das ATM-Netz garantiert nur die 3 Mbyte Bandbreite. Der VBR-Dienst wird für gewöhnlich für explosionsartige Daten-übertragungsanwendungen wie Client/Server-Computing und LAN-to-LAN-Querverbindungen genutzt.

7.4.3 Verfügbare Bit-Rate (Available Bit Rate: ABR)

Der ABR-Dienst hat einen größeren Toleranzfaktor als CBR oder VBR. Er hat einen geringen Zellverlustfaktor, aber er kann eine große Zellverzögerung für seine Anwendungen, die hauptsächlich Datenverkehr durch das LAN sind, akzeptieren.

ABR handelt mit dem Netz eine Spitzen-Zellrate und eine minimale Zellrate aus. Das Netz garantiert die minimale Zellrate, welche die Verbindung benötigt, aber nicht mehr. Ist zusätzliche Bandbreite verfügbar, kann der ABR-Verkehr diese benützen, bis der CBR- oder der VBR-Netzwerkverkehr sie benötigen.

7.4.4 Unspezifizierte Bit-Rate (Unspecified Bit Rate: UBR)

Der UBR-Dienst bietet gar keine Bandbreitengarantie an. Er bekommt die Bandbreite, die noch zur Verfügung steht, nachdem die ersten drei Bitraten (CBR, VBR und ABR) zufrieden sind. Er akzeptiert einen hohen Zellverlust und eine große Zellverzögerung für seine Verbindungen. Öffentliche WAN-Netze nutzen typischerweise den UBR-Dienst.

Mehr Informationen über ATM Class of Service bietet »ATM User-Network-Interface (UNI) Signaling Specification Version 4.0« (af-sig-0061.000).

7.5 Zusammenfassung

Obwohl das Einrichten von Verkehrsprioritäten im Campus-Netz noch nicht obligatorisch ist, zwingt die steigende Beliebtheit von Mixed-Media-Anwendungen die Netzdesigner, effizientere Wege zu suchen, um diese Anwendungen durch das Netzwerk schleusen zu können.

Bezeichnenderweise waren die Netzgeschwindigkeit und – bandbreite auf dem Campus kein Thema. Es wird jedoch immer weniger attraktiv und außerdem kostspielig, Engpässe im Netz dadurch zu lösen, daß man einfach mehr Geräte und schnellere Verbindungen zur Verfügung stellt.

Einige Lösungen, von denen viele in Wide-Area-Netzen genutzt werden, können auf dem Campus eingesetzt werden, um verzögerungssensitiven Verkehr effizient zu übertragen und mehr Bandbreite für große Anwendungen zu sammeln.

Die wichtigsten Aspekte, die man berücksichtigen sollte, wenn man Verkehrsprioritäten in das Konzept aufnimmt, sind folgende:

- In Campus-Netzen begegnet man den Bedürfnissen des Netzwerkverkehr mit hoher Priorität heutzutage – hauptsächlich, indem man dem Netz zusätzliche Bandbreite zur Verfügung stellt.

- Um Queuing-Methoden effizient zu nutzen, muß bestimmt werden, wieviel Bandbreite der Verkehr mit hoher Priorität benötigt, um ihm dann den entsprechenden Anteil der gesamten zur Verfügung stehenden Bandbreite zuzuteilen.

- Einige Queuing-Methoden sind besser geeignet als andere, je nachdem, ob der Verkehr mit hoher Priorität selten, gelegentlich oder sehr regelmäßig auftritt. Die optimale Methode muß den Gegebenheiten im Netz angepaßt werden.

– Die RSVP-Methode fordert automatisch, daß eine bestimmte Menge an Bandbreite einer spezifischen High-
Priority-Anwendung zugeteilt wird. Schlägt das Netz diese
Forderung jedoch aus, kann der Benutzer manuell eine
kleinere Menge konfigurieren und eine andere Forderung
senden.

– Obwohl Software-Methoden vorhanden sind, die Verkehr
mit hoher Priorität handhaben, kann es passieren, daß das
Netz dennoch damit überlastet ist.

– In ATM-Netzen bestimmen die Dienstgüte-Parameter –
Zellverlust und Zellverzögerung – den ATM »Class of Ser-
vice«, der genutzt wird, um den Verkehr zu senden. Die
vier »Class of Service«-Typen sind folgende: konstante Bit-
Rate (CBR), variable Bit-Rate (VBR), verfügbare Bit-Rate
(ABR) und unspezifizierte Bit-Rate (UBR).

Dieses Kapitel behandelt die folgenden Themen:

- Wieviel Sicherheit?
- Benutzeridentität
- Sicherheit innerhalb des Netzes
- Datensicherheit und Integrität

KAPITEL 8

Sicherheitsaspekte

Im Netzdesign ist heutzutage die *Sicherheitsfrage* eines der Themen, das am heißesten diskutiert wird. Die Sorge über die Sicherheit entstand zum großen Teil aufgrund der steigenden Bedeutung von elektronischem Handel im Internet und aufgrund der Tatsache, daß in vielen Unternehmen die Telearbeit immer mehr an Bedeutung gewinnt. Ergebnis ist, daß die Informationen, die sich durch das Wide-Area-Netz bewegen, sensibler und kritischer sind als je zuvor.

Die Unternehmen beginnen zu erkennen, daß auch in Campus-Netzen die Sicherheit gewährleistet sein muß. Ohne sie kann sich jeder Zugang zu den Campus-Servern und Endgeräten verschaffen und so unter Umständen wertvolle Informationen unberechtigt abrufen. Es ist schon vorgekommen, daß sich Außenstehende Zugang zu einem Campus-LAN verschafft und einen Virus eingespielt haben, um den Betrieb zu unterbrechen. Obwohl es scheinen mag, daß Ihr Campus-Netz nicht gefährdet ist, sollten die gegenwärtigen Sicherheitsmaßnahmen sorgfältig überprüft und zusätzliche Sicherheitsfunktionen eingeplant werden, da in Zukunft der Bedarf danach entstehen könnte.

Dieses Kapitel beschreibt die Schlüsselelemente der Netzsicherheit auf dem Campus: Identität und Integrität. Identität bezieht sich darauf, sicherzustellen, wer der Benutzer ist. Zu den Methoden, mit deren Hilfe die Identität festgestellt wird, gehören die grundlegende Prüfung der Echtheit und Autorisierung, ebenso wie fortgeschrittenere Mechanismen, die als *Filter- und Routen-Authentifizierung* bekannt sind. Integrität bezieht sich darauf, die Daten zu sichern, während sie das Netz durchqueren. Das kann durch Verschlüsselung sichergestellt werden, ein Mechanismus, der höher entwickelt ist, als die Methoden, mit deren Hilfe die Identität festgestellt wird. Dies sind nicht die einzigen Sicherheitsmethoden, sie sind jedoch die für das Campus-Netz am besten geeigneten Formen.

8.1 Wieviel Sicherheit?

Drei Fragen sind zu berücksichtigen, wenn es gilt, ein Netz sicher zu machen:

- Wer erhält Zugang zum Netz?

- Auf welche Informationen und Geräte darf diese Person zugreifen?

- Sind die Daten sicher, während sie sich durch das Netz bewegen, nachdem der Zugang gewährt wurde?

Die ersten beiden Fragen betreffen die *Benutzeridentität*. Jedes Netz braucht dieses Grundniveau an Sicherheit. Die dritte Frage beschäftigt sich mit einem zusätzlichen Sicherheitsniveau, der Datenintegrität, die aufgrund der Daten-Sensitivität möglicherweise gewährleistet sein muß. So würden beispielsweise als wichtig eingestufte Dokumente, die zwischen zwei leitenden Angestellten hin- und hergesandt werden, oder ein streng geheimes Entwicklungsprojekt von diesem zusätzlichen Niveau an Datenintegrität profitieren.

Die folgenden Abschnitte untersuchen die verschiedenen Typen und Mechanismen der Identität und Integrität, die zur Gewährleistung von Sicherheit eingesetzt werden.

8.2 Benutzeridentität

Wie die Bezeichnung erkennen läßt, geht es bei der Benutzeridentität darum, herauszufinden, wer versucht, Zugang zum Campus-Netz zu erhalten. Sobald die Person identifiziert ist, hat man die Wahl, ihr den Zugang zu gestatten oder zu verweigern und erreicht dadurch ein fundamentales Sicherheitsniveau.

8.2.1 Benutzerauthentifizierung

Die geläufigste Form der *Sicherheitsidentifizierung* besteht darin, daß man die Benutzerauthentizität feststellt. Das heißt, daß geprüft wird, wer der Benutzer ist und ob er die Erlaubnis erhält, das Netz zu nutzen.

Es gibt einige Methoden, mit deren Hilfe man die Authentizität eines Benutzers feststellen kann. Die erste Methode besteht darin, die Anmeldung auf dem Netz zu ermöglichen, wodurch sichergestellt wird, daß nur berechtigte Benutzer das Campus-Netz betreten dürfen.

Normalerweise erhält eine Arbeitsstation eine IP-Adresse. Der Benutzer wird daraufhin aufgefordert, sich mit einem Benutzernamen und einem Paßwort am Netz anzumelden. Hat diese Anmeldung Erfolg, hat der Benutzer Zutritt zum Netz, jedoch nicht unbedingt zu den Servern. Hat die Anmeldung keinen Erfolg, kann der Benutzer nicht auf das Netz zugreifen. In Bild 8.1 sind sowohl eine erfolgreiche als auch eine gescheiterte Netzanmeldung dargestellt.

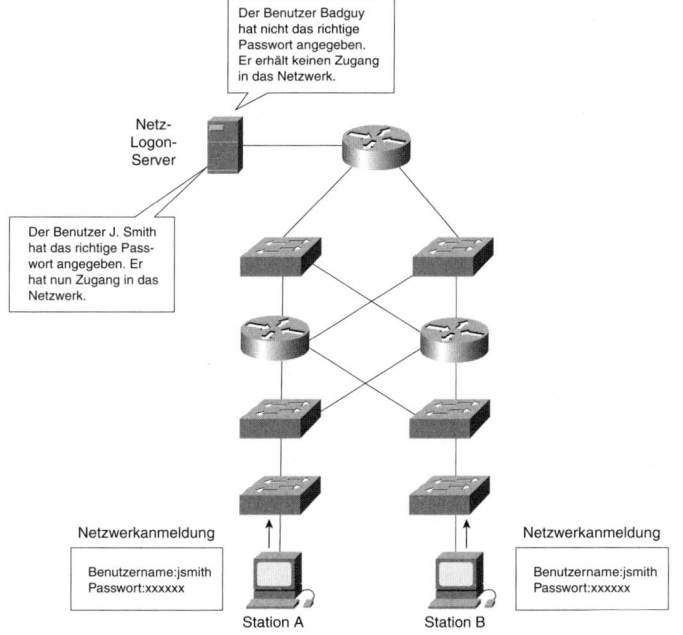

Bild 8.1: Eine erfolgreiche und eine gescheiterte Netzanmeldung

Bietet das Netz keine Netzanmeldung an, kann jeder auf das Netz zugreifen. Diese Situation ist in Bild 8.2 dargestellt.

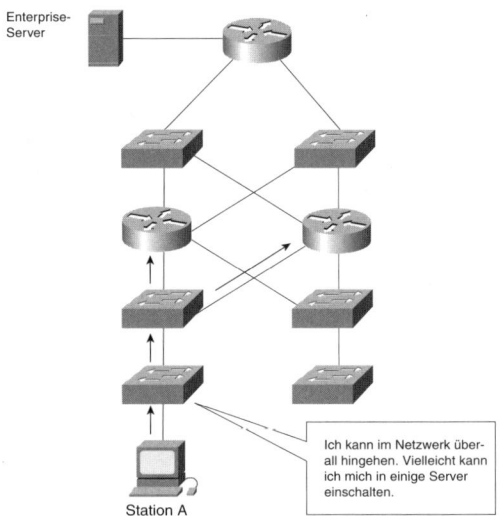

Bild 8.2: Offene Sicherheit: keine Netzanmeldung

Das Fehlen der Netzanmeldung, das als »Offene Sicherheit« bekannt ist, wird selten implementiert. Gibt es keine Netzanmeldung, kann sich jeder Benutzer im Netz bewegen und die vorhandenen Geräte wie die Arbeitsstationen anderer Benutzer, Router, Switches, Drucker und Server modifizieren. Dadurch wird eindeutig die Gelegenheit für große Sicherheitsverletzungen geschaffen. Die Netzanmeldung ist daher die erste Sicherheitsschranke.

Der nächste Schritt bei der Implementierung von Sicherheit besteht darin, Benutzer-Authentifizierung auf den Servern zur Verfügung zu stellen. Die Authentifizierung auf den Servern geschieht unabhängig von der Netzanmeldung. Netze, auf denen die Netzanmeldungs-Authentifizierung eingerichtet ist, haben auch auf den meisten Servern Authentifizierungssicherheit als zusätzliches Sicherheitsniveau implementiert. Jeder Server hat eine Datenbank, auf der sich eine Liste aller Benutzer befindet (mit deren Kennwörtern), die auf diesen Server zugreifen dürfen. Sobald die Netzanmeldung der Benutzer akzeptiert wurde, können sie versuchen, auf einen Server zuzugreifen, indem sie ähnliche Kombinationen aus Benutzername und Paßwort verwenden. Kann sich ein Benutzer nicht

authentifizieren, lautet die Antwort des Servers in der Regel
»login failed«, wie in Bild 8.3 dargestellt.

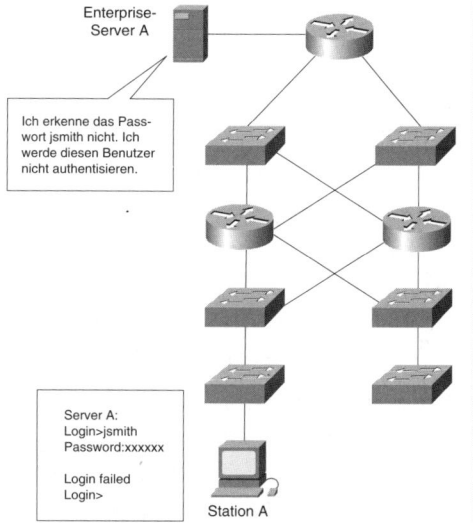

*Bild 8.3:
Fehlgeschlagene
Anmeldung an
dem Server*

Wird der Benutzername bei der Anmeldung akzeptiert, das
Paßwort jedoch nicht, so teilt der Server mit, daß er den
Namen des Benutzers kennt, das Paßwort, das der Benutzer
verwendet hat, jedoch falsch ist.

Die Benutzername/Paßwort-Kombination ist die geläufigste
Form der Identifizierung, um die Netzsicherheit zu gewährleisten. Diese Authentifizierung kann als manueller (oder statischer) Zutritt, als wechselnder dynamischer Zutritt mit Mit-
teln wie Sicherheitskarten oder in Verbindung mit einer höher
entwickelten Sicherheitsform wie der Verschlüsselung gebraucht werden.

8.2.2 Manuelle Kombination Benutzername/Paßwort

Die manuelle Kombination von Benutzername und Paßwort
erlaubt es den Benutzern, ihre Paßwörter selbst auszusuchen.
Das Paßwort bleibt gleich, bis der Benutzer beschließt, es zu
ändern. Dies ist eine geläufige Form der Authentifizierung, sowohl für die Anmeldung am Netz als auch für die Anmeldung
am Server. Ein Beispiel dafür ist die Anmeldung am Netz und
die darauffolgende Anmeldung am E-Mail-Server. Bevor es
möglich ist, E-Mail-Nachrichten vom Server herunterzuladen,

muß man den Benutzernamen eingeben, der normalerweise der E-Mail-ID entspricht. Daraufhin wird das Paßwort eingegeben, das gleich bleibt, wenn man es nicht manuell ändert.

8.2.3 Dynamische Benutzernamen/Paßwörter

Bei der dynamischen Benutzername/Paßwort-Kombination ändert sich das Paßwort laufend. Sie kann z.B. mit Sicherheitskarten implementiert werden. Sicherheitskarten werden manchmal genutzt, um ein zusätzliches Authentifizierungsniveau einzurichten, bevor man Benutzern Netzzutritt gewährt, die sich aus großer Entfernung auf dem Campus anmelden wollen (beispielsweise Personen, die sich von einem Wide-Area-Netz aus auf dem Campus anmelden müssen).

Sicherheitskarten sichern das Netz, indem sie den Benutzern, die keine Sicherheitskarten haben, den Netzzugang verwehren. Sicherheitskarten brauchen einen Benutzernamen und ein Paßwort. Der Benutzername bleibt derselbe, das Paßwort ist jedoch temporär. Es gilt nur ein Mal und wird nach einer bestimmten Zeit ungültig (ungefähr 60 Sekunden). Nachdem das Paßwort benutzt wurde oder ungültig geworden ist, wird ein neues Paßwort gültig.

Um sich mit einer Sicherheitskarte anzumelden, schaltet der Benutzer die Karte ein und trägt seinen Benutzernamen ein. Wird der Benutzername akzeptiert, zeigt die Karte ein Paßwort, das der Benutzer eingeben muß, um Zugang zum Netz zu erhalten. Dieser Vorgang wird jedesmal wiederholt, wenn der Benutzer sich am Netz anmelden muß, wobei jedesmal ein neues Paßwort verwendet wird.

Die Paßwörter, die zu jeder Sicherheitskarte gehören, werden mit einem zentralen Sicherheitskarten-Server, der sich auf dem Campus befindet, synchronisiert. Gibt der Benutzer ein falsches Paßwort ein, akzeptiert der Sicherheitskarten-Server das Paßwort nicht und verweigert den Zugang zum Netz. Der Benutzer muß daraufhin von neuem beginnen und den Benutzernamen auf der Sicherheitskarte eintragen, um ein neues Paßwort zu erhalten. In Bild 8.4 ist die dynamische Sicherheitskarten-Methode des Anmeldens mit der Benutzername/Paßwort-Kombination dargestellt.

Diese Sicherheitsmethode wird zusätzlich zur Netzauthentifizierung genutzt. Nachdem sich der entfernte Benutzer mit der Sicherheitskarte an das Netz angeschlossen hat, muß er außerdem die Anmeldeformalitäten des Netzes erfüllen, um Zugriff auf das übrige Netz zu erhalten. Die meisten Campus-Netze benutzen die Sicherheitskartenmethode auf dem LAN nicht. Diese Sicherheitsmethode wird jedoch für entfernte Benutzer immer beliebter.

Obwohl sich der Benutzer auf dem Netz angemeldet hat, hat er nicht unbedingt die freie Verfügung über das Netz und darf sich nicht uneingeschränkt über den Campus bewegen. Die nächste Form der Sicherheitsidentifizierung ist die Autorisierung, die mit der Benutzerauthentifizierung Hand in Hand arbeitet, um genau festzulegen, was der Benutzer im Netz tun darf.

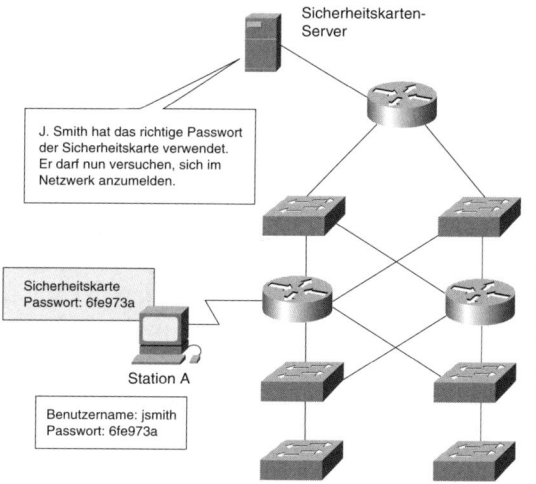

Bild 8.4:
Anmeldung mit
Sicherheitskarte

8.2.4 Benutzerautorisierung

Benutzerautorisierung bedeutet, das Netz zu sichern, indem man genau festlegt, auf welche Teile eines Netzes ein Benutzer zugreifen darf. Das Autorisierungsniveau ist für jeden Benutzer unterschiedlich. Ein Ingenieur wird dementsprechend vermutlich auf den Konstruktions-Server zugreifen können und auf die Drucker, die dieser unterstützt, nicht jedoch auf die Lohnabrechnungs-Server. Umgekehrt hat die Personalabteilung Zugriff auf die Lohnabrechnungs-Server, es ist jedoch nicht nötig, ihr den Zugriff auf die Konstruktions-Server zu gestatten.

Die Geräte des Netzes handhaben in der Regel ihre eigenen, spezifischen Autorisierungsprozesse. Die folgenden Abschnitte behandeln die Autorisierung von Servern, Routern und Switches.

8.2.5 Autorisierung für den Server

Bevor dem Benutzer der Zutritt gewährt wird, fordert der Server eine Form der Identifizierung, wie einen Benutzernamen und das dazugehörende Paßwort. Die Benutzername/Paßwort-Kombination erlaubt die Authentifizierung und gewährt Zutritt zum Server. Sie bestimmt auch, auf welche Verzeichnisse auf dem Server der Benutzer zugreifen darf. Meldet sich ein Benutzer beispielsweise auf seinem E-Mail-Server an, kann er auf sein Benutzerverzeichnis zugreifen. Die Anmeldung autorisiert den Benutzer jedoch nicht, auf das Verzeichnis eines anderen Benutzers zuzugreifen.

Ein Server mit minimaler Sicherheit erlaubt es dem Benutzer, eine Vielzahl von Versuchen zu unternehmen, die Autorisierungsinformation einzugeben. Ein Server mit strengeren Sicherheitsparametern beschränkt die Anzahl an Versuchen, beispielsweise auf maximal drei Versuche (um Schreibfehler zu berücksichtigen). Nach drei fehlgeschlagenen Versuchen schließt ein sicherer Server den Benutzer aus und akzeptiert für eine vorher festgesetzte Zeit (die normalerweise vom Netzadministrator festgelegt wird) keine Benutzerbefehle mehr.

8.2.6 Autorisierung für Router und Switches

Andere Geräte auf dem Netz, wie Router und Switches, haben ebenfalls Autorisierungsvorkehrungen. Router und Switches benötigen das, damit es nur autorisierten Personen möglich ist, Konfigurationen zu ändern. In der Regel gehört zu diesem Autorisierungsvorgang ein Paßwort, ein Benutzername ist jedoch nicht unbedingt nötig. Anders als bei der Server-Autorisierung gibt es nur ein Paßwort für jedes Gerät, anstelle eines

speziellen Paßworts für jeden Benutzer des Geräts. Der Netzmanager wählt normalerweise das Paßwort auf den Geräten
aus.

8.3 Sicherheit innerhalb des Netzes

Der Schutz des Netzes kann erhöht werden, indem man Sicherheitsvorkehrungen in die Netzinfrastruktur selbst einbaut und
damit einen Teil der Netzzugriffsverantwortlichkeit und der
Verkehrslast von den Servern nimmt. Zwei beliebte sichere
Zugriffsmethoden werden als nächstes beschrieben – das Filtern und die Routen-Authentifizierung.

8.3.1 Der Einsatz von Filtern

Filter, die auch als Zugriffslisten bezeichnet werden, können
auf den Routern im Campus konfiguriert werden. Durch Filter kann der Router den Zugriff auf Basis von verschiedenen
Verbindungstypen oder Subnetzwerken gestatten oder verwehren. Die Wirkung der Filter ist in Bild 8.5 dargestellt.

Ein Filter ist auch unter der Bezeichnung Firewall bekannt. Er
stoppt alle Benutzer, die nicht autorisiert sind, auf bestimmte
Teile des Netzes zuzugreifen, und gestattet nur den autorisierten Benutzern den Zugriff. Das Beispiel der Konstruktions-
und der Personalabteilung wird auch hier herangezogen, um
diesen Prozeß zu verdeutlichen.

Ingenieure benötigen keinen Zugriff auf die Lohnabrech-
nungsserver, so daß es ideal wäre, einen Filter im Netz einzu-
bauen, der die Ingenieure daran hindert, auf die Lohnabrech-
nungsserver zuzugreifen. Die Angestellten der Lohnabteilung
sollen jedoch Zugriff auf den Server haben.

Bild 8.6 zeigt, daß das IP-Subnetz der Lohnabteilung Zugriff
auf die Lohnabrechnungs-Server haben kann, das IP-Subnetz
der Konstruktionsabteilung jedoch nicht.

Indem man Filter in den Routern einrichtet, wird das Netz
selbst zu einem zusätzlichen sicheren Gateway, das die nichtautorisierten Benutzer passieren müssen, und verwehrt dadurch den Zugriff auf die Teile des Netzes, die die Benutzer
nicht nutzen dürfen.

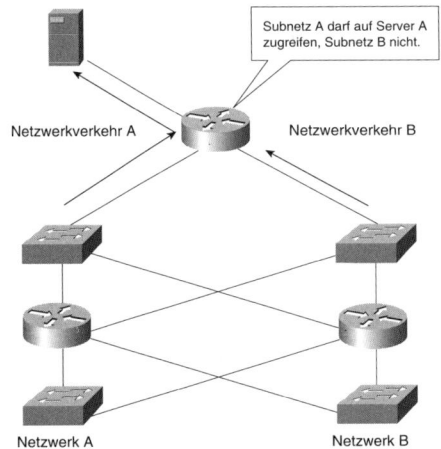

Bild 8.5:
Filtern in
Subnetzen

Filter beseitigen nicht den Authentifizierungs- und Autorisierungsvorgang, der auf den Netzservern installiert ist, sondern sie erhöhen die Sicherheit der Server selbst. Gibt es Server auf dem Campus, die gesichert werden sollen, kann der Router so konfiguriert werden, daß er nur die Anforderungen akzeptiert und weiterleitet, die er von einem bestimmten Subnetz erhält (wie im vorherigen Beispiel gezeigt wurde).

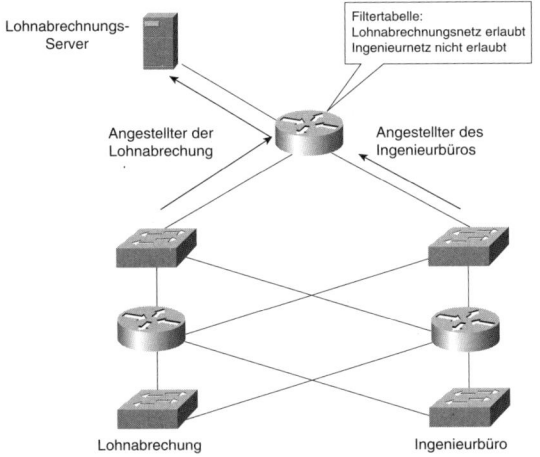

Bild 8.6:
Filtern, um den
Zugriff auf den
Lohnabrech
nungsserver zu
kontrollieren

Es darf nicht vergessen werden, daß die endgültige Authentifizierungs-/Autorisierungsverantwortlichkeit dennoch beim Server bleibt, der die Benutzername/Paßwort-Prüfung für jeden Benutzer durchführt, der versucht, Zugriff zu erhalten und dem es gelungen ist, durch die Firewalls des Routers zu gelangen. Für diejenigen Benutzer, denen es nicht gelungen ist, die Filter des Routers zu passieren, muß der Server jedoch die Authentifizierungs- und Autorisierungsverfahren nicht durchführen. Er spart dadurch Verarbeitungskapazität.

8.3.2 Routen-Authentifizierung

Ein anderer Weg, Zugriffssicherheit im Netz zu gewährleisten, ist die Routen-Authentifizierung. Bei der Routen-Authentifizierungsmethode beweisen sich die Router untereinander, daß sie tatsächlich berechtigte Router sind und daß sie dem übrigen Netz gültige Pfade ermöglichen. Diese Methode kann besonders hilfreich sein, wenn es darum geht, ein Gateway zu schützen.

Kann sich beispielsweise ein Hacker auf dem Netz anmelden und einen Rechner als Standard-Gateway für eine Gruppe von Subnetzen installieren, kann er alle Daten anzapfen, die von den Stationen gesendet werden, und dieses falsche Standard-Gateway nutzen. In Bild 8.7 hat ein Hacker eine Endstation als falsches Standard-Gateway installiert (1.1.1.1). Die Endstation des neuen Benutzers glaubt fälschlicherweise, daß sie dieses Gateway benutzen sollte.

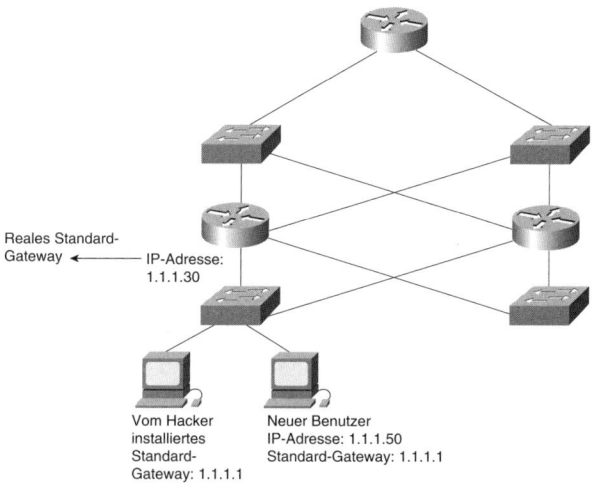

Bild 8.7: Falsches Standard-Gateway

Reales Standard-Gateway ← IP-Adresse: 1.1.1.30

Vom Hacker installiertes Standard-Gateway: 1.1.1.1

Neuer Benutzer IP-Adresse: 1.1.1.50 Standard-Gateway: 1.1.1.1

Indem sie die Routen-Authentifizierung nutzen, versichern sich die Router, daß das richtige Gerät tatsächlich das Standard-Gateway ist und daß keine falschen Standard-Gateways eingerichtet werden. Bild 8.8 zeigt, was passiert, wenn die Routen-Authentifizierung in der Hacker-Situation aus Bild 8.7 eingesetzt wird.

Die Routen-Authentifizierung wird auch genutzt, um zu prüfen, ob die Routing-Pfade, die auf dem Netz verfügbar sind, richtige Routing-Pfade sind und nicht Pfade, die zu einem nicht autorisierten oder unbekannten Gerät führen.

Bild 8.8: Routen-Authentifizierung wehrt das falsche Standard-Gateway ab

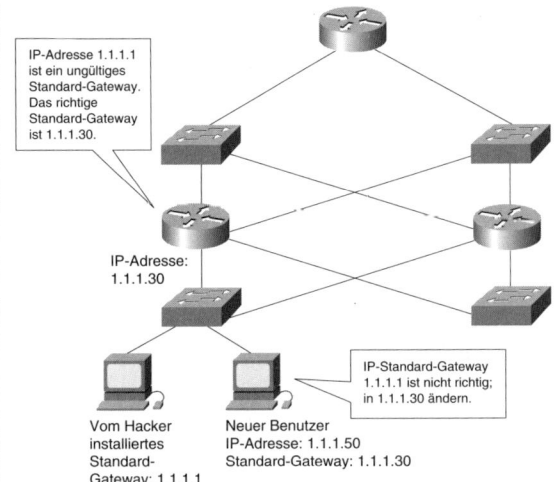

IP-Adresse 1.1.1.1 ist ein ungültiges Standard-Gateway. Das richtige Standard-Gateway ist 1.1.1.30.

IP-Adresse: 1.1.1.30

IP-Standard-Gateway 1.1.1.1 ist nicht richtig; in 1.1.1.30 ändern.

Vom Hacker installiertes Standard-Gateway: 1.1.1.1

Neuer Benutzer IP-Adresse: 1.1.1.50 Standard-Gateway: 1.1.1.30

8.4 Datensicherheit und Integrität

Sobald sich ein Benutzer am Netz angemeldet hat, authentifiziert wurde und auf den gewünschten Server zugegriffen hat, gibt es immer noch einen Punkt zu betrachten. Wie kann das Netz so strukturiert werden, daß sichergestellt ist, daß die Daten, die an den Benutzer übertragen werden oder von dem Benutzer empfangen werden, sicher sind, während sie das Netz durchqueren? In der Vergangenheit bestand der Großteil der Datentransfers in einem Campus-Netz nicht aus hochempfindlichen Daten. Da jedoch immer mehr Unternehmen sich auf das Netz verlassen, um wichtige Daten schnell zu transportieren, anstatt herkömmliche Methoden zu nutzen, wird die Datensicherheit schnell zu einem wichtigen Anliegen.

Für Netze, die eine hohe Datensicherheit benötigen, kann eine Methode eingesetzt werden, die als Verschlüsselung bekannt ist.

8.4.1 Sichern von Daten durch Verschlüsselung

Verschlüsselung ist ein Vorgang, bei dem die Daten vermischt werden, so daß niemand außer dem erwünschten Empfänger die Daten lesen kann. Die Daten müssen dekodiert oder entschlüsselt werden – das heißt in ihre ursprüngliche Form zurückübersetzt werden –, bevor der Empfänger sie verstehen kann. Die Verschlüsselung hält die Datenintegrität im Netz aufrecht und schützt die Vertraulichkeit des Senders und des Empfängers vor anderen Benutzern auf den Netzstellen.

Die Verschlüsselung nutzt zwei Mechanismen, einen Algorithmus und einen geheimen Wert, der als Schlüssel bekannt ist. Die Algorithmen, die sehr komplex sind, nehmen im Grunde einfach die Daten und vermischen sie. Der Schlüssel ist der Wert, der es dem Sender und dem Empfänger erlaubt, die Daten tatsächlich zu verschlüsseln und zu entschlüsseln. Diese beiden Mechanismen können mit einem Kombinationsschloß verglichen werden. Das Kombinationsschloß selbst ist der Algorithmus, und die tatsächliche Kombination des Schlosses, der Schlüssel, ist einzigartig. Es ist schwer, das Kombinationsschloß zu öffnen, wenn man die Kombination nicht kennt.

Es gibt verschiedene Methoden, die zum Ver- und Entschlüsseln von Daten verwendet werden. Drei der häufiger verwendeten Methoden sind die symmetrische Verschlüsselung, die asymmetrische Verschlüsselung und die Hash-Funktionen. Jede der drei Sicherheitsvorkehrungen wird im folgenden in allgemeiner Form beschrieben, um ihre Arbeitsweise zu verdeutlichen, und es werden Referenzen genannt, die detailliertere Informationen zu diesem Thema enthalten.

8.4.2 Symmetrische Verschlüsselung

Die symmetrische Verschlüsselung ist eine Verschlüsselungsmethode, die einen Geheimschlüssel benutzt, um vertrauliche Daten zu übertragen. Benützen zwei Arbeitsstationen die symmetrische Verschlüsselung, müssen sie sich einigen, welchen Algorithmus sie nutzen wollen und welchen geheimen Schlüssel sie teilen wollen. Da die Zahl der Benutzer, die die symmetrische Verschlüsselung anwenden, zunimmt, steigt die Zahl an geheimen Schlüsseln ebenfalls, und es wird immer schwieriger für den Endbenutzer, sich über die Schlüssel auf dem laufenden zu halten.

Bild 8.9 zeigt vier Benutzer, die geheime Schlüssel teilen. Station A muß sich drei geheime Schlüssel merken – einen, der an Station B geht, einen anderen für Station C und noch einen dritten für Station D. Außerdem ist es möglich, daß der Algorithmus, der benutzt wird, um die verschlüsselten Daten herzustellen, für jedes Benutzerpaar ein anderer ist.

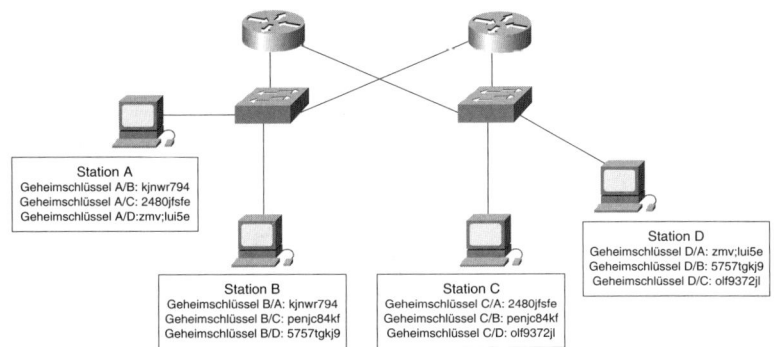

Bild 8.9:
Symmetrische
Verschlüsselung

Die symmetrische Verschlüsselung wird am häufigsten genutzt, um die Datenintegrität sicherzustellen, was bedeutet, daß die tatsächlichen Daten verschlüsselt werden. Es ist die am wenigsten komplexe Verschlüsselungsmethode, und sie benötigt die geringste Bearbeitungszeit auf den Netzgeräten, wie beispielsweise den Routern und Endstationen.

Einige gebräuchliche symmetrische Schlüsselalgorithmen sind der Data Encryption Standard (DES), 3DES (triple DES) und der Intenational Data Encryption Algorithm (IDEA).

8.4.3 Asymmetrische Verschlüsselung

Asymmetrische Verschlüsselung, auch bekannt als öffentliche Chiffrier-Verschlüsselung, ist eine Verschlüsselungsmethode, die sowohl öffentliche/bekannte und geheime (oder private) Schlüssel verwendet und die Datensicherheit und Sender-Authentifizierung gewährleistet. Die Methode ist komplexer als die symmetrische Methode. Anstelle von zwei Benutzern, die denselben geheimen Schlüssel teilen, generiert jede Arbeitsstation ein öffentliches/privates Schlüsselpaar (public/private key pair).

Wollen sich zwei Arbeitsstationen vertrauliche Daten senden, einigen sie sich auf einen Verschlüsselungsalgorithmus und tauschen dann ihre öffentlichen Schlüssel aus (siehe Bild 8.10).

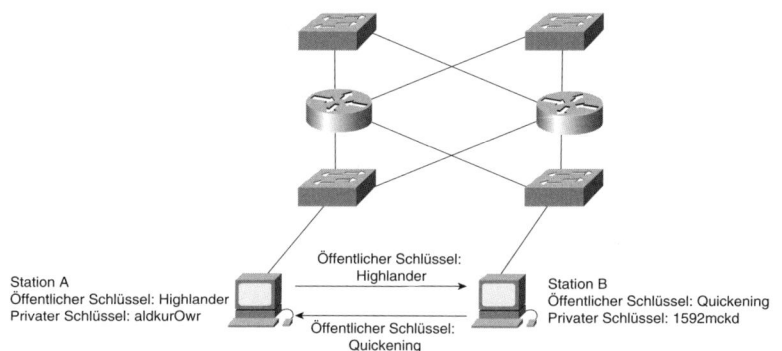

Bild 8.10: Öffentliche/private Schlüsselpaare

Will Host A Informationen an Host B senden, benutzt er den öffentlichen Schlüssel von Host B, um die Daten zu verschlüsseln, und sendet die Daten dann an Host B (siehe Bild 8.11).

Nachdem Host B die verschlüsselten Daten empfangen hat, benutzt er seinen eigenen privaten Schlüssel, um sie zu entschlüsseln (siehe Bild 8.12).

Sendet Host B Informationen zurück an Host A, verwendet er den öffentlichen Schlüssel von Host A, um die Daten zu verschlüsseln. Host A verwendet dann seinen eigenen privaten Schlüssel, um die Daten zu entschlüsseln, nachdem er sie erhalten hat. Die Endstation, die den speziellen öffentlichen Schlüssel jeder Station kennt, zu der sie Daten sendet, benötigt nur einen einzigen privaten Schlüssel für all die Informationen, die sie erhält.

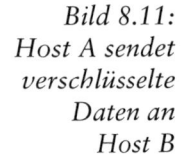

Bild 8.11:
Host A sendet
verschlüsselte
Daten an
Host B

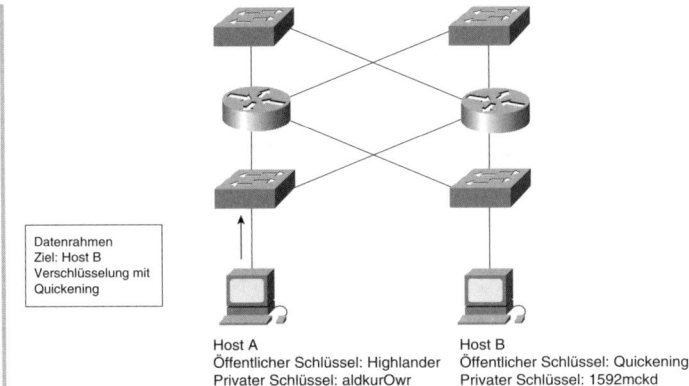

Datenrahmen
Ziel: Host B
Verschlüsselung mit
Quickening

Host A
Öffentlicher Schlüssel: Highlander
Privater Schlüssel: aldkurOwr

Host B
Öffentlicher Schlüssel: Quickening
Privater Schlüssel: 1592mckd

Bild 8.12:
Host B ent-
schlüsselt die
Daten

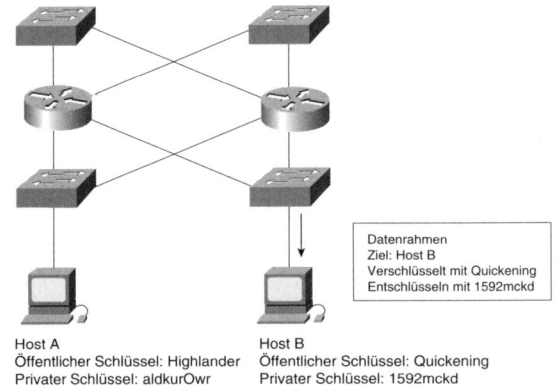

Datenrahmen
Ziel: Host B
Verschlüsselt mit Quickening
Entschlüsseln mit 1592mckd

Host A
Öffentlicher Schlüssel: Highlander
Privater Schlüssel: aldkurOwr

Host B
Öffentlicher Schlüssel: Quickening
Privater Schlüssel: 1592mckd

Wenn nicht ganz nachzuvollziehen ist, wer die Daten wirklich gesendet hat, kann die öffentliche/private Schlüsselpaar-Verschlüsselungsmethode ebenfalls helfen.

Angenommen, Host B ist nicht sicher, daß tatsächlich Host A die Daten gesendet hat und will prüfen, daß es wirklich Host A war, bevor er die Information zurücksendet. Host A kann eine Nachricht an Host B senden und diese Nachricht mit seinem eigenen privaten Schlüssel verschlüsseln, anstatt mit dem öffentlichen Schlüssel von Host B (siehe Bild 8.13).

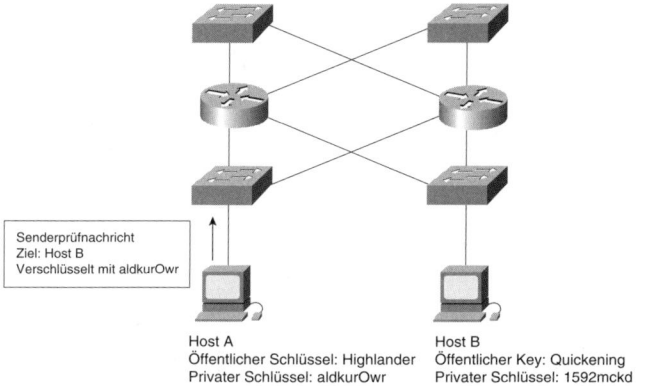

*Bild 8.13:
Host A ver-
schlüsselt mit
seinem eigenen
privaten Schlüs-
sel*

Senderprüfnachricht
Ziel: Host B
Verschlüsselt mit aldkurOwr

Host A
Öffentlicher Schlüssel: Highlander
Privater Schlüssel: aldkurOwr

Host B
Öffentlicher Key: Quickening
Privater Schlüssel: 1592mckd

Erhält Host B die Nachricht, muß er sie entschlüsseln, indem er den öffentlichen Schlüssel von Host A verwendet, anstelle seines eigenen privaten Schlüssels (siehe Bild 8.14). Dadurch wird die Sender-Authentifizierung geprüft.

Die Matrix in Tabelle 8.1 faßt die Verwendung von öffentlichen und privaten Schlüsseln zur Gewährleistung der Datensicherheit und der Senderauthentifizierung (in dieser Reihenfolge) zusammen.

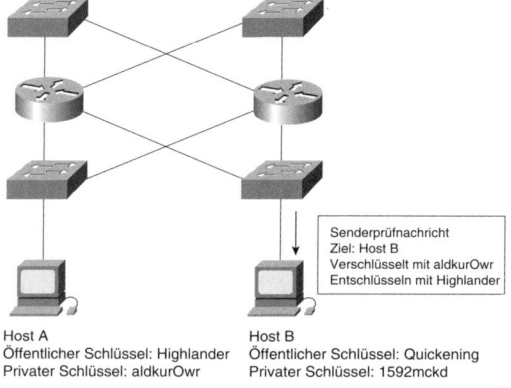

*Bild 8.14:
Host B ver-
schlüsselt mit
dem öffentli-
chen Schlüssel
von Host A*

Senderprüfnachricht
Ziel: Host B
Verschlüsselt mit aldkurOwr
Entschlüsseln mit Highlander

Host A
Öffentlicher Schlüssel: Highlander
Privater Schlüssel: aldkurOwr

Host B
Öffentlicher Schlüssel: Quickening
Privater Schlüssel: 1592mckd

	Sicherheitstyp	Sender	Empfänger
Tabelle 8.1: Asymmetrische Verschlüsselung öffentliches/ privates Schlüssel- verhältnis	Datensicher- heit	Verschlüsselt mit dem öffentlichen Schlüssel des Empfängers	Entschlüsselt mit seinem eigenen privaten Schlüssel
	Sender- authentifizie- rung	Verschlüsselt mit seinem eigenen privaten Schlüssel	Entschlüsselt mit dem öffentlichen Schlüssel des Senders

Die asymmetrische Verschlüsselung wird für die Datensicherheit nicht so häufig genutzt wie die symmetrische Verschlüsselung, da ihre Verschlüsselungsalgorithmen sehr viel rechenintensiver sind, als die symmetrischen Verschlüsselungsalgorithmen. Die Verwendung asymmetrischer Verschlüsselung für die Datensicherheit verlangsamt die Netzeinrichtungen unter Umständen in unakzeptabler Weise. Die asymmetrische Verschlüsselung wird statt dessen im allgemeinen für Situationen reserviert, in denen Senderauthentifizierung notwendig ist.

Einige gebräuchliche asymmetrische Verschlüsselungsalgorithmen sind *Rivest, Shamir* und *Adleman* (RSA) und *Digital Signature Standard* (DSS).

Es besteht auch die Möglichkeit, beide Methoden zu benutzen: die asymmetrische Verschlüsselung für die Sender-Authentifizierung und die symmetrische Verschlüsselung für die Datensicherheit. Diese Methode ist als Diffie-Hellman-Algorithmus bekannt und ist nützlich, wenn zwei Endstationen Schlüssel über einen unsicheren Kanal austauschen müssen. Im Grunde nützt diese Methode die asymmetrische Verschlüsselungsmethode, mit öffentlichen und privaten Schlüsseln, um einen Kanal zwischen zwei Arbeitsstationen aufzubauen. Diese zwei Endgeräte benutzen diesen Kanal dann, um den symmetrischen Verschlüsselungsschlüssel auszutauschen, der der gemeinsame geheime Schlüssel ist. Dieser gemeinsame Schlüssel wird dann benutzt, um Daten zu verschlüsseln und zu entschlüsseln.

8.4.4 Hash-Funktionen

Die dritte Verschlüsselungsmethode ist als *Hash-Funktion* bekannt. Eine Hash-Funktion wird in der Regel zusammen mit symmetrischer oder asymmetrischer Verschlüsselung verwendet, um ein noch höheres Niveau an Datensicherheit bereitzustellen. Eine sichere Hash-Funktion nimmt die Information (input), unterzieht diese Daten der komplexesten mathematischen Berechnung (Hash-Funktion), die für die Verschlüsselung verwendet wird, und produziert schließlich neue verschlüsselte Informationen (output). Bild 8.15 zeigt diesen Vorgang.

Es ist nahezu unmöglich, diesen Vorgang umzukehren – den Output zu nehmen, eine Entschlüsselungsmethode anzuwenden und dann ein Resultat zu erreichen, das den Input darstellt. Der Vorgang ist mit dem Zubereiten von Rühreiern zu vergleichen: Nachdem man drei Eier in eine Schüssel geschlagen, sie verrührt, gebraten und serviert hat, gibt es keine Möglichkeit mehr, das Resultat, nämlich die Rühreier, zu nehmen und sie in die ursprünglichen Eier zurückzuverwandeln. Dasselbe gilt für die Hash-Funktion. Was die Hash-Funktionen betrifft, reichen Schlüssel und der gleiche Algorithmus nicht aus, die Daten zu entschlüsseln. Man muß dieselbe Hash-Funktion verwenden, die ursprünglich angewandt wurde, um die Informationen zu entschlüsseln. Die Hash-Funktion ist rechnerisch viel komplexer als die symmetrische oder asymmetrische Verschlüsselung.

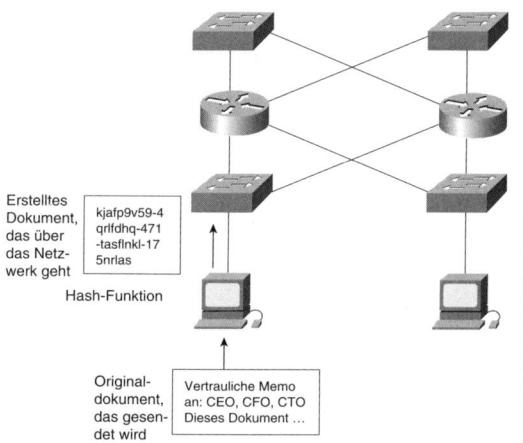

Bild 8.15: Eine sichere Hash-Funktion

Aufgrund ihrer Komplexität wird eine sichere Hash-Funktion in der Regel nicht auf die Daten selbst angewandt. Sie kann statt dessen benutzt werden, um die Identität eines Senders zu beweisen und die Integrität der Daten zu schützen. Zu den gebräuchlichen Hash-Funktionen gehören Message Digest Algorithm 4 (MD4), Message Digest Algorithm 5 (MD5) und Secure Hash Algorithm (SHA).

In Bild 8.16 ist dargestellt, wie ein Dokument unter Verwendung einer Kombination aus Hash-Funktionen und einer asymmetrischen Verschlüsselung verschlüsselt wird.

Station A sendet ein Dokument an Station B. Die Stationen haben sich auf eine bestimmte Hash-Funktion geeinigt. Das Senden eines Dokuments hat zwei Teile: das Dokument selbst und die Identität des Senders. Das Dokument geht durch die Hash-Funktion, siehe Schritt 1 in Bild 8.16. Der Output der Hash-Funktion, der nun Message Digest heißt, wird verschlüsselt, indem der private Schlüssel von Station A verwendet wird (asymmetrische Verschlüsselung), siehe Schritt 2.

Nach dem Verschlüsseln heißt der Output Digital Signature; er stellt die Identität von Station A dar. Die Digital Signature wird dann an das ursprüngliche Dokument angehängt, siehe Schritt 3. Station A sendet das daraus entstandene Dokument an Station B.

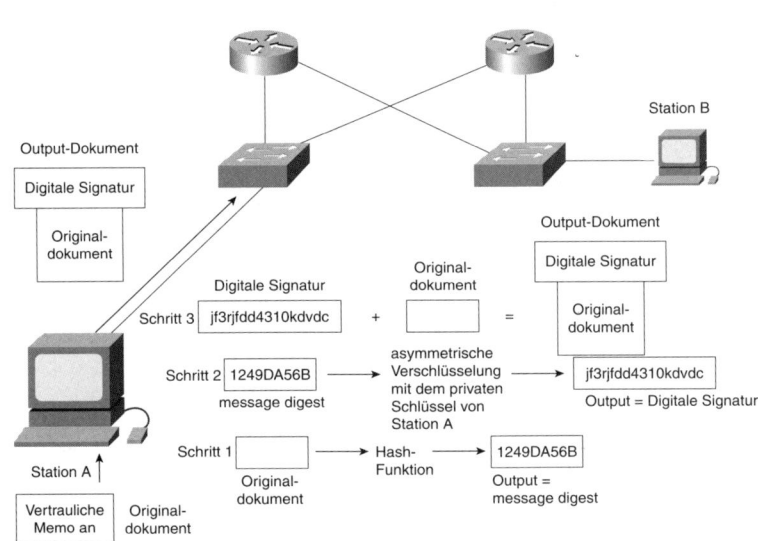

Bild 8.16:
Verschlüsselte
Daten und
Identität des
Senders

Erhält Station B das Dokument, muß sie die Daten wie in Bild 8.17 dargestellt entschlüsseln. Zuerst verwendet sie den öffentlichen Schlüssel von Station A, um die Digital Signature zu entschlüsseln. Funktioniert der öffentliche Schlüssel, dann hat Station B geprüft, ob Station A tatsächlich der Sender des Dokuments war. Nachdem die Digital Signature entschlüsselt ist, hat Station B den Message Digest oder den Output der Hash-Funktion. Station B nimmt das ursprüngliche Dokument, wie in Schritt 2 dargestellt, und schickt es durch die gleiche Hash-Funktion, die Station A verwendet hat. Ist der Message Digest von Station B der gleiche wie der von Station A (Schritt 3), dann beweist dies, daß das Dokument nicht manipuliert wurde. Sowohl die Integrität des Dokuments als auch die Authentifizierung des Senders sind verifiziert worden.

Diesem Vorgang kann sogar ein noch höheres Verschlüsselungsniveau hinzugefügt werden. Das ursprüngliche Dokument kann verschlüsselt werden, indem man die symmetrische Verschlüsselung anwendet, so daß die Identität des Senders mit der Hash-Funktion und mit der asymmetrischen Verschlüsselung verschlüsselt wird. Das Dokument wird mit der symmetrischen Verschlüsselung verschlüsselt, und die Integrität des Dokuments wird mit Hilfe der Hash-Funktionen geprüft.

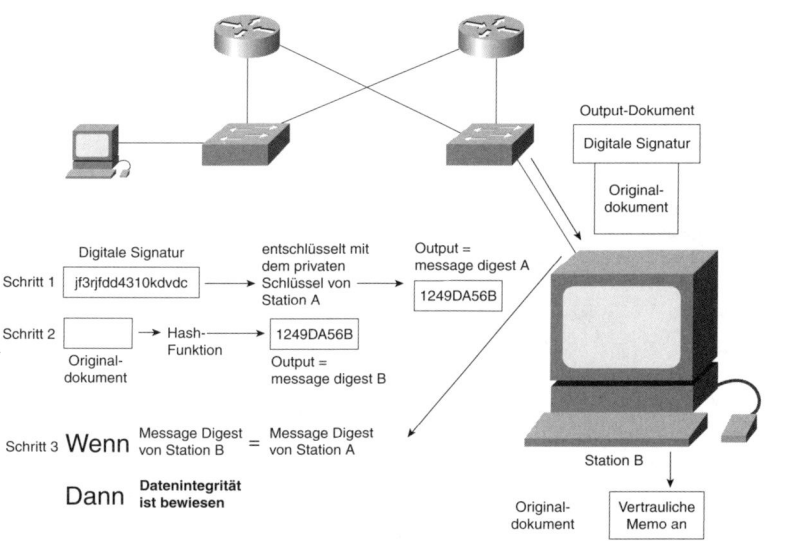

Bild 8.17: Entschlüsseln der Informationen

Tabelle 8.2 faßt zusammen, welche Funktion jede Verschlüsselungsmethode unterstützt, um die Datensicherheit und die Sender/Empfänger-Geheimhaltung zu gewährleisten.

Tabelle 8.2:
Verschlüsse-
lungsmethoden
und Funktionen

Verschlüsse-lungsmethode	Komponenten	Funktionen
Symmetrische Ver-schlüsselung	Gemeinsamer geheimer Schlüssel von Sender und Empfänger Verschlüsselungs-algorithmus	Datenintegrität Sender/Empfänger-Geheimhaltung
Asymmetrische Verschlüsse-lung	Öffentlicher/Privater Schlüssel für Sender Öffentlicher/privater Schlüssel für Empfänger Verschlüsselungs-algorithmus	Sender-Authentifizierung Datenintegrität Sender/Empfänger-Geheimhaltung
Hash-Funktion	Mathematische Berech-nung, die Daten ver-schlüsseln kann, sich jedoch so gut wie nicht umgekehrt anwenden läßt, um die Daten wieder zu entschlüsseln	Verifiziert Datenintegri-tät Wird in Verbindung mit der symmetrischen oder asymmetrischen Ver-schlüsselung angewandt

8.4.5 Einsatzbereiche für Verschlüsselung

Es gibt zwei Orte im Netz, an denen die Verschlüsselung statt-finden kann – zwischen den sendenden und empfangenden Stationen (die Server eingeschlossen) und auf dem Router.

Die Verschlüsselung auf den Arbeitsstationen und den Servern gewährleistet eine vollständige Verschlüsselungssicherheit in dem ganzen Netz. Verschlüsselung auf den Routern stellt eine teilweise Verschlüsselungssicherheit auf dem Netz zur Verfü-gung.

Verschlüsselung auf den Arbeitsstationen und Servern bedeu-tet, daß die Daten, die von den Arbeitsstationen gesendet werden, verschlüsselt werden, bevor sie den Computer verlas-sen. Sendet ein Benutzer beispielsweise eine Anfrage an den Server, eine klassifizierte Datei herunterladen zu dürfen, dann verschlüsselt der Server die Datei, indem er eine der dargestell-ten Methoden anwendet, bevor er die Datei an das Netz schickt. Während die Datei durch das Netz reist, kann sie nicht gelesen werden, auch wenn es einem Benutzer gelingen sollte, einen Blick darauf zu werfen. Wie in Bild 8.18 dargestellt, sind die Daten entstellt und unlesbar.

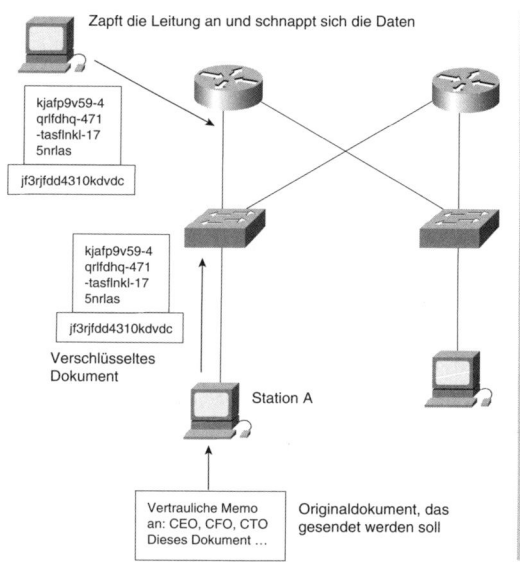

Bild 8.18:
Verschlüsselte
Daten im Netz

Wenn die Daten die Arbeitsstation erreichen, von der sie angefordert wurden, werden sie von der Arbeitsstation entschlüsselt, und die Datei wird wieder lesbar (siehe Bild 8.19).

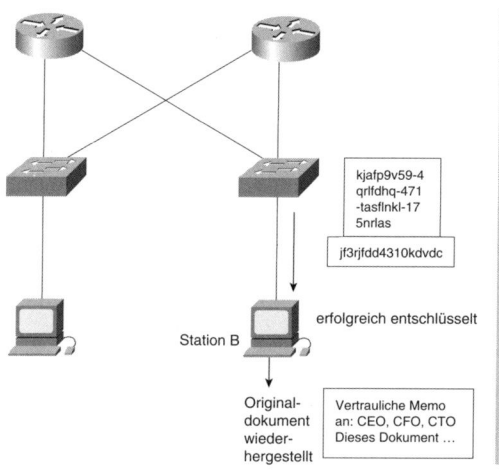

Bild 8.19:
Entschlüsselte
Daten auf der
Endstation

Die Verschlüsselung auf den Arbeitsstationen und den Servern gewährleistet das höchste Sicherheitsniveau, da die Daten während der ganzen Zeit durch das Netz verschlüsselt sind. Wenn die Daten aus irgendeinem Grund zu einer anderen Arbeitsstation gehen, als zu der, die sie angefordert hat, kann die andere Arbeitsstation sie nicht richtig entschlüsseln. Die Datei bleibt daher unlesbar.

Verschlüsselung kann auf einem Router implementiert werden, um eine partielle Datenintegrität im Netz zu gewährleisten. Bei dieser Methode werden die Daten auf dem ersten Router, den sie passieren, verschlüsselt und auf dem letzten Router, den sie passieren, entschlüsselt (Bild 8.20).

Stiehlt jemand die Daten, während sie sich zwischen den beiden Routern befinden, sind die Daten verschlüsselt und daher unlesbar. Stiehlt jedoch jemand die Daten, bevor sie den ersten Router erreicht haben, sind sie nicht verschlüsselt und können daher von nichtautorisierten Benutzern gelesen werden. Beide Situationen sind in Bild 8.21 dargestellt.

Bild 8.20:
Verschlüsselung
auf dem Router

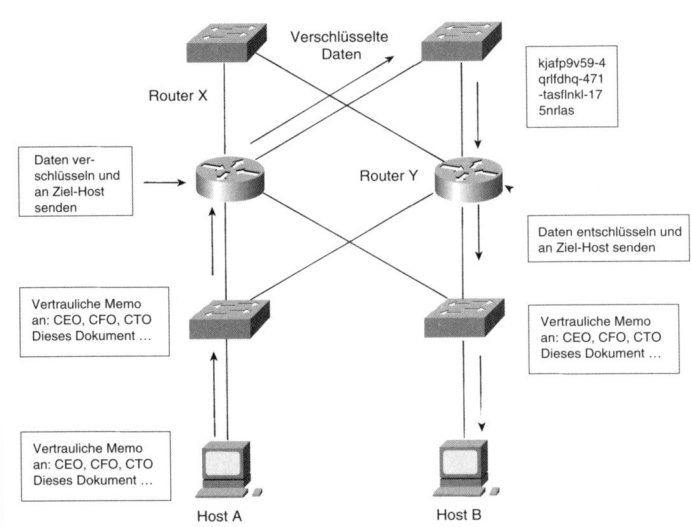

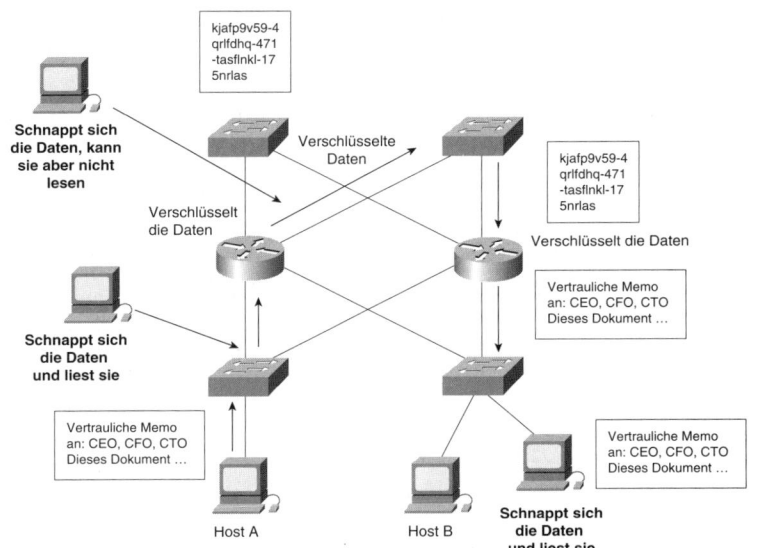

Bild 8.21: Verschlüsselte und unver- schlüsselte Daten im Netz

Die Verschlüsselung auf dem Router eignet sich gut für das Wide-Area-Netz oder für das Internet. Für das Campus-Netz ist diese Methode jedoch nicht geeignet, da der meiste Verkehr nicht mehr als zwei Router passiert.

Setzt man eine Verschlüsselungsmethode auf dem Campus ein, kann man dem Benutzer sicherlich ein bestimmtes Niveau an Datenintegrität zur Verfügung stellen. Benötigen nur einige wenige Benutzer das Sicherheitsniveau, das die Verschlüsselung bietet, so ist es sinnvoll, Verschlüsselungspakete auf ihren Arbeitsrechnern zu installieren. Profitiert die Mehrheit des Netzes von der Verschlüsselung, dann ist es vielleicht die beste Lösung die Verschlüsselung auf den Arbeitsrechnern und den Routern durchzuführen. Findet die Verschlüsselung auf den Arbeitsstationen, den Servern und der Netzinfrastruktur statt, ist die Datenintegrität auf dem ganzen Weg durch das Netz gesichert.

8.5 Zusammenfassung

Ein sicheres Netz zu haben, bedeutet, daß Mechanismen vorhanden sind, die kontrollieren, wer Zutritt zum Netz erhält und welche Informationen und Geräte zur Verfügung stehen, sobald der Zutritt gewährt wurde.

Tabelle 8.3 stellt die in diesem Kapitel besprochenen Sicherheitsniveaus zusammenfassend dar. Niveau 1 ist das einfachste, Niveau 5 das am weitesten entwickelte Niveau.

Tabelle 8.3:
Sicherheits-
niveaus im Netz

Sicherheitsniveau (1 – das einfachste, 5 – das am weitesten entwickelte)	Sicherheitsmethode	Funktion
1	Netzanmeldung	Authentifizierung/ Autorisierung
2	Server/Gerät-Anmeldung	Authentifizierung/ Autorisierung
3	Filter	Autorisierung
4	Routen-Authentifizierung	Authentifizierung/ Autorisierung
5	Verschlüsselung: symmetrisch, asymmetrisch, Hash-Funktion	Datenintegrität/ Sender-Empfänger-Geheimhaltung

Unabhängig davon, welche Sicherheitsmethoden angewandt werden, ist es unbedingt notwendig, irgendeine Form von Netzsicherheit zu implementieren, um sicherzustellen, daß nur autorisierte Benutzer das Campus-Netzwerk betreten und darin arbeiten können. In Hinblick auf Netzveränderungen und Netzwachstum wird es sogar noch wichtiger, die Sicherheit im Auge zu behalten. Ein Thema, das im folgenden Kapitel behandelt wird.

Die wichtigsten Punkte dieses Kapitels, die es zu beachten gilt, sind folgende:

– Die Netzanmeldung, eine gebräuchliche Form der Benutzerauthentifizierung, ist die minimale Sicherheitsanforderung, die im Grunde an jedes Netz gestellt werden muß. Erfolgreiche Netzanmeldung bedeutet, daß ein Benutzer berechtigt ist, das Netz zu nutzen.

– Die Benutzer-Authentifizierung auf dem Server legt fest, welche Benutzer Zugriff auf den Server haben. Die Benutzerautorisierung auf dem Server geht einen Schritt weiter und bestimmt, auf welche Informationen auf dem Server ein Benutzer zugreifen darf.

– Filter sind eine Sicherheitsmethode, mit der Router so konfiguriert werden können, daß sie den Zugriff auf bestimmte Netzwerkregionen auf Basis von verschiedenen Verbindungstypen oder Subnetzwerken gestatten oder verweigern können.

– Router-Authentifizierung ist eine Sicherheitsmethode, bei der die Router überprüfen, ob sie gültige Router sind, und dem übrigen Netz gültige Pfade zur Verfügung stellen.

– Symmetrische Verschlüsselung ist eine Datensicherheitsmethode, die auf Daten angewandt wird, die private (geheime) Schlüssel verwenden.

– Asymmetrische Verschlüsselung ist eine Verschlüsselungsmethode, die öffentliche und private Schlüssel verwendet. Sie wird aufgrund der Komplexität der Datenverschlüsselungsalgorithmen hauptsächlich bei der Sender-Authentifizierung genutzt, kann jedoch ebenfalls bei der Datenverschlüsselung verwendet werden.

– Die Hash-Funktion ist eine Verschlüsselungsmethode, die eine sehr komplexe Scramble-Methode anwendet, die praktisch nicht mehr rückgängig gemacht werden kann. Sie wird in der Regel in Verbindung mit der symmetrischen oder asymmetrischen Verschlüsselung angewandt, um die Sender-Authentifizierung und die Datensicherheit zu gewährleisten.

– Die Verschlüsselung im Netz kann auf der Arbeitsstation, auf dem Server oder auf dem Router stattfinden. Die Verschlüsselung auf der Arbeitsstation und dem Server bietet ein höheres Sicherheitsniveau als die Verschlüsselung auf dem Router.

Dieses Kapitel behandelt folgende Themen:

- Die Wachstumsrate des Netzes
- Benutzermobilität
- Bewegen, Hinzufügen, Ändern
- Wie Protokolle Mobilität ermöglichen
- Mobilität der IP-Netze vergrößern
- Skalieren mit virtuellen VLANs
- VLAN-Arten
- Wo VLANs eingesetzt werden sollten
- VLAN-Verkehr auf dem Netz
- VLAN-Technologien

KAPITEL 9
Netzwerk–Design für Veränderung und Wachstum

Eine der größten Herausforderungen, der die Netzdesigner heutzutage gegenüberstehen, ist es, das Netz in Hinblick auf zukünftiges Wachstum und zukünftige Veränderungen zu planen. Die Fähigkeit eines Netzes, mit Veränderungen und Wachstum Schritt zu halten, wird oft als Skalierbarkeit bezeichnet und ist ein grundlegendes Kriterium des Netzdesigns.

Für die Veränderungen im Netz und das Netzwachstum gibt es verschiedene Ursachen, die sich jedoch nicht gegenseitig ausschließen. Eine Ursache für die Veränderungen im Netz ist, wie in einigen der vorhergegangenen Kapitel dargestellt wurde, der Netzverkehr. Der Anstieg von Broadcast- und Multimedia-Verkehr verlangt möglicherweise eine Änderung der Netzskala. Mechanismen zur Festlegung von Verkehrsprioritäten und die Auswahl geeigneter Server-Standorte sind Mittel, mit deren Hilfe das Netz skalierbar gemacht werden kann und Verkehrsstaus, die aufgrund des Netzwachstums auftreten, vermieden oder beseitigt werden können.

Eine zweite Ursache der Veränderungen im Netz und des Netzwachstums sind die Anwendungen. Die Zunahme der Multimedia- und Web-Anwendungen hat in letzter Zeit große Auswirkungen auf die Netze gehabt. Sicherheitsanwendungen sind unentbehrlich geworden, seit die Netze allgegenwärtig geworden sind und in steigendem Maße miteinander vernetzt werden.

Dieses Kapitel beschäftigt sich mit einer dritten Ursache für die Veränderungen im Netz und das Netzwachstum: den Netzteilnehmern. Um die Unterschiede zwischen den verschiedenen Ursachen der Veränderungen und des Wachstums herauszuarbeiten, beginnt das Kapitel mit einem kurzen Überblick über einige bereits bekannte Belastungen, die dem Netz Probleme bereiten.

9.1 Die Wachstumsrate des Netzes

Möglicherweise lassen sich die Netzdesigner schnell verführen zu glauben, die Wachstumsrate des Netzes stehe in direkter Verbindung mit der Anzahl an neuen Angestellten, die ein Unternehmen einstellt.

Auch eine geringfügige Änderung der Art und Weise wie ein Unternehmen seine Geschäfte führt, kann zu Netzwachstum führen. So wirkt sich beispielsweise die täglich steigende Verkehrsmenge auf dem Internet auch auf das Campus-Netz aus. Die Rate, mit der die Verkehrsmenge steigt, hat direkte Auswirkungen auf das Netzdesign und auf die Skalierbarkeit des Netzes in Hinblick auf zukünftige Bedürfnisse.

Viele Unternehmen stehen einer durchschnittlichen Wachstumsrate von 20 bis 30 Prozent im Laufe eines Jahres gegenüber, was nicht unbedingt heißt, daß die Unternehmen ihre Belegschaft vergrößert haben – die Wachstumsrate kann das Ergebnis eines oder mehrerer Faktoren sein. Dazu gehören:

– Ein Anstieg der Anzahl an verbundenen Arbeitsstationen

– Ein Anstieg der Anzahl an Servern

– Ein Anstieg der Verkehrsmenge

– Ein Anstieg der Größe der geographischen Region, die das Netz erreichen muß

– Ein Anstieg der Anzahl der unterstützten Anwendungen.

Alle diese Faktoren sind von Bedeutung, wenn es darum geht, das Netzwachstum beim Konzipieren eines Netzes zu berücksichtigen. Dazu betrachten wir als Beispiel ein kleines Unternehmen namens »Byzantine Manufacturing«.

Byzantine Manufacturing stellt Kupferteile her und hat eine Belegschaft von 100 Angestellten. Sie hat einen festen Kundenstamm. Verlassen Kunden das Unternehmen, wirbt der Außendienst neue an, was das Unternehmen im Gleichgewicht hält. Byzantine Manufacturing hat einen zentralen Enterprise-Server für gemeinsame Anwendungen (E-Mail und Textverarbeitung) und zwei verteilte Server für vertrauliche Daten (einen für Personalinformationen und einen für Verkaufsverwaltung/Kundenstatistik).

Der Verkaufsmanager beschließt, daß es an der Zeit ist, eine Webseite zu gestalten, um die Verkaufszahlen von Byzantine Manufacturing zu verbessern. Die Webseite wird auf den Enterprise-Server gelegt, damit man möglichst einfach darauf zugreifen kann. Folgende Entwicklungen können sich daraus ergeben:

– Das Interesse an den Webseiten führt zu mehr Verkehr auf dem Campus-Netz.

– Außendienstmitarbeiter haben nun Probleme, auf ihre E-Mail zuzugreifen, da diese auf demselben Server installiert ist wie die Webseite.

– Ein neuer Server (Enterprise) wird für die E-Mail des Außendienstes gekauft.

– Mitarbeiter auf dem Campus beginnen ebenfalls, das Netz zu nutzen, so daß nun auch mehr Verkehr vom Campus wegführt.

– Das Ergebnis: Byzantine Manufacturing hat mit nur einer neuen Maßnahme – dem Einrichten einer Web-Seite – eine Wachstumsrate von 20% realisiert.

Jedesmal, wenn man dem Netz etwas hinzufügt (oder etwas wegnimmt), muß man auf die möglichen Auswirkungen gefaßt sein und dementsprechend planen. Man wird sonst feststellen, daß das Netzschema nicht erweiterbar ist, und es wird vermutlich Probleme mit der Leistungsfähigkeit des Netzes geben.

Die Schwierigkeit das Netz so zu konzipieren, daß Netzwachstum möglich ist, besteht darin, daß es keine festen Formeln dafür gibt. Jeder der Punkte, die in den vorangegangen

Kapiteln besprochen wurden – Verkehrsmuster, Server-Plazierung, angewendete Protokolle, Anwendungstypen, Sicherheitsfunktionen und so weiter – spielt eine Rolle beim Wachstum des Netzes. Und was sich in einem Unternehmen bewährt hat, wird sich nicht unbedingt auch im nächsten Unternehmen bewähren.

Heutzutage ist die gestiegene Mobilität der Benutzer eine häufige Ursache für Veränderungen im Netz. Man muß beinahe hellseherische Fähigkeiten haben, um Veränderungen im Benutzerverhalten vorhersehen und rechtzeitig darauf reagieren zu können. Es gibt jedoch Möglichkeiten, diese Veränderungen leichter in das Campus-Netz zu integrieren, wie in den nächsten Abschnitten dargestellt wird.

9.2 Benutzermobilität

Die Netzplaner werden durch die zunehmende Benutzermobilität dazu angeregt, das Campus-Netz neu zu konzipieren. Früher resultierte die Benutzermobilität aus Maßnahmen der Unternehmen wie das Einstellen neuer Mitarbeiter, das Befördern von Mitarbeitern und das Versetzen der Belegschaft von einer Abteilung in eine andere. Heute muß man jedoch einen neuen Aspekt der Benutzermobilität in Betracht ziehen: Da immer mehr Unternehmen Laptop-Computer einführen und die Leistungskraft des Desktops leichter transportierbar wird, verlangen die Benutzer mehr Flexibilität. Sie wollen sich sowohl innerhalb als auch außerhalb des Campus bewegen und trotzdem auf ihre lokalen Anwendungen zugreifen können, als säßen sie in ihren Büros.

Die Benutzermobilität, sowohl die innerhalb des Campus-Netzes als auch die außerhalb des Campus-Netzes, kann in unterschiedliche Bereiche eingeteilt werden: Bewegen, Hinzufügen, Ändern.

9.2.1 Bewegen, Hinzufügen, Ändern

Bewegungen innerhalb des Netzes können relativ einfach ausgeführt werden, da das Netz den Benutzer bereits kennt. »Bewegen« heißt, die Person bewegt sich räumlich, greift jedoch weiterhin auf dieselben Netzdienste zu. Angenommen, Sie befinden sich heute in Gebäude A und haben Zutritt zu Server X, morgen ziehen Sie in ein neues Büro, das sich in Gebäude C befindet, und nutzen weiterhin Server X. Da Ihr PC-Name und Benutzer-ID dem Netz bereits bekannt sind, geht es bei diesem »Bewegen« nur darum, einen neuen Switch-Port auf dem Netz einzurichten, über den Sie an das Netz angeschlossen werden (siehe Bild 9.1).

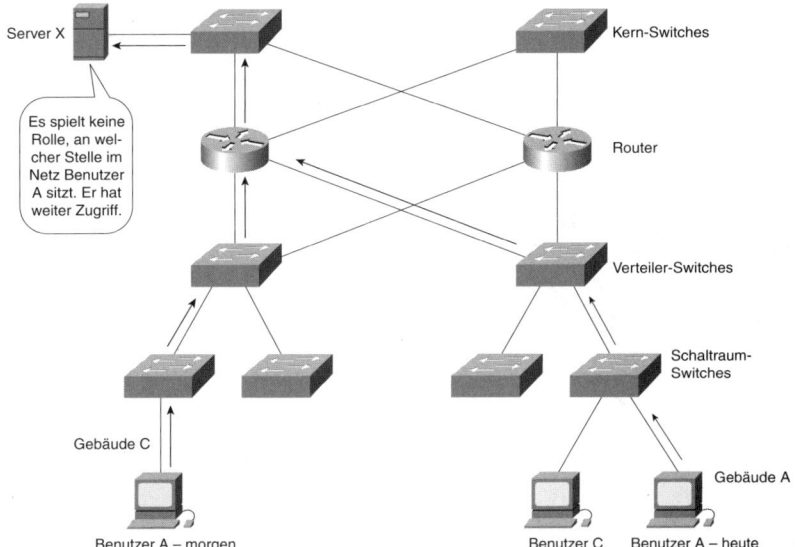

Bild 9.1:
Ein Benutzer
bewegt sich von
Gebäude A zu
Gebäude C

»Hinzufügen« und »Ändern« sind jedoch komplexer. »Hinzufügen« heißt, neue Benutzer werden zum ersten Mal an das Netz angeschlossen (wenn sie sich auf dem Netz anmelden, so tun sie das zum ersten Mal). Eine Benutzer-ID muß zugeteilt werden, Paßwörter müssen vergeben werden, der Zugriff auf die benötigten Server muß hergestellt werden, ein E-Mail-Account muß eingerichtet werden und so weiter. Viele Netzverwaltungsaufgaben müssen durchgeführt werden, bevor der neue Benutzer sich überhaupt auf dem Netz anmelden kann.

»Ändern« heißt, die Person kann physisch am selben Ort bleiben, muß jedoch auf andere Netzdienste zugreifen. Dies geschieht in der Regel, wenn ein Mitarbeiter die Abteilung wechselt oder innerhalb des Unternehmens befördert wird. In diesem Fall ist es möglich, daß der Benutzer an einem Tag Server X nutzt und sich in Gebäude A befindet, und am darauffolgenden Tag auf Server Y zugreifen können muß, während er sich weiterhin in Gebäude A aufhält (siehe Bild 9.2).

Bild 9.2:
Ein Benutzer
nutzt verschie-
dene Server
aufgrund von
Änderungen

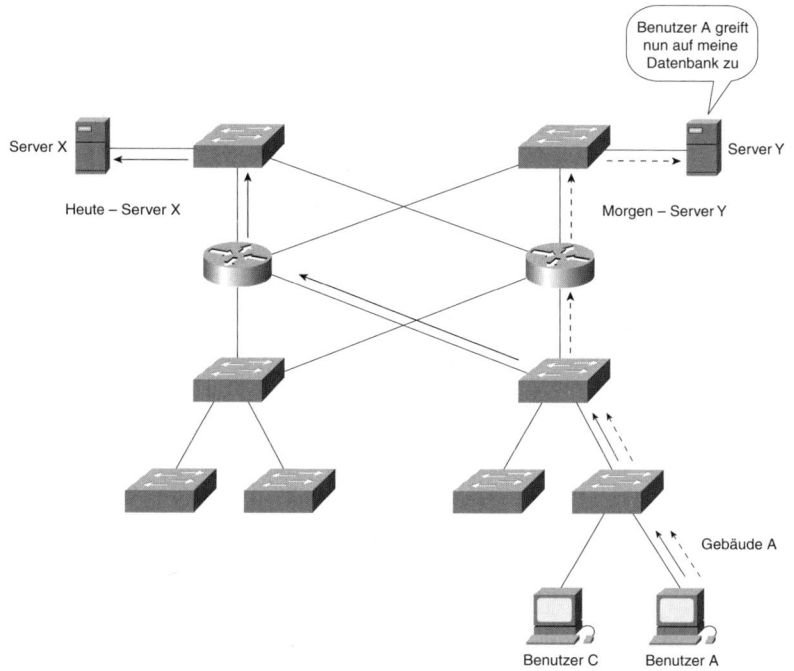

Der Netzzugriff für den Benutzer muß modifiziert werden, damit die Autorisierung für den Zugriff auf zusätzliche Server erteilt werden kann. Es ist möglich, daß die Zutrittserlaubnis zu einigen Servern gelöscht werden muß, die Netzsicherheit muß unter Umständen verändert werden und so weiter.

Die Art und Weise, wie die Netzdesigner diese Aspekte der Veränderung und des Wachstums behandeln, hängt von der Struktur des Netzprotokolls ab. Wie in den folgenden Abschnitten dargestellt wird, ermöglichen einige Protokolle die Mobilität durch ihre Adressiermechanismen, während andere das nicht tun.

9.2.2 Wie Protokolle Mobilität ermöglichen

Wenn »Bewegen, Hinzufügen oder Ändern« im Netz stattfindet, muß der LAN-Verwalter bestimmte Einrichtungen implementieren. Das beginnt beim LAN-Protokoll-Adressierschema, daß genutzt wird, um den Zutritt zum Netz und den Servern zu ermöglichen.

Von den heutzutage genutzten Protokollen haben IPX, Apple-Talk und Banyan VINES alle dynamisches Adressieren implementiert. Daher muß der LAN-Verwalter, außer beim Implementieren der Treiber auf dem Arbeitsrechner, den Arbeitsrechner des Benutzers nicht speziell identifizieren.

Dies gilt jedoch nicht für das am meisten genutzte Protokoll, das IP-Protokoll. Das IP-Protokoll verlangt weiterhin die Identifizierung des Benutzers (Benutzer-ID) und der Workstation (Host-Name). Die Netzadresse und die Adresse der Workstation des Benutzers bleiben weiterhin aneinander gekoppelt, um die Netzidentifizierung zu ermöglichen.

Jedes der Netzprotokolle benützt Namen, um Netzwerkgeräte wie Datenserver und Druckserver zu identifizieren. Bittet der Benutzer um die Anmeldung auf einem anderen Datenserver, werden beispielsweise das Protokoll oder das Betriebssystem versuchen, den Namen des Datenservers mit einer Netzadresse zu verbinden.

Im NetWare oder IPX-Protokoll von Novell besitzt jeder Datenserver eine Tabelle, die den Namen des Datenservers mit einer Netzadresse verbindet.

Beim IP-Protokoll wird diese Zuordnung von einem globalen Server, dem Domain-Name-System (DNS) durchgeführt. Der DNS-Server führt ein Register aller IP-Adressen und ihrer zugeordneten Benutzer-ID/Host-Namen. Hat eine Workstation einen Eintrag auf dem DNS-Server und bewegt sich häufig durch den Campus, muß der Server jedesmal, wenn der Benutzer sich bewegt, aktualisiert werden, um die Veränderung zu registrieren.

Da die den Protokollen IPX, AppleTalk und Banyan VINES eigenen Charakteristika dynamisch sind, können diese Netztypen flexibler auf »Bewegen, Hinzufügen oder Ändern« innerhalb des Campus reagieren.

Das IP-Protokoll nutzt andererseits das statische Adressieren, das die Verantwortung dafür, daß sich das Netz auf dem aktuellen Stand befindet, dem Netzverwalter und dem Endbenutzer überträgt. Statisches Adressieren verlangt vom Netzverwalter, daß er dem Benutzer eine verfügbare Adresse zuordnet und die Datenbank des DNS-Server manuell aktualisiert, um den Benutzer und die zugehörige IP-Adresse einzutragen. Der Benutzer konfiguriert die IP-Adresse, das IP-Standard-Gateway, die DNS-Server-Adresse und jede andere benutzerspezifische Information.

Hat beispielsweise ein IP-Benutzer die Adresse 1.1.1.10 in Gebäude A und zieht der Benutzer morgen in Gebäude B, wird er eine neue Netzadresse bekommen. In unserem Beispiel ist die neue Adresse 2.1.1.100 (siehe Bild 9.3).

Bild 9.3: Adressen-änderungen für einen Benutzer, der umgezogen ist

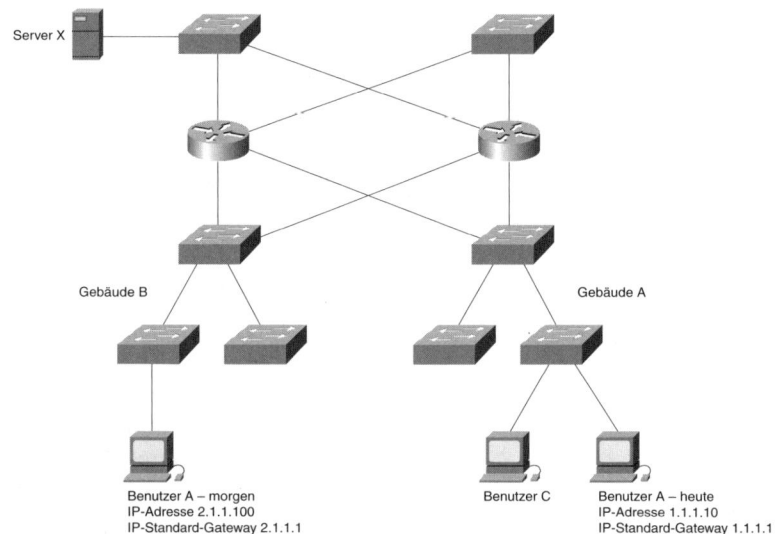

Die Adressenänderung wird nicht automatisch vollzogen. Der Netzadministrator muß alle Änderungen an der Datenbank vornehmen, dem Benutzer eine neue, verfügbare IP-Adresse geben (in diesem Beispiel 2.1.1.100) und das korrekte Standard-Gateway für dieses Netz angeben (2.1.1.1). Der Anwender muß dann die IP-Adresse auf der Workstation (von 1.1.1.10 in 2.1.1.100) ändern und ebenso das IP-Standard-Gateway (von 1.1.1.1 in 2.1.1.1).

In einer solchen Situation können, besonders wenn innerhalb des Unternehmens häufig »Bewegen, Hinzufügen oder Ändern« stattfindet, eine Vielzahl von Problemen auftreten, die die Erweiterbarkeit betreffen. Da viele Benutzer nicht verstehen, wie das Netz funktioniert und wie es unterstützt werden muß, versuchen sie, Netzverbindungen herzustellen, ohne zu wissen, was als erstes zu tun ist. Diese Situation öffnet eine Pandorabüchse voller Netzverwaltungsprobleme, besonders bei der Fehlersuche in der Benutzervernetzung.

IP-Netze können skalierbarer gemacht werden, wenn das Dynamic Host Configuration Protocol (DHCP) verwendet wird. DHCP wurde bereits in Kapitel 3 und 5 erwähnt, wo dargestellt wurde, wie Router Broadcast-Verkehr behandeln und wie DHCP das Netz durchdringt. Der folgende Abschnitt beschreibt, wie DHCP Client/Server-Verbindungen dynamisch machen kann.

9.2.3 Mobilität der IP–Netze vergrößern

DHCP ermöglicht es dem IP-Protokoll, dynamischer zu werden, indem es eine automatische IP-Adressen-Konfigurierung zur Verfügung stellt.

Um DHCP auf dem Netz betreiben zu können, müssen drei Komponenten vorhanden sein:

– Das Netz muß zumindest einen DHCP-Server haben.

– Die Router müssen DHCP-Anfragen weiterleiten können (ähnlich wie das Weiterleiten von BOOTP-Anfragen).

– Ein DHCP-Client muß auf der Endstation konfiguriert sein.

– Sobald diese Anforderungen erfüllt sind, ordnet DHCP folgendermaßen dynamisch IP-Adressen zu: Ein Benutzer schaltet die Endstation ein, die dann einen DHCP-Discover-Rahmen an das Netz schickt, um eine IP-Adresse anzufordern (siehe Bild 9.4).

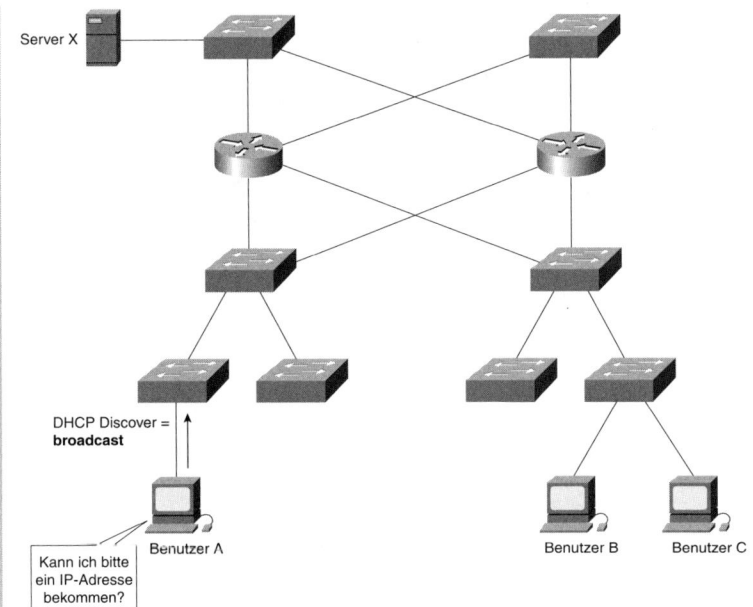

Bild 9.4:
Die Endstation
sendet einen
DHCP-
Discover-
Rahmen

Da der DHCP-Discover-Rahmen ein Broadcast-Frame ist, bestehen die zwei Zieladreßfelder aus Broadcast-Adressen: ffffff und 255.255.255.255. Das MAC-Quellenadreßfeld ist das der Workstation, die den DHCP-Discover sendet. Das IP-Quellenadreßfeld ist 0.0.0.0, da keine Adresse zugewiesen wurde. Das IP-Gateway(GI)-Adreßfeld ist ebenfalls 0.0.0.0, da die Standard-Gateway-Adresse unbekannt ist. Bild 9.5 zeigt die dazugehörigen Felder im DHCP-Discover-Rahmen.

Der DHCP-Discover-Broadcast überflutet das lokale Subnetz der Endstationen. Andere Endstationen auf diesem Subnetz behandeln den Rahmen als Broadcast und werfen ihn weg, nachdem sie ihn bearbeitet haben.

Bild 9.5:
DHCP-
Discover-
Rahmen-Felder

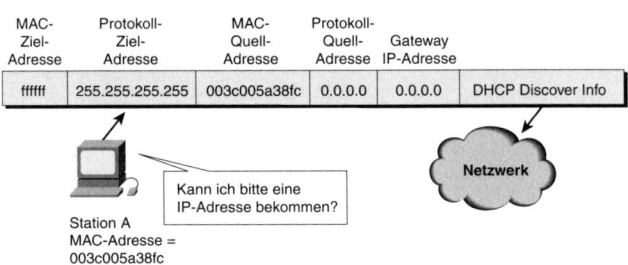

Erreicht der DHCP-Discover-Broadcast den Router, versteht der Router, daß dies eine Anfrage ist, die ihn dazu auffordert, eine Adresse ausfindig zu machen (discover). Der Router füllt das Gateway-IP(GI)-Adreßfeld aus und setzt die IP-Adresse der ankommenden Schnittstelle ein (siehe Bild 9.6).

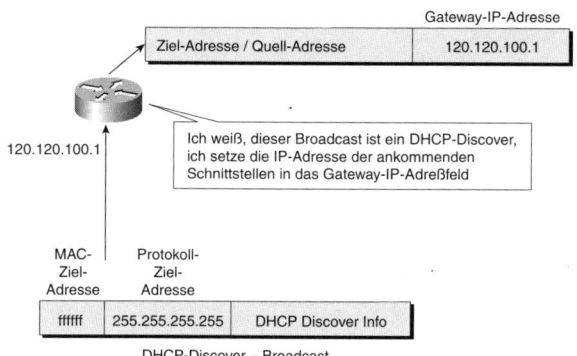

Bild 9.6:
Router, der die
Gateway-IP-
Adresse einsetzt

Der Router dirigiert den DHCP-Discover-Rahmen dann zum DHCP-Server, indem er die MAC- und IP-Zieladressen des DHCP-Servers einsetzt. Der Rahmen wird nun als Unicast zum Server übertragen (siehe Bild 9.7).

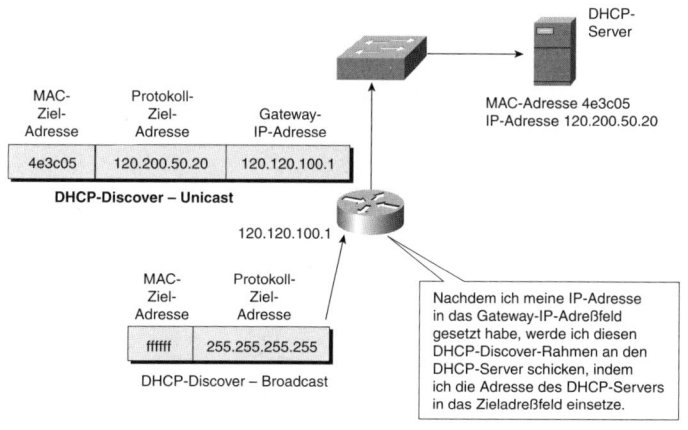

Bild 9.7:
Router, der
einen DHCP-
Discover-
Rahmen zum
DHCP-Server
dirigiert

Erhält der DHCP-Server die Anfrage nach einer Adresse, registriert er die Gateway-IP-Adresse im DHCP-Discover-Rahmen und teilt der Arbeitsstation eine IP-Adresse zu, die in das korrekte Subnetz paßt (siehe Bild 9.8).

Bild 9.8:
DHCP-Server,
der eine IP-
Adresse zuteilt

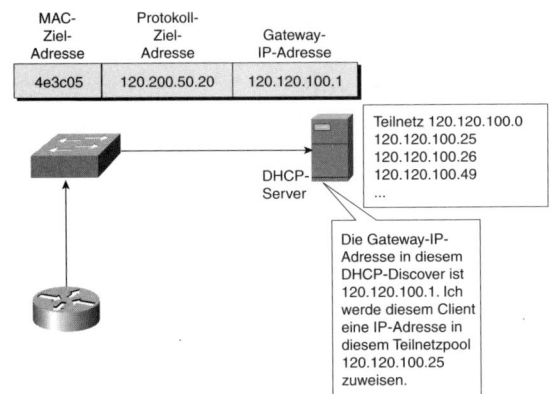

Der DHCP-Server sendet dann einen DHCP-Offer-Rahmen mit einer IP-Adresse im Your-IP-(YI)-Adreßfeld an den Client zurück, wie in Bild 9.9 dargestellt. Bild 9.10 zeigt die Felder im DHCP-Offer-Rahmen.

Bild 9.9:
DHCP-Server,
der einem
Client
antwortet

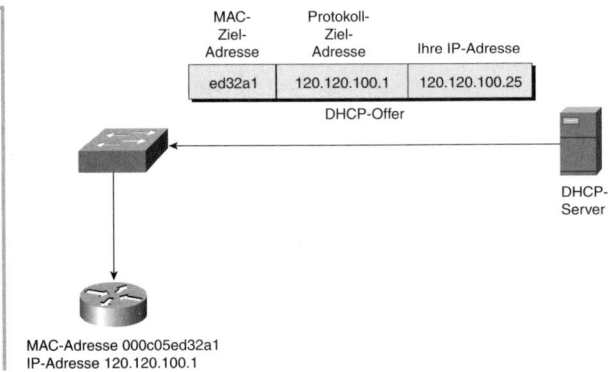

Bild 9.10:
DHPC-Offer-
Rahmen

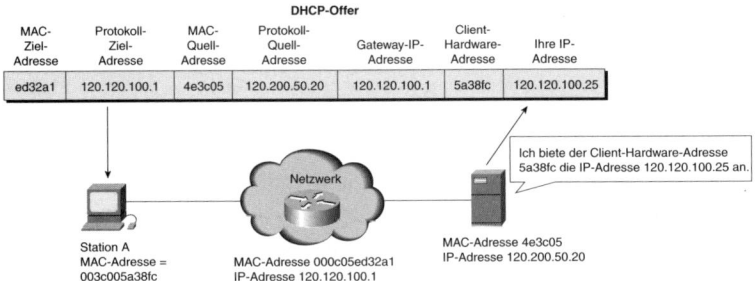

Der DHCP-Server bietet dem Client die IP-Adresse an. Sie wird zuerst zum Router geleitet, da der Router eine IP-Adresse hat und der Server weiß, wie er diese erreichen kann, während der Client zunächst noch keine Adresse hat. Der Router leitet das DHCP-Angebot dann zur Arbeitsstation zurück.

Akzeptiert die Workstation diese IP-Adresse, sendet diese einen DHCP-Request-Rahmen, ebenso wie sie den DHCP-Discover-Rahmen gesendet hat, in Form eines Broadcast aus und bittet, die IP-Adresse benützen zu dürfen. Der Router verhält sich ebenfalls ähnlich und leitet den DHCP-Request an den DHCP-Server weiter.

Der DHCP-Server wird den DHCP-Request empfangen und ein DHCP-Acknowledge über den Router zurück zum Client senden. Die DHCP-Acknowledge teilt die IP-Adresse der Arbeitsstation zu, und der DHCP-Server macht die IP-Adresse für andere Clients unzugänglich. Der DHCP-Server gleicht die IP-Adresse des Clients der MAC-Adresse des Clients an, die er aus dem DHCP-Discover-Vorgang erfahren hat.

In Netzen, die DHCP nutzen, liegt die Verantwortung für die IP-Adressen beim Netzverwalter statt bei jeder Workstation. Der Netzverwalter muß für jedes Subnetz auf dem DHCP-Server genügend verfügbare Adressen bereitstellen, und er muß die zugeteilten Adressen mit den entsprechenden Benutzer-IDs/Host-Namen auf dem DHCP-Server aktualisieren. Einige DHCP/DNS-Produkte erfüllen diese Aufgabe automatisch, bei anderen müssen die Adressen manuell aktualisiert werden.

Die IP-Adresse, die dem Client vom DHCP-Server zugeteilt wurde, ist dahingehend dynamisch, daß der Client die zugeteilte Adresse nicht dauerhaft besitzt (wie beim statischen Adressieren), vielmehr »least« er die Adresse für eine bestimmte Zeit. Diese Zeit kann sehr kurz sein (eine Verbindung, einen Tag, eine Woche lang und so weiter) oder beinahe dauerhaft (bis zu 100 Jahren). Die Leasing-Zeit ist Teil des DHCP-Acknowledge-Rahmens, der vom DHCP-Server gesendet wird, und wird vom Netzverwalter konfiguriert.

Erhält eine Arbeitsstation ihre IP-Adresse, behält sie diese Adresse, bis eines von zwei Dingen passiert: Entweder gibt der Anwender die IP-Adresse frei, wenn er seinen Computer ab-

meldet, und gibt sie damit dem DHCP-Server zurück, um sie
für einen anderen Client zur Verfügung stellen zu können,
oder die DHCP-Leasing-Zeit läuft aus. Muß der DHCP-Server
vom Netzverwalter manuell aktualisiert werden, dann wird
die DHCP-Adressen-Leasing-Zeit für den Netzverwalter wichtig, wie die folgenden Beispiele zeigen werden.

Angenommen, der Netzverwalter will die Adressen-Leasing-
Zeit auf ein Jahr festlegen. Der Netzverwalter konfiguriert den
DHCP-Server so, daß dieser IP-Adressen für eine Leasing-Zeit
von einem Jahr zuteilt. Da der DHCP-Client die Leasing-Zeit
als Teil seiner Konfiguration in der DHCP-Acknowledge erhält, gibt er seine IP-Adresse nicht frei, wenn er sich für den
Tag abmeldet. Meldet er sich am nächsten Tag an, wird er den
DHCP-Request-Rahmen verwenden, um den DHCP-Server zu
bitten, ihm dieselbe IP-Adresse zuzuteilen, die er gestern verwendet hat, anstatt ihm eine neue zuzuordnen. In Bild 9.11 ist
ein DHCP-Client dargestellt, der diese Art von Anfrage
schickt.

Der DHCP-Server wird sich weigern, die angeforderte Adresse
zuzuteilen, wenn die Leasing-Zeit abgelaufen ist oder aber,
wenn die Arbeitsstation sich auf einem anderen Subnetz befindet oder MAC-Adressen gewechselt hat (vielleicht, weil die
Netzschnittstellenkarte versagt hat und ausgewechselt wurde).
Der DHCP-Server wird dann eine DHCP No Acknowledge
(NAK) an den Client schicken, in der ihm mitgeteilt wird, daß
ihm diese IP-Adresse nicht zugeteilt wird.

Bild 9.11:
Client, der mit
einer DHCP-
Anfrage eine
spezielle
IP-Adresse
anfordert.

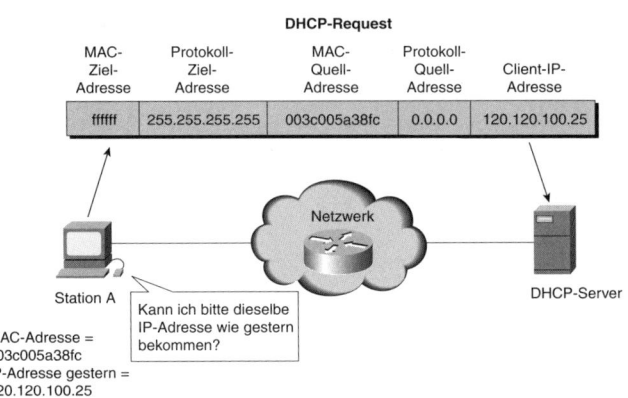

Erhält der Client eine DHCP NAK, muß er den ganzen Vorgang von neuem beginnen, indem er mit einer DHCP-Discover eine neue Adresse anfordert.

Es ist viel einfacher, das Netz skalierbar zu machen, indem man DHCP für ein IP-Adressierschema verwendet, als die statische Adressiermethode anzuwenden. DHCP erlaubt die automatische Wiederverwendung einer Adresse, die von der Workstation, der sie zugeteilt wurde, nicht mehr benötigt wird. Aufgrund dieser Eigenschaft ist DHCP ideal, wenn es darum geht, einem Benutzer eine Adresse zuzuteilen, der nur vorläufig mit dem Netz verbunden ist oder der über Telekommunikation arbeitet (vorausgesetzt, daß die DHCP-Client-Software so konfiguriert ist, daß die IP-Adresse freigegeben wird, wenn der Benutzer sich vom Netz abmeldet). DHCP kann auch eine gute Lösung sein, wenn sich Arbeitsstationen, die keine permanente Adresse benötigen, einen begrenzten Pool von IP-Adressen teilen oder wenn so wenig IP-Adressen vorhanden sind, daß es wichtig ist, daß sie zurückgefordert werden können, um neuen Benutzern den Zugang zum Netz zu ermöglichen.

Wie beim statischen Adressieren, muß der Netzverwalter jedoch immer wissen, wie viele Adressen auf jedem Subnetz verfügbar sind und wie viele Benutzer versuchen werden, jedes Subnetz zu nutzen. Hat der DHCP-Server keine Adressen mehr, die er einem bestimmten Subnetz zuteilen kann, wird zusätzlichen Benutzern der Anschluß an das Netz verweigert.

Ein anderer Weg, die Skalierbarkeit und die Mobilität auf dem Netz zu erreichen, ist die Verwendung virtueller LANs (VLANs). VLANs stellen keinen Adressiermechanismus zur Verfügung und müssen zusätzlich zu einem Adressierschema eingesetzt werden, unabhängig davon, ob das Adressierschema statischer oder dynamischer Natur ist. VLANs stellen jedoch ein Instrument dar, mit dessen Hilfe physische Bewegungen und Änderungen ausgeführt werden können.

9.3 Skalieren mit virtuellen VLANs

Ein virtuelles LAN (VLAN) ist die Nachahmung eines Standard-LAN, indem Datenverkehr und Kommunikation stattfinden können, ohne daß sie den herkömmlichen physischen Beschränkungen im Netz unterworfen sind. So können die Benutzer eines VLANs zum selben Netz, wie beispielsweise einem Subnetz, gehören, ohne daß sie sich auf dem Campus in physischer Nähe befinden müssen. VLANs geben außerdem den Switches die Möglichkeit, mehr als ein Subnetz (VLAN) auf jedem Switch zu unterstützen, und erlauben es Routern und Switches, mehrere Subnetze (VLANs) auf einer einzigen physischen Verbindung zu unterstützen. Wie die Mechanismen zur Bestimmung von Verkehrsprioritäten tragen auch die VLANs zur Verminderung von Verkehrsüberlastungen bei, ohne Bandbreite hinzuzufügen.

Da eine sehr große Auswahl an VLAN-Implementierungen zum Verkauf angeboten wird, ist es nicht leicht, sich einen Überblick über die Vielfältigkeit ihrer Einsatzmöglichkeit zu verschaffen. Die verschiedenen VLAN-Arten und die am häufigsten verwendeten Strategien werden in groben Zügen beschrieben, um eine Idee zu vermitteln, wie sie zur Lösung von Skalierbarkeitsproblemen eingesetzt werden können.

9.3.1 VLAN-Arten

VLAN-Arten können, obwohl sie sehr unterschiedlich sind, in allgemeine Kategorien eingeteilt werden. Es folgen kurze Beschreibungen und Beispiele zu einigen dieser VLAN-Arten.

Port-basierte VLANs

VLANs können auf jedem Port eines Switch konfiguriert werden. Gehört Host A zu VLAN B und verbindet sich mit Port 10 auf einem Switch, konfigurieren wir Port 10 so, daß er zu VLAN B gehört (siehe Bild 9.12).

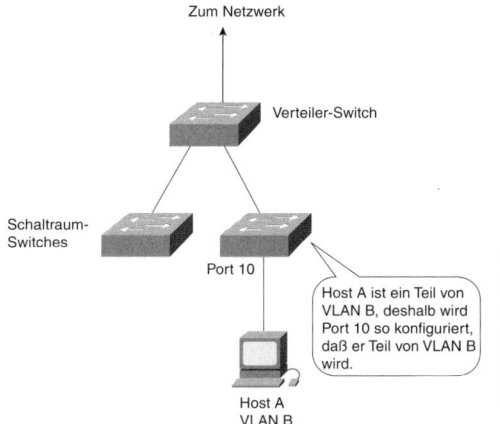

Bild 9.12:
Port-basierende
VLANs

MAC-Adressen-basierende VLANs

Diese VLANs werden von der MAC-Adresse der Endstation konfiguriert. Die MAC-Adresse 0000c3db571e von Host A gehört zu VLAN B, unabhängig davon, mit welchem Switch-Port Host A verbunden ist (siehe Bild 9.13).

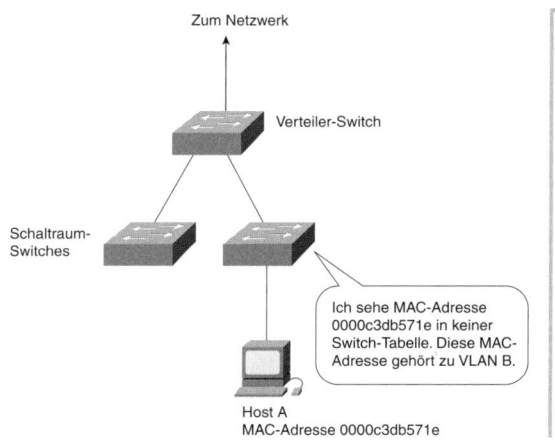

Bild 9.13:
MAC-Adressen-
basierende
VLANs

Protokoll-basierende VLANs

VLANs können vom Protokollnetz, zu dem die Endstation gehört, konfiguriert werden. Host A gehört zu IP-Subnetz 150.150.150.0 und wird daher an VLAN B angeschlossen. Host A gehört ebenfalls zu IPX-Netz ABCDEF123 und wird daher auch an VLAN C angeschlossen (siehe Bild 9.14).

Dynamische VLANs

Dynamische VLANs werden einem Benutzerprofil entsprechend konfiguriert und benötigen eine zentralisierte Datenbank für die Profilspeicherung. Host A meldet sich auf dem Netz an und wird, seinem Profil auf der zentralen Datenbank entsprechend, automatisch an VLAN A angeschlossen (siehe Bild 9.15).

Bild 9.14:
Protokoll-
basierende
VLANs

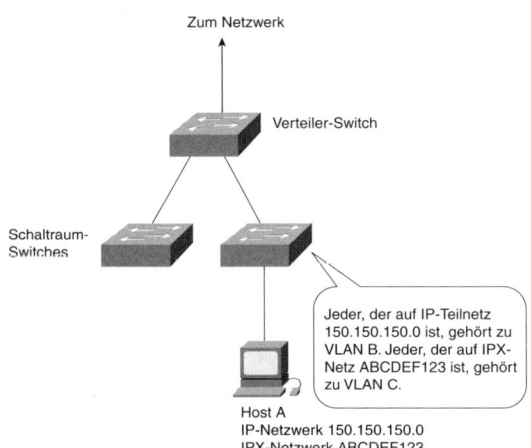

Bild 9.15:
Dynamische
VLANs

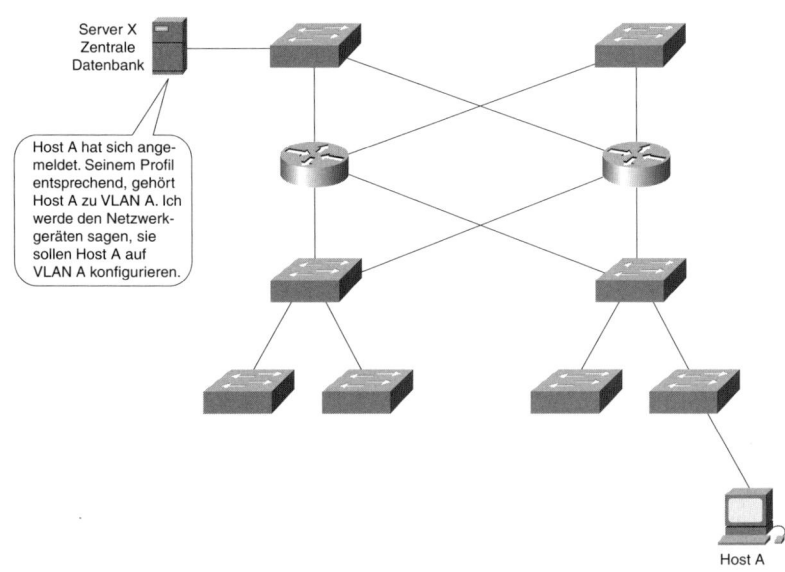

9.3.2   Wo VLANs eingesetzt werden sollten

Bevor man sich auf ein VLAN-Schema einläßt, sollte man die Verkehrsmuster seines Netzes genau verstehen, um die Möglichkeiten dieses Instruments vollständig nützen zu können. Wächst das Netz beispielsweise langsam, und es ist vorherzusehen, daß es auf einem bestimmten Enterprise-Server zu Netzüberlastungen kommen könnte, kann ein VLAN eingerichtet werden, um den Verkehrsfluß zu verbessern und die Skalierbarkeit zu gewährleisten.

Zuerst muß jedoch festgestellt werden, wodurch die Überlastung verursacht wird. Ist es Multicast-Verkehr, der von einem anderen Server kommt (beispielsweise einem Video-Server), dann kann das Problem gelöst werden, indem man ein VLAN einrichtet, um diesen Verkehr zu trennen. Der Multicast-Verkehr bleibt auf diesem VLAN lokal und überschreitet die Grenzen zu anderen VLANs nicht, die Verkehrsbelastung wird vermindert. Entsteht die Überlastung, weil zu viele Benutzer versuchen, den selben Dienst zu nutzen (wie beispielsweise E-Mail), kann das Problem nicht durch Einrichten eines VLAN gelöst werden, da auch weiterhin die gleiche Menge an Benutzern und Netzverkehr an den Enterprise-Server geht.

Ebenso wie bei anderen Lösungen, die in diesem Kapitel beschrieben werden, haben auch die VLANs ihre Grenzen und stellen nicht in allen Fällen die geeignete Lösung dar. Einige VLAN-Arten (protokoll-basierende, port-basierende und so weiter) funktionieren an unterschiedlichen Orten besser als andere, wobei auch das von der Installation des Netzes, den Ansprüchen an die Skalierbarkeit und die von den Verkäufern angebotene Ausführung der VLANs abhängt.

VLANs können sowohl die Benutzermobilität als auch die Skalierbarkeit des Verkehrs in Einklang bringen. Es gibt jedoch einen Tradeoff zwischen diesen beiden Veränderungsursachen, der bei den jeweiligen VLAN-Ausführungen unterschiedlich ist. In den letzten Abschnitten dieses Kapitels werden drei VLAN-Strategien beschrieben, und es wird gezeigt, wie jede VLAN-Strategie eingesetzt werden kann, um das Problem der Skalierbarkeit in Grenzen zu halten.

VLANs auf der Benutzerschicht

Das Einrichten der VLANs auf der Benutzerschicht bedeutet, daß die Benutzer zu einem bestimmten VLAN gehören und daß sie das gleiche Recht haben, jederzeit auf die Netzdienste zuzugreifen. Indem er die Bewegung der Benutzer und die Änderungen der Benutzerdienste erleichtert, gewährleistet diese Einrichtungsart die Benutzerskalierbarkeit, vorausgesetzt, daß der Großteil des Verkehrs innerhalb eines jeden VLAN lokal bleibt, und das Netz hauptsächlich aus verteilten Servern besteht. Bild 9.16 zeigt Benutzer, die mit einem Schaltraum-Switch verbunden sind, der eine VLAN-Strategie anwendet. Der Schaltraum-Switch muß verschiedene VLANs unterstützen. Diese Strategie kann auch erweitert werden, so daß sie die meisten Switches auf dem Netz einschließt.

Bild 9.16: Benutzerschicht-VLAN auf dem Schaltraum-Switch

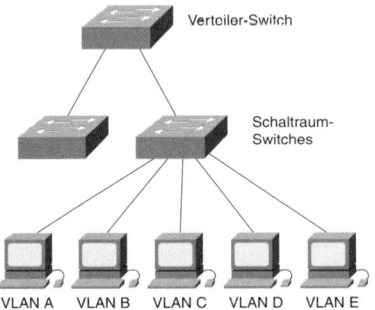

Für VLANs auf der Benutzerschicht sind MAC-Adressenbasierende VLANs und dynamische VLANs eine gute Wahl. Während ein Benutzer sich auf dem Campus bewegt, bleibt die MAC-Adresse oder das Benutzerprofil gleich, und die Benutzer schließen sich an dasselbe VLAN an wie zuvor.

Eine Situation, in der benutzer-basierende VLANs gut arbeiten, ist gegeben, wenn eine spezielle Anwendung vorhanden ist, die nur von einer bestimmten Benutzergruppe genutzt wird, wie beispielsweise eine Echtzeit-Bildverarbeitungsanwendung. Unter diesen Umständen behalten die Benutzerschicht-VLANs diese Benutzer im selben VLAN, so daß sie diese Anwendung optimal betreiben können.

Eine Benutzerschicht-VLAN-Strategie ermöglicht eine große Benutzerflexibilität. Diese Methode ist jedoch aus der Perspektive der Verkehrsskalierbarkeit ineffizient, da der Netzverkehr für das VLAN lokal bleiben muß. Verkehrsmuster wandeln sich, wenn die Benutzer hauptsächlich Cross-Campus-Verkehr oder Verkehr zwischen den VLANs generieren (wie beispielsweise Verkehr, der über den Backbone zu den Enterprise-Servern fließt). Der Vorteil von VLANs verschwindet, wenn der gesamte Benutzerverkehr das VLAN verläßt (und zum Beispiel ausschließlich zu Enterprise-Servern fließt). Es spielt dann keine Rolle, zu welchem VLAN der Benutzer gehört, da der Verkehr nicht auf dem VLAN bleibt.

Die Benutzerschicht-VLAN-Strategie bewirkt außerdem, aufgrund der Art und Weise wie VLANs Broadcast-Domänen behandeln, daß das Verkehrsmuster auf dem Netz unbeständiger wird.

Unabhängig von ihrem physischen Aufenthaltsort, bleiben die Benutzer im gleichen VLAN und Teil der Broadcast-Domäne dieses VLANs. Jedesmal, wenn sie sich bewegen, ändert sich das Gebiet der Broadcast-Domäne oder, genauer gesagt, es ändern sich die Wege, auf denen der Datenfluß im Netz fließt. Das geschieht, weil der Broadcast-Verkehr im VLAN durch das Netz überall dorthin fließt, wo sich Mitglieder des VLAN befinden.

Die Pfeile in Bild 9.17 veranschaulichen den Broadcast-Verkehrsfluß für Benutzer A, der mit Switch A verbunden ist und zu VLAN A gehört. Bild 9.18 zeigt den Broadcast-Verkehrsfluß für Benutzer A, der zu Switch D wechselt, aber in VLAN A bleibt.

Man sieht, die Verkehrsmuster ändern sich im Netz jedesmal, wenn sich Benutzer A zu einem anderen Ort im Netz bewegt. Die Folge ist, daß es schwierig wird, ein Konzept aufzustellen, das die optimale Netzleistung ermöglicht.

Ein Benutzerschicht-VLAN ermöglicht die größte Flexibilität der Benutzermobilität und die größte Beständigkeit bei der VLAN-Mitgliedschaft und ist daher ideal, wenn es darum geht, den Benutzerveränderungen und dem Benutzerwachstum Rechnung zu tragen. Da ein Benutzerschicht-VLAN jedoch große Instabilitäten für die Verkehrsmuster und die Netzleistung schafft, ist seine Anwendung die am wenigsten ratsame Strategie für Verkehrsveränderungen und Verkehrswachstum.

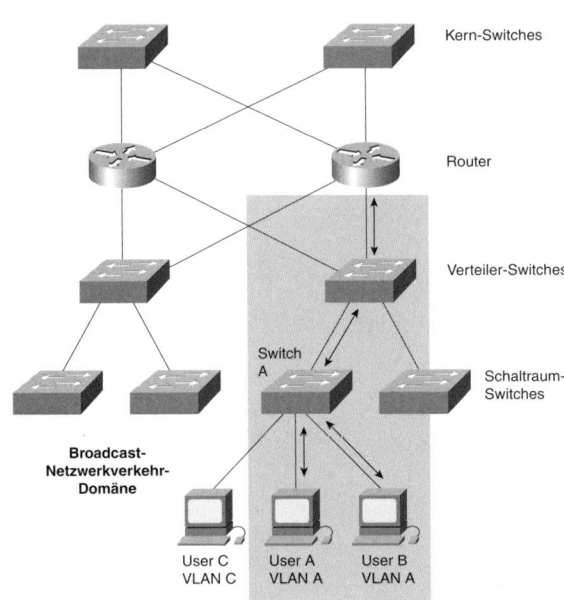

Bild 9.17: Verhalten von Broadcast-Verkehr in VLAN A

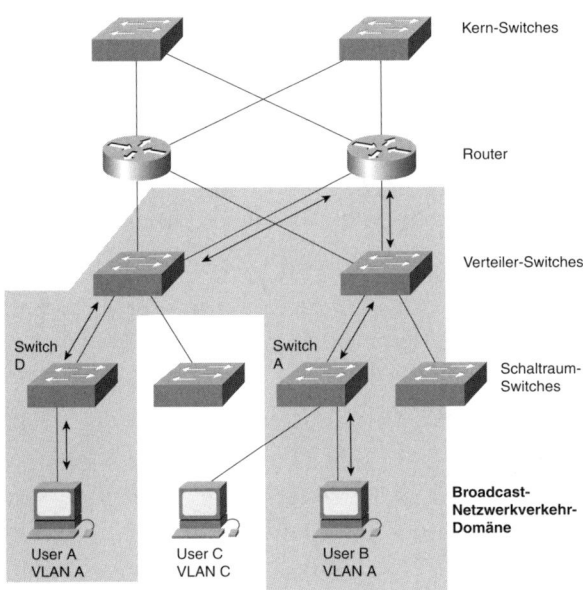

Bild 9.18: Verhalten von Broadcast-Verkehr in VLAN A, wenn Benutzer A sich bewegt.

VLANs auf dem Schaltraum-Switch

Die Implementation von VLANs auf dem Schaltraum-Switch ist eine Methode zur Broadcast-Domänen-Kontrolle, eine Aufgabe, die ursprünglich vom Router wahrgenommen wurde. Da ein VLAN eine einzige Broadcast-Domäne repräsentiert, bedeutet die Nutzung eines VLANs auf dem Schaltraum-Switch, daß das VLAN kontrolliert, wohin der Verkehr auf dem Netz fließt. Anders als bei benutzer-basierenden VLANs, die es einem VLAN gestatten, überall auf dem Netz zu existieren, setzen VLANs auf dem Schaltraum-Switch dem Broadcast-Verkehr Grenzen. Wie in Kapitel 2 »Server-Plazierung« besprochen, bewegt sich der Broadcast-Verkehr nur innerhalb der Broadcast-Domäne (oder in diesem Fall dem VLAN).

Geht der Großteil des Verkehrs zu Enterprise-Servern und nur wenig Verkehr zu den verteilten Servern, funktioniert eine Schaltraum-VLAN-Strategie gut.

Port-basierende VLANs oder protokoll-basierende VLANs sind für diese Methode am besten geeignet, da diese VLAN-Arten die VLAN-Mitgliedschaft nicht vom Benutzer abhängig machen.

Statt dessen machen sie die VLAN-Mitgliedschaft von Netzcharakteristika abhängig, entweder dem physischen Ort des Ports (port-basierende) oder dem Subnetz dieses Netzteils (protokoll-basierende).

In der Regel wird ein Schaltraum-Switch so konfiguriert, daß er nur ein oder einige wenige ausgewählte VLANs unterstützen kann. Zusätzlich dazu arbeiten diese VLANs meist mit einem Adressierschema (IP-Subnetze, IPX und so weiter), das im Netz genutzt wird, zusammen. Wie in den nächsten Beispielen gezeigt wird, ermöglichen die Schaltraum-VLANs, was den Verkehr angeht, eine bessere Kontrolle des Benutzer- und Verkehrswachstums und der Skalierbarkeit des Netzes.

Angenommen, ein Netz hat zwei Schaltraum-Switches, Switch A und Switch B, von denen jeder 100 Benutzer unterstützen kann. Der Netzadministrator bestimmt, daß auf jedem Subnetz bis zu 150 Benutzer angeschlossen sein dürfen, und richtet ein VLAN auf Switch A ein, das VLAN A genannt wird.

Alle 100 Benutzer, die sich mit Switch A verbinden, gehören zum selben VLAN oder Subnetz: VLAN A. Um die zusätzlichen 50 Benutzer handhaben zu können, richtet der Netzadministrator VLAN A ebenfalls auf Switch B ein, der die VLAN-A-Benutzer 101–150 unterstützen wird (siehe Bild 9.19).

Bild 9.19:
VLANs
auf dem
Schaltraum-
Switch

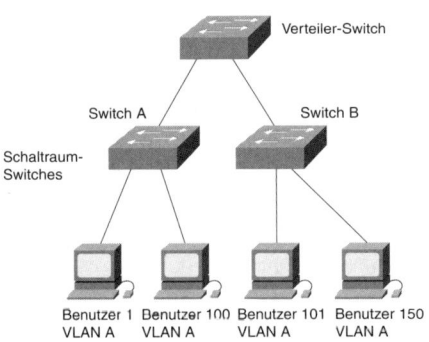

Das Netz wächst, und 50 zusätzliche Benutzer werden auf Switch B hinzugefügt. Der Netzadministrator muß nun VLAN B auf Switch B einrichten, um diese 50 Benutzer zu unterstützen (siehe Bild 9.20).

Bild 9.20:
Hinzufügen von
50 Benutzern zu
VLAN B

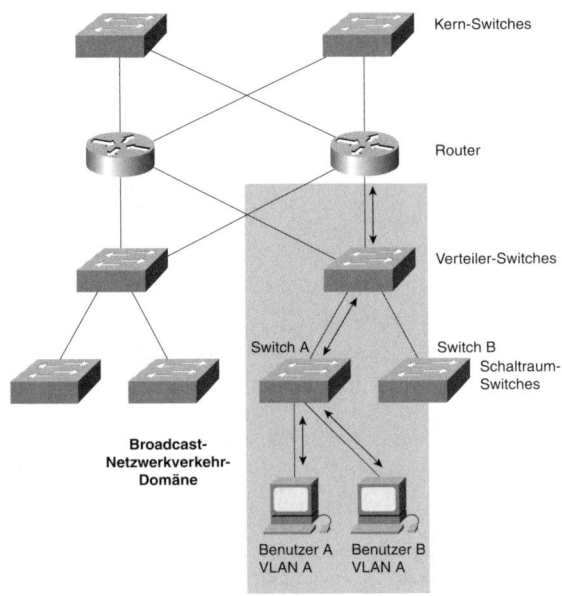

Switch A unterstützt ein VLAN (VLAN A), während Switch B nun zwei VLANs unterstützt (VLAN A und VLAN B). Switch A unterstützt die 100 Benutzer, die zu VLAN A gehören. Switch B unterstützt die verbleibenden 50 Benutzer, die zu VLAN A gehören, und die 50 Benutzer, die zu VLAN B gehören.

Diese VLAN-Strategie erlaubt außerdem eine bessere Kontrolle des Verkehrs, da die VLANs bestimmen, wohin der Broadcast-Verkehr geht. Der schattierte Bereich in Bild 9.21 zeigt die Broadcast-Domäne von VLAN A für den Fall, daß ein Benutzer (Benutzer A) mit Switch A verbunden ist.

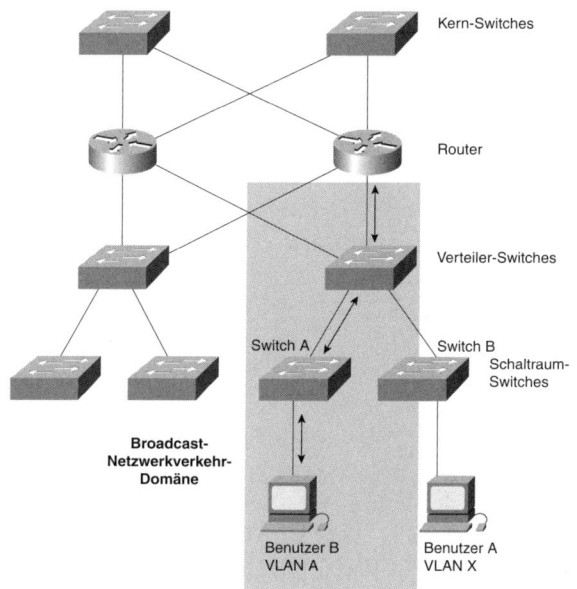

Bild 9.21: Verhalten von Broadcasts in VLAN A für Benutzer A

Bewegt sich ein Benutzer A an einen anderen Ort, wird er Teil eines anderen VLAN. Der Broadcast-Verkehr folgt dem Benutzer nicht, der den Ort gewechselt hat, sondern bleibt innerhalb der Grenzen der ursprünglichen Broadcast-Domäne (siehe Bild 9.22). Die Verkehrsmuster auf dem Netz bleiben daher vorhersehbar.

Bild 9.22:
Broadcast-
Verhalten in
VLAN A,
nachdem
Benutzer A
den Ort
gewechselt
hat

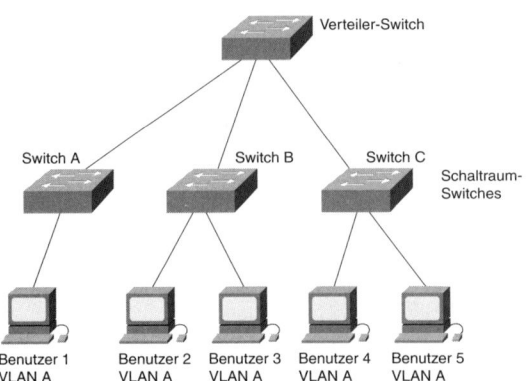

Nimmt der Verkehr im Netz zu, ist es einfacher, die optimale Netzleistung aufrechtzuerhalten und zu skalieren, da die Verkehrsmuster ziemlich stabil bleiben. Die Benutzerflexibilität und die Benutzermobilität sind jedoch begrenzt, da die Benutzer, die zum gleichen VLAN-Subnetz gehören, sich mit dem/den gleichen Schaltraum-Switch(es) verbinden müssen. Das bedeutet, daß sich die Benutzer auf dem Campus in physischer Nähe befinden müssen (beispielsweise auf demselben Stockwerk oder im selben Teil des Gebäudes). Wenn sich die Benutzer ständig auf dem Campus bewegen, müssen sie das VLAN, zu dem sie gehören, ständig wechseln, indem sie eine Schaltraum-VLAN-Strategie anwenden. Das kann die Antwortzeit auf dem Netz für einige Anwendungen nachteilig beeinflussen, besonders, wenn die Benutzer versuchen, eine Anwendung eines verteilten Servers auf einem anderen VLAN zu nutzen.

Das Definieren von VLANs auf dem Schaltraum ermöglicht eine bessere Kontrolle der Verkehrsskalierbarkeit und des Wachstumsmanagements, reduziert jedoch die Benutzerflexibilität hinsichtlich der Bewegung auf dem Campus.

VLANs auf dem Verteiler-Switch

Wenn es darum geht, Benutzer- und Verkehrsskalierbarkeit im Gleichgewicht zu halten, stellen die VLANs auf dem Verteiler-Switch eine gute Mitte zwischen den Benutzerschicht-VLAN-Strategien und den Schaltraum-VLAN-Strategien dar. Die VLANs auf dem Verteiler-Switch ermöglichen eine größere Benutzermobilität, jedoch geringere Broadcast-Domänen-Kontrolle als die VLANs auf dem Schaltraum. Im Gegensatz dazu

ermöglichen sie weniger Benutzermobilität aber mehr Broadcast-Domänen-Kontrolle als die VLANs auf der Benutzerschicht.

Für den Verkehr, der sowohl zu Enterprise- als auch zu verteilten Servern geht, ist die Implementierung dieses VLANs eine
gute Lösung. Port-basierende wie protokoll-basierende
VLANs unterstützen diese Methode, die die VLAN-Mitgliedschaft von Netzcharakteristika abhängig macht, anstatt sie
vom Benutzerprofil abhängig zu machen.

Benutzer, die sich mit verschiedenen Schaltraum-Switches verbinden, benützen trotzdem den gleichen Verteiler-Switch, der
zum gleichen VLAN gehören kann (siehe Bild 9.23).

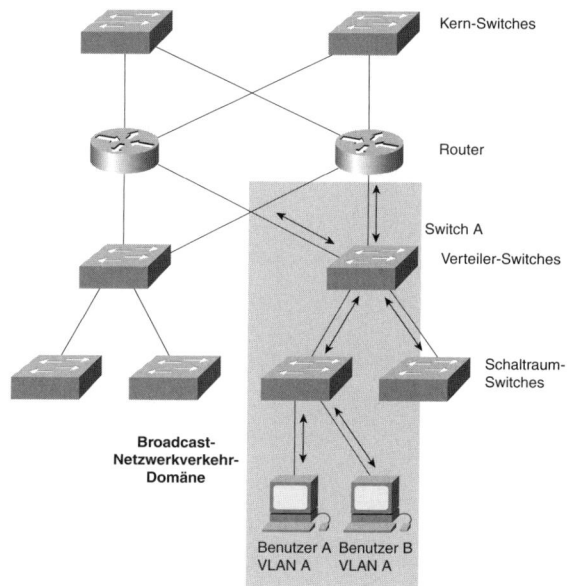

Bild 9.23:
VLANs auf
dem gleichen
Verteiler-Switch

Benutzer, die die Schaltraum-Switches wechseln, aber weiter-
hin den gleichen Verteiler-Switch nutzen (und damit im glei-
chen VLAN bleiben), bleiben in derselben Broadcast-Domäne.
Bild 9.24 zeigt das Verhalten des Broadcast-Verkehrs, bevor
Benutzer A seinen Platz im Netz wechselt, Bild 9.25 zeigt das
Verhalten des Broadcast-Verkehrs, nachdem Benutzer A seinen
Platz gewechselt hat.

Wechselt ein Benutzer zu einem anderen Verteiler-Switch, muß er Teil eines anderen VLANs werden (siehe Bild 9.26). In diesem Fall geht der Broadcast-Verkehr nicht zu diesem Benutzer, da dieser jetzt Teil eines anderen VLANs ist.

Bild 9.24:
Broadcast-
Verhalten in
VLAN A, bevor
Benutzer A den
Schaltraum-
Switch wechselt

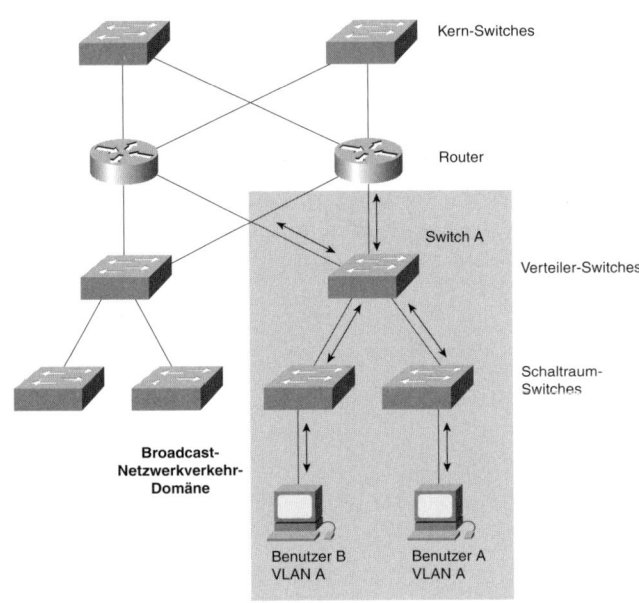

Bild 9.25:
Broadcast-
Verhalten im
VLAN, nach-
dem Benutzer A
den Schaltraum-
Switch gewech-
selt hat

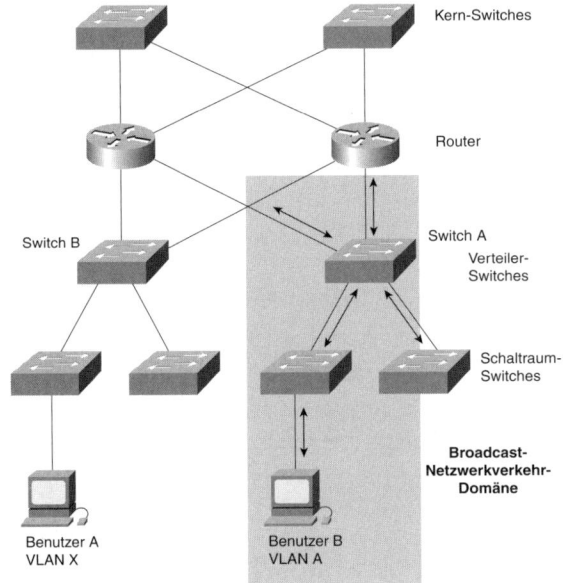

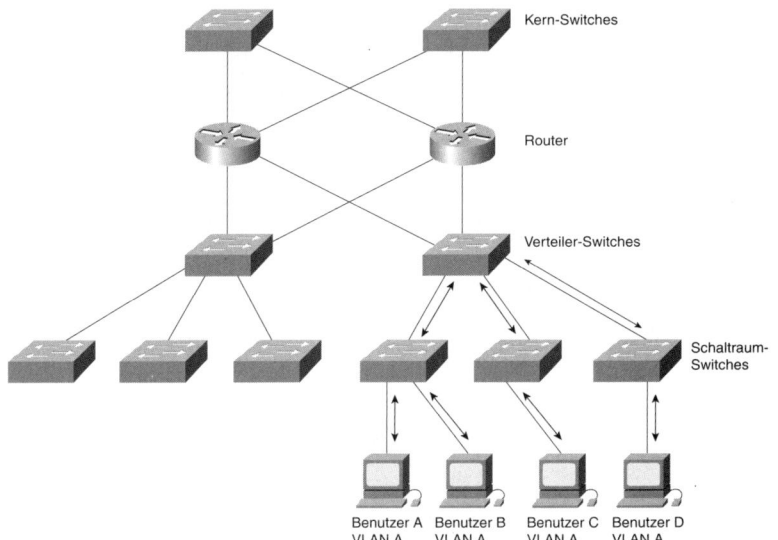

Bild 9.26:
Der Benutzer
wechselt zu
einem anderen
Verteiler-Switch

Ist ein VLAN auf dem Verteiler-Switch eingerichtet, wird es dadurch möglich, Verkehrsmuster vorherzusehen. Gleichzeitig kann jedoch der Broadcast-Verkehr mehr Raum im Netz einnehmen, da das VLAN auf einem größeren Teil des Netzes existieren kann (verglichen mit Schaltraum-VLANs). Das bedeutet, daß die Skalierbarkeit des Verkehrs und das Wachstumsmanagement nicht so gut kontrolliert werden können, wie dies der Fall ist, wenn Schaltraum-Switches implementiert sind.

Diese VLAN-Strategie ermöglicht eine bessere Kontrolle der Verkehrsskalierbarkeit und des Wachstumsmanagements als Benutzerschicht-VLANs, da das VLAN nicht überall auf dem Netz existieren kann. Sie ermöglicht außerdem eine größere Benutzerflexibilität, als dies bei Schaltraum-VLANs der Fall ist. Die Benutzer sind nicht auf einen einzigen Schaltraum-Switch beschränkt, sondern können zwischen verschiedenen Schaltraum-Switches wechseln, während sie in demselben VLAN bleiben. Sie können sich jedoch nicht an jeden beliebigen Ort im Netz begeben, was bedeutet, daß diese Strategie nicht so flexibel ist, wie die Benutzerschicht-VLAN-Strategie.

Bisher wurde dargestellt, wo die verschiedenen VLAN-Strategien am besten eingesetzt werden und was sie jeweils für die Benutzer- und Verkehrsskalierbarkeit sowie für das Benutzer-

und Verkehrswachstum bedeuten. Im nächsten Abschnitt wird die Effektivität der VLAN-Strategien in Hinblick auf den gesamten Netzverkehrsfluß auf dem Campus untersucht.

9.3.3 VLAN-Verkehr auf dem Netz

Aus der Perspektive des gesamten Netzes betrachtet, kann VLAN-Verkehr in zwei Kategorien eingeteilt werden: Intra-VLAN und Inter-VLAN.

Intra-VLAN-Kommunikation bedeutet, daß alle Datentransfers innerhalb desselben VLANs stattfinden. Sie ist mit dem lokalem Verkehr, der in Kapitel 5 »Gegenüberstellung von lokalem und Cross-Campus-Verkehr« beschrieben wurde vergleichbar, da die Daten lokal durch die Switches laufen und die Router oder die Geräte der Schicht 3 nicht erreichen (siehe Bild 9.27)

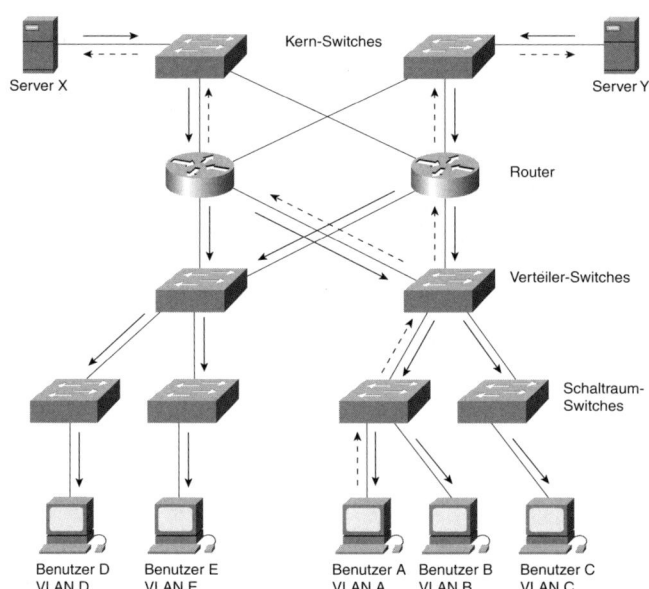

Bild 9.27: Intra-VLAN-Verkehr

Inter-VLAN-Kommunikation bedeutet, daß Daten von einem VLAN zu einem anderen VLAN fließen. Sie ist mit dem Cross-Campus-Verkehr vergleichbar, da der Inter-VLAN-Verkehr durch einen Router oder ein Gerät der Schicht 3 fließt.

Routing zwischen VLANs sorgt dafür, daß jedes VLAN eine Einheit für sich bleibt.

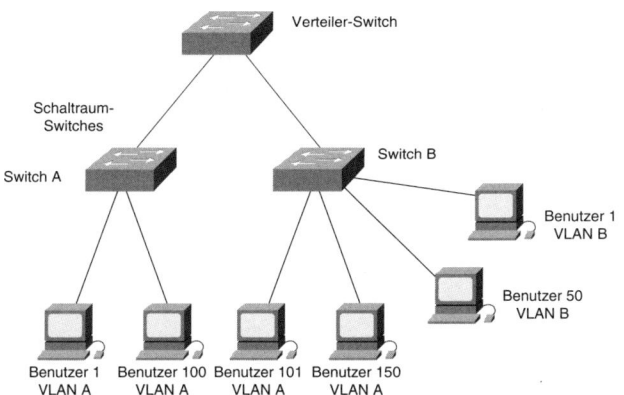

Bild 9.28:
Inter-VLAN-
Verkehr

Es gibt drei Gründe, weshalb es wichtig ist, den Unterschied zwischen Intra-VLAN- und Inter-VLAN-Verkehr zu verstehen, wenn man eine VLAN-Strategie implementiert: Wendet man eine ungeeignete Strategie an, wird die Netzleistung sinken, Probleme im Netz werden schwieriger zu finden und zu korrigieren sein, und die Fähigkeit des Netzes, in der Zukunft skalierbar zu sein, wird verringert.

Im folgenden werden drei VLAN-Strategien anhand der Intra-VLAN- und der Inter-VLAN-Verkehrsskalierbarkeit verglichen.

Benutzerschicht-VLANs gestatten es dem VLAN, irgendwo im Netz zu existieren, und arbeiten am besten, wenn der Großteil des Verkehrs lokal oder Intra-VLAN ist. Um diese VLAN-Strategie zu unterstützen, muß das Netz in einer speziellen Weise konstruiert werden. Ist der Verkehr Intra-VLAN, so können wir annehmen, daß der meiste Verkehr zu den verteilten Servern anstatt zu den Enterprise-Servern fließt.

Außerdem fließt dieser Verkehr nicht über einen Router oder ein Schicht-3-Gerät. Netze, die Benutzerschicht-VLANs unterstützen, müssen so konstruiert sein, daß der Intra-VLAN-Verkehr nur über Schicht-2-Switches an die verteilten Server fließt, unabhängig davon, wo sich die Benutzer auf dem Campus befinden. Dieses Netzdesign wird später im Design-Teil dieses Buches beschrieben.

Wird der Großteil des Verkehrs Inter-VLAN, weil er zu den Enterprise-Servern fließt oder weil das Netzdesign Benutzer-schicht-VLANs nicht erfolgreich unterstützen kann, geht der Vorteil der Benutzerflexibilität verloren, und eine Benutzer-schicht-VLAN-Strategie trägt nicht zu einer erhöhten Netzlei-stung oder zu größerer Skalierbarkeit bei. Muß der Verkehr nicht innerhalb des VLANs bleiben (wie der Verkehr, der zu den Enterprise-Servern fließt), dann gibt es keinen Grund für den Benutzer, innerhalb des gleichen VLANs zu bleiben, wenn er sich im Netz bewegt.

Schaltraum-VLANs arbeiten effektiv, wenn der größte Teil des Verkehrs Inter-VLAN ist. In diesem Fall müssen die Benutzer nicht auf die verteilten Server zugreifen, sondern sie greifen auf dieselben Enterprise-Server zu, während sie sich im Netz bewegen. Es ist daher nicht wichtig, ob ein Benutzer sich be-wegt und Teil eines anderen VLANs wird, da der Verkehr über einen Router fließt, um zum Enterprise-Server zu gelangen, unabhängig davon, welchem VLAN der Benutzer angehört.

Ein Schaltraum-VLAN wird jedoch nicht geeignet sein, wenn der Großteil des Verkehrs Intra-VLAN ist. In diesem Fall wird ein Benutzer, der von einem VLAN zum anderen wechselt, möglicherweise einen Rückgang der Netzleistung bemerken, da der verteilte Server nicht länger mit demselben Switch ver-bunden ist wie der Benutzer. Der Benutzer ist auf einem ande-ren VLAN, was bedeutet, daß der Verkehr durch das Campus-Netz geroutet werden muß.

Verteile-Switch-VLANs sind geeignet, wenn es sowohl Intra-VLAN- als auch Inter-VLAN-Verkehr gibt. Die Benutzermobi-lität wird die Inter-VLAN-Verkehr-Netzleistung aus denselben Gründen wie bei der Schaltraum-VLAN-Strategie nicht beein-flussen.

Solange die Benutzer mit demselben Verteiler-Switch verbunden bleiben, während sie sich durch das Netz bewegen, wird die Intra-VLAN-Leistung nicht beeinflußt. Wechselt der Benutzer jedoch zu einem anderen VLAN, sollte er auf den verteilten Server zugreifen, der sich auf dem neuen VLAN befindet, zu dem er jetzt gehört. Greift der Benutzer auf seinen früheren verteil-ten Server zu, so wird er möglicherweise ein Absinken der Netz-leistung in Kauf nehmen müssen, da ein anderer Pfad im Netz benützt werden muß, um den verteilten Server zu erreichen. Greift er auf den lokalen verteilten Server zu, bleiben die optimale Netzskalierbarkeit und das optimale Netzwachstum erhalten.

9.3.4 VLAN-Technologien

Die Internet-Gemeinde hat eine Auswahl an Technologien entwickelt, um VLANs in die Netze zu integrieren. Von diesen Technologien ist bisher nur eine als Standard anerkannt worden, die ATM LANE 1.0, die für ATM-Netze entwickelt wurde. Für Netze, die auf anderen Protokollen aufbauen, gibt es zwei Internet-Konzepte, die vielversprechend sind: Multi-Protocol Over ATM und IEEE 802.1q. In den folgenden Abschnitten werden diese beiden Technologien beschrieben.

ATM LANE

ATM mit LAN Emulation (ATM LANE) wurde in Kapitel 6, »Verläßlichkeit und Elastizität des Netzes«, kurz beschrieben, als die Bedeutung von Redundanz in den Netzen diskutiert wurde. Dieser Abschnitt beschäftigt sich mit den VLAN-Fähigkeiten.

LANE 1.0 läßt ATM für die höheren Schichten des OSI-Modells (die Netzschicht und die darüberliegenden Schichten) wie eine Rahmentechnologie, beispielsweise Ethernet oder Token Ring, aussehen. Das geschieht, damit Protokolle wie IP und IPX ihr Verhalten nicht ändern müssen und trotzdem innerhalb eines ATM-Netzes operieren können, als wären sie mit einem Ethernet- oder Token-Ring-Netz verbunden. Der LANE-1.0-Standard legt die Grundregeln fest, wie ATM ein herkömmliches LAN nachbildet, um dies möglich zu machen. Bei LANE 1.0 verschwinden jedoch auch einige Vorteile der ursprünglichen ATM-Technologie, wie z.B. das QoS. Aufgrund dieses Kompromisses wurde es einfacher, ATM LANE an die bereits vorhandenen Netze anzupassen.

Eine neue Version, LANE 2.0, integriert einige QoS-Eigenschaften, die dem LANE 1.0 fehlen. LANE 2.0 kann in zwei Gruppen eingeteilt werden: LANE-Benutzer-zu-Netz-Schnittstelle (LUNI = LANE-User-to-Network Interface) und LANE-Netz-zu-Netz-Schnittstelle (LNNI = LANE-Network-to-Network Interface).

LUNI ermöglicht eine effizientere Verteilung von Multicast-Paketen als LANE 1.0 und erlaubt durch Available-Bit-Rate-Unterstützung eine bessere Nutzung des ATM QoS.

LNNI unterstützt mehr als ein LES/BUS-Paar in jedem nachgebildeten LAN und löst dadurch das single-point-of-failure-Problem, das bei LANE 1.0 auftauchte. Sie unterstützt außerdem die LECS-Redundanz, die wiederum das single-point-of-failure-Problem löst. LNNI kann sowohl LUNI-1.0- als auch LUNI-2.0-Clients für die Rückwärtskompatibilität unterstützen.

LANE 2.0 wird beim ATM-Netzdesign in Zukunft eine größere Rolle spielen, besonders wenn neue Technologien wie MultiProtocol Over ATM anerkannt werden, da diese Technologie mit LANE 2.0 am besten arbeitet.

MultiProtocol Over ATM

MultiProtocol Over ATM ist konzipiert, um Schicht-3-Pakete wie IP und IPX direkt über ATM-Backbones zwischen VLANs zu schicken, ohne daß sie den traditionellen Router benützen, um das Inter-VLAN-Routing durchzuführen. Das ist als Inter-VLAN-cut-through-Verbindung bekannt. Auf der Grundlage von LANE 2.0 wird eine direkte ATM-Verbindung zwischen dem Sender und dem Empfänger eingerichtet, so daß der Verkehr zwischen ihnen fließen kann, unabhängig davon, ob sie sich im gleichen oder in verschiedenen VLANs befinden. MPOA wird es auch erlauben, daß QoS-Dienste wie RSVP Seite an Seite mit den ATM-Class of Services arbeiten, die beide in Kapitel 7, »Bestimmen von Verkehrsprioritäten«, beschrieben wurden.

Zu den MPOA-Komponenten gehört die Nutzung des Konfigurationsservers von LANE bei der ersten Anmeldung auf dem ATM-Netz, die Nutzung eines MPOA-Clients, der dem LEC ähnlich ist, und des MPOA-Servers, der die Schicht-3-Übermittlungsinformation, die vom MPOA-Klienten benützt wird, bereitstellt.

Sucht der sendende Client nach der ATM-Zieladresse des empfangenden Clients, sendet er eine Suchfrage an den Server und bittet um die ATM-Adresse. Dies geschieht mit Hilfe einer neuen Technologie, die noch anerkannt werden muß, dem Next Hop Routing Protocol (NHRP). NHRP ist zum Erscheinungstermin dieses Buches von der IETF voraussichtlich schon verabschiedet.

Nachdem der Server auf die Anfrage geantwortet hat, kann der Client eine direkte ATM-Verbindung zu dem empfangenden Client herstellen, und der cut-through-Pfad kann eingerichtet werden. Bis dieser ATM-cut-through-Pfad eingerichtet ist, werden die Daten jedoch mit Hilfe von ATM-LANE-Mechanismen durch das Netz geschleust.

Der IEEE 802.1q

Der IEEE 802.1q, ebenfalls ein Internet-Konzept, ist einzigartig, da er, sofern er verfügbar ist, alle rahmenbasierenden Medien wie Ethernet, Token Ring, FDDI, Fast Ethernet und sogar Gigabit Ethernet unterstützen wird. Er könnte zellbasierende Technologien unterstützen (ATM), was noch festgelegt werden muß.

Das Ziel von 802.1q ist es, VLAN-Interoperabilität zwischen heterogenen Netzgeräten herzustellen. Stand der Dinge ist es, daß der Switch von Vertreiber A nicht mit dem Switch von Vertreiber B arbeiten kann, wenn VLANs implementiert sind, da jeder Verkäufer eine eigene Methode verwendet. Der 802.1q hat das Potential, diese VLAN-Sackgasse aus dem Netz zu entfernen.

Der 802.1q-Standard ist so konzipiert, daß er mehr als ein VLAN auf einer einzigen physischen Verbindung unterstützt, was als VLAN-trunking bezeichnet wird. Andere Implementierungen verwenden 802.1q möglicherweise, um ein einziges VLAN zu unterstützen, was zur Folge haben kann, daß die VLAN-Konfiguration und die VLAN-Kontrolle auf die Benutzer- und Endgeräteschicht gelegt werden. (Die meisten eingesetzten Implementierungen legen die VLAN-Kontrolle auf den Switch, nicht auf die Arbeitsstation.)

9.4 Zusammenfassung

Um das Netz so konstruieren zu können, daß es skalierbar ist – und mit Veränderungen und Wachstum Schritt halten kann –, muß man die derzeitigen Datenverkehrsmuster kennen, und man muß vor allem einen Plan haben, der aufzeigt, wie die Veränderungen und das Netzwachstum mit zukünftigen Bedürfnissen in Einklang gebracht werden können.

Dieses Kapitel schließt den zweiten Teil ab, der sich mit Designfragen beschäftigt hat. Jetzt sollten Sie ein fundiertes, konzeptionelles Verständnis der Netzwerkverkehrstypen und ihrer praktischen Auswirkungen haben und die Designparameter, die das Netz formen, kennen. Der nächste Teil dieses Buchs wechselt von der konzeptionellen Ebene auf die praktische Ebene. In Teil 3 wird anhand von drei verschiedenen Szenarien dargestellt, wie man den Anforderungen eines bestimmten Netzes gerecht werden kann: ein blankes Netz, ein skalierbares Netz und ein komplexes Netz. Zuerst gilt es jedoch, zu verstehen, was das Netz braucht und wo die Herausforderungen liegen, bevor man daran geht, das optimale Netz zu konstruieren.

Die Schlüsselkonzepte dieses Kapitels sind folgende:

– Es gibt viele Faktoren, die für das Wachstum des Netzes verantwortlich sein können. Dazu gehört der Anstieg der Clients, der Server, der Verkehrsmenge oder der Anzahl der Anwendungen.

– Dynamisches Adressieren ist eine zentrale Methode, um Benutzerveränderungen auf dem Campus zu harmonisieren. Viele Protokolle wie IPX, AppleTalk und Banyan VINES stellen das dynamische Adressieren automatisch zur Verfügung.

– IP-Netze unterstützen die Netzveränderungen und das Netzwachstum einfacher, wenn DHCP verwendet wird.

– VLANs auf der Benutzerschicht bieten die größte Benutzerflexibilität, die Verkehrsskalierbarkeit ist jedoch am geringsten.

– VLANs auf der Schaltraumschicht bieten die höchste Verkehrsskalierbarkeit, die Benutzerflexibilität ist jedoch am
  geringsten.

– VLANs auf dem Verteiler-Switch gewähren ein mittleres
  Maß an Benutzerflexibilität und Verkehrsskalierbarkeit.

Kapitel 10 – Verstehen der strukturellen
               Grundlagen des Netzdesign
Kapitel 11 – Design 1 – Ein Basisnetz
Kapitel 12 – Design 2 – Ein skalierbares Netz
Kapitel 13 – Design 3 – Ein komplexes Netz
Kapitel 14 – Vorbereitung für die Zukunft

TEIL 3

Campus–Design und
–Implementierung

Soll ein Netzwerk-Design erstellt werden, gilt es als erstes, festzustellen, welche Anforderungen die kritischen und unterstützten Anwendungen an Ihr Netzwerk stellen. Teil I und II haben sich mit den Konzepten und Ideen des analytischen Stadiums des Netzwerk-Designs beschäftigt.

Ist die benötigte Analyse erstellt, kann das Netz so strukturiert werden, daß die Dienste, die von den Netzanwendungen gefordert werden bereitstehen. Teil III stellt die tatsächliche Designstruktur vor, indem es auf die Konzepte und Ideen von Teil I und II aufbaut. In den Kapiteln 10 bis 13 werden Designentwürfe für Campus-Netze unterschiedlicher Komplexität vorgestellt, die beschreiben, welche Komponenten verwendet werden müssen, wie der Netzkern zu strukturieren ist und wo man die Server und anderen Geräte positionieren soll. Jeder Designentwurf beschäftigt sich mit einer Netzinfrastruktur, die alle Bereiche des Systems einschließt – mit skalierbarer Bandbreite, Ende-zu-Ende-Dienstqualität und Netzelastizität. In Kapitel 14, »Vorbereitung auf die Zukunft«, stellen wir Ideen vor, wie man die Flexibilität des Netzwerks aufrechterhalten kann, und gleichzeitig die Kosten von aktuellen Implementierungen den zukünftigen Anforderungen gegenüberstellt.

Dieses Kapitel behandelt folgende Themen:

– Der Gebäudebaustein
– Der Kernbaustein
– Der Serverbaustein
– Skalierbarkeit des Netzwerk-Designs

KAPITEL 10

Verstehen der strukturellen Grundlagen des Netzdesign

Die Konstruktion eines Campus-LAN-Netzes beginnt mit einem allgemeinen Entwurf des Designs. Ähnlich wie bei Straßenbauprojekten, muß der Netzwerkdesigner, bevor er einen Entwurf anfertigen kann, die speziellen Anforderungen an die Datenautobahn kennen – Daten auf den Auf- und Abfahrtsrampen müssen in bestimmten Bereichen eingesetzt werden, der Verkehrsfluß muß verstanden werden, die Netzwerkdienste müssen an logischen Punkten eingerichtet werden, und es muß ein übergeordnetes Netzwerkmanagement vorhanden sein. Integriert der Designer nicht jedes dieser Elemente, ist der Netzwerkentwurf unvollständig, und das Ziel, ein völlig zusammenhängendes System einzurichten, kann nicht erreicht werden.

Das Campus-Netz kann in Domänen oder Netzfundamente eingeteilt werden, um den Entwurf der Netzkonzeption zu erleichtern. Für jede Konzeption haben wir die grundlegenden Elemente des Campus-Netzes in folgende Netzfundamente aufgeteilt: den Gebäude-Baustein, den Kern-Baustein, den Server-Baustein.

10.1 Der Gebäude-Baustein

Ursprünglich wurden im Netzwerk-Design die grundlegende Intelligenz und die Basisdienste der Netzschicht auf das Zentrum des Netzes gelegt und die gemeinsame Bandbreite auf die Benutzerschicht, eine Implementierung, die als Collapsed Backbone bekannt ist. In den letzten Jahren ist das Netzdesign vom Collapsed Backbone abgegangen. Die vorherrschenden

Technologien, die heute auf dem Campus implementiert werden, sind die Nutzung von verteilten Netzdiensten und verteilter Intelligenz und eine Fokussierung auf die Benutzerschicht.

Da diese Designalternative immer häufiger genutzt wird, ist es sinnvoll, einen Gebäude-Baustein zu definieren, der aus den Switching- und Routing-Geräten besteht, die benötigt werden, um die Benutzer an das Netz anzuschließen. Der Gebäude-Baustein stellt verteilte Netzdienste und Netzintelligenz zur Verfügung.

Der Gebäude-Baustein muß über eine ausgeglichene Implementierung von skalierbaren Schicht-2-Switches und Schicht-3-Diensten verfügen. Die gegenwärtige Generation der LAN-Switches sind von Natur aus Schicht-2-Geräte. Obwohl sie Shared-media-Konzentratoren ersetzen, sind sie kein Ersatz für Schicht-3-Geräte (Router).

Wie in Bild 10.1 dargestellt, verbinden die Schicht-2-Switches in den *Schalträumen* die Benutzer mit dem Netz. Die Schalträume verschmelzen zu einem Verteilerzentrum, wo es sowohl Schicht-2-Vernetzung als auch Schicht-3-Funktionalität gibt. Diese zwei Operationen können mit einem Schicht-2-Switch, den wir als Verteiler-Switch bezeichnen, und einem Router betrieben werden.

Bild 10.1:
Der Gebäude-
Baustein

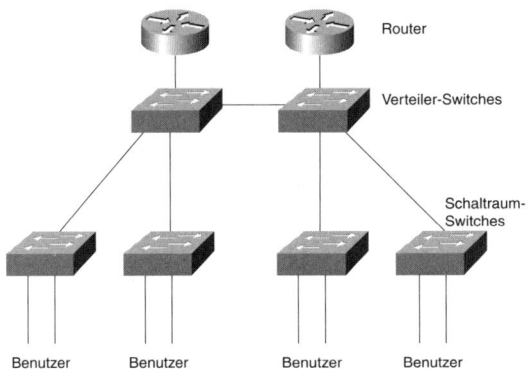

Innerhalb des Gebäude-Bausteins stellt die Schicht-2-Funktionalität einen zentralen Verbindungspunkt für alle Switches in den Schalträumen dar. Die Schicht-3-Funktionalität stellt Routing und Netzwerkdienste zur Verfügung und schafft eine

Sicherungseinrichtung, um den Gebäude-Baustein vor Störungen in anderen Teilen des Netzes zu schützen.

Erleidet der Gebäude-Baustein beispielsweise einen Broadcast-Sturm, hält der Router den Sturm davon ab, in den Kern und in die übrigen Bereiche des Netzwerks vorzudringen. Jeder Baustein ist, für den Fall, daß Störungen auftreten, vor den anderen Bausteinen geschützt. Der Gebäude-Baustein, in dem der Broadcast-Sturm auftritt, leidet jedoch so lange unter Netzwerkproblemen, bis das Gerät, das die Broadcasts generiert, lokalisiert und aus dem Netz entfernt ist.

Eine Alternative zur Verwendung eines Schicht-2-Switches und eines Schicht-3-Routers stellt die Verwendung der nächsten Generation von LAN-Switches dar, die als Schicht-3-Switches bezeichnet werden und die Schicht-2- und Schicht-3-Funktionalität integrieren. Ein Schicht-3-Switch kann einen Schicht-2-Switch und einen Schicht-3-Router in einem realen Netz ersetzen, solange er alle benötigten Netzdienste bereitstellen kann. Es wird jedoch noch eine Weile dauern, bevor Schicht-3-Switches all die Netzdienste bereitstellen können, die ein traditioneller Router anbietet. Im gesamten dritten Teil dieses Buches wird das Verteilerzentrum als ein Schicht-2-Switch (der Verteiler-Switch) und ein externer Router dargestellt. Die bildliche Darstellung mit zwei Geräten betont die Ausführung der Schicht-2- und Schich-3-Funktionalität.

10.2   Der Kern-Baustein

Der *Kern-Baustein* ist dafür verantwortlich, den Cross-Campus-Verkehr so schnell wie möglich zu übertragen, ohne prozessor-intensive Operationen (Schicht-3-Funktionalität) auszuführen. Wie in den vorausgegangenen Kapiteln besprochen, fließt der gesamte Datenverkehr von und zu dem Server-Baustein durch den Kern des Netzwerks. Ein großer Teil des Datenflusses, der von bzw. zu Internet und Wide-Area-Netzwerken kommt und geht, fließt ebenfalls durch den Kern. Aufgrund dieser Verkehrsmuster handhabt der Kern wesentlich mehr Verkehr als jeder der beiden anderen Blöcke. Er muß daher die Möglichkeit haben, den Verkehr von und an die anderen Bausteine so schnell wie möglich weiterzuleiten.

Der Kern-Baustein besteht aus zwei Hochgeschwindigkeits-Schicht-2-Switches (siehe Bild 10.2).

Bild 10.2:
Der Kern-
Baustein

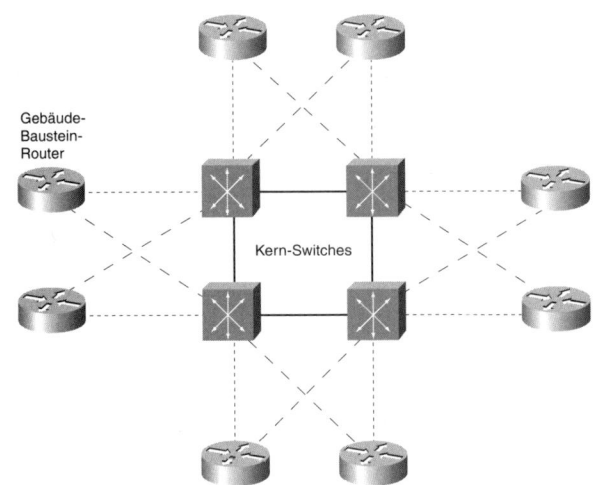

Gebäude-
Baustein-
Router

Kern-Switches

Schicht-3-Geräte in den Gebäude-Bausteinen (und in den Server-Bausteinen, wie im nächsten Abschnitt beschrieben) verbinden sich mit den Kern-Switches, stellen dem Netz Dienste zur Verfügung und führen prozessor-intensive Funktionen aus. Daher werden Schicht-3-Geräte im Kern-Baustein nicht benötigt. Der Kern kann aus jeder Hochgeschwindigkeitstechnologie wie *Fast Ethernet*, *Gigabit Ethernet* oder ATM-Switches bestehen. Man wählt die Technologie aus, die die speziellen Netzanforderungen erfüllt. Details über die Charakteristika und die Vorteile jeder Technologie würden die Grenzen dieses Buchs sprengen.

10.3   Der Server-Baustein

Der *Server-Baustein* besteht aus den Enterprise-Servern im Netz und den Switching- und Routing-Geräten, die benötigt werden, um sie an das übrige Netz anzuschließen. Wie in Kapitel 2, »Serverplazierung«, besprochen, gehören zu den Enterprise-Servern alle E-Mail-Server, Webserver, Multimediaserver, Zentrale Datenbankserver – die Server, auf die beinahe jeder Netzteilnehmer zugreift.

Aus der Datenwegperspektive ist es ein Designziel für das Campus-Netz, daß jeder Gebäude-Baustein auf dem Campus vom Server-Baustein durch eine gerade Anzahl von Router-Teiletappen getrennt ist. Die Anzahl der Router-Etappen ist wichtiger als die physische Distanz zwischen dem Gebäude-Baustein und dem Server-Baustein. So ist es beispielsweise für jeden Gebäude-Baustein wünschenswert, daß er ein oder zwei Router-Etappen vom Server-Baustein entfernt ist, und daß jeder Baustein mit der gleichen Bandbreite auf den Server-Baustein zugreifen kann, unabhängig davon, in welchem Gebäude auf dem Campus der Server-Baustein sich befindet.

In der Regel ist der Server-Baustein physisch im Rechenzentrum angesiedelt, wo sich der Kern-Baustein befindet. Der Server-Baustein ist in Bild 10.3 dargestellt.

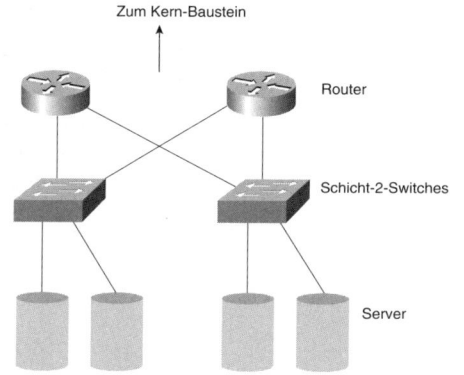

Bild 10.3:
Server-Baustein

Wie in Bild 10.3 zu sehen ist, wird ein Schicht-3-Gerät im Server-Baustein benötigt, um die Server vor Netzausfällen zu schützen und um Netzdienste wie Sicherheit, Multicast-Routing-Funktionalität, VLAN-Dienste, Dienstgüte und so weiter, anzubieten. Leidet ein Enterprise-Server unter verminderter Netzwerkleistung, sind davon viele Benutzer im Netz betroffen. Wenn, schlimmer noch, der ganze Server-Baustein Probleme hat, weil das Netz instabil ist, wirkt sich das auf jeden Netzteilnehmer nachteilig aus.

Die Enterprise-Server sind das Kernstück des Netzwerks. Wenn dieses nicht einwandfrei arbeitet, leidet der übrige Teil des Netzwerks. Es ist daher von entscheidender Bedeutung, daß die Server vor Netzstörungen geschützt werden und sie ihre Arbeit so effizient wie möglich ausführen können.

Der Server-Baustein braucht im allgemeinen nur eine Ebene von Schicht-2-Switches. Er braucht weder Schaltraum-Switches noch Verteiler-Switches (siehe Bild 10.3). Benötigen die Serververbindungen jedoch mehr als nur einige wenige Switches, ist es möglicherweise sinnvoll, einen Verteiler-Switch einzusetzen und zwei Ebenen mit Switches bereitzustellen, wie das beim Gebäude-Baustein der Fall ist. Setzt man einen Verteiler-Switch ein, an den die anderen Switches angeschlossen sind, resultieren daraus weniger physische Verbindungen zu dem Router (siehe Bild 10.4).

Bild 10.4:
Verteiler-Switch
im Server-
Baustein

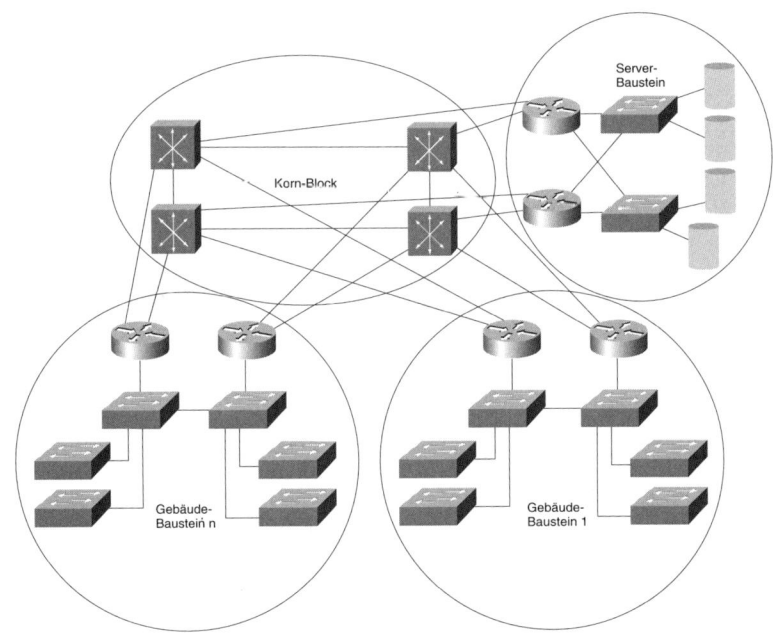

Will man Schicht-3-Switches einsetzen, ergibt sich ebenfalls eine Situation, in der es sinnvoll ist, zwei Ebenen mit Switches im Server-Baustein bereitzustellen. Schicht-3-Switches sind teurer als Schicht-2-Switches. Es ist daher sinnvoll, Schicht-2-Switches auf der Wiring-Closet-Ebene (oder Schaltraum-Switch) und einen einzigen Schicht-3-Switch auf der Verteilerebene bereitzustellen (siehe Bild 10.5). Die Alternative, mehrere Schicht-3-Switches zum Verbinden und Verteilen einzusetzen, ist teurer, als einen Schicht-3-Switch und mehrere Schicht-2-Switches zu verwenden.

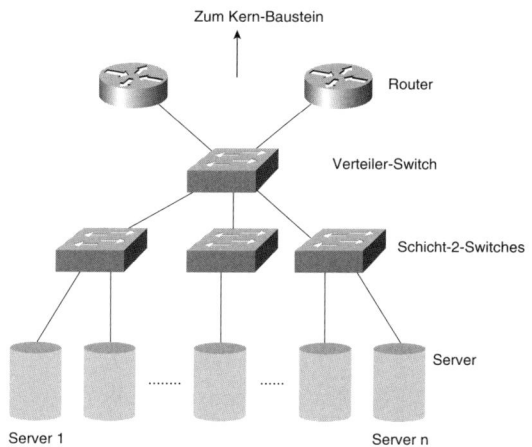

10.4   Skalierbarkeit des Netzwerk–Designs

Da jedes Campus-Netz anders ist, können die hier dargestellten allgemeinen Strategien für das Netzdesign als Ausgangspunkt genutzt und auf die Anforderungen eines speziellen Netzes abgestimmt werden.

Jedes Design, das in den folgenden Kapiteln dargestellt wird, besteht aus einem Netzwerkentwurf; die Hardware-Komponenten sind in jedem Kapitel ähnlich. Es wird beispielsweise immer empfohlen, auf der Schaltraumebene einen Schicht-2-Switch und im Kern einen Hochgeschwindigkeits-Schicht-2-Switch zu verwenden und etwas Schicht-3-Funktionalität einzusetzen, um die Bausteine voneinander zu trennen. Die Besonderheiten eines jeden Gerätetyps sind natürlich unterschiedlich, je nachdem, welcher Port Count benötigt wird, welche Technologie im Netz benützt wird, welche Schicht-3-Dienste bereitgestellt werden müssen und so weiter.

Ein typisches Campus-Netz besteht aus einem oder mehreren Gebäude-Bausteinen, einem Kern-Baustein und einem Server-Baustein, wie in Bild 10.6 dargestellt.

Obwohl die Größen dieser Bausteine flexibel sind, empfehlen wir die Festlegung eines bestimmten Höchstmaßes. Abhängig von geographischen und administrativen Beschränkungen kann ein Gebäude-Baustein, soll er sicher sein, bis zu 1500 Knotenpunkte enthalten (Rechner, Drucker, verteilte Server und so weiter). Diese empfohlene, maximale Anzahl an Knotenpunkten geht von der Annahme aus, daß es innerhalb des Bausteins mehr als eine Domäne gibt, und spiegelt nicht die technologischen Grenzen wieder. Es ist gut möglich, daß die jeweiligen Technologien und Verkehrsmuster im Netz Grenzen setzen und man die maximale Anzahl an Knotenpunkten vielleicht auf viel weniger als 1500 Knotenpunkte herabsetzen muß. In Hinblick auf die Technologien und die Verkehrsmuster ist es unmöglich, ein generelles Maximum für die Anzahl an Knotenpunkten festzulegen, da es so viele verschiedene Technologien gibt und die Verkehrsmuster von Netz zu Netz extrem unterschiedlich sind. Man kann das 1500-Knoten-Maximum jedoch als Ausgangspunkt für die weitere Planung benutzen.

Bild 10.6:
Typische
Campus-Netz-
Struktur

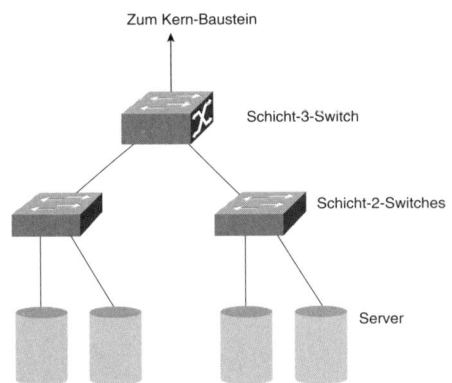

Zum Kern-Baustein

Schicht-3-Switch

Schicht-2-Switches

Server

Betrachten wir beispielsweise einen Campus, der aus einigen Gebäuden besteht, einschließlich eines Gebäudes, das vier Stockwerke hat. Die Anzahl der Angestellten und der benötigten Anschlüsse innerhalb des Gebäudes muß geschätzt werden. In diesem Fall nehmen wir an, daß es auf jedem Stockwerk 200 Netzanschlüsse gibt (Benutzer, Drucker usw.). Da es vier Stockwerke gibt, würde das heißen, daß es in diesem Gebäude 800 Knotenpunkte gibt. Stellt darüber hinaus jedes Stockwerk ein Subnetz oder eine Broadcast-Domäne dar, gibt es insgesamt vier Broadcast-Domänen. Das Beispiel entspricht also den empfohlenen Anforderungen an einen Gebäude-Baustein: Es gibt nicht mehr als 1500 Knotenpunkte, und es gibt mehr als eine Broadcast-Domäne innerhalb des Bausteins. Darüber hinaus existiert eine logische, geographische und administrative Einheit, die als Gebäude-Baustein behandelt werden kann.

Es gibt viele Beispiele, die angeführt werden können, um die Größe eines Gebäude-Bausteins und die Anzahl der enthaltenen Broadcast-Domänen darzustellen. Jeder Netzdesigner muß seine spezielle Campus-Umgebung betrachten, um die Gebäude-Bausteine und Broadcast-Domänen zu formen, die für sein Netz sinnvoll sind. Bietet ein Gebäude auf dem Campus genügend Raum für viele Knotenpunkte (nicht unbedingt mehr als 1500), dann muß unter Beachtung der Verkehrsmuster und der administrativen Gegebenheiten entschieden werden, ob das Gebäude ein einziger Gebäude-Baustein bleiben kann oder ob es aufgeteilt werden muß.

Fließt soviel Verkehr durch die Router des Gebäude-Bausteins, daß Engpässe auftreten, dann ist der Gebäude-Baustein zu groß. Der Gebäude-Baustein ist ebenfalls zu groß, wenn Broadcast- oder Multicast-Verkehr die Switches und Router verlangsamt, so daß auf diesen Geräten Engpässe auftreten. Auch zusätzliche Netzdienste auf den Routern, wie extra Sicherheit, können den Verkehr, der durch die Router fließt, verlangsamen.

Wirken sich einige der vorher genannten Gegebenheiten auf die Verteiler-Switches oder die Router aus, die die Benutzer mit dem Kern des Netzes verbinden, dann werden die Menschen im Gebäude-Baustein unter der langsameren Netzleistung leiden. Wenn es für all diese Benutzer nicht von Bedeutung ist, daß Netzprobleme auftauchen, dann kann der Gebäude-Baustein weiterhin groß bleiben. Benötigen die Benutzer jedoch eine höhere Netzleistung, sollte man den großen Gebäude-Baustein in zwei kleinere Bausteine aufteilen, da dadurch größere Netzsicherheit und eine höhere Netzleistung gewährleistet sind. Die Entscheidung darüber, ob man den Baustein aufteilen soll oder nicht, sollte vom Verkehr abhängig gemacht werden, der durch das Netz fließt, und nicht von der speziellen Anzahl an Knotenpunkten, die sich innerhalb eines Gebäude-Bausteins befinden.

Eine andere Empfehlung für das sichere Netzdesign ist, daß insgesamt nicht mehr als 20 Gebäude-Bausteine und Server-Bausteine an den Kern-Baustein angeschlossen sein sollten. Diese Empfehlung ergibt sich aus den Eigenschaften des Routing-Protokolls, das auf dem Netz läuft, wie beispielsweise RIP, OSPF oder EIGRP.

Sind 20 Bausteine angeschlossen, können z.B. 40 Router an den Kern angeschlossen werden. Diese Router teilen sich ein gemeinsames Subnetz, nämlich das Subnetz, in dem sich der Kern-Switch befindet. Routing-Updates und Routen-Änderungen können, je nachdem, welches Routing-Protokoll verwendet wird, an alle Router verteilt werden, die sich auf dem Campus befinden.

Wenn das Routing-Protokoll diese Updates und Änderungen an alle Router im Netz verteilt, ändert sich unter Umständen auch die Netztopologie. Je mehr Router an das Netz angeschlossen sind, desto länger dauert es, bis sich diese Updates und Änderungen über das Netz verteilen und die Topologie verändern. Man muß außerdem beachten, daß einer oder mehrere der Router an das Internet oder das Wide-Area-Netz angeschlossen sind, die zusätzliche Quellen für Routing-Updates und Topologie-Änderungen sind.

Die OSPF- und EIGRP-Routing-Protokolle können 50 Router in einem Campus-Netz, RIP kann 30 Router sicher handhaben. Es ist möglich, ein Netz mit mehr als 20 Gebäude- und Server-Bausteinen zu konstruieren. Überschreitet das Netz jedoch diese Sicherheitsgrenze, muß der Netzdesigner das Routing-Protokoll auf seinem Netz genau verstehen, um sein Verhalten in diesem erweiterten Netz vorhersehen zu können.

Die meisten Campus-Netze haben mindestens einen Server-Baustein, manchmal jedoch auch mehrere. Möglicherweise steht nicht genug physischer Raum zur Verfügung, um alle Enterprise-Server in ein Gebäude zu stellen, es existieren zwei oder mehr geographisch voneinander entfernt liegende Datenzentren oder die Verkehrsmenge verlangt, daß die Enterprise-Server auf multiple Server-Bausteine aufgeteilt werden. Jeder Server-Baustein muß extra gezählt werden, damit die Zahl der Bausteine, die an den Kern angeschlossen sind, die sichere Grenze von 20 nicht übersteigt.

10.5 Zusammenfassung

Jedes der in den Kapiteln 11 bis 13 besprochenen Netzdesigns beginnt mit einem Entwurf, in dem die drei grundlegenden Fundamente des Netzes enthalten sind – der Gebäude-Baustein, der Kern-Baustein und der Server-Baustein. Jedes dieser

Designs verwendet unterschiedliche Netzdienste, um den Netzanforderungen gerecht zu werden und die Leistung zu steigern. Die Designs sollen nur als Ausgangspunkt für Ihr spezielles Netzdesign genutzt werden, da sie in den meisten Fällen den Anforderungen Ihres Netzes nicht genau entsprechen werden. Sie stellen einen ersten Entwurf dar, der, den jeweiligen speziellen Bedürfnissen entsprechend, erweitert und verändert werden kann. Welches Design als erster Entwurf verwendet wird, muß individuell entschieden werden, wobei man daran denken sollte, daß es die derzeitigen Netzanforderungen erfüllen und flexibel genug sein sollte, um zukünftiges Netzwachstum und Veränderungen im Netz zu ermöglichen.

Folgende Konzepte bilden die strukturelle Grundlage des Netzdesigns:

- Ein *Gebäude-Baustein* ist die Einheit, die verteilte Netzdienste und Netzintelligenz enthält. Er besteht aus Schicht-2-Switches, Schicht-3-Routern (oder integrierten Schicht-2- und Schicht-3-Geräten) und manchmal auch aus verteilten Servern. Durch den Gebäude-Baustein werden die Benutzer mit dem Netz verbunden.

- Ein *Kern-Baustein* ist die Einheit, die Cross-Campus-Verkehr übermittelt. Er besteht aus Hochgeschwindigkeits-Schicht-2-Switches.

- Ein *Server-Baustein* ist die Einheit, die Enterprise-Dienste und Netzintelligenz enthält. Er besteht aus Enterprise-Servern, Schicht-2-Switches und Schicht-3-Routern (oder integrierten Schicht-2- und Schicht-3-Geräten).

- Das Ausmaß und die Komplexität der administrativen Aufgaben und die Größe des Gebäudes beschränken die empfohlene, maximale Anzahl an Knotenpunkten pro Gebäude-Baustein auf 1500. Diese Zahl wird jedoch durch die Verkehrsmuster im Netz und die technologischen Grenzen möglicherweise noch weiter reduziert.

- Es wird empfohlen, nicht mehr als 20 Gebäude- und Server-Bausteine an den Kern-Baustein anzuschließen. Diese Zahl basiert auf dem Routing-Protokoll, welches für das Netz ausgesucht wurde.

Dieses Kapitel behandelt die folgenden Themen:

– Designanforderungen und Charakteristika
– Basisentwurf
– Datenverkehrsmuster
– Redundanz
– Benutzermobilität
– Sicherheit
– Weitere Netzwerkdienste
– Kleines Basis-Netzwerk-Design

KAPITEL 11

Design 1 – Ein Basisnetzwerk

Das Basisdesign stellt einen Entwurf für die Designer dar, die nicht vielen Netzanforderungen gegenüberstehen. Es eignet sich für ein stabiles Campus-LAN, von dem zu erwarten ist, daß es während der nächsten fünf Jahre sehr langsam wächst oder sich sehr langsam verändert. Das Design eignet sich ebenfalls für Umgebungen, in denen sich Netzstillstandzeiten nicht negativ auf die Produktivität der Benutzer auswirken.

11.1 Designanforderungen und Charakteristika

Ein Basisentwurf unterstellt, daß das Campus-LAN die folgenden Designanforderungen und Charakteristika hat:

- Geringe Netzgröße – nicht mehr als ein paar hundert Knotenpunkte

- Kostenminimierung ist wichtig

- Niedrige Netzauslastung

- Nur Enterprise Server

- Keine Multimedia-Anwendungen

- Keine bandbreiten-intensiven Anwendungen

- Minimale Verbindung zum Internet

- Minimale Redundanz

- Netzstillstandzeiten wirken sich nicht gegenteilig auf die Benutzerproduktivität aus

- Es besteht keine Notwendigkeit, Verkehrsprioritäten festzulegen

- Minimale Sicherheit

- Niedrige Wachstumsrate

- Geringe Benutzermobilität

- Keine VLANs

11.2 Basisentwurf

Wie in Kapitel 10, »Verstehen der strukturellen Fundamente des Netzdesigns«, festgestellt wurde, kann das Campus-Netz in Netzfundamente aufgeteilt werden, um die Konstruktion des Entwurfs zu vereinfachen. Die fundamentalen Campus-LAN-Elemente für das Basisdesign sind in Bild 11.1 dargestellt und werden in den folgenden Abschnitten beschrieben.

11.2.1 Gebäude-Baustein

Im Basisdesign wird nur ein einziger Gebäude-Baustein verwendet, da die Zahl der Benutzer deutlich unter dem Sicherheitsniveau von 1500 liegt, das in Kapitel 10 beschrieben wurde. Der *Gebäude-Baustein* besteht aus Schicht-2-Switches im Schaltraum, über die der Benutzer an das Netz angeschlossen ist. Die Zahl der benötigten Switches hängt davon ab, wie viele Kontenpunkte den Anschluß benötigen und wie viele Ports jeder Switch hat. Der Schaltraum läuft auf einem einzigen Verteiler-Switch zusammen, um sich an Schicht 2 anzuschließen. Der Verteiler-Switch ist an einen Router angeschlossen, um Schicht-3-Funktionen nutzen zu können.

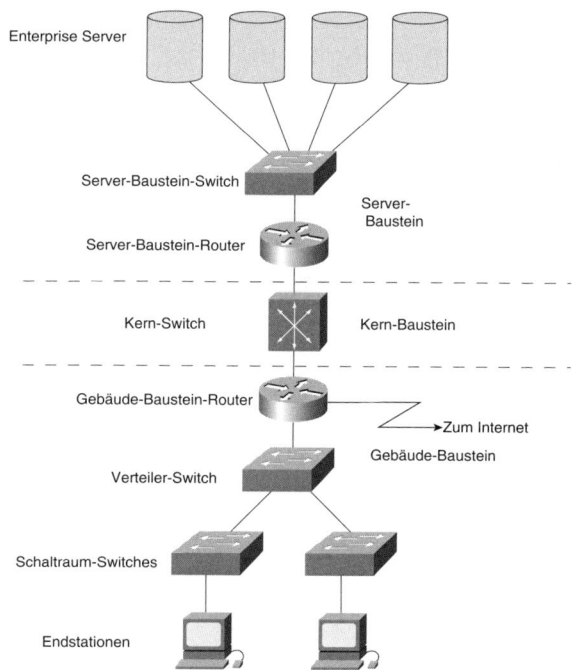

Enterprise Server

Server-Baustein-Switch

Server-Baustein-Router

Server-Baustein

Kern-Switch

Kern-Baustein

Gebäude-Baustein-Router

Zum Internet

Gebäude-Baustein

Verteiler-Switch

Schaltraum-Switches

Endstationen

*Bild 11.1:
Fundamentales
Basisnetzdesign*

11.2.2 Kern-Baustein

Für den *Kern-Baustein* wird ein einziger Höchstgeschwindigkeits-Schicht-2-Switch verwendet. Die Höchstgeschwindigkeitstechnologie, die in diesem Design die niedrigsten Kosten verursacht, ist Fast Ethernet.

11.2.3 Server-Baustein

Der *Server-Baustein* enthält die Enterprise-Server, die sich, wie das normalerweise der Fall ist, zusammen mit dem Kern-Switch im Datenzentrum befinden. In diesem Basisdesign teilen sich alle dieselben Server (daher werden nur Enterprise-Server genutzt), und es gibt keine arbeitsgruppenspezifische Anwendungen, die sich auf einem verteilten Server befinden.

Die Server könnten an Schicht-2-Switches und einen Router angeschlossen werden (siehe Bild 11.1). Da jedoch die Kostenminimierung in diesem Design ein wichtiger Faktor ist, ist es wahrscheinlicher, daß die Server, um Geld zu sparen, direkt an den Kern-Switch angeschlossen werden. Die Server-Baustein-

Router und -Switches werden auf diese Weise eliminiert. In dieser Situation wird zugunsten niedriger Kosten auf die Schicht-3-Dienste, die der Server-Baustein-Router anbietet (Broadcast-Domänen-Sicherheit) verzichtet. Diese Designalternative ist in Bild 11.2 dargestellt.

Bild 11.2: Basis-Server-Baustein – Design-alternative Enterprise-Server

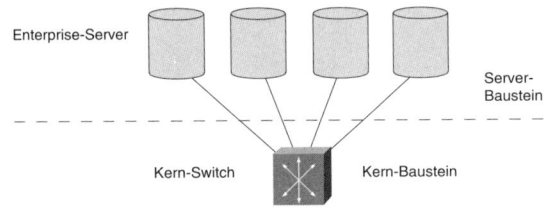

Das Basisdesign hat einen einzigen Anschluß an das Internet, der vom Router im Gebäude-Baustein (siehe Bild 11.1) wegführt. Der Router handhabt den gesamten Verkehr, der vom Internet kommt und zum Internet führt.

11.3 Datenverkehrsmuster

Ein kleines Netz benötigt für gewöhnlich zwischen zwei und vier Broadcast-Domänen, je nachdem, wie viele Benutzer sich anschließen wollen und wie das Design des Server-Bausteins gestaltet ist. Zuerst stellen wir ein Design vor, das nur zwei Broadcast-Domänen hat, danach ein alternatives Basisdesign mit vier Broadcast-Domänen.

Bild 11.3 zeigt zwei Broadcast-Domänen. In der dargestellten Abbildung teilen sich alle Benutzer eine einzige Broadcast-Domäne. Die zweite Broadcast-Domäne enthält die Enterprise-Server und den Kern Switch.

Die Anzahl der Benutzer-Broadcast-Domänen ist abhängig vom Protokoll- und Adressierschema auf dem Netz. Handelt es sich beispielsweise um ein IPX-only-Netz, dann ist es kein Problem, eine einzige Broadcast-Domäne mit 300 Knotenpunkten (den Benutzer-Endstationen, den Druckern und Netzgeräten) zu haben. Handelt es sich um ein IP-only-Netz, dann ist die Anzahl der Knotenpunkte durch die Klasse der IP-Netzadressierung limitiert. Ein Klasse-B-Netzadressierschema kann mehrere Hundert Knotenpunkte problemlos handhaben. Für

Klasse C ist die Anzahl von Knotenanschlüssen per Definition auf 253 beschränkt. Da viele kleine Netze Klasse C benützen und im allgemeinen weniger als 250 Knotenpunkte anschließen müssen, sollte eine einzige Klasse-C-IP-Netzadresse, die eine einzige Broadcast-Domäne definiert, ausreichen. Benötigt ein Klasse-C-Netz jedoch mehr als 250 Knotenanschlüsse, braucht der Gebäude-Baustein zwei Klasse-C-IP-Netzadressen, die zwei Broadcast-Domänen definieren.

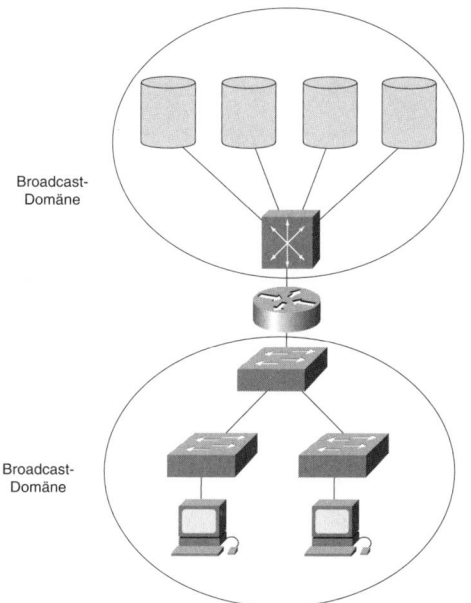

Broadcast-Domäne

Broadcast-Domäne

Bild 11.3: Zwei Broadcast-Domänen

Bild 11.3 zeigt, daß die Server nicht durch einen Router vom Netz getrennt sind. Daher teilen sich der Server-Baustein und der Kern-Baustein eine einzige Broadcast-Domäne.

Das Basisdesign kann auch so strukturiert werden, daß es vier Broadcast-Domänen bildet (siehe Bild 11.4). Die Broadcast-Domänen für den Gebäude-Baustein unterliegen hinsichtlich des Adressierschemas und der Anzahl an Knotenanschlüssen denselben Beschränkungen wie vorher. In dieser Designalternative unterstützt jedoch jeder Schaltraum-Switch eine bestimmte Broadcast-Domäne, anstatt zu einer einzigen Broadcast-Domäne zusammengefaßt zu werden, wie es im vorhergegangenen Entwurf der Fall war.

Bild 11.4 zeigt auch, daß der Server-Baustein und der Kern-Baustein verschiedene Broadcast-Domänen haben. Da die Server über einen Router an den Kern angeschlossen werden und nicht direkt an den Kern-Switch, richtet der Router zwei getrennte Broadcast-Domänen ein. Dieses Design hat jetzt vier Broadcast-Domänen – zwei für den Gebäude-Baustein, eine für den Kern und eine für den Server-Baustein.

Bild 11.4:
Vier Broadcast-
Domänen

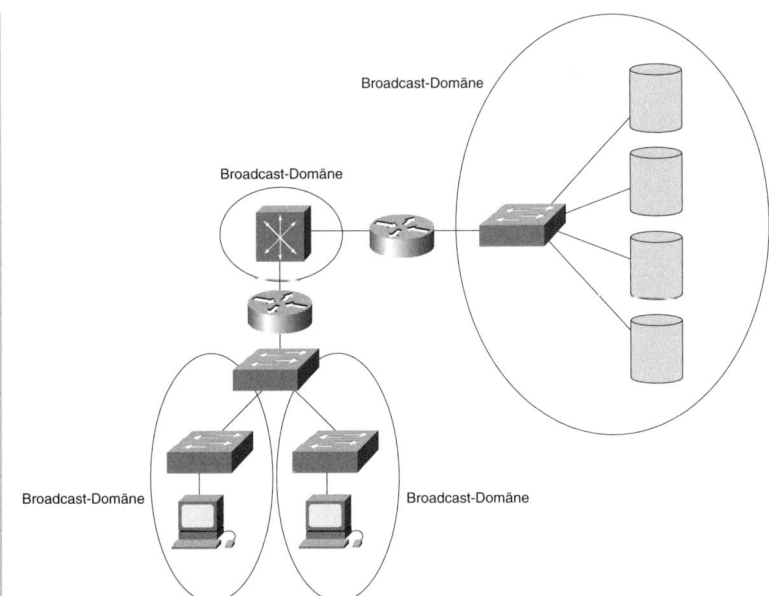

Die Verkehrsmuster des Basisdesign werden dem Cross-Campus-Verkehr zugeordnet. Da ausschließlich Enterprise-Server benützt werden, überquert der gesamte Verkehr, der von den Clients zu den Servern fließt, den Kern-Switch und wenigstens einen Router. Dasselbe gilt für den gesamten Verkehr, der von den Servern zu den Clients fließt. Da der Internet-Verkehr einen Router im Gebäude-Baustein passiert, ist er ebenfalls Cross-Campus-Verkehr.

11.4 Redundanzen

Unter der Annahme, daß Netzstillstandzeiten sich nicht negativ auf die Benutzerproduktivität auswirken, wird sehr wenig Netzredundanz in das Basisnetzdesign eingebaut.

Meistens ist nur geringe Komponentenredundanz wie Backup-Stromversorgung innerhalb der Geräte im Barebone-Netzdesign enthalten, abgesehen davon jedoch nichts.

Aus der Perspektive der Netzredundanz gibt es jedoch einzelne Ausfallorte, die man betrachten sollte. Der restliche Teil dieses Abschnitts untersucht die häufigsten Ausfallursachen, die auftreten können, wenn im Netz minimale Redundanz angewandt wird, und beschreibt die potentiellen Auswirkungen der Ausfälle auf die Operationen im Netz. Man kann sich entschließen, die Redundanz mit Hilfe der Methoden, die in Kapitel 6, »Zuverlässigkeit und Elastizität des Netzes«, beschrieben sind, zu erhöhen, um das Netz vor Ausfällen zu schützen.

Im dargestellten Basisentwurf verbinden die Schaltraum-Switches den Benutzer mit dem Campus-Netz. Fällt ein Schaltraum-Switch aus (siehe Bild 11.5), verlieren alle Benutzer, die mit diesem Schaltraum-Switch verbunden sind, ihre Verbindung mit dem Netzbetrieb. Benutzer, die mit dem betriebsfähigen Schaltraum-Switch verbunden sind, können das Netz weiterhin effektiv nutzen.

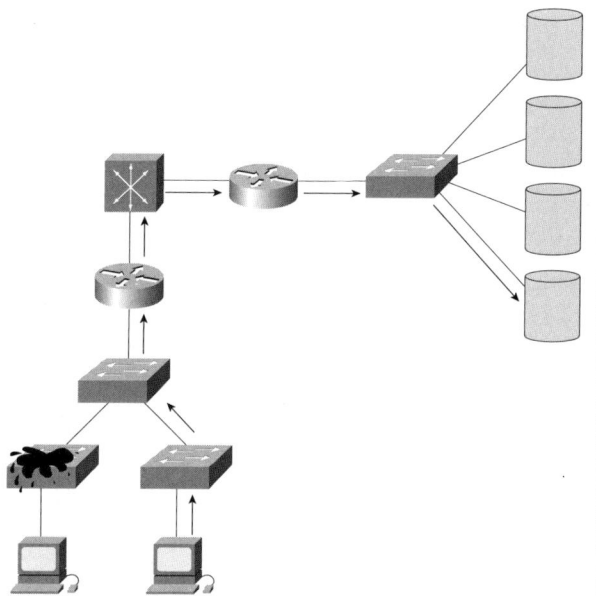

Bild 11.5:
Ausfall des
Wiring-Closet-
Switch
(Schaltraum-
Switch)

Eine weitere Ausfallursache ist der Verteiler-Switch. Beim Basisdesign wird vorausgesetzt, daß nur ein Verteiler-Switch benötigt wird und dieser die Benutzer mit den Servern verbindet. Fällt dieser Switch aus, kann keiner der Benutzer die Server oder das Internet erreichen (Bild 11.6). Das Netz ist im Grunde nicht mehr betriebsfähig.

Bild 11.6:
Ausfall des Ver-
teiler-Switches

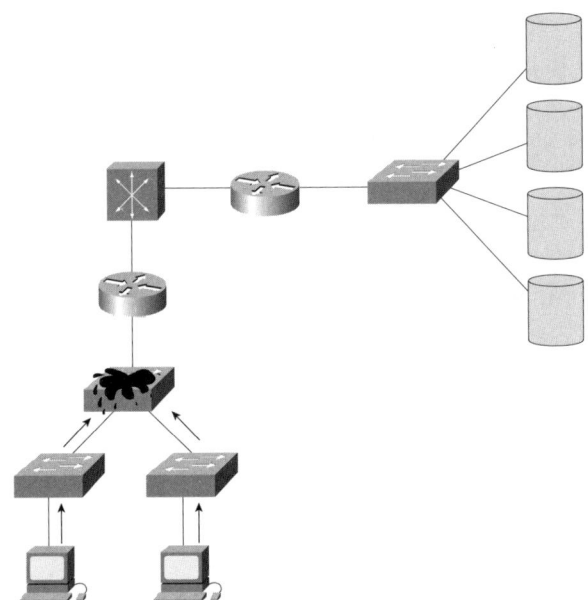

Dieselbe Situation entsteht, wenn der Router im Gebäude-Baustein ausfällt. Wieder zeigt unser Entwurf nur einen Router, der die Benutzer mit dem Internet und über den Kern-Switch mit den Servern verbindet.

Fällt der Router des Server-Bausteins aus, so gibt es immer noch einige Netzverbindungen (siehe Bild 11.7). Die Benutzer verlieren zwar die Verbindung zu den Servern, können jedoch immer noch auf das Internet zugreifen. Jeder Verkehr, wie beispielsweise das Surfen im Netz, der geradewegs zum Internet geht, anstatt erst zu einem Server zu gehen, kann weiterhin das Netz durchqueren. Höchstwahrscheinlich kommt der E-Mail-Verkehr zum Erliegen, wenn der Router des Server-Bausteins ausfällt, da der E-Mail-Verkehr sich in den meisten Fällen auf einem E-Mail-Server befindet. Der E-Mail-Server kann keinen E-Mail-Verkehr von den Benutzern oder dem

Internet empfangen oder an die Benutzer oder das Internet schicken, wenn der Router des Server-Bausteins ausfällt.

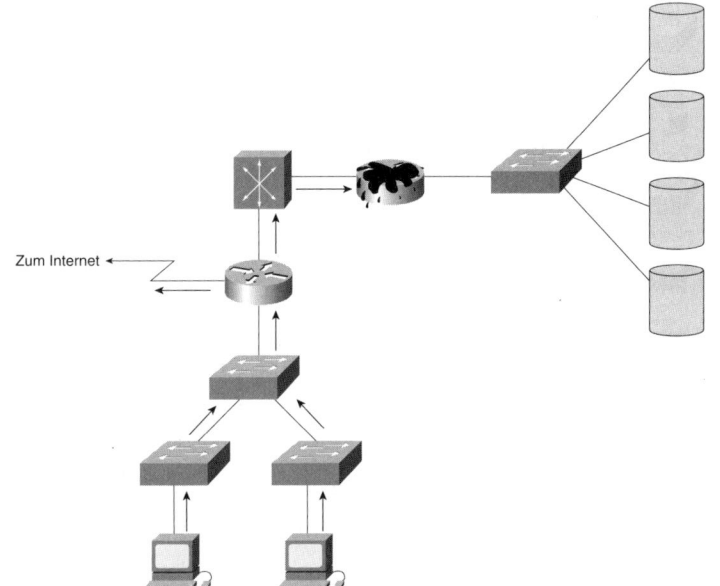

Zum Internet

Bild 11.7:
Der Router des
Server-Bausteins
fällt aus

Diese Situation entsteht auch, wenn der Kern-Switch oder der Switch des Server-Bausteins ausfallen. Die Verbindung zum Internet ist immer noch verfügbar, die Server sind jedoch unerreichbar.

Sollte einer der Server ausfallen, können die Benutzer auf die anderen Server zugreifen, und es können immer noch einige Netzoperationen ausgeführt werden.

Da der meiste Netzwerkverkehr in diesem Netz Cross-Campus-Verkehr ist, können viele Ausfälle auftreten, die den Netzbetrieb unterbrechen und die Netzleistung beeinflussen. Bei diesem Basisnetz hat der Netzdesigner angenommen, daß die Netzstillstandzeit die Benutzerproduktivität nicht negativ beeinflußt. Wenn das Netz sich verändert und die Benutzer es mehr nutzen, müssen höhere Redundanzniveaus hinzugefügt werden.

11.5 Benutzermobilität

Der Basisnetzentwurf geht von der Annahme aus, daß auf dem Campus minimale Benutzermobilität vorhanden ist. Laufen auf dem Netz nur IPX oder AppleTalk, dann ist die Benutzermobilität kein Thema. Betreibt das Netz jedoch IP, gewinnt die statische Adressierung, die in Kapitel 9, »Netzwerk-Design für Veränderung und Wachstum«, besprochen wurde, an Bedeutung. Es ergibt sich unter anderem das Problem, daß die Benutzer, wenn sie sich an einen anderen Ort begeben, ihren Rechnern eine neue IP-Adresse und eine neue IP-Standard-Gateway-Adresse geben müssen.

Besteht der Gebäude-Baustein aus einer einzigen Broadcast-Domäne (einem einzigen IP-Subnetz), können die Benutzer sich in dem Gebäude-Baustein bewegen, der ihnen zugeteilt wurde und doch dieselbe IP-Adresse und dasselbe IP-Standard-Gateway behalten. Bild 11.8 zeigt diese Situation.

Da es in diesem Gebäude-Baustein nur ein einziges Subnetz gibt, hat der Verteiler-Switch eine einzige Verbindung zum Router. Daher ist das IP-Standard-Gateway für alle Benutzer im Gebäude-Baustein dasselbe. In Bild 11.8 ist es 150.150.1.1. Wo immer sich die Benutzer auch hinbewegen, sie werden immer dieselbe Adresse 150.150.1.1 für das IP-Standard-Gateway benutzen. Ein Benutzer kann ebenfalls weiterhin dieselbe IP-Adresse benutzen, die in Bild 11.8 150.150.1.12. lautet.

Gibt es im Gebäude-Baustein zwei Broadcast-Domänen (zwei IP-Subnetze), müssen die Benutzer, wenn sie sich an einen anderen Ort begeben, ihre Rechner umadressieren. Bild 11.9 zeigt diese Situation.

Gibt es in einem Gebäude-Baustein zwei Subnetze, hat der Verteiler-Switch zwei Verbindungen zum Router, wobei jede Verbindung ein Subnetz unterstützt. Bewegen sich die Benutzer von einem Subnetz in das andere, können sie nicht die gleiche IP-Adresse und das gleiche IP-Standard-Gateway behalten. In Bild 11.9 muß der Benutzer die IP-Standard-Gateway-Adresse von 150.150.1.1 in 150.150.2.1 abändern und eine neue IP-Adresse erhalten, die zum 150.150.2.0-Subnetz (in diesem Fall 150.150.2.200) gehört.

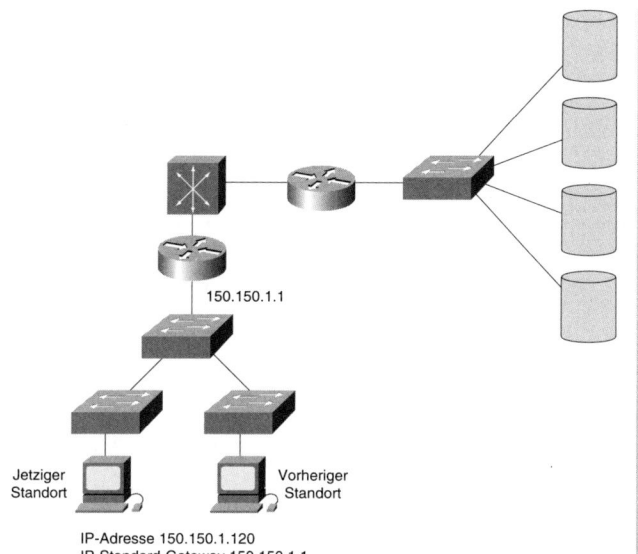

*Bild 11.8:
Ein Benutzer
bewegt sich
innerhalb des
gleichen Sub-
netzes*

150.150.1.1

Jetziger
Standort

Vorheriger
Standort

IP-Adresse 150.150.1.120
IP-Standard-Gateway 150.150.1.1

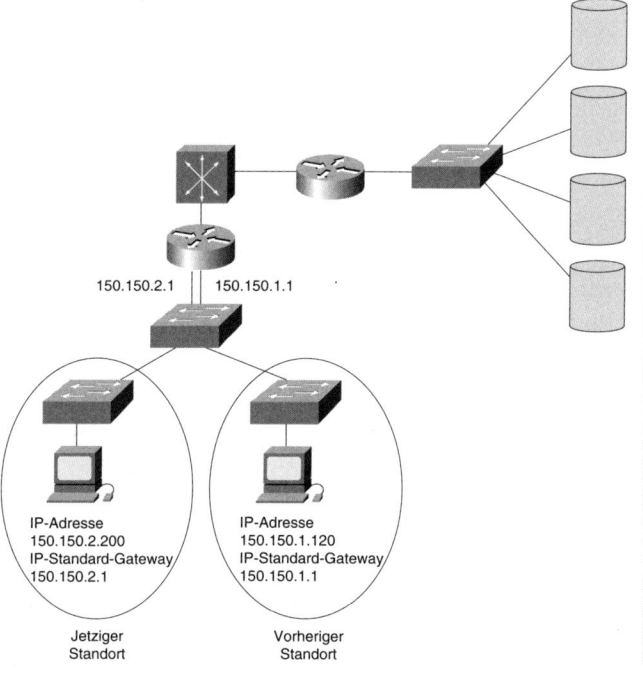

*Bild 11.9:
Ein Benutzer
bewegt sich zu
einem anderen
Subnetz*

150.150.2.1   150.150.1.1

IP-Adresse
150.150.2.200
IP-Standard-Gateway
150.150.2.1

IP-Adresse
150.150.1.120
IP-Standard-Gateway
150.150.1.1

Jetziger
Standort

Vorheriger
Standort

Die Benutzer wissen vermutlich so lange nicht, daß sie ihre Rechner umadressieren müssen, bis sie versuchen, sich mit dem Netz zu verbinden und keinen Erfolg damit haben. Beginnen die Benutzer, sich mehr zu bewegen, wird die statische IP-Adressierung weniger skalierbar. Bewegen die Benutzer sich nicht, oder existiert nur ein einziges Subnetz, dann ist die statische IP-Adressierung eine skalierbare Lösung.

11.6   Sicherheit

Im Basis-Netzentwurf ist die Sicherheit minimal. Jeder nutzt die Enterprise-Server, so daß es nicht notwendig ist, einen Filtermechanismus für die Benutzer zu verwenden. So lange der Netzdesigner nicht besorgt ist, daß Außenseiter auf die Netzgeräte zugreifen könnten, ist es nicht notwendig, ein Sicherheitssprogramm für das Anmelden zu installieren.

Für administrative Zwecke sollte ein Benutzername/Paßwort-Anmeldeverfahren für die Server verwendet werden. Dieses Anmeldeverfahren ermöglicht es den Servern, zu bestimmen, auf welche Verzeichnisse der Benutzer zugreifen kann. So kann beispielsweise John Smith ein Benutzer sein, der jedoch nicht zum Super-Benutzer werden sollte, der auf alle Verzeichnisse auf dem Netz zugreifen kann.

Es ist wichtig, daß man sich der Tatsache bewußt ist, daß es durch minimale Sicherheit ziemlich einfach gemacht wird, von außen auf die Enterprise-Server zuzugreifen. Es muß nur eine Benutzername/Paßwort-Kombination bekannt sein, um auf den Server zuzugreifen, da es kein Netzanmeldeverfahren gibt. Es ist sogar noch einfacher, auf die Netzgeräte zuzugreifen. Ohne bestimmte Sicherheitsvorkehrungen ist es möglich, daß von außen Konfigurationen geändert werden, um die Daten zuerst zu fremden Geräten zu leiten, bevor sie zu den Geräten fließen, für die sie eigentlich bestimmt sind.

Der Netzplaner muß die möglichen Sicherheitsverletzungen, die im Netz auftreten können, unbedingt kennen, und er muß überzeugt sein, daß das Sicherheitsniveau, das auf den Servern und den Netzgeräten vorhanden ist, ausreicht.

11.7 Weitere Netzwerkdienste

Das Basisnetz bietet in der Regel keine wichtigen Dienste an. Auf dem Netz laufen nur einfache Anwendungen, wie Textverarbeitungsprogramme, Datenbankinstrumente und Dienstprogramme. Themenpunkte wie Multimedia, Verkehrsprioritäten und VLAN-Implementierungen, die in den vorangegangenen Kapiteln besprochen wurden, sind mit Absicht nicht in dieses Design integriert worden, da diese Dienste dort nicht benötigt werden.

Multimedia-Anwendungen werden im Basisnetz nicht verwendet, und aufgrund der geringen Verkehrsmenge ist es nicht nötig, daß Verkehrsprioritäten festgelegt werden. Da die Zahl der Benutzer gering ist, müssen keine VLANs implementiert werden. Diese Netzdienste werden im nächsten Kapitel berücksichtigt, wenn das erweiterbare Netzdesign besprochen wird.

11.8 Kleines Basisnetzwerkdesign

Für sehr kleine Netze ist sogar das Basisdesign zu komplex. Für Netze, die weniger als 50 bis 100 Benutzer haben, wird ein vereinfachtes Netzdesign ausreichend sein. Alle Charakteristika des Basisdesigns treffen weiterhin zu, es ändern sich jedoch die Zahl der Netzgeräte und die Art und Weise in der sie angeordnet sind. Bild 11.10 zeigt ein Beispiel für ein sehr kleines Basisnetz.

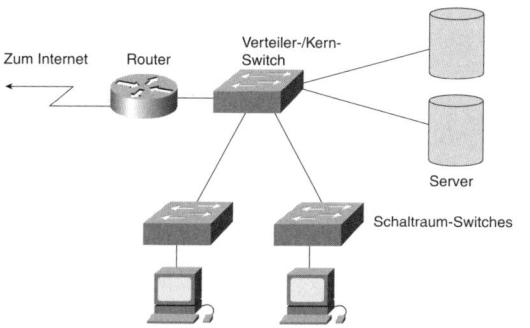

Bild 11.10: Kleines Basisnetz-Design

In diesem Design wird nur ein Gebäude-Baustein benötigt. Es wird kein spezieller Kern-Switch verwendet, und die Enterprise-Server, die in den Gebäude-Baustein hinuntergestellt werden, verbinden sich mit dem Verteiler-Switch. Es gibt nur eine Broadcast-Domäne (ein IP-Subnetz), so daß alle Benutzer auf die Server zugreifen können. In diesem Design nimmt der Verteiler-Switch den Platz des Kern-Switch ein. Der Router wird genutzt, um sich mit dem Internet zu verbinden, nicht, um Broadcast-Domänen voneinander zu trennen.

Während das Netz wächst, wird es sich verändern, um schließlich auszusehen wie ein Basisnetz, mit einem separaten Kern-Baustein und einem Server-Baustein.

11.9 Zusammenfassung

Der Basisentwurf stellt ein variables Design für Kleinst- und Kleinbetriebe dar, da er einfach zu implementieren und zu nutzen ist. Da nicht viele Netzgeräte vorhanden sind, ist die Nutzung des Netzes unkompliziert. Verhält sich ein Netzgerät nicht korrekt, kann man einfach herausfinden, um welches Netzgerät es sich handelt, und das Problem lösen. Die Verwendung eines Netzmanagement-Software-Pakets macht es dem Netzverwalter einfach, die Netzgeräte zu handhaben, wenn Probleme auftauchen, den Verkehr zu Hauptverkehrszeiten, ebenso wie zu verkehrsarmen Zeiten, zu überwachen und so weiter. Wächst das Unternehmen langsam, wird das Design die Bandbreitenanforderungen jetzt und in der Zukunft erfüllen können. Benötigt man mehr Netzdienste, wie Multimedia oder größere Sicherheit, so können diese Dienste problemlos in die vorhandene Struktur integriert werden. Die Kosten werden dadurch gering gehalten.

Erfüllt das Netz die Kriterien für ein Basisdesign, muß bei der Planung und Implementierung folgendes beachtet werden:

- Die Server-Bausteine in einem Basisnetz können unter Umständen direkt an den Kern-Baustein angeschlossen werden. Die Kosten für einige Switches und Router können dadurch gespart werden.

- Es muß bekannt sein, wo die Schwachstellen liegen, die das Netz betriebsunfähig machen können, und es muß entschieden werden, ob die Redundanz erhöht werden muß, um die Schwachstellen zu sichern.

– Obwohl die Anforderungen, die an die Sicherheit gestellt werden, vermutlich minimal sind, sollte man überlegen, ob die Gefahr besteht, daß Außenstehende sich Zugriff auf das Netz verschaffen können. Es ist vermutlich eine gute Idee, ein Sicherheitsprogramm für die Netzwerkanmeldung einzurichten.

– Es ist möglich, daß für sehr kleine Netze ein Design genügt, das sogar noch einfacher ist als das Basisdesign. Abgesehen vom Gebäude-Baustein, benötigt ein solches Netz unter Umständen kein anderes Fundament.

Dieses Kapitel behandelt folgende Themen:

- Designanforderungen und Designcharakteristika
- Skalierbarer Entwurf
- Datenverkehrsmuster
- Redundanz
- Multimedia
- Sicherheit
- Mobilität
- VLANs
- Festlegen von Netzwerkverkehrsprioritäten

KAPITEL 12

Design 2 – Ein skalierbares Netz

Das skalierbare Design stellt einen Entwurf für die Designer zur Verfügung, die ein dynamisches Netz haben – eines, das eine solide Basis hat, aber doch flexibel genug sein muß, um gemäßigtes Wachstum und Veränderungen zu erlauben. Es ist für Netze geeignet, in denen unerwartete Netzstillstandzeiten die Unternehmens- und Benutzerproduktivität negativ beeinflussen, und für ein Campus-LAN, von dem man erwartet, daß es sich während der nächsten fünf Jahre in bescheidenem Maße verändert und wächst.

12.1 Designanforderungen und Designcharakteristika

Der skalierbare Entwurf setzt voraus, daß das Campus-LAN die folgenden Designanforderungen und -charakteristika hat:

– Mittlerer bis großer Netzumfang (300 bis 15000 Knotenpunkte)

– Zentralisierte und verteilte Server

– Einige bandbreiten-intensive Anwendungen, einschließlich Multimedia

– Internet/Wide-Area-Verbindungen

– Redundanz wird im Netz benötigt

– Netzstillstandzeit beeinflußt die Benutzerleistung

– Netzwerkverkehrsprioritäten müssen nur in minimalem Umfang festgelegt werden

– Sicherheit muß im Netz gewährleistet sein

– Gemäßigte Wachstumsrate

– Mobilität ist vorhanden

– VLANs können implementiert werden

Ein Netz muß nicht alle diese Designkriterien erfüllen, um in den skalierbaren Entwurf integriert werden zu können. Diese Liste soll den Netzwerkdesignern bei der Entscheidung behilflich sein, welches der richtige Entwurf ist, den sie ihrem Netzdesign zugrunde legen wollen.

12.2 Skalierbarer Entwurf

Wie in Kapitel 10, »Verstehen der strukturellen Grundlagen des Netzwerkdesigns«, festgestellt wurde, kann das Campus-Netz in Netzfundamente aufgeteilt werden, um die Konstruktion eines Entwurfs zu vereinfachen. Die grundlegenden Campus-Elemente für das skalierbare Design sind in Bild 12.1 dargestellt und in den folgenden Abschnitten beschrieben.

12.2.1 Gebäude-Baustein

Im skalierbaren Netz gibt es oft mehr als einen Gebäude-Baustein. Entweder wegen der Anzahl der Benutzer oder weil es mehr als ein Gebäude auf dem Campus gibt. Jeder Gebäude-Baustein nutzt Schicht-2-Switches im Schaltraum, um die Benutzer zu verbinden. Die Anzahl der Schaltraum-Switches, die verwendet werden, hängt von der Zahl der Benutzer ab, die sich im Gebäude-Baustein befinden. Um Verbindung mit Schicht 2 zu erhalten, verschmilzt der Schaltraum zu zwei Verteiler-Switches. Die verteilten Server verbinden sich direkt mit dem Verteiler-Switch. Die Verteiler-Switches sind mit zwei Routern verbunden, um Schicht-3-Funktionalität zu erhalten.

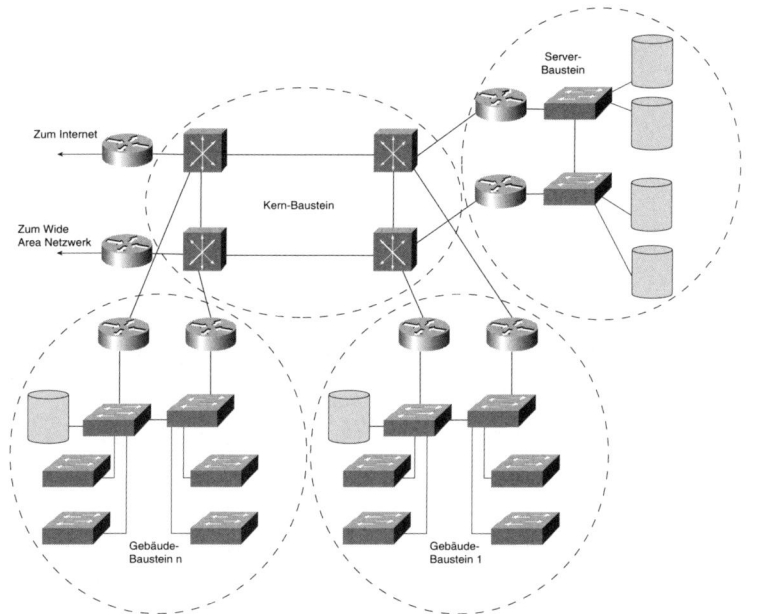

*Bild 12.1:
Grundlegendes,
skalierbares
Netzdesign*

12.2.2 Kern-Baustein

Der Kern-Baustein eines skalierbaren Netzes besteht aus mindestens zwei Hochgeschwindigkeits-Schicht-2-Switches. Bild 12.2 zeigt ein Design mit vier Switches, damit die Optionen der Kern-Baustein-Redundanz einfacher dargestellt werden können. Fast-Ethernet, Gigabit-Ethernet und ATM sind Hochgeschwindigkeitstechnologien, die im Kern-Baustein verwendet werden können. Es ist nicht empfehlenswert, FDDI zu verwenden, da FDDI in der Regel nicht genügend Bandbreite bereitstellt, um den Netzwerkverkehr im skalierbaren Netzdesign zu unterstützen.

12.2.3 Server-Baustein

Im Server-Baustein eines skalierbaren Netzes befinden sich Enterprise-Server, die in der Regel im Rechenzentrum stehen. Die Server verbinden sich mit Schicht-2-Switches, die sich dann mit zwei Routern verbinden. Die Anzahl an Switches, die in skalierbaren Netzen gebraucht werden, hängt von der Anzahl der Enterprise-Server ab, die vom Netz unterstützt werden. Für die Redundanz werden mindestens zwei Router gebraucht, die später in diesem Kapitel noch besprochen werden. Im Server-Baustein werden nicht mehr als zwei Router gebraucht, da jeder Switch sich mit einer speziellen Schnittstelle auf dem gleichen Router verbindet. Die verteilten Server sind nicht im Server-Baustein, sie sind im gleichen Gebäude-Baustein wie die Benutzer, die sie unterstützen.

12.2.4 Verbindung mit dem Internet

Das skalierbare Netzdesign schließt Verbindungen mit dem Internet und dem Wide-Area-Router ein. Höchstwahrscheinlich existieren entfernte Büros, die sich über das Wide-Area-Netz mit dem Campus verbinden. Außerdem werden einige Verbindungen mit dem Internet gewünscht.

Die Router, die mit dem Wide-Area-Netz und dem Internet verbunden sind, sind Spezial-Router, die an den Kern angeschlossen sind. Als Spezial-Router werden die Router bezeichnet, die nicht Teil eines Gebäude-Bausteins mit Benutzern sind. Sie werden statt dessen speziell für den Netzwerkverkehr genutzt, der vom Wide-Area-Netz und vom Internet kommt und der zu diesen Netzen geht. Ziel dieser Konstellation ist es, dabei zu helfen, den WAN- und den Internet-Netzwerkverkehr vom Cross-Campus-Netzwerkverkehr zu trennen. Router, die WAN- und Internet-Verbindungen unterstützen, müssen außerdem andere Netzdienste (und möglicherweise andere Routing-Protokolle) betreiben als die Campus-Router. Für das Design ist es daher sinnvoller, separate Geräte zu nutzen, um die zwei getrennten Netzbereiche zu verwalten.

12.3 Datenverkehrsmuster

Das skalierbare Netzdesign hat für gewöhnlich einige Broadcast-Domänen. Da die Anzahl der Benutzer zwischen einigen Hundert und einigen Tausend Benutzern liegen kann, ist es schwer vorherzusagen, wie viele Domänen gebraucht werden. Da dieses Design jedoch skalierbar und als Entwurf gedacht ist, können wir mit einem Gebäude-Baustein, einem Kern-Baustein und einem Server-Baustein beginnen und dann eine Kopieren-Einfügen-Methode verwenden, um zusätzliche Bausteine bereitzustellen, wenn sie gebraucht werden.

12.3.1 Broadcast-Domänen im Server-Baustein

Bild 12.2 zeigt ein skalierbares Design mit einem einzigen Gebäude-Baustein, einem einzigen Kern-Baustein und einem einzigen Server-Baustein. Die Server-Baustein-Broadcast-Domäne ist eingekreist.

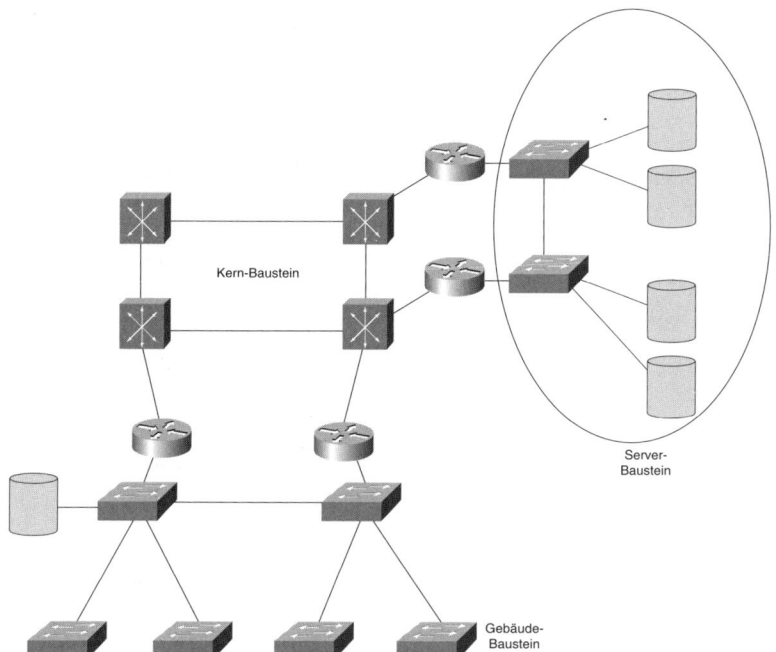

Bild 12.2:
Server-Baustein-
Broadcast-
Domäne

Der Server-Baustein enthält eine Broadcast-Domäne. Da unser Netzbeispiel eine begrenzte Anzahl an Enterprise-Servern enthält, reicht ein einziges Subnetz oder eine Broadcast-Domäne aus. Die Domäne enthält die Schicht-2-Switches, an die die Server angeschlossen sind.

Viele mittlere bis große Netze haben zwischen 20 bis 300 Enterprise-Server und profitieren möglicherweise davon, daß sie zwei Broadcast-Domänen oder Subnetze im Server-Baustein haben. Man muß beachten, daß, wenn sich alle Enterprise-Server in einem einzigen Subnetz befinden, ein einziger Fehlerort existiert, der den gesamten Server-Baustein lahmlegen kann. Stellt man zusätzliche Broadcast-Domänen im Server-Baustein bereit, kann man einen bestimmten Schutz gewährleisten: Fällt eine Broadcast-Domäne aus, sind nur einige Anwendungen gesperrt, während die Anwendungen in den anderen Domänen noch in Betrieb sind. Im Grunde muß der Netzdesigner entscheiden, wie viele Server sich auf dem gleichen Subnetz befinden sollten.

12.3.2 Broadcast-Domäne im Kern-Baustein

Der Kern-Baustein unterstützt, je nachdem, wie die Router-Verbindungen strukturiert sein sollen, in der Regel eine oder zwei Broadcast-Domänen.

Soll sich im Kern eine Broadcast-Domäne befinden, hat jeder Router eine einzige Verbindung zum Kern-Baustein (siehe Bild 12.3). Jeder Router sendet alle Daten über die einzige Verbindung zum Kern-Baustein, und alle Router-Verbindungen sind Teil der gleichen Kern-Broadcast-Domäne.

Bild 12.3:
Eine einzige
Broadcast-
Domäne im
Kern-Baustein

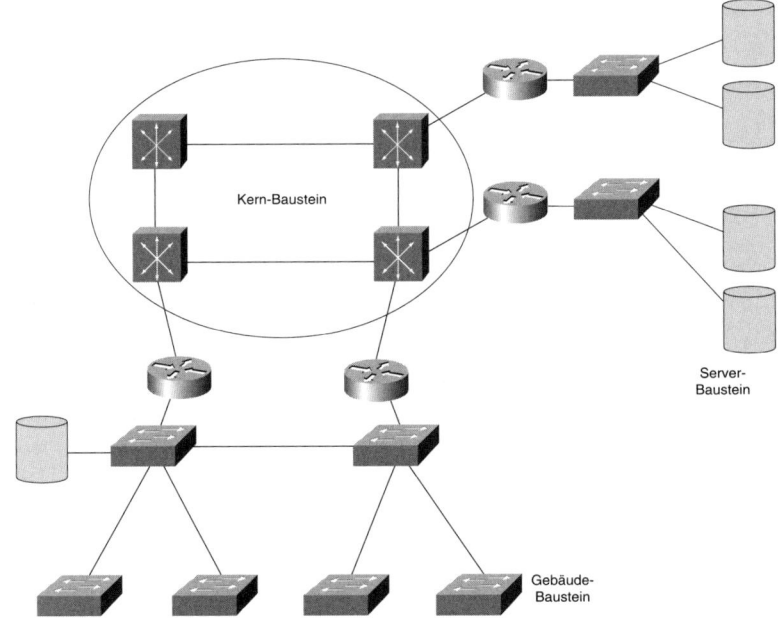

Soll eine Parallelschaltung (auch unter dem Begriff Datenlastteilung bekannt) eingerichtet werden, wie in Kapitel 6, »Zuverlässigkeit und Elastizität des Netzes«, beschrieben, müssen andere Verbindungen eingerichtet werden. In diesem Fall hat jeder Router zwei Verbindungen zum Kern-Baustein, und es gibt zwei Subnetze im Kern-Baustein. Jedes Subnetz ist eine andere Broadcast-Domäne. Bild 12.4 zeigt diese Situation. Damit beide Verbindungen eines Routers genutzt werden können, um Daten über den Kern zu senden, muß sich jede Verbindung auf einem anderen Subnetz (Broadcast-Domäne) befinden.

In Bild 12.4 überlappen sich die beiden Broadcast-Domänen. Um die Datenlastteilung einzurichten, unterstützt jeder Kern-Switch beide Broadcast-Domänen und muß den Netzwerkverkehr an beide Subnetze weiterleiten können. Jede Verbindung, die von den Routern ausgeht, unterstützt eine einzige Broadcast-Domäne (Subnetz).

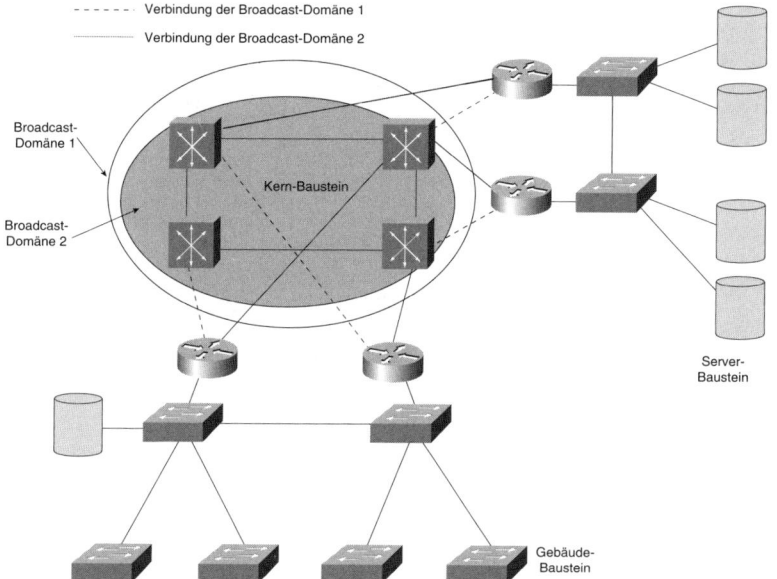

Bild 12.4:
Zwei Broadcast-Domänen im Kern-Baustein

12.3.3 Broadcast-Domänen im Gebäude-Baustein

Jeder Gebäude-Baustein hat normalerweise mehr als eine Broadcast-Domäne, die auf verschiedenste Weise strukturiert werden kann. In Bild 12.5 wird von der Annahme ausgegangen, daß sich 800 Benutzer im Gebäude-Baustein befinden. Die Broadcast-Domänen sind durch die eingekreisten Bereiche gekennzeichnet.

Ein Gebäude auf diesem Campus hat vier Stockwerke, mit jeweils 200 Benutzern auf jedem Stockwerk. Jedes Stockwerk mit 200 Benutzern kann eine einzige Broadcast-Domäne darstellen, so daß dieser Gebäude-Baustein vier Broadcast-Domänen hat. (Das ist nur ein Beispiel für die Einteilung eines Gebäude-Bausteins. Es gibt jedoch verschiedene Wege einen Gebäude-Baustein in Broadcast-Domänen aufzuteilen, je nachdem, wie die Gebäude und Netzverbindungen in einem Netz tatsächlich angelegt sind.

Bild 12.5:
Broadcast-
Domänen im
Gebäude-
Baustein

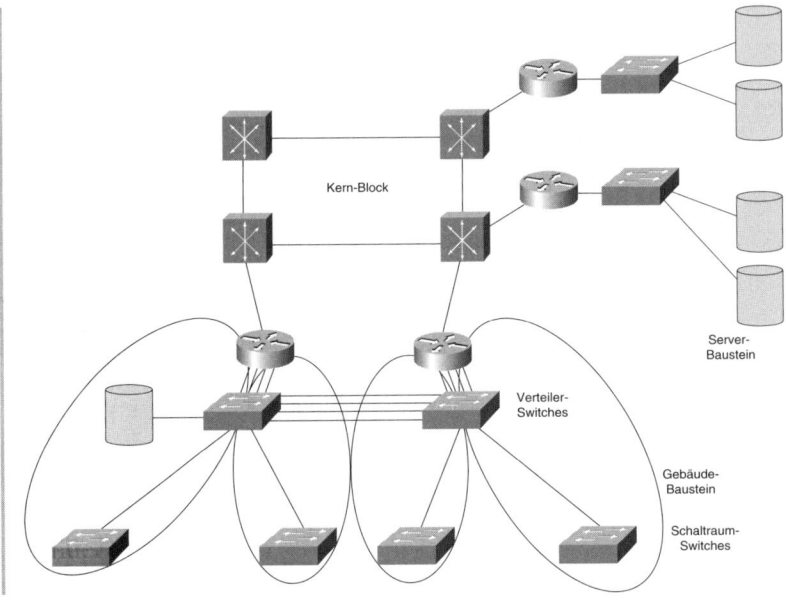

Die vier Subnetze verbinden sich mit den Verteiler-Switches und schaffen dadurch vier physikalische Verbindungen zu jedem der Router, eine Verbindung zu jedem Subnetz und möglicherweise vier Verbindungen zwischen den Verteiler-

Switches, je nachdem, wie die Implementierung des Vertreibers gestaltet ist. Als Alternative dazu können VLANs genutzt werden, um die Anzahl an physischen Verbindungen von den Verteiler-Switches zu den Routern und zwischen den Verteiler-Switches zu reduzieren. Diese Alternative wird später besprochen. Beide Verteiler-Switches unterstützen, ebenso wie die Kern-Switches, alle vier Broadcast-Domänen.

Die verteilten Server können sich, je nachdem, welche Benutzer sie unterstützen, entweder mit dem Verteiler-Switch oder einem Schaltraum-Switch verbinden. Unterstützt der verteilte Server beispielsweise ein einziges Benutzer-Subnetz, das von einem Schaltraum-Switch unterstützt wird, ist es sinnvoll, den verteilten Server mit dem Schaltraum-Switch zu verbinden.

Wird das Subnetz jedoch von mehreren Schaltraum-Switches unterstützt, ist es sinnvoller den verteilten Server mit dem Verteiler-Switch zu verbinden. Dieser Verbindungstyp ist in dieser Situation ideal, da der Verteiler-Switch der gemeinsame Verbindungspunkt für die Broadcast-Domäne ist.

Eine andere Situation ist gegeben, wenn der verteilte Server mehrere Subnetze oder VLANs unterstützt. In diesem Fall sollte der verteilte Server sich mit dem Verteiler-Switch verbinden, so daß jedes Subnetz oder VLAN auf ihn zugreifen kann (siehe Bild 12.5).

Werden die verteilten Server effektiv genutzt, gibt es in jedem Subnetz spezielle verteilte Server und der lokale Netzwerkverkehr wird über den Gebäude-Baustein verteilt. Wie in Kapitel 2, »Server-Plazierung«, besprochen, bewirken die verteilten Server, daß weniger Netzwerkverkehr über die Router und den Kern fließt, wodurch eine effiziente Netzleistung gewährleistet ist.

Ungeachtet dessen, wie die Broadcast-Domänen eingerichtet werden, sind die Netzwerkverkehrsmuster im skalierbaren Design eine Mischung aus lokalem und Cross-Campus-Netzwerkverkehr. Je mehr verteilte Server sich im Gebäude-Baustein befinden, desto mehr lokaler Netzwerkverkehr wird im Netz fließen. Der Netzwerkverkehr, der zu den Enterprise-Servern geht und von diesen kommt, und ebenso der Netzwerkverkehr, der zum Internet geht und vom Internet kommt, wird weiterhin als Cross-Campus-Netzwerkverkehr klassifiziert.

12.4 Redundanz

Das skalierbare Design geht von der Annahme aus, daß alle Teile des Netzes während der Geschäftszeit korrekt funktionieren müssen. Fällt ein Teil des Netzes aus, verliert das Unternehmen wichtige Funktionen, und die Benutzerproduktivität leidet. Folgende Annahmen liegen diesem Design zugrunde:

- Das Netz muß mindestens während zwei Schichten in Betrieb sein.

- Die Enterprise-Server müssen 24 Stunden am Tag in Betrieb sein.

- Die Netzstillstandzeiten müssen für die Wochenenden eingeplant werden.

Unter diesen Voraussetzungen sollte die Redundanz, besonders dort, wo wichtige Geräte wie die Enterprise-Server betroffen sind, auf dem Hardware-Niveau beginnen. Zusätzlich dazu sichern eine Form von Verbindungs- und Datenpfad-Redundanz und eine Software-Redundanz die Elastizität des Netzes ab und begrenzen die Stillstandszeiten.

12.4.1 Gebäude-Baustein-Redundanz

Auf dem Gebäude-Baustein-Niveau gibt es zwei Möglichkeiten, wie man die Verbindungs- und Datenpfad-Redundanz erreichen kann. Das erste Redundanzschema (siehe Bild 12.6) besteht aus redundanten Verbindungen, die jeden Schaltraum-Switch mit beiden Verteiler-Switches verbinden. Dieses Schema benutzt das Spanning-Tree-Protokoll, daß in der Regel als Standard auf den Switches genutzt wird.

Es gibt einige Möglichkeiten, wie diese Schaltraumverbindungen verwendet werden können. Die erste Alternative benützt einen Verteiler-Switch als Haupt-Switch und den anderen Verteiler-Switch als Backup-Switch (Hot Standby) für den gesamten Netzwerkverkehr. Der Backup-Switch wird nicht genutzt, bevor nicht eine Verbindung zum Haupt-Switch aus-

fällt oder der Haupt-Switch selbst ausfällt. In Bild 12.7 befördert Verbindung 1 den Netzwerkverkehr, während Verbindung
2 sich im Standby-Betriebsmodus befindet. Verteiler-Switch A
leitet den gesamten Netzwerkverkehr weiter, während Verteiler-Switch B sich im Standby-Betriebsmodus befindet.

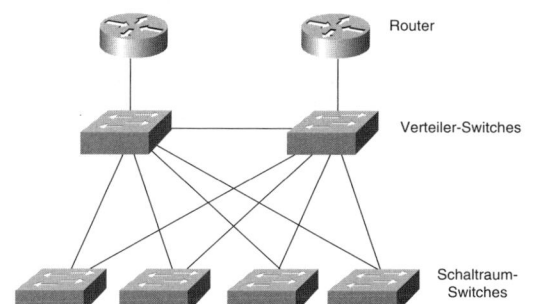

Bild 12.6:
Redundante
Verbindungen
von den Schalt-
raum-Switches
zu den Verteiler-
Switches

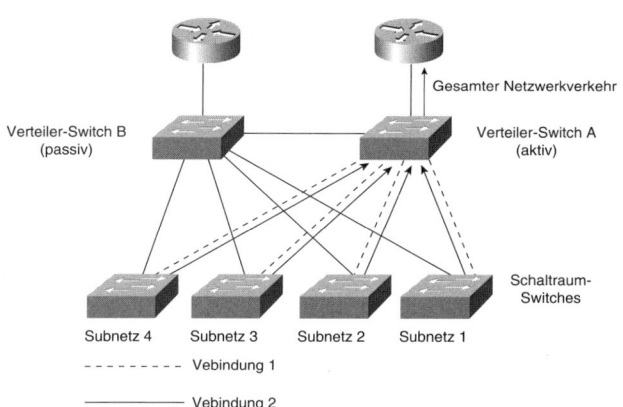

Bild 12.7:
Haupt-Switch
(aktiv) und
Backup-Switch
(passiv)

Die zweite Alternative teilt den Netzwerkverkehr auf, so daß
ein Teil des Netzwerkverkehrs zu einem Verteiler-Switch fließt,
der andere Teil zu dem anderen Verteiler-Switch. Der Netzwerkverkehr in den Subnetzen 1 und 2 kann zu einem, der
Netzwerkverkehr in den Subnetzen 3 und 4 zu dem anderen
Verteiler-Switch fließen.

In Bild 12.8 fließt der Netzwerkverkehr der Subnetze 1 und 2
über die Verbindung 1 zum Verteiler-Switch A, der Netzwerkverkehr der Subnetze 3 und 4 über die Verbindung 2 zum Verteiler-Switch B. Beide Verteiler-Switches leiten den Netzwerkverkehr weiter.

Der Verteiler-Switch, der den Netzwerkverkehr der Subnetze 1 und 2 weiterleitet, kann der Backup-Switch für den Schaltraum-Netzwerkverkehr der Subnetze 3 und 4 sein, und umgekehrt. Diese Alternative erlaubt es beiden Verteiler-Switches, Netzwerkverkehr weiterzuleiten, ohne daß einer der beiden untätig ist.

Bild 12.8:
Beide Verteiler-
Switches sind
aktiv

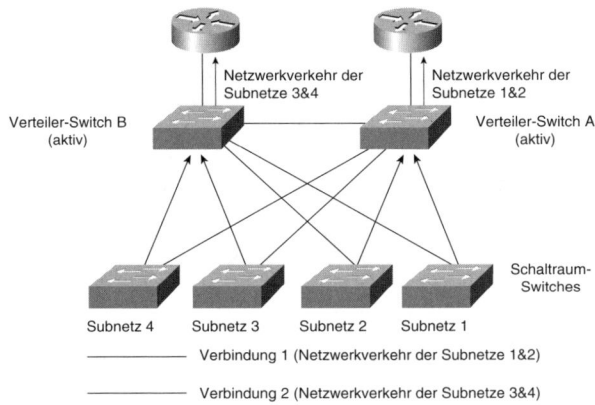

Die Verbindung zwischen den beiden Verteiler-Switches wird genutzt, falls ein Router-Ausfall vorliegt. Fällt einer der Router aus, wird der Netzwerkverkehr zum anderen Verteiler-Switch gelangen und über den Router fließen, der in Betrieb ist.

Um sich zusätzlich vor Netzstillstandszeiten zu schützen, kann man das Hot-Standby-Routing-Protokoll (HSRP) auf den Routern einrichten. Aus Kapitel 6 ist bekannt, daß das HSRP hilft, den Netzbetrieb aufrechtzuerhalten, indem es zwei Router einrichtet, die sich dieselben virtuellen IP- und MAC-Adressen teilen. Fällt der aktive HSRP-Router oder die Verbindung zum aktiven HSRP-Router aus, tritt der Backup-HSRP-Router in Aktion. Das Protokoll schützt die Endstationen, die ein IP-Standard-Gateway konfiguriert haben (statisch oder via DHCP) davor, daß sie im Fall einer Netzstörung neu konfiguriert werden müssen.

Das zweite Redundanzschema für Gebäude-Bausteine (siehe Bild 12.9) richtet die Redundanz ebenfalls auf dem Verteiler-Switch ein.

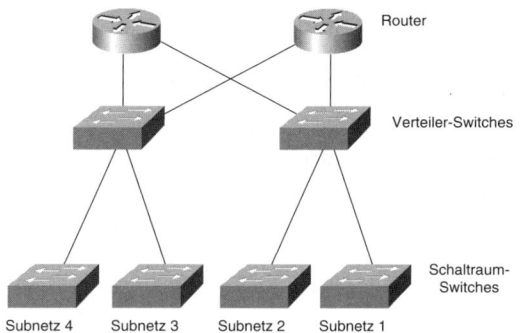

Bild 12.9:
Redundanz auf
dem Verteiler-
Switch

Die Redundanz auf den Verteiler-Switches wird implementiert, indem man redundante Verbindungen zwischen den Verteiler-Switches und den Routern einrichtet und all diesen Verbindungen den Transport erlaubt. Wie in Bild 12.10 dargestellt, unterstützt Verteiler-Switch A die Subnetze 1 und 2 und verbindet sich mit beiden Routern A und B. Verteiler-Switch B unterstützt die Subnetze 3 und 4 und verbindet sich ebenfalls mit beiden Routern A und B.

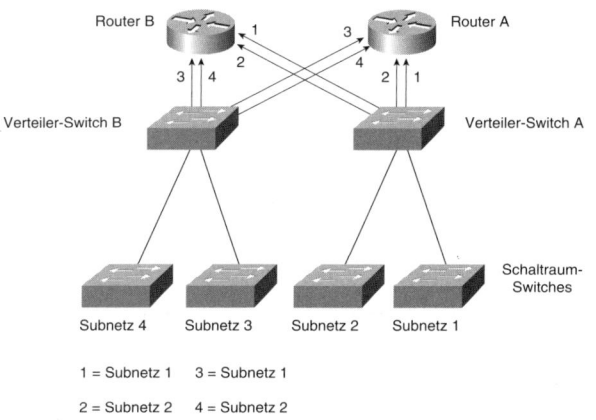

Bild 12.10:
Verteiler-Swit-
ches, die Netz-
werkverkehr
weiterleiten

Dieses Schema nimmt an, daß mehrere Schaltraum-Switches und die Subnetze die Vernetzung verlieren, wenn der Verteiler-Switch ausfällt.

Um diese Designsituation sicherer zu machen, kann das HSRP auf den Routern genutzt werden, um zu vermeiden, daß man im Falle eines Router-Ausfalls das IP-Standard-Gateway der Arbeitsstationen erneut konfigurieren muß.

Die Redundanzmethode, die in Bild 12.10 illustriert ist, funktioniert nicht, wenn es nur ein Subnetz (Broadcast-Domäne) in dem Gebäude-Baustein gibt. In diesem Fall unterstützen alle Verteiler-Switches das gleiche, einzige Subnetz. Und da die Router nicht das gleiche Subnetz auf zwei verschiedenen Schnittstellen haben können, können die Verteiler-Switches sich nicht mit beiden Routern verbinden.

12.4.2 Kern-Baustein-Redundanz

Die Redundanz im Kern 1 besteht darin, daß mehr als ein Kern-Switch vorhanden ist und die Verbindungen so gelegt werden, daß die Router des Gebäude-Bausteins sich mit verschiedenen Kern-Switches verbinden (siehe Bild 12.11).

Bild 12.11: Kernredundanz

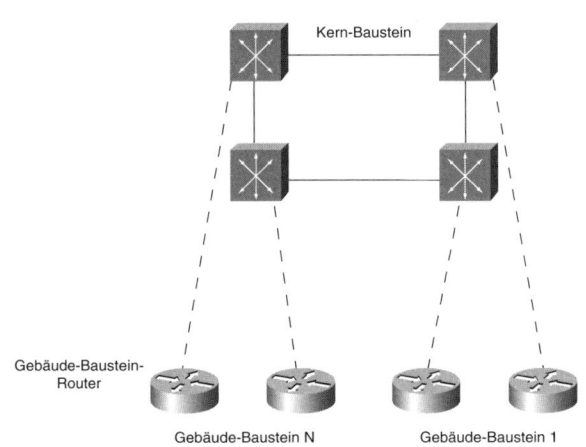

Jeder Router des Gebäude-Bausteins 1 ist mit einem anderen Kern-Switch verbunden. Fällt ein Kern-Switch aus, können daher die Subnetze, die mit den funktionierenden Kern-Switches verbunden sind, immer noch über den Kern miteinander kommunizieren. Bild 12.11 zeigt einzelne Verbindungen von jedem Router zum Kern. Hat jeder Router zwei Verbindungen zu den Kern-Switches (zwei Broadcast-Domänen im Kern), sollte man jeden Router mit verschiedenen Kern-Switches zu verbinden (siehe Bild 12.12).

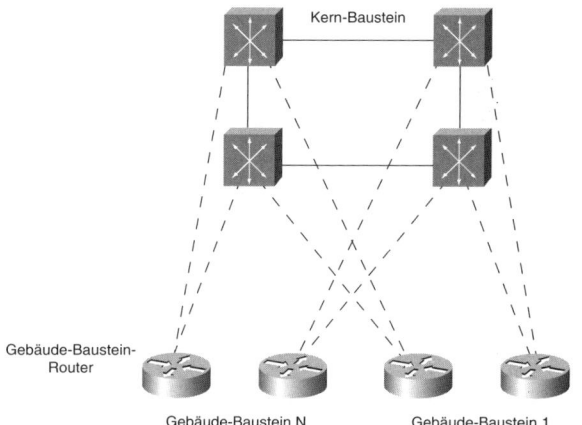

Bild 12.12:
Kernredundanz
mit zwei Broad-
cast-Domänen

12.4.3 Server–Baustein–Redundanz

Die Redundanz im Server-Baustein 1 ist der Redundanz im Gebäude-Baustein ähnlich. Gibt es nur ein einziges Subnetz, dann verbindet man die Switches miteinander und jeden Switch verbindet man mit einem der Router (siehe Bild 12.13).

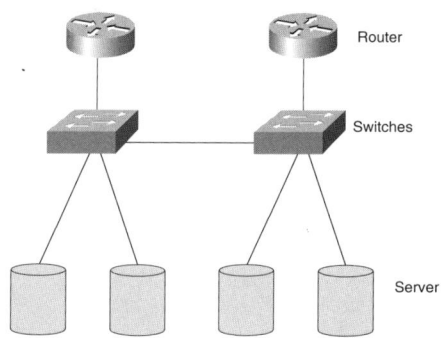

Bild 12.13:
Server-Baustein-
Redundanz mit
einem Subnetz

Oder es gibt zwei Subnetze im Server-Baustein, dann unterstützt jeder Switch ein Subnetz. Die Switches verbindet man dann mit beiden Routern (siehe Bild 12.14).

Die Redundanz in den Netzfundamenten – dem Gebäude-Baustein, dem Kern-Baustein und dem Server-Baustein – sollte sicherstellen, daß der Netzbetrieb so selten wie möglich durch Ausfälle gestört wird. Ein wichtiger Schritt beim Planen der Redundanz ist es, von der Annahme auszugehen, daß ein bestimmtes Gerät oder einige bestimmte Geräte im Netz ausfallen, um dann einzuschätzen, wie effizient die Netzredundanz-Implementierung ihre Aufgabe erfüllt, den normalen Netzbetrieb aufrechtzuerhalten. Im folgenden Abschnitt werden eine Reihe von Ausfallszenarien untersucht und deren potentielle Auswirkungen auf den Netzbetrieb dargestellt.

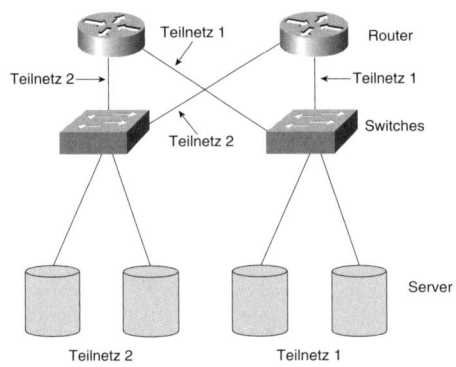

Bild 12.14:
Server-Baustein-Redundanz mit zwei Subnetzen

12.4.4 Potentielle Netzwerkfehlerquellen

Bevor Störungen im Netz untersucht werden, wird das Netzwerkverkehrsmuster einer gesunden Netzumgebung dargestellt (siehe Bild 12.15).

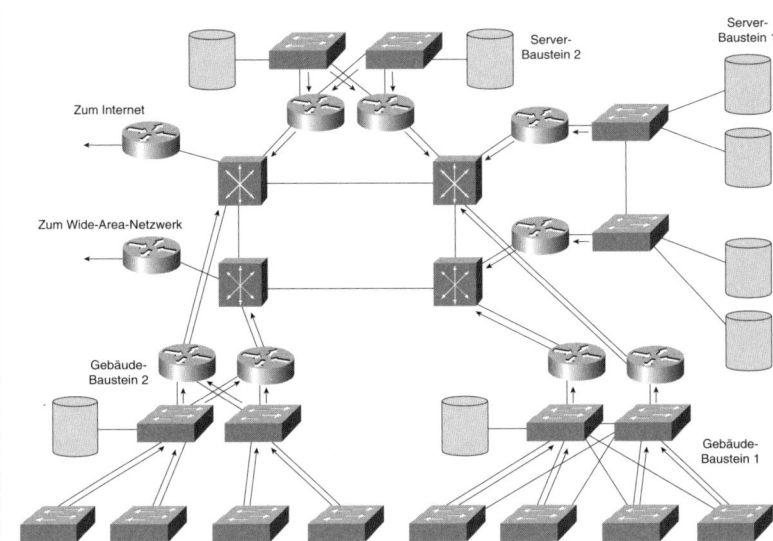

Bild 12.15:
Ein gesundes Netz mit zwei Arten von Switch-Redundanz

Bild 12.15 zeigt zwei Gebäude-Bausteine, einen mit Schalt-raum-Switch-Redundanz (Gebäude-Baustein 1) und einen mit Verteiler-Switch-Redundanz (Gebäude-Baustein 2). Gebäude-Baustein 1 nutzt beide Switches, um Netzwerkverkehr weiter-zuleiten.

Das Netz hat außerdem zwei Server-Bausteine, einen mit einer einzigen Broadcast-Domäne (Server-Baustein 1) und einen mit zwei Broadcast-Domänen (Server-Baustein 2). Die meisten Netze haben einen einzigen Server-Baustein. In diesem Beispiel werden zwei Server-Bausteine gezeigt, damit die Redundanz-möglichkeiten, die bisher vorgestellt wurden, gegenüberge-stellt und verglichen werden können. Um das Beispiel so ein-fach wie möglich zu halten, benützt der Kern in dieser Dar-stellung nur eine einzige Broadcast-Domäne (einzelne Router-verbindungen zum Kern).

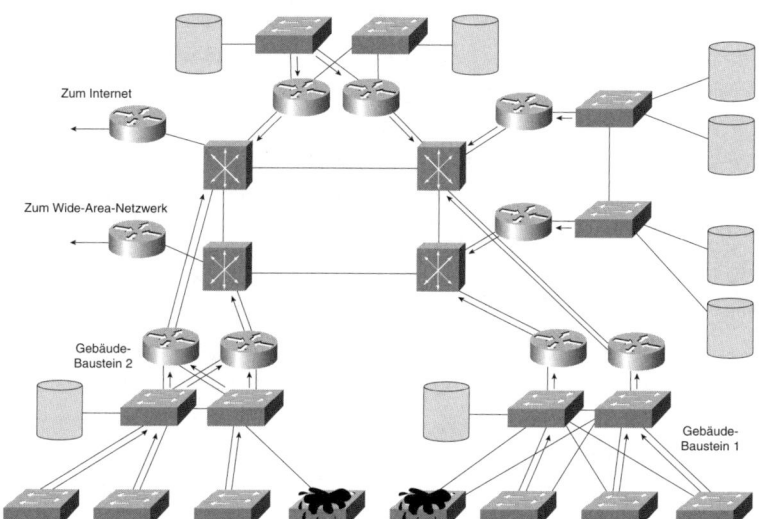

Bild 12.16:
Ausfall eines
Schaltraum-
Switches

In den Gebäude-Bausteinen 1 und 2 verlieren die Benutzer, die mit dem ausgefallenen Schaltraum-Switch verbunden sind, ihre Verbindung zum Netz. Sind auch verteilte Server mit dem ausgefallenen Schaltraum-Switch verbunden, verlieren die Be-nutzer auch die Verbindung zu diesen verteilten Servern.

Bild 12.17 zeigt den Ausfall eines Verteiler-Switch und den Ausfall eines Switches im Server-Baustein.

Bild 12.17:
Ausfall eines
Verteiler-
Switches

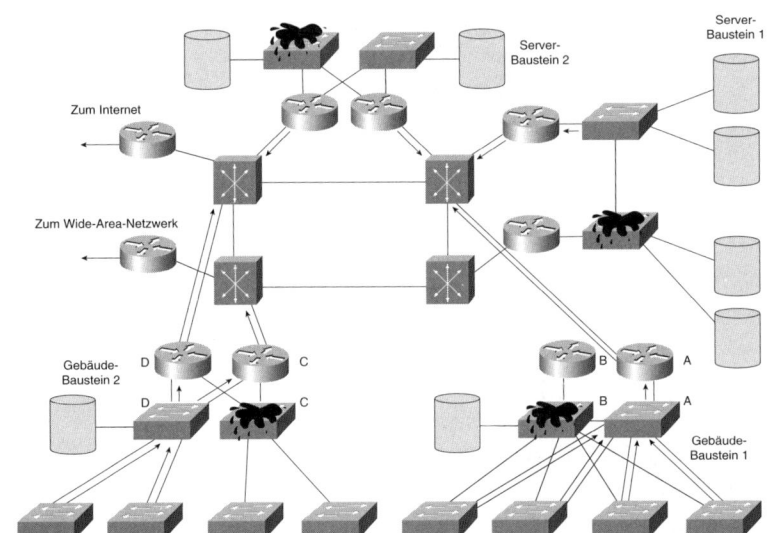

Bild 12.17:
Ausfall eines
Verteiler-
Switches

In Gebäude-Baustein 1 verliert kein Benutzer die Verbindung zum Netz. Spanning-Tree leitet den Netzwerkverkehr vom Verteiler-Switch B zum Verteiler-Switch A um. Die Benutzer verlieren jedoch die Verbindung zu dem verteilten Server in Gebäude-Baustein 1, da der Server direkt mit dem ausgefallenen Verteiler-Switch B verbunden ist. Die Benutzer können außerdem nicht mehr auf die Enterprise-Server zugreifen, die mit den ausgefallenen Verteiler-Switches in den Server-Bausteinen 1 und 2 verbunden sind.

In Gebäude-Baustein 2 verlieren die Benutzer, die mit dem ausgefallenen Verteiler-Switch C verbunden sind, ihre Verbindung zum Netz und zu allen anderen Netzeinrichtungen. Da die Schaltraum-Switches nicht mit beiden Verteiler-Switches verbunden sind, kann Spanning-Tree den Netzwerkverkehr nicht umleiten. Die Benutzer, die mit dem funktionierenden Verteiler-Switch verbunden sind, können ihre Verbindungen aufrechterhalten und außerdem auf den verteilten Server zugreifen. Alle Benutzer verlieren jedoch den Zugriff auf die Enterprise-Server, die mit den ausgefallenen Verteiler-Switches in den Server-Bausteinen 1 und 2 verbunden sind.

Bild 12.18 zeigt den Ausfall eines Routers. In dieser Situation verliert keiner der Benutzer seine Verbindung zum Netz.

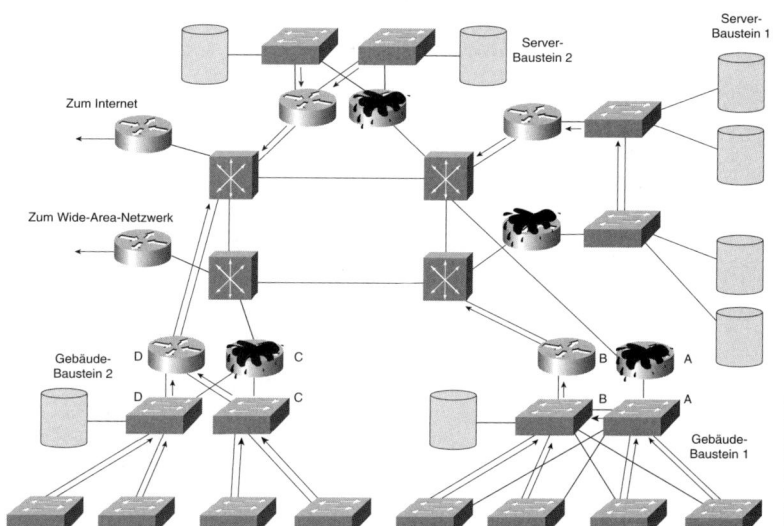

In Gebäude-Baustein 1 entdeckt der Verteiler-Switch A die ausgefallene Verbindung zu Router A und leitet den Netzwerkverkehr über den Verteiler-Switch B zu Router B um. In Gebäude-Baustein 2 entdeckt der Verteiler-Switch C den Ausfall von Router C und leitet den Netzwerkverkehr direkt zu Router D.

Die Verteiler-Switches in den Server-Bausteinen verhalten sich ebenso. Sobald die ausgefallene Verbindung zum Router entdeckt wird, wird der Netzwerkverkehr umgeleitet. Alle Enterprise-Server und alle verteilten Server bleiben betriebsbereit. Da dieses Netz auch HSRP betreibt, aktiviert es automatisch den HSRP-Standby-Router, so daß die Benutzer auf ihren Rechnern keine neue IP-Standard-Gateway-Adresse konfigurieren müssen.

Als nächstes werden die Auswirkungen beschrieben, die der Ausfall des Kern-Switches nach sich zieht. Bild 12.19 zeigt den Ausfall eines einzelnen Kern-Switches, Bild 12.20 zeigt den Ausfall zweier Kern-Switches. In beiden Darstellungen gibt es nur eine einzige Broadcast-Domäne im Kern. Nachdem diese Situation analysiert wurde, wird gezeigt, wie sich dieselben Störungen auswirken, wenn im Kern zwei Broadcast-Domänen vorhanden sind.

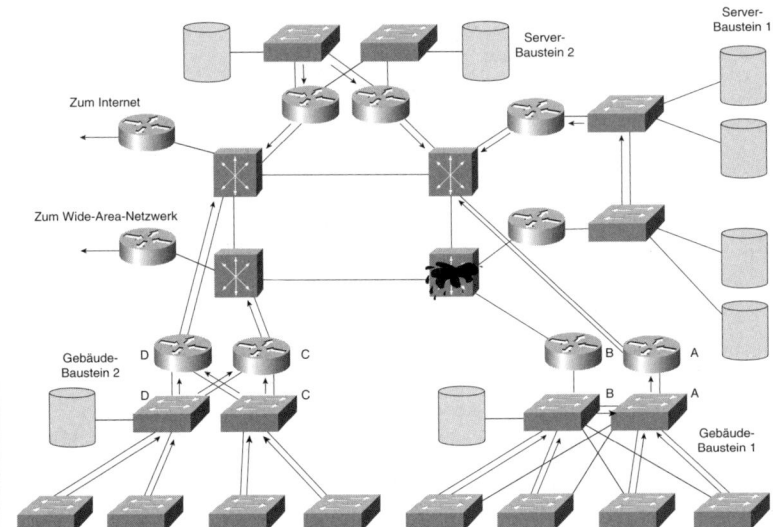

Bild 12.19:
Ausfall eines
Kern-Switch,
wenn eine
Broadcast-
Domäne
vorhanden ist

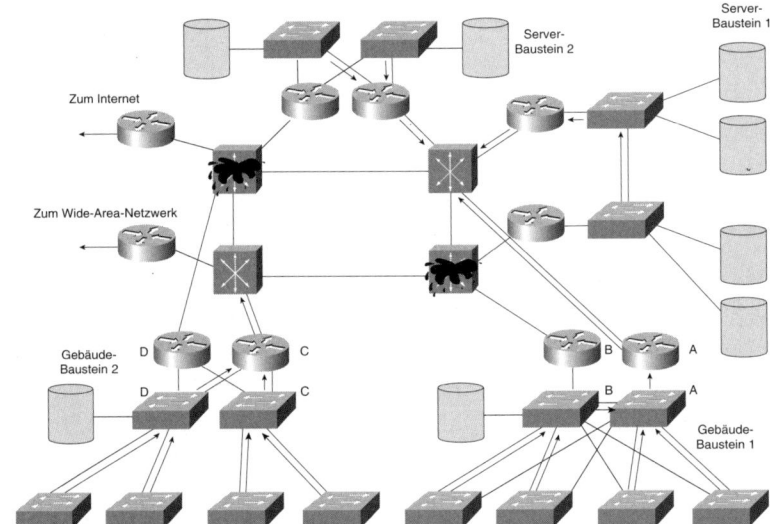

Bild 12.20:
Ausfall zweier
Kern-Switches,
wenn eine
Broadcast-
Domäne
vorhanden ist

Wie in Bild 12.19 dargestellt, entsteht für den Fall, daß ein Kern-Switch ausfällt, kein Verbindungsverlust – es existiert ein Datenpfad durch einen Kern-Switch, der in Betrieb ist. Der Netzwerkverkehr innerhalb des Gebäude-Bausteins 1 wird über den Router A zum betriebsbereiten Kern-Switch umgeleitet, anstatt über den Router B zu gehen. Der Netzwerkverkehr in Gebäude-Baustein 2 muß nicht umgeleitet werden und bewegt sich wie in einem störungsfreien Netz.

Fallen zwei Kern-Switches aus (siehe Bild 12.20), gehen einige Verbindungen verloren. In diesem Beispiel hat der Gebäude-Baustein 1 die Verbindung zum Campus nicht verloren, da der Netzwerkverkehr umgeleitet werden kann. Er hat jedoch die Verbindung zum WAN und zum Internet verloren.

Die Darstellung zeigt auch, daß der Gebäude-Baustein 2 die Verbindung über den Kern verloren hat. Gebäude-Baustein 2 kann nicht auf die Enterprise-Server zugreifen, da Router D mit dem ausgefallenen Kern-Switch verbunden ist. Obwohl sich Router C mit einem betriebsfähigen Kern-Switch verbinden kann, kann der Kern-Switch den Netzwerkverkehr nur zum WAN schicken. Durch den Campus kann kein Netzwerkverkehr geschickt werden, da der betriebsbereite Kern-Switch von ausgefallenen Kern-Switches umgeben ist.

Die Auswirkungen auf das Netz können andere sein, wenn ein anderer Kern-Switch oder eine andere Kombination von Kern-Switches ausfällt, als diejenigen, die in Bild 12.19 und Bild 12.20 dargestellt sind. Je nachdem, welcher Kern-Switch ausfällt, verlieren die Gebäude-Bausteine ihre Verbindung zum Campus-Netz oder auch nicht. Auch in dieser Situation bestimmt ein solides, skalierbares Design, welcher Teil des Campus-Kerns so gut wie möglich vor Störungen geschützt werden sollte. Es wird dann ein Schema in Bewegung gesetzt, das sicherstellen soll, daß kritische Kernoperationen genügend Backup-Redundanz zur Verfügung haben, um zu gewährleisten, daß wichtige Campus-Funktionen in Betrieb bleiben können, für den Fall, daß ein Kern-Switch ausfällt.

Die vorhergegangenen Beispiele basieren auf der Annahme, daß im Kern eine Broadcast-Domäne existiert. Wir werden nun dieselben Kern-Switch-Ausfälle betrachten, jedoch mehrere Router-Verbindungen zulassen (zwei Broadcast-Domänen).

Der Einfachheit halber wird nur der Gebäude-Baustein 2 betrachtet, der vorher aufgrund einer Störung im Kern die Verbindung zu den Enterprise-Servern verloren hat (siehe Bild

12.20). Bild 12.21 zeigt das neue Design, das zwei Broadcast-Domänen im Kern hat.

Bild 12.21:
Ausfall von
zwei Kern-
Switches, wenn
zwei Broadcast-
Domänen
vorhanden sind

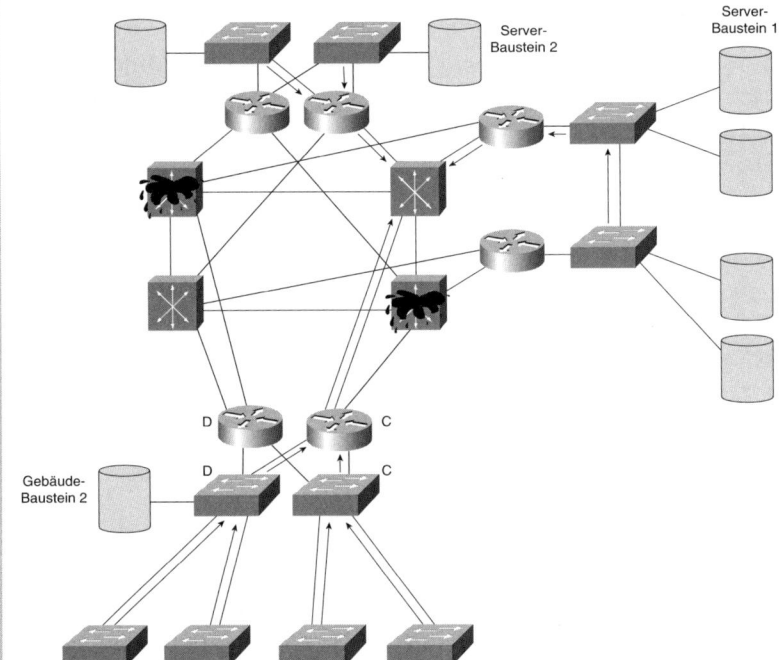

Wie man sehen kann, können die Benutzer von Gebäude-Baustein 2 aufgrund der mehrfach existierenden Verbindungen von den Routern zu den Kern-Switches die Enterprise-Server erreichen. Dies ist möglich, da der Netzwerkverkehr durch den Router C zu dem betriebsbereiten Kern-Switch und von dort aus zu den Enterprise-Servern fließt.

Abschließend wird diese Diskussion erweitert und eine Situation mit mehreren Ausfällen im Netz betrachtet – ein Worst-Case-Szenario. In Bild 12.22 sind alle Störungen dargestellt, die bisher beschrieben und in Bild 12.16 bis Bild 12.21 dargestellt wurden.

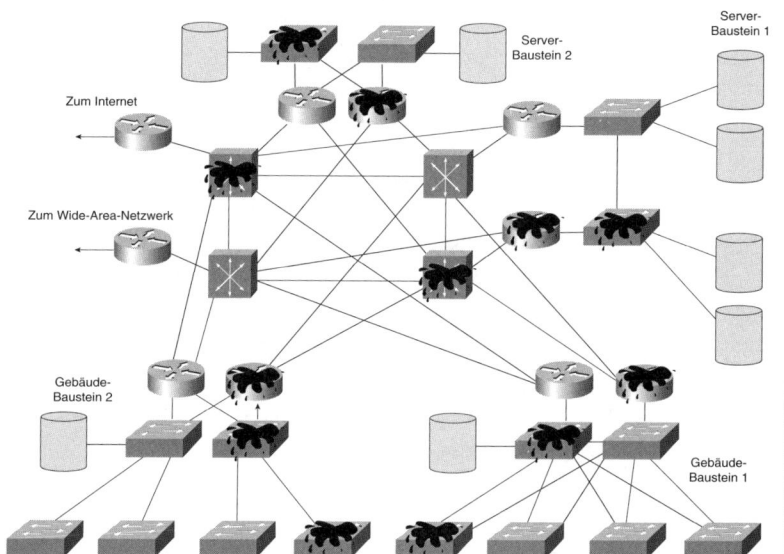

Bild 12.22: Multiple Geräteausfälle

In diesem Worst-Case-Szenario haben alle Benutzer von Gebäude-Baustein 1 und 2 ihre Verbindungen zum Kern verloren und können daher nicht auf den Server-Baustein zugreifen. Eine begrenzte Zahl von Benutzern in Gebäude-Baustein 2 können auf das WAN zugreifen, aber es bestehen keine Verbindungen zu den Einrichtungen auf dem Campus. Obwohl in diesem Netzdesign sehr viel Redundanz vorhanden ist (doppelte Verbindungen, Spanning-Tree, HSRP für die Router und so weiter), ist es nicht narrensicher.

Es ist äußerst wichtig, daß der Netzdesigner festlegt, welche Ausfälle das Netz tolerieren kann, ohne daß kritische Benutzer- oder Serververbindungen verlorengehen. Im Grunde muß das Design auf dem Verständnis aufgebaut sein, wie viele Ausfälle ein Netz überstehen kann, bevor es betriebsunfähig wird, und man sollte den wichtigen Geschäftsvorgängen soviel Schutz wie möglich bieten.

12.5 Multimedia

Das skalierbare Design geht von der Annahme aus, daß Multimedia-Anwendungen auf dem Netz erlaubt sind. Wie in Kapitel 4 »Erzeugung von Multimedia-Netzwerkverkehr« beschrieben, sind diese Anwendungen eine Mischung aus Text,

Bildern, Ton und Bewegung, die durch das Netz reisen. Da die Multimedia-Anwendungen sehr vielschichtig sind und sehr viel Bandbreite benötigen, müssen spezielle Funktionen auf den Netzwerkgeräten implementiert werden, damit die Anwendungen auf dem Campus effizient arbeiten können.

Die wichtigsten Überlegungen bezüglich der Multimedia-Anwendungen gelten den Netzwerkverkehrscharakeristika. Höchstwahrscheinlich wird Multimedia als Multicast-Netzwerkverkehr verschickt, so daß mehrere Benutzer von der Anwendung profitieren können (Videokonferenzen oder Echtzeit-Bildverarbeitung). In diesem Fall muß IGMP auf dem Multimedia-Server, den Routern und den empfangenden Arbeitsstationen eingerichtet werden. Zusätzlich dazu brauchen die Router ein Multicast-Routing-Protokoll (wie MOSPF, DVMRP, PIM-Dense-Betriebsmodus oder PIM-Sparse-Betriebsmodus), um den Multimedia-Netzwerkverkehr zwischen den Servern und den Endstationen befördern zu können.

Diese Anforderungen ändern sich, wenn Multimedia als Unicast-Netzwerkverkehr verschickt wird (wie eine 2-Weg-Videokonferenz-Anwendung oder einige »Shared-Whiteboard«-Anwendungen). In diesem Fall wird immer noch IGMP auf den Geräten benötigt. Es ist jedoch nicht nötig, daß ein spezielles Multicast-Routing-Protokoll auf den Routern läuft. Der Multimedia-Netzwerkverkehr wird in dieser Situation wie jeder andere Unicast-Netzwerkverkehr auf dem Netz behandelt (E-Mail, Dateitransfers oder Websurfen) – er geht zu der einzelnen Arbeitsstation, für die er bestimmt ist.

In unserem skalierbaren Design stellen wir zwei Multimedia-Netzsituationen vor. Beide basieren auf Multicast-Netzwerkverkehr, da dieser Netzwerkverkehr Multicast-Routing auf dem Netz verlangt. In der ersten Alternative wird DVMRP eingerichtet, das durch den PIM-Dense-Betriebsmodus ersetzt werden kann (aus Kapitel 4 ist bekannt, daß sich DVMRP und PIM-Dense-Betriebsmodus im Netz ähnlich verhalten). In der zweiten Alternative für das Multimedia-Design richten wir den PIM-Sparse-Betriebsmodus auf dem Netz ein.

Ungeachtet dessen, welches Routing-Protokoll verwendet wird, sollte man nicht vergessen, daß Multicast-Netzwerkverkehr eine Punkt-zu-Punkt-Operation ist und die Tendenz hat, das Netz mit Paketen zu fluten. Ziel des Multimedia-Netz-design ist es, beim Multicast-Fluten so wenig Bandbreite wie möglich zu benützen. Je weniger Geräte von Multicast-Pake-ten überflutet werden, desto höher ist die Netzleistung, was dazu führt, daß die Übertragung der Multimedia-Anwendun-gen effizienter wird. Die Situationen, die wir vorstellen, ver-suchen, die dem Multimedia-Netzwerkverkehr innewohnen-den Überflutungscharakteristika einzuschränken.

Der erste Schritt beim Integrieren von Multimedia in das De-sign besteht darin, zu bestimmen, wo die Multimedia-Server im Netz stehen sollen. In den meisten Fällen sollten die Multi-media-Server im Server-Baustein stehen und als Enterprise-Server arbeiten. Da normalerweise jede Multimedia-Anwen-dung von mehr als nur einer speziellen Gruppe genutzt wird, wäre es nicht sinnvoll, verteilte Multimedia-Server einzurich-ten. Gibt es jedoch Multimedia-Anwendungen, die nur von einer speziellen Gruppe genutzt werden, ist es effektiv, diese Anwendungen auf den geeigneten verteilten Servern zu pla-zieren.

Sobald der Multimedia-Server sich an seinem Platz befindet, muß als nächstes DVMRP auf den geeigneten Netzwerkgerä-ten konfiguriert werden. Diese erste Situation, in der auf je-dem Router auf dem Campus DVMRP konfiguriert sein muß, ist in Bild 12.23 dargestellt. Sind die Router im Server-Bau-stein nicht konfiguriert, gehen die Multimedia-Anwendungen nirgendwo hin. Sind die Router im Gebäude-Baustein nicht konfiguriert, können sie den Multicast-Netzwerkverkehr nicht zu den nachfragenden Endstationen weiterleiten.

Der Pfad, den der Multicast-Netzwerkverkehr benützt, nach-dem DVMRP konfiguriert worden ist, wird ebenfalls in Bild 12.23 gezeigt. Einige nachfragende Workstations im Gebäude-Baustein 2 senden ihre IGMP-Joins an den Multimedia-Server. Der Multimedia-Server antwortet, indem er den Multicast-Netzwerkverkehr abschickt. DVMRP flutet den Netzwerkver-kehr überallhin. Der Router im Server-Baustein schickt den Multicast-Netzwerkverkehr in den Kern, und der Kern schickt ihn aus all seinen Ports ab.

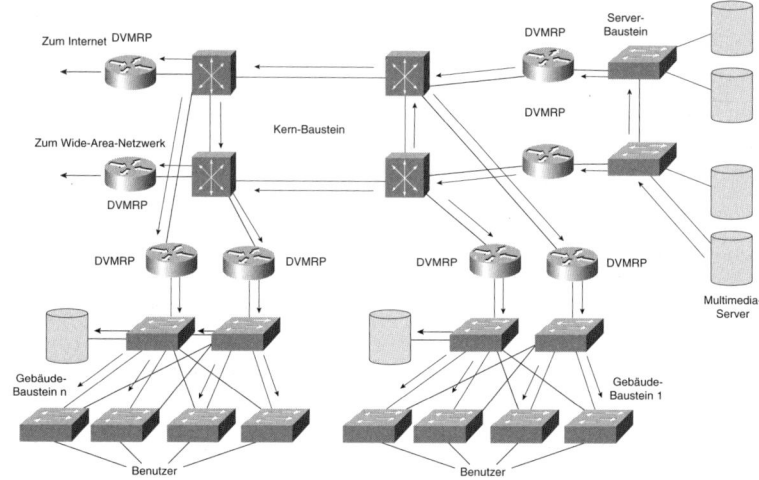

*Bild 12.23:
DVMRP-Kon-
figuration und
Multimedia-
Verkehrsmuster*

Empfangen die Router in den Gebäude-Bausteinen den Multicast-Netzwerkverkehr, schicken sie ihn zu den Verteiler-Switches. Die Verteiler-Switches wiederum fluten den Netzwerkverkehr an alle Schaltraum-Switches, der Netzwerkverkehr
erreicht schließlich alle Arbeitsstationen.

Erfahren die Router in Gebäude-Baustein 1, daß es keine
Empfänger für diese Anwendung gibt, *prunen* sie den Netzwerkverkehr (siehe Bild 12.23). Man sollte auch daran denken, daß DVMRP ständig prüft, ob neue Mitglieder vorhanden sind, und den Router dadurch zwingt, den Netzwerkverkehr ständig zu fluten, für den Fall, daß eine neue Station zur
Gruppe hinzugekommen ist, und »prune-back« anordnet,
wenn keine neuen Mitglieder gefunden wurden.

Da in Gebäude-Baustein 2 Endgeräte sind, die die Anwendung
nutzen wollen, werden die Router dort den Multicast-Netzwerkverkehr weiter fluten. Ist keine Filterung oder Dynami-
sche-Multicast-Registrierung auf den Switches konfiguriert,
schicken die Switches weiterhin die Multicast-Pakete an alle
Arbeitsstationen. Ist irgendeine Form der Multicast-Registrierung auf dem Netz eingerichtet, so schicken die Switches den
Multicast-Netzwerkverkehr nur zu den Workstations, welche
die Anwendungen nutzen.

Diese Alternative zeigt einen Weg, wie Multimedia-Anwendungen im skalierbaren Netz unterstützt werden können.

DVMRP/PIM-Dense-Betriebsmodi arbeiten am besten, wenn viele Benutzer auf dem Campus dieselbe Multimedia-Anwendung benützen (wie beispielsweise einen unternehmensweiten Meeting-Broadcast im Netz), da die Router den Multicast-Netzwerkverkehr nicht an vielen Stellen »prunen« müssen.

Die nächste Alternative eines Multimedia-Designs verwendet PIM-Sparse-Betriebsmodus als Routing-Protokoll, um das Fluten von Multimedia auf dem Netz zu verringern. Wird PIM-Sparse-Betriebsmodus verwendet, richten wir einen Treffpunkt ein, so daß alle IGMP-Registrierungen zu diesem Treffpunkt gehen und alle ursprünglichen Videoströme ebenfalls zu diesem Treffpunkt gehen, anstatt das Netz zu fluten. In Bild 12.24 wurde ein Treffpunkt-Router im Netz bestimmt.

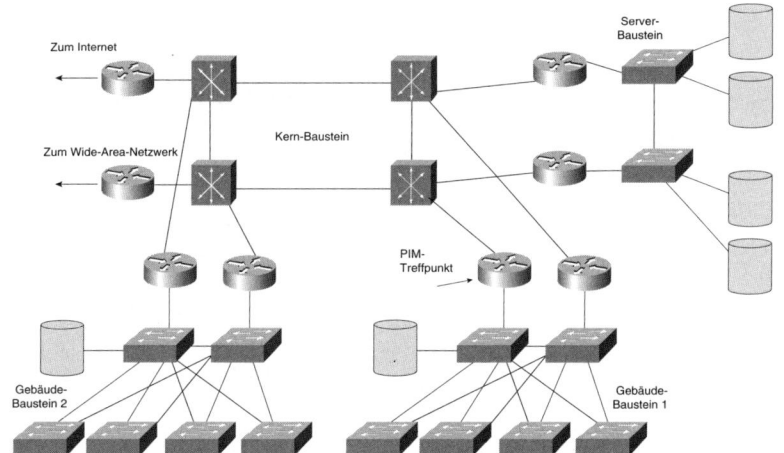

Bild 12.24: Treffpunkt-Router im skalierbaren Netz

Das Design zeigt einen Treffpunkt auf dem Gebäude-Baustein-Router. Befindet sich PIM-Sparse-Betriebsmodus auf diesem Router, anstatt auf dem Server-Baustein-Router, instruiert es die Router des Server-Bausteins den Multimedia-Multicast-Netzwerkverkehr als Unicasts zum Treffpunkt zu schicken. Dies verhindert, daß Multicasts im Kern-Baustein geflutet werden. Die Kern-Switches leiten die Unicast-Pakete einfach zum Treffpunkt-Router weiter.

Bild 12.25 zeigt die ursprünglichen Datenpfade zweier Endgeräte, die derselben Multimedia-Gruppe angehören und PIM-Sparse-Betriebsmodus verwenden.

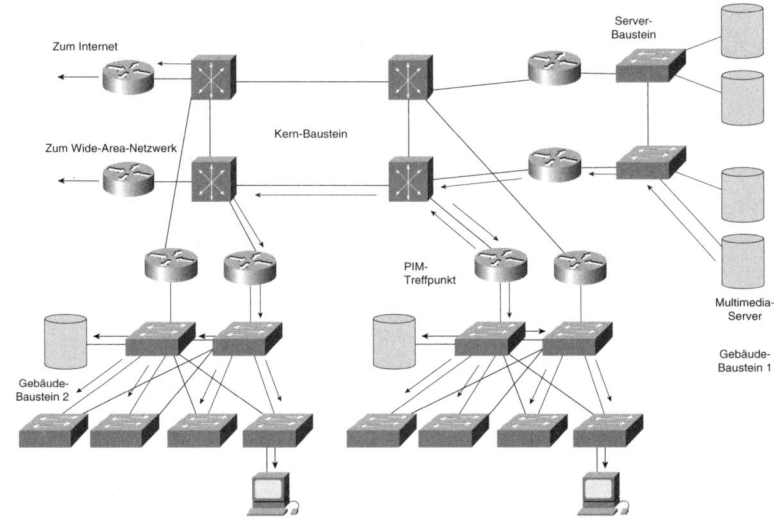

*Bild 12.25:
Ursprünglicher
Multicast-
Datenpfad, der
PIM-Sparse-
Betriebsmodus
verwendet*

Nachdem die Endstationen ihre IGMP-Joins zum Multimedia-Server geschickt haben, schickt der Multimedia-Server den Multicast-Netzwerkverkehr in das Netz. Der Router im Server-Baustein weiß, daß der Netzwerkverkehr zuerst zum Treffpunkt gehen muß. Er schickt daher den Netzwerkverkehr in Form eines Unicast an den Treffpunkt-Router. Der Treffpunkt-Router schickt dann den Netzwerkverkehr von den Schnittstellen ab, von denen die beiden anfragenden Arbeitsstationen unterstützt werden. Im Gebäude-Baustein 1 erreicht der Multimedia-Netzwerkverkehr die Workstation über die Verteiler- und Schaltraum-Switches. Ist keine Filterungsmethode oder Multicast-Registrierung eingerichtet, fluten diese Switches, ähnlich wie beim DVMRP-Design, die Multicast-Pakete an alle Arbeitsstationen.

Der Treffpunkt-Router schickt den Netzwerkverkehr über den Kern auch zu dem Router in Gebäude-Baustein 2, da eine Endstation in diesem Gebäude-Baustein dieselbe Multimedia-Anwendung nutzt. Der Router wiederum schickt den Multicast-Netzwerkverkehr, ebenso wie in Gebäude-Baustein 1, über die Verteiler-Switches und die Schaltraum-Switches an die Arbeitsstation.

Nachdem dieser ursprüngliche Pfad die Daten erfolgreich übertragen hat, optimiert PIM-Sparse-Betriebsmodus den Datenpfad (siehe Bild 12.26).

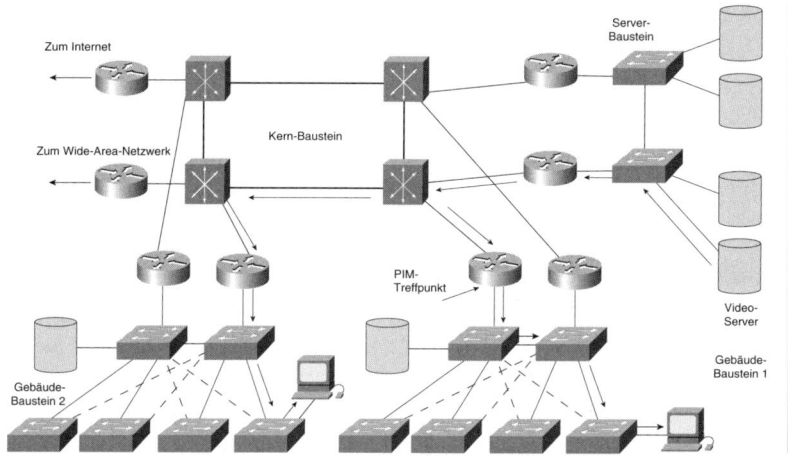

Zum Internet

Server-
Baustein

Kern-Baustein

Zum Wide-Area-Netzwerk

PIM-
Treffpunkt

Video-
Server

Gebäude-
Baustein 1

Gebäude-
Baustein 2

Bild 12.26:
PIM-Sparse-
Betriebsmodus
optimiert den
Datenpfad

Der Router im Server-Baustein schickt nun den Multimedia-Netzwerkverkehr direkt zum Router in Gebäude-Baustein 2, um die Endstation in Gebäude-Baustein 2 zu erreichen, anstatt über den Treffpunkt-Router in Gebäude-Baustein 1 zu gehen. Der Pfad vom Video-Server zur Endstation in Gebäude-Baustein 1 ist bereits optimiert, so daß er sich nicht ändert.

PIM-Sparse-Betriebsmodus arbeitet am besten, wenn eine kleine Zahl von Benutzern auf dem Campus dieselbe Multimedia-Anwendung benützt, da es das Netz nicht mechanisch mit Multicast-Netzwerkverkehr flutet.

12.6 Sicherheit

Das skalierbare Design enthält einige Schichten von Netzsicherheit, um unberechtigten Benutzern den Zugriff auf das Netz zu verwehren. Erstens ist auf dem Netz eine Benutzerauthentifizierung konfiguriert. Um auf das Netz zugreifen zu können, ist eine Netzanmeldung erforderlich, die einen gültigen Benutzernamen und ein Paßwort enthält. Zweitens ist auf jedem Server eine Benutzeranmeldungssicherheit konfiguriert, ebenfalls in Form einer Benutzername/Paßwort-Kombination, damit nur bekannte Benutzer, die ein gültiges Paßwort eingeben, auf den Server zugreifen können.

Das skalierbare Design verstärkt den Schutz des Netzes noch, indem es Sicherheiten in die Netzinfrastruktur einbaut. Dabei werden auf den Routern Zugriffslisten konfiguriert. Wie in Kapitel 8, »Sicherheitsaspekte«, besprochen, wird das Netz, indem man Zugriffslisten auf den Routern konfiguriert, zu einer zusätzlichen Schranke, die die Benutzer passieren müssen, bevor sie sich mit den Servern verbinden. Bild 12.27 zeigt Zugriffslisten, die auf dem Netz plaziert wurden.

Die Router im Server-Baustein benützen die Zugriffsliste, um unberechtigten Benutzern den Zugriff auf die Enterprise-Server zu verwehren. Zugriffslisten auf den Routern in den Gebäude-Bausteinen erlauben nur bestimmten Benutzern den Zugriff auf die verteilten Server. Um außenstehende Benutzer davon abzuhalten, ungehindert auf die Geräte des Netzes zuzugreifen, werden auf den Routern, die das Internet und das WAN mit dem Campus verbinden, ebenfalls Zugriffslisten plaziert.

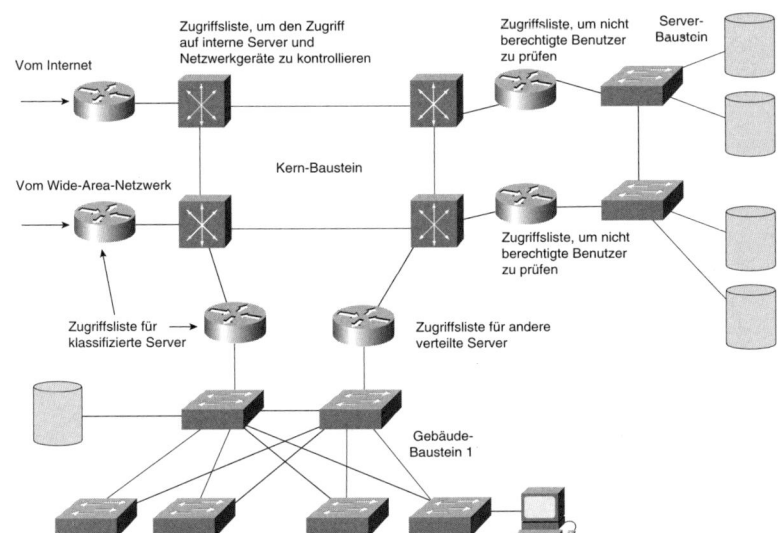

*Bild 12.27:
Zugriffslisten
auf dem Netz*

Gemeinsam bieten die Sicherheitsmaßnahmen, die für diesen Entwurf beschrieben wurden, einen angemessenen Schutz. Als zusätzliche Sicherheitsmaßnahme kann man Routen-Authentifizierung auf den Routern konfigurieren, so daß innerhalb des Netzes nur gültige Pfade benützt werden. Routen-Authentifizierung kann sicherstellen, daß andere Geräte keinen Erfolg haben, wenn sie versuchen, sich als Standard-Gateway auszugeben, um Daten aus dem Netz zu erhalten. Außerdem sollte man in Betracht ziehen, eine der Verschlüsselungsmethoden, die in Kapitel 8 beschrieben wurden, anzuwenden, wenn einige der Angestellten mit klassifizierten oder empfindlichen Daten arbeiten.

12.7 Mobilität

Um ein Benutzerwachstum und Benutzermobilität zu ermöglichen, nutzt das skalierbare Design ein dynamisches IP-Adressierschema. DHCP-Software (beschrieben in Kapitel 9) wird auf einem Server konfiguriert, der IP-Adressen an Clients verteilt, die Arbeitsstationen mit DHCP-Client-Software unterstützen. Bestimmte Router sind so konfiguriert, daß sie IP-Broadcast-Pakete als Unicast-Pakete weiterleiten, damit die DHCP-Server sie empfangen können (siehe Bild 12.28). Die entsprechenden Router werden im Bild als IP/BootP-Helfer bezeichnet.

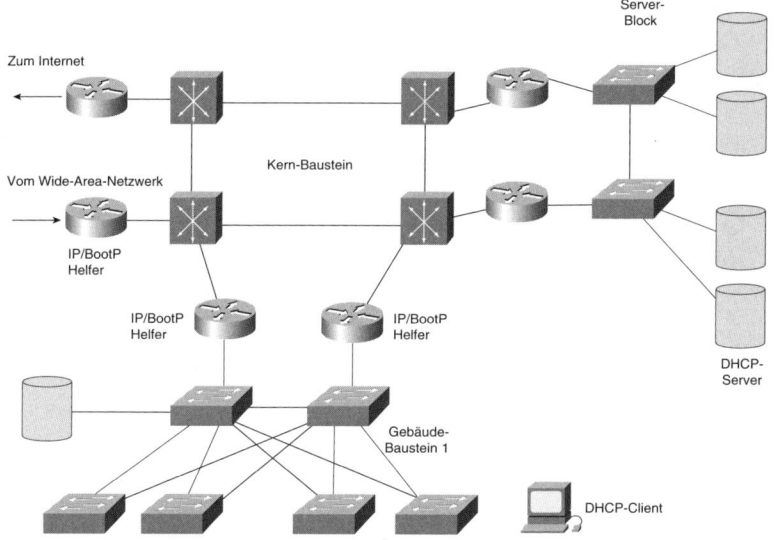

Bild 12.28: DHCP ist auf dem Netz konfiguriert

Die Router in den Gebäude-Bausteinen müssen DHCP-Nachrichten verstehen und weiterleiten können. Die Router im Server-Baustein müssen die Nachrichten nicht verstehen können, da sie zu dem Zeitpunkt, zu dem die Router sie sehen, an den DHCP-Server gerichtete Unicasts sind. Da weit entfernte Benutzer sich über den WAN-Router auf dem Campus anmelden, ist dort auch der IP/BootP-Helfer konfiguriert.

Die Gebäude-Baustein-Router leiten die DHCP-Discover/Request-Nachrichten in Form eines Unicast zum DNS/DHCP-Server und halten den Broadcast-Netzwerkverkehr dadurch auf einem Minimum.

Jedesmal, wenn sich Benutzer auf dem Netz anmelden, erhalten sie eine neue IP-Adresse oder auch nicht (je nachdem, welche Leasing-Zeit auf dem DHCP-Server eingestellt ist). Wechseln die Benutzer auf ein anderes Stockwerk oder in ein anderes Gebäude, erhalten sie automatisch eine neue IP-Adresse und eine neue IP-Standard-Gateway-Adresse. Sobald DHCP auf dem Client konfiguriert ist, benötigt man kein statisches Adressierschema mehr auf den Arbeitsstationen.

Es ist eine einfache Aufgabe, DHCP auf dem Client, den Routern und den Servern zu konfigurieren. Schwieriger ist es, jedem Subnetz auf dem DHCP-Server eine ausreichende Anzahl an Adressen zuzuteilen. Den größten Teil dieser Arbeit kann man erledigen, wenn man den DHCP-Server zum ersten Mal aufstellt. Das Zuteilen von weiteren Adressen und Subnetzen kann auf dem DHCP-Server stattfinden, wenn der Bedarf danach entsteht. Wenn beispielsweise dem Netz ein neues Gebäude hinzugefügt oder eine einzelne Broadcast-Domäne in zwei getrennte Broadcast-Domänen aufgeteilt wird.

Ist DHCP im skalierbaren Netzdesign implementiert, ist es für den Netzadministrator einfacher, die Benutzermobilität und das Wachstum zu handhaben, und es ist nicht mehr nötig, statische Adressen mühsam zu verteilen beziehungsweise umzuverteilen.

12.8   VLANs

Im skalierbaren Netzdesign werden die VLANs eher benützt, um die Broadcast-Domänen zu kontrollieren, als um eine hohe Benutzerflexibilität zu gewährleisten. Das bedeutet, daß es keine VLANs gibt, die sich über das gesamte Netz erstrecken. Statt dessen bleiben die VLANs mit den Verteiler-Switches auf einer lokalen Ebene. Je nachdem, wie groß die Broadcast-Domäne ist, umspannen die VLANs ein paar Schalträume oder bleiben innerhalb eines einzigen Schaltraums.

Der Entwurf, der in Bild 12.29 dargestellt ist, zeigt einen Gebäude-Baustein mit vier VLANs, die die vier Broadcast-Domänen oder Subnetze repräsentieren, die während der gesamten Diskussion über skalierbare Designs benutzt wurden.

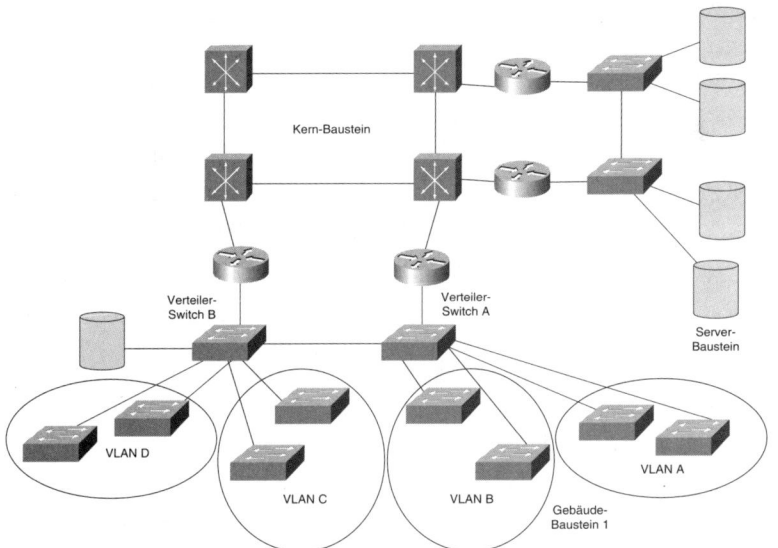

Bild 12.29: VLANs im Gebäude-Baustein

In diesem Beispiel umspannen die VLANs zwei Switches, die, obwohl sie sich vielleicht im gleichen Schaltraum befinden, auf dem gleichen Stockwerk sind. Die Hauptverbindungen von Switches, die sich im gleichen VLAN befinden, führen zum gleichen Verteiler-Switch. Bild 12.29 zeigt, daß die Hauptverbindungen der VLANs A und B zum Verteiler-Switch A, die Hauptverbindungen der VLANs C und D zum Verteiler-Switch B führen.

Bewegt sich ein Benutzer auf VLAN A zu einem anderen Switch, der nur VLAN C oder D unterstützt, wird der Benutzer ein Teil von VLAN C oder D und kann nicht Teil von VLAN A bleiben.

Der verteilte Server kann ein einzelnes VLAN oder multiple VLANs unterstützen, je nachdem, wer darauf zugreifen muß. Die VLAN-Technologie erlaubt es einem Server, mit einer einzigen physischen Verbindung zum Switch multiplen VLANs anzugehören.

Wie schon früher in diesem Kapitel besprochen, muß der Verteiler-Switch für jedes Subnetz, das er unterstützt, eine eigene physische Verbindung zu dem Router haben. Werden VLANs implementiert, wird diese Forderung überflüssig. Der Verteiler-Switch benötigt nur eine einzige physische Verbindung zu dem Router oder eine Verbindung zu jedem Router (je nachdem, welche Redundanzmethode gewählt wurde), und er kann über diese einzelne Verbindung alle VLANs unterstützen.

Der Kern des Netzes muß nur ein oder zwei VLANs unterstützen. Der Kern hat in der Regel nicht so viele Verbindungen, daß er zwei VLANs benötigt, um all diese Verbindungen zu unterstützen. Die tatsächliche Grenze für die Verbindungen, die ein VLAN unterstützen kann, liegt ungefähr bei 250, der maximalen Größe eines Klasse-C-IP-Subnetzes. Hält man sich an die Richtlinien für sicheres Netzdesign, wird es in dem Subnetz (oder VLAN) nicht mehr als 40 Verbindungen zum Kern-Baustein geben.

Die Gesamtzahl der Verbindungen ist nur eine der Beschränkungen, welche die Anzahl der VLANs, die der Kern unterstützen muß, begrenzen. Eine andere Beschränkung sind die Verbindungen pro Router. Hat jeder Router nur eine Verbindung zu den Kern-Switches, wird nur ein VLAN im Kern-Baustein benötigt. Will der Netzdesigner jedoch, daß jeder Router in den Gebäude-Bausteinen zwei Verbindungen zum Kern-Baustein hat, um die Redundanz zu erhöhen, dann unterstützt eine Verbindung das erste VLAN (VLAN 10), die zweite Verbindung unterstützt das zweite (VLAN 20).

Für den Server-Baustein benötigt man nur ein VLAN, ausgenommen, man möchte wie beim Kern-Baustein zwei VLANs haben, um mehr Redundanz zur Verfügung zu stellen. Die VLAN-Implementierung im Server-Baustein sieht ähnlich aus wie die Implementierung im Gebäude-Baustein. Bild 12.31 zeigt einen Server-Baustein mit einem VLAN. Bild 12.32 zeigt einen Server-Baustein mit zwei VLANs.

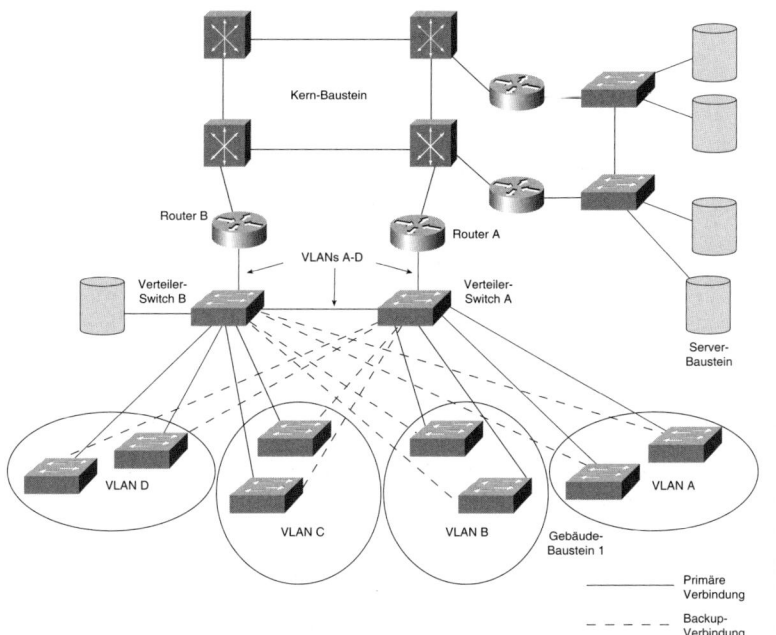

Bild 12.30:
VLANs im
Kern-Baustein

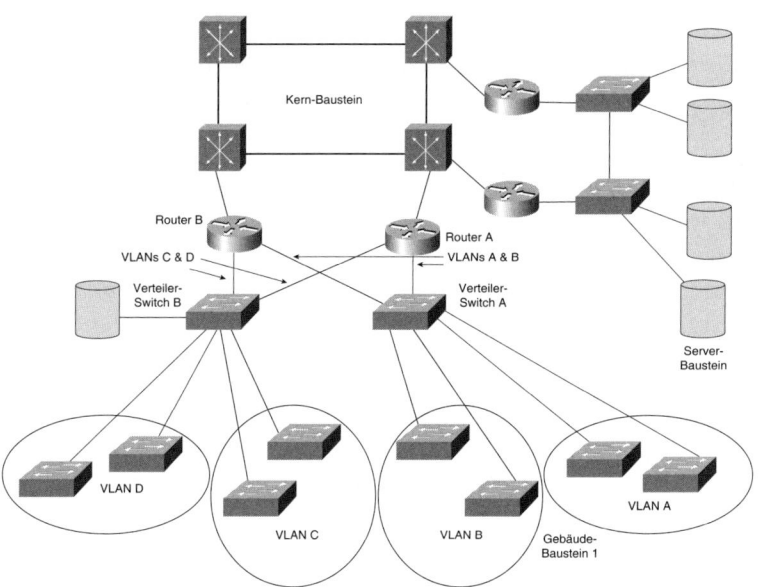

Bild 12.31:
Server-Baustein
mit einem ein-
zelnen VLAN

*Bild 12.32:
Server-Baustein
mit zwei
VLANs*

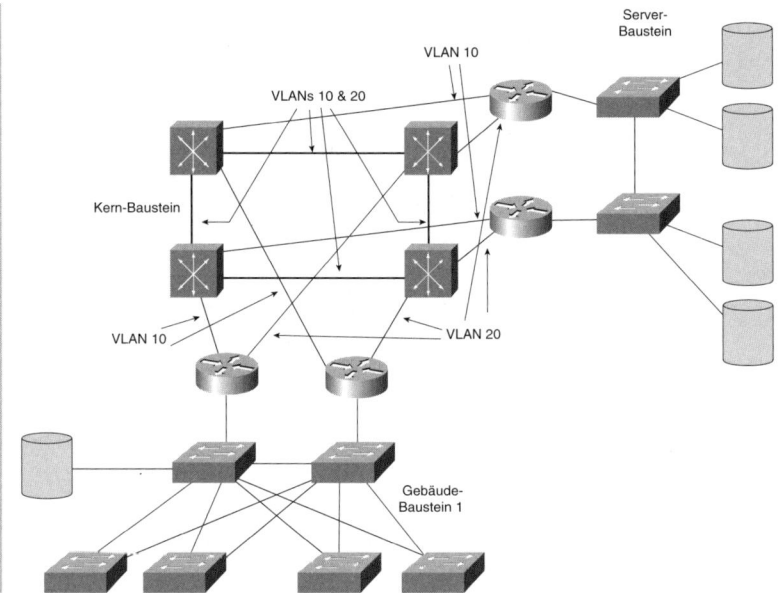

Da VLANs eine physische Verbindung nachahmen, ist es wichtig, zu beschreiben, was mit dem Netzwerkverkehrsfluß in einem VLAN geschehen kann, wenn ein Netzgerät ausfällt. Zuerst werden die VLAN-Pfade für die Wiring-Closet-Switch-Redundanz in dem Gebäude-Baustein betrachtet (siehe Bild 12.33).

Die Verbindungen zwischen den Verteiler-Switches und den Routern unterstützen alle vier VLANs. Obwohl der Verteiler-Switch A nur Benutzer auf den VLANs A und B hat und der Verteiler-Switch B nur Benutzer auf den VLANs C und D hat, unterstützen aus Redundanzgründen beide Switches die VLANs A bis D.

Fällt Router A aus (siehe Bild 12.34), dann schickt der Verteiler-Switch A den VLAN-Netzwerkverkehr zu Verteiler-Switch B. Der Verteiler-Switch B leitet den Netzwerkverkehr dann zu Router B. Fällt der Verteiler-Switch A aus, können die Schaltraum-Switches ihren Netzwerkverkehr statt dessen zum Verteiler-Switch B leiten (siehe Bild 12.35).

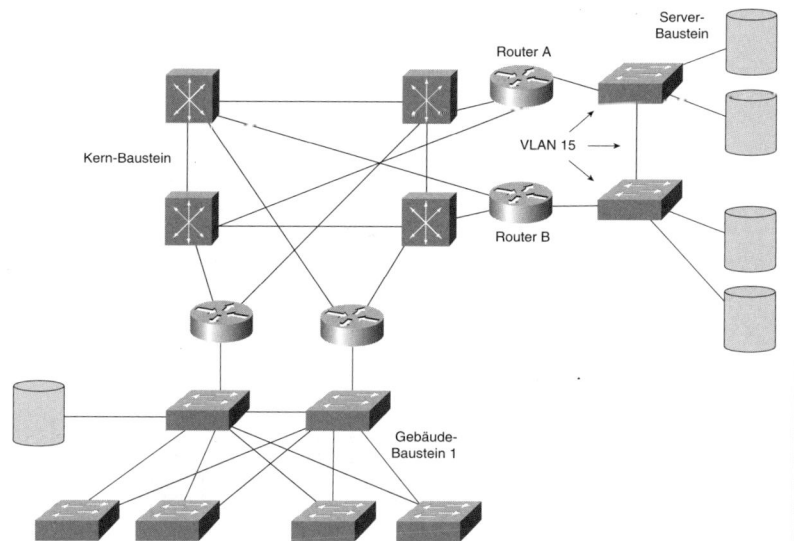

Bild 12.33: VLAN-Pfade mit Schaltraum-Switch-Verbindungsredundanz

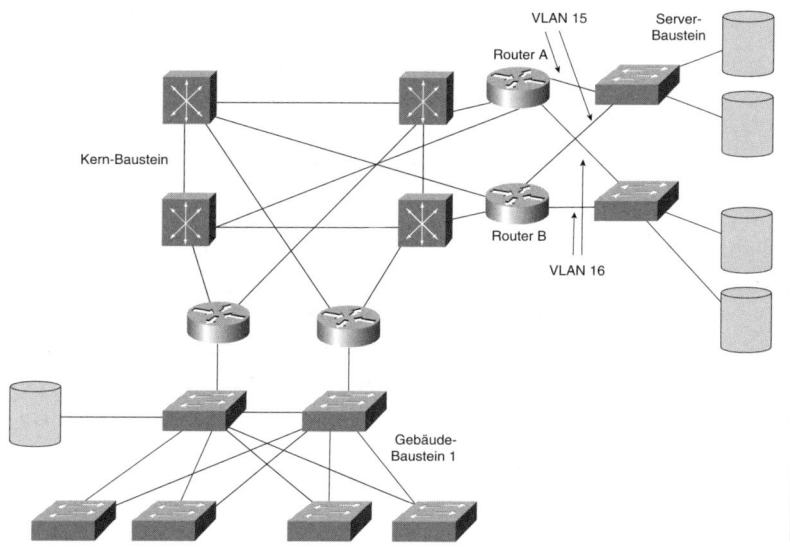

Bild 12.34: VLAN-Redundanz für den Ausfall des Routers

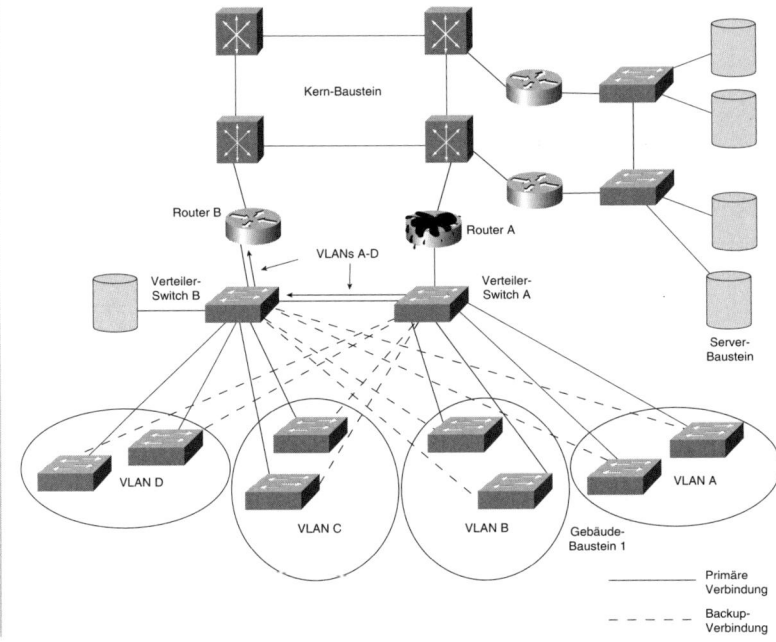

Im nächsten Beispiel werden die zwei gleichen Situationen betrachtet, wobei jedoch Verteiler-Switch-Redundanz eingerichtet wird. Bild 12.36 zeigt die VLAN-Pfade für die Verteiler-Switch-Redundanz.

Jeder Verteiler-Switch verbindet sich mit beiden Routern, anstatt nur mit einem. Verteiler-Switch A verbindet beide VLANs A und B mit den beiden Routern A und B. Ebenso verbindet Verteiler-Switch B die VLANs C und D mit beiden Routern C und D. Dadurch kann der Netzwerkverkehr auf beide Router verteilt werden (Lastenteilung).

Fällt Router A aus, geht der gesamte Netzwerkverkehr von beiden Verteiler-Switches A und B zu Router B, da sie den Netzwerkverkehr nicht länger über Router A schicken können.

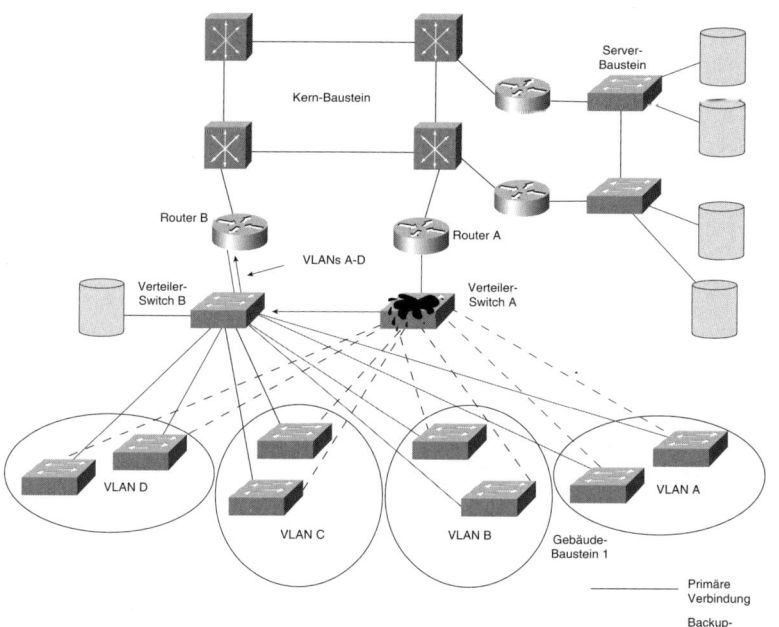

*Bild 12.36:
VLAN-Pfade
mit Verteiler-
Switch-Verbin-
dungsredun-
danz*

Fällt Verteiler-Switch A aus, verlieren VLANs A und B ihre Verbindungen zum übrigen Netz, da keine Schaltraum-Switch-Redundanz vorhanden ist. VLANs A und B können Verteiler-Switch B nicht erreichen.

Fällt Router A im Server-Baustein aus, geht der gesamte Netzwerkverkehr des Server-Bausteins über die Switches zu Router B, egal, ob es ein oder zwei VLANs gibt, da er Router A nicht mehr benützen kann.

Zum Abschluß dieses Abschnitts über VLANs zeigt Bild 12.37 den skalierbaren Netzentwurf, in dem überall auf dem Netz VLANs implementiert sind.

Indem man VLANs für die Kontrolle der Broadcast-Domäne einsetzt, anstatt sie für die Benutzerflexibilität zu verwenden (indem man dem gleichen VLAN erlaubt, überall auf dem Netz zu sein), wird das Netzwerkverkehrsmanagement einfacher. Die Netzwerkverkehrsmuster des Campus sind stabiler und leichter vorhersehbar.

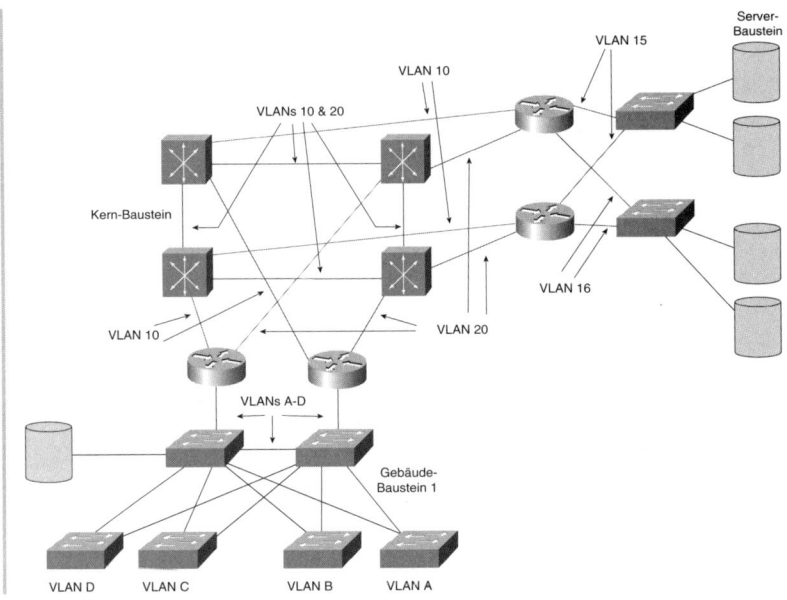

12.9 Festlegen von Netzwerk-
verkehrsprioritäten

Wie in Kapitel 7 besprochen, ist das Bedürfnis, im Campus Netzwerkverkehrsprioritäten festzulegen, heutzutage sehr niedrig. Wenn Anwendungen wie Sprache und Echtzeit-Video in Zukunft häufiger genutzt werden, werden die Methoden zur Festlegung von Netzwerkverkehrsprioritäten diesen Anwendungen eine höhere Leistungskapazität bereitstellen. Für das skalierbare Netzdesign ist es einfach, bei Bedarf die Festlegung von Netzwerkverkehrsprioritäten durch simple Router-Konfigurationen zu unterstützen.

Muß man heute Netzwerkverkehrsprioritäten festlegen, kann man das in einem erweiterbaren Netz mit Hilfe von RSVP tun. Wie bereits besprochen, werden die Anwendungen auf dem Campus vom RSVP-Protokoll, das mit einem Routing-Protokoll und einem Queuing-Mechanismus zusammenarbeitet, unterstützt. Bild 12.38 zeigt, wo RSVP im Campus-Netz vorhanden sein sollte, damit mehr Leistung für die Anwendungen zur Verfügung steht.

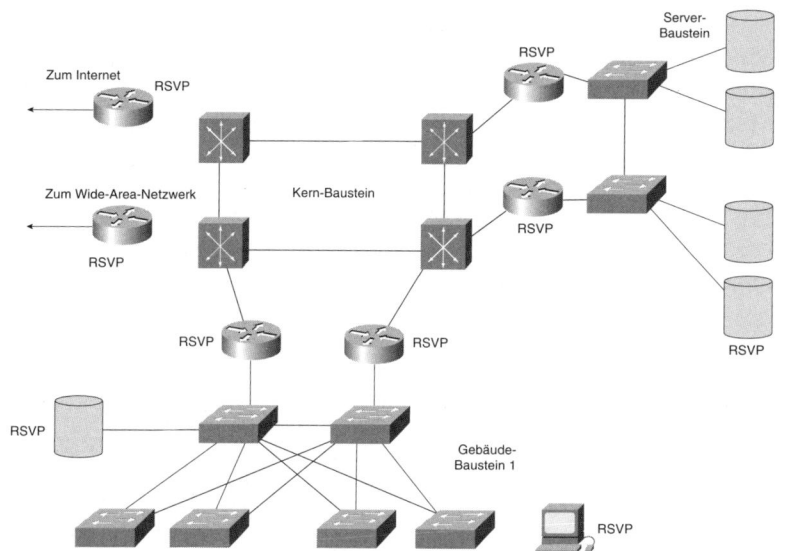

Bild 12.38:
RSVP im
skalierbaren
Netzentwurf

Da RSVP für Netzgeräte eine Schicht-3-Funktion ist, wird es von allen Routern im Netz unterstützt. Für die Gebäude-Baustein-Router ist es wichtig, RSVP zu verwenden, da sie so die Anfrage nach Bandbreite, die von den Endstationen kommt, über das Netz zu den Servern schicken können, die die spezifische Anwendung unterstützen.

Für die Server-Baustein-Router ist es ebenfalls wichtig, RSVP zu verwenden, um zu erkennen, welchen der Daten, die vom Server kommen, Bandbreite zugeteilt werden sollte. Die Router, die die Verbindung zum WAN herstellen, sollten RSVP unterstützen, da weit entfernte Benutzer nur über sehr wenig Bandbreite verfügen.

Einige Anwendungen, die auf den Endstationen laufen, unterstützen RSVP und einige wiederum nicht. So ist es beispielsweise möglich, daß eine Multimedia-Anwendung RSVP auf dem Server unterstützt, nicht jedoch auf der Client-Seite. Sprache, die auf dem Netz läuft, wird vermutlich RSVP nicht unterstützen, da das Telefonsystem nicht die Fähigkeit hat, RSVP-Anforderungen zu stellen oder auf diese zu reagieren. In diesen Fällen müssen die Router die RSVP-Anfragen stellen, damit die Bandbreite für diese Anwendungen garantiert wird.

In der Regel betreiben die Router auch eine der Queuing-Methoden, die in Kapitel 7 besprochen wurden. Die Queuing-Methode kann zusammen mit RSVP oder jeder anderen Methode zur Festlegung von Netzwerkverkehrsprioritäten, die im Netz genutzt wird, betrieben werden.

Das skalierbare Netz ist so konzipiert, daß Methoden zur Festlegung von Netzwerkverkehrsprioritäten bei Bedarf einfach hinzugefügt werden können, ohne daß viele Veränderungen im Netz notwendig sind.

12.10 Zusammenfassung

In diesem Kapitel wurde das skalierbare Netzwerk-Design besprochen, und die Netzcharakteristika und die Designkriterien wurden einzeln untersucht: Redundanz, Multimedia-Unterstützung, Sicherheit, Mobilität, VLANs und Festlegung von Datenverkehrsprioritäten. Abschließend zeigt Bild 12.39 ein vollständiges, skalierbares Netzwerk-Design, in dem all diese Charakteristika berücksichtigt sind.

Bild 12.39:
Vollständiges,
skalierbares
Netzdesign

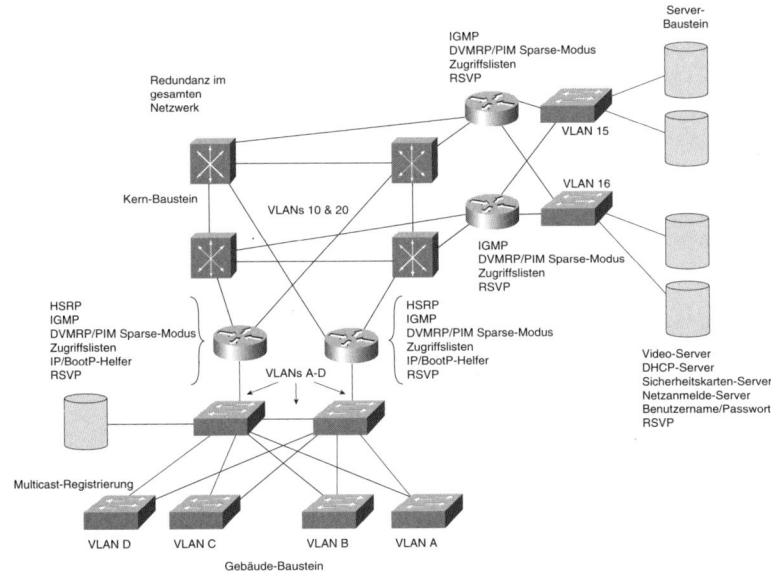

All die Netzkomponenten spielen eine wichtige Rolle bei der Konstruktion eines stabilen Hochleistungsnetzes. Es ist zu erwarten, daß die Verwaltung dieses Netzes kompliziert sein kann. Instrumente für die Netzüberwachung, Programmpakete für die Netzverwaltung und das Verständnis der Fähigkeiten des Netzes helfen, dieses Netz effizient zu unterstützen. Kennt man die Basis des Netzwerkverkehrs, so hat man eine solide Grundlage, wenn es darum geht, Störungen zu suchen oder zukünftiges Wachstum einzuplanen.

Erfüllt das Netz die Kriterien eines skalierbaren Entwurfs, sollten bei der Planung und der Implementierung des Netzes folgende Punkte beachtet werden:

– Es kann ratsam sein, den Server-Baustein und den Kern-Baustein in mehr als eine Broadcast-Domäne aufzuteilen, um zu vermeiden, daß ein einzelner Fehler das Netzwerk blockiert. Meistens hat jeder Gebäude-Baustein mehr als eine Broadcast-Domäne.

– Ein wichtiger Schritt bei der Planung von Redundanz besteht in der Analyse, wie die Redundanzmethoden ihr Ziel erreichen oder verfehlen, indem man plant, daß ein spezifisches Netzgerät ausfällt.

– Das skalierbare Netz muß Multimedia-Anwendungen unterstützen und sollte daher, abhängig von der Benutzerzahl dieser Anwendungen, mit DVMRP, PIM-Dense-Betriebsmodus oder PIM-Sparse-Betriebsmodus konfiguriert sein.

– Zu den Sicherheitsmaßnahmen in einem skalierbaren Netz gehören mindestens Netzanmeldung, Serveranmeldung und Zugriffslisten auf den Routern. Wird zusätzliche Sicherheit benötigt, können Routen-Authentifizierungs- und Verschlüsselungsmethoden verwendet werden.

– Mobilität ist ein Designkriterium des skalierbaren Netzes. Daher muß ein dynamisches Adressierschema wie beispielsweise DHCP verwendet werden.

– Im skalierbaren Netz werden die VLANs hauptsächlich zur Kontrolle der Broadcast-Domänen und nicht zur Gewährleistung der Benutzerflexibilität implementiert.

Dieses Kapitel behandelt folgende Themen:

- Ein komplexer Netzentwurf
- Datenverkehrsmuster
- Redundanz
- Multimedia
- Sicherheit
- Mobilität
- VLANs
- Datenverkehrsprioritäten

KAPITEL 13

Design 3 – Ein komplexes Netz

Das *komplexe Design* ist im großen und ganzen eine Erweiterung des *skalierbaren Designs*, das in Kapitel 12 beschrieben wurde. Das komplexe Design erstellt einen Entwurf für Designer, die ein anspruchsvolles Netz haben: ein Netz, das eine große Anzahl bandbreiten-intensiver Anwendungen unterstützt, eine hohe Netzauslastung hat, eine große Benutzerflexibilität ermöglicht sowie Raum für Netzwachstum bereitstellt. Dieser Entwurf ist für ausgelastete Netze geeignet, die immer stabil sein müssen und in denen unerwartete Stillstandszeiten die Benutzerproduktivität und die Geschäftsrentabilität verringern.

Das komplexe Design unterstützt nicht unbedingt mehr Benutzer als das skalierbare Design. In beiden Designtypen ist die Anzahl der Benutzer weniger wichtig als die Art der Dienste, die bereitgestellt werden, und die Anforderungen, die an die Qualität der Leistungen gestellt werden. Der entscheidende Unterschied zwischen dem skalierbaren und dem komplexen Design besteht darin, daß das komplexe Design höherstehende Netzdienste wie erweiterte Redundanz zur Sicherung der Netzstabilität, zusätzliche Verschlüsselung für größere Netzsicherheit und komplexere VLAN-Implementierungen zur Erhöhung der Benutzerflexibilität anbietet.

Dem komplexen Entwurf liegt die Annahme zugrunde, daß das Campus-LAN die folgenden Designanforderungen und Designcharakteristika hat:

– Mittlerer bis großer Netzumfang (von 300 bis zu 15000 Knotenpunkten)

– Zentralisierte und verteilte Server

– Bandbreiten-intensive Anwendungen, einschließlich Multimedia

– Häufige Nutzung kritischer Anwendungen

– Verbindungen zum Internet/Wide-Area-Netz

– Hohe Zuverlässigkeit und Redundanz im gesamten Netz

– Stillstandzeiten gefährden die Benutzerleistung ernsthaft

– Sicherheit muß im gesamten Netz gewährleistet sein

– Langsame Wachstumsrate

– Mobilität ist vorhanden

– VLANs können implementiert werden

Ein Netz muß nicht alle aufgelisteten Designcharakteristika haben, um in den komplexen Entwurf zu passen. Die Liste ist eine Richtlinie, die den Netzdesignern helfen soll, zu bestimmen, welchen Entwurf sie am besten als Grundlage für ihr Design verwenden.

13.1 Ein komplexer Netzentwurf

Wie in Kapitel 10 besprochen, kann das Campus-Netz in Netzfundamente aufgeteilt werden: den Gebäude-Baustein, den Kern-Baustein und den Server-Baustein. Die Netzfundamente des komplexen Campus-Designs, die denen des skalierbaren Campus-Designs ähnlich sind, sind in Bild 13.1 dargestellt.

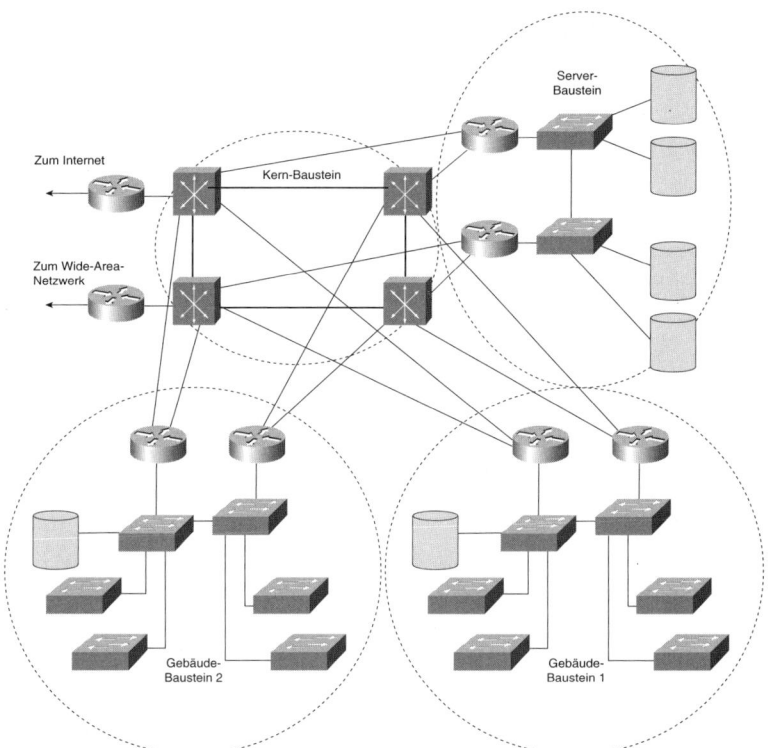

*Bild 13.1:
Netzfunda-
mente des kom-
plexen Netz-
designs*

13.1.1 Gebäude-Baustein

Im komplexen Design gibt es normalerweise mehr als einen
Gebäude-Baustein, entweder weil die Zahl der Benutzer so
groß ist oder weil es mehr als ein Gebäude auf dem Campus
gibt. Jeder Gebäude-Baustein verwendet Schicht-2-Switches
im Schaltraum, um Benutzer anzuschließen. Die Schaltraum-
Switches kommen auf zwei Verteiler-Switches zusammen, um
Schicht-2-Verbindungen herzustellen. Die verteilten Server verbinden sich direkt mit dem Verteiler-Switch. Die Verteiler-
Switches sind mit zwei Routern verbunden, um Schicht-3-
Funktionalität herzustellen. Die Router verbinden sich mit
dem Kern-Baustein.

13.1.2 Kern-Baustein

Der Kern-Baustein eines komplexen Netzes besteht aus mindestens zwei Hochgeschwindigkeits-Schicht-2-Switches. Bild 13.1 zeigt ein Design mit vier Switches, damit die Redundanzoptionen des Kern-Bausteins einfacher dargestellt werden können. Fast Ethernet, Gigabit Ethernet und ATM sind Hochgeschwindigkeitstechnologien, die im Kern des komplexen Designs existieren können.

13.1.3 Server-Baustein

Der Server-Baustein eines komplexen Netzes enthält die Enterprise-Server, die im Rechenzentrum stehen. Die Server sind mit Schicht-2-Switches verbunden, die wiederum mit zwei Routern verbunden sind. Die Anzahl der Switches, die in einem komplexen Netz benötigt werden, ist von der Anzahl der Enterprise-Server abhängig, die das Netz unterstützt. In Bild 13.1 werden zwei Router für die Redundanz genutzt. Diese Situation wird in einem späteren Abschnitt dieses Kapitels beschrieben. Im Server-Baustein werden nicht mehr als zwei Router benötigt, da jeder Switch mit einer eigenen Schnittstelle auf dem gleichen Router verbunden ist. Die verteilten Server befinden sich nicht im Server-Baustein, sondern im gleichen Gebäude-Baustein wie die Benutzer, die sie unterstützen.

13.1.4 Verbindung zum Internet

Das komplexe Netzdesign enthält Verbindungen zum Internet und zu den Wide-Area-Routern. Vermutlich müssen sich weit entfernte Büros, Telearbeitsplatz- und mobile Benutzer über das Wide-Area-Netz mit dem Campus verbinden, und es werden einige Verbindungen zum Internet benötigt.

Die Router, die die Verbindung zum Wide-Area-Netz und zum Internet herstellen, sind Spezialrouter, die am Kern angeschlossen sind. Spezialrouter haben eine bestimmte, begrenzte Aufgabe: Sie kümmern sich um den Verkehr, der vom Wide-Area-Netz und vom Internet kommt und geht, und sind nicht Teil eines Gebäude-Bausteins mit Benutzern. Ziel dieser Aufstellung ist es, dabei zu helfen, den WAN- und den Internet-Verkehr vom Campus-Verkehr getrennt zu halten. Router, die WAN- und Internet-Verbindungen unterstützen, müssen andere Netzdienste betreiben (und möglicherweise andere Routing-Protokolle) als die Campus-Router. Aus Sicht des Netzdesigns ist es daher sinnvoller, getrennte Geräte einzusetzen, um die zwei verschiedenen Netzgebiete zu handhaben.

13.2 Datenverkehrsmuster

Das komplexe Netzdesign hat für gewöhnlich mehrere Broadcast-Domänen. Die folgenden Abschnitte zeigen in dem komplexen Entwurf mögliche Broadcast-Domänen für einen Server-Baustein, einen Kern-Baustein und einen einzigen Gebäude-Baustein. Von diesen Modellen kann man variieren, um die Broadcast-Domänen in zusätzlichen Gebäude-Bausteinen oder Server-Bausteinen auf dem Campus nach Bedarf zu planen.

13.3 Broadcast-Domänen im Server-Baustein

Bild 13.2 zeigt den komplexen Entwurf – mit einem einzigen Gebäude-Baustein, Kern-Baustein und Server-Baustein – in dem die Broadcast-Domänen des Server-Bausteins hervorgehoben sind.

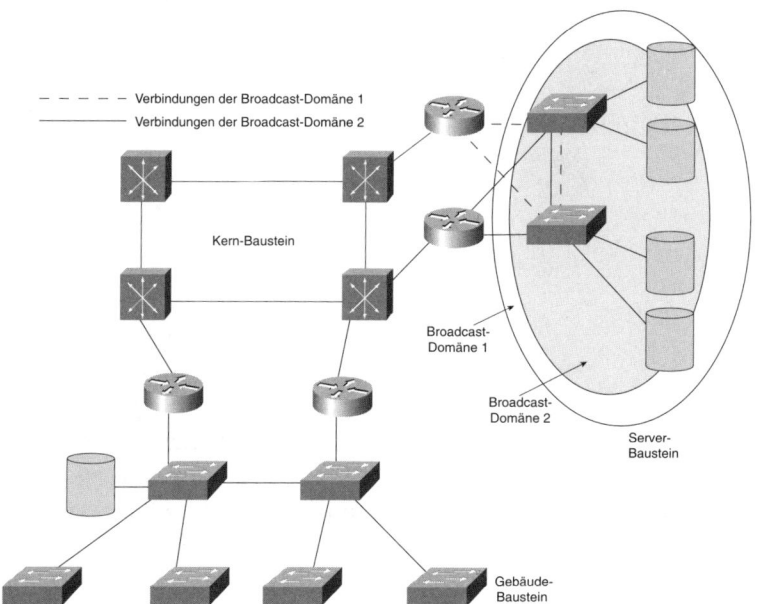

Bild 13.2:
Server-Baustein-
Broadcast-
Domänen im
komplexen
Netz

Viele komplexe Netze haben zwischen 20 und 300 Enterprise-Server und brauchen daher wenigstens zwei Broadcast-Domänen oder Subnetze im Server-Baustein. Man muß beachten, daß, wenn sich alle Enterprise-Server in einem einzigen Subnetz befinden, ein einziger Fehlerort existiert, der den gesamten Server-Baustein lahmlegen kann. Da das komplexe Netz nicht tolerieren kann, daß man auf einen Teil des Server-Bausteins nicht zugreifen kann, richtet es mindestens zwei Subnetze ein. Später in diesem Kapitel wird gezeigt, wie zwei Subnetze im Server-Baustein zusätzliche Redundanz bereitstellen.

13.3.1 Broadcast–Domänen im Kern–Baustein

Der Kern-Baustein unterstützt zwei Broadcast-Domänen, um die Verkehrslast eines komplexen Netzes zu dirigieren (siehe Bild 13.3).

Bild 13.3:
Broadcast-
Domänen des
Kern-Bausteins
im komplexen
Design

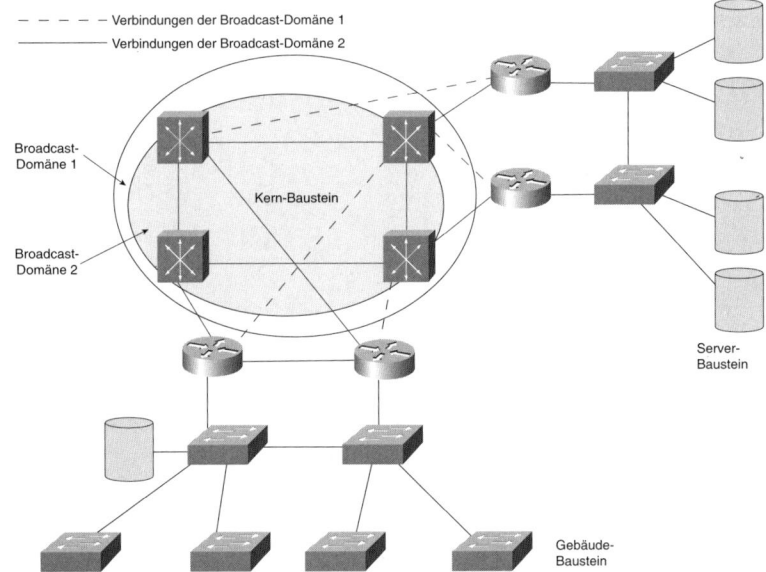

Das komplexe Netz unterstützt viele bandbreiten-intensiven Anwendungen und läuft auf einem hohen Auslastungsgrad. Als Folge dessen muß auf den Routern, die den Gebäude-Baustein und den Server-Baustein mit dem Kern verbinden, Datenlastteilung implementiert sein, damit dieser Verkehr unterstützt werden kann. Gibt es zwei Broadcast-Domänen (Subnetze) im Kern-Baustein, hat jeder Gebäude- und Server-Baustein-Router zwei Verbindungen zum Kern-Baustein, wobei beide Verbindungen Verkehr weiterleiten.

13.3.2 Broadcast-Domänen im Gebäude-Baustein

Jeder Gebäude-Baustein im komplexen Design hat normaler-weise mehr als eine Broadcast-Domäne. Hier kann das gleiche Szenario angewendet werden wie im skalierbaren Design – vier Broadcast-Domänen im Gebäude-Baustein, wie in Bild 13.4 dargestellt. (Beachten Sie, daß die Broadcast-Domänen in den Gebäude-Bausteinen auf verschiedene Weise eingerichtet werden können, je nachdem, wie das tatsächliche Layout der Gebäude und ihrer Netzverbindungen aussieht.)

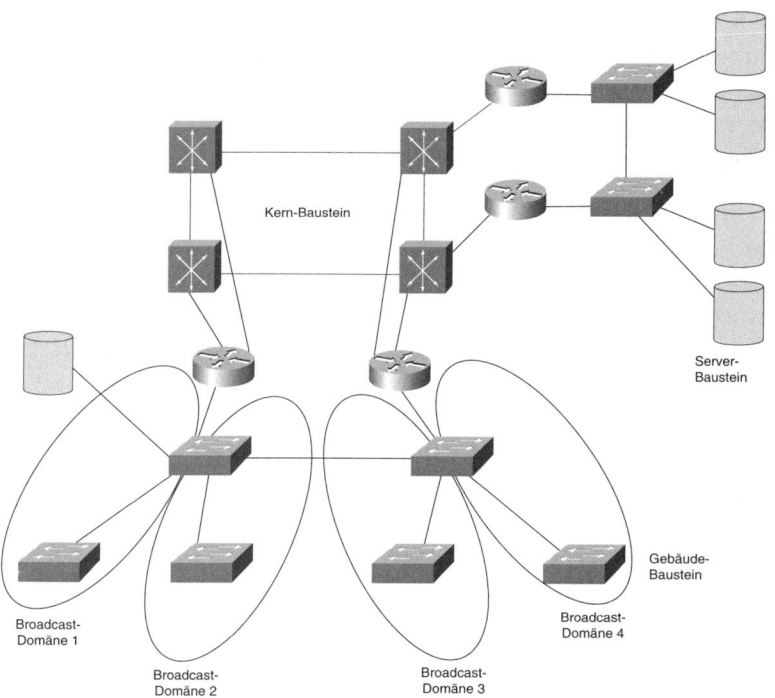

Bild 13.4: Broadcast-Domänen des Gebäude-bausteins im komplexen Design

Die Verteiler-Switches und die beiden Router unterstützen alle vier Broadcast-Domänen. Jeder Schaltraum-Switch unterstützt eine Broadcast-Domäne (außer, es sind VLANs implementiert, eine Situation, die später in diesem Kapitel noch besprochen wird).

Die verteilten Server im Gebäude-Baustein werden entweder mit dem Verteiler-Switch oder einem Schaltraum-Switch verbunden, je nachdem, welche Benutzer sie unterstützen. Unterstützt der Verteilte Server beispielsweise ein einziges Subnetz mit Benutzern, die sich mit einem Schaltraum-Switch verbinden, ist es sinnvoll, den verteilten Server an diesen Schaltraum-Switch anzuschließen.

Unterstützt der verteilte Server andererseits Benutzer, die sich mit mehreren Schaltraum-Switches verbinden, sollte der verteilte Server an den Verteiler-Switch angeschlossen werden. Diese Verbindungsart ist optimal, da der Verteiler-Switch der gemeinsame Verbindungspunkt für alle Benutzer in der Broadcast-Domäne ist.

Dasselbe gilt, wenn der verteilte Server mehrere Subnetze unterstützt – wiederum, weil der Verteiler-Switch der gemeinsame Verbindungspunkt ist und jedem Subnetz gleichberechtigten Zugriff auf den Server gewähren kann. Diese Installationsart ist in Bild 13.4 dargestellt.

Werden die verteilten Server effektiv eingesetzt, dann gibt es auf jedem Subnetz spezielle verteilte Server, und der lokale Verkehr wird über den Gebäude-Baustein verteilt. Wie in Kapitel 2, »Server-Plazierung«, besprochen, verursachen verteilte Server weniger Verkehr über die Router und den Kern, was zu besserer Netzleistung führt.

Gleichgültig, wie die Broadcast-Domänen eingerichtet werden, die Verkehrsmuster im komplexen Design bestehen sowohl aus lokalem als auch aus Cross-Campus-Verkehr. Je mehr verteilte Server im Gebäude-Baustein vorhanden sind, desto mehr lokaler Verkehr befindet sich im Netz. Der Verkehr, der zu den Enterprise-Servern geht und von diesen kommt, ebenso wie der Verkehr, der zum Wide-Area-Netz oder zum Internet geht und von diesen Netzen kommt, schließt den Cross-Campus-Verkehr ein.

13.4 Redundanzen

Beim komplexen Netzdesign hat der Netzbetrieb eine höhere Priorität als die Kosten für die Implementierung von Redundanz. Fällt das Netz aus, verliert das Unternehmen viel Geld, solange das Netz nicht arbeiten kann. Börsenmakler können es sich beispielsweise nicht leisten, daß das Netz während der Börsenzeiten ausfällt. Andere Unternehmen, die jeden Tag 24 Stunden lang mit 100% Kapazitätsauslastung arbeiten, können sich ebenfalls keinen langen Netzwerkausfall leisten.

Der Entwurf für das skalierbare Design stellt im gesamten Netz Redundanz zur Verfügung. Trotzdem können immer noch Situationen auftreten, unter denen das Netz ausfallen kann und die Benutzer ihre Verbindungen verlieren. Das komplexe Design implementiert ein höheres Redundanzniveau und verringert die Möglichkeit eines Netzausfalls.

Der erste Redundanzbereich ist die Komponentenredundanz innerhalb der Netzgeräte. Redundante Netzteile, Gebläse und Prozessoren stellen das erste Sicherheitsniveau im Falle eines Netzausfalls dar. Zusätzlich sichern eine Form von Datenpfad- und Netzverbindungsredundanz sowie der Software-Redundanz die Elastizität des Netzes und reduzieren Stillstandzeiten. Dieses Redundanzniveau ist im Gebäude-Baustein, im Kern-Baustein und im Server-Baustein für das komplexe Design eingerichtet.

13.4.1 Gebäude–Baustein–Redundanz

In der Schicht des Gebäude-Bausteins haben wir zwei Redundanzoptionen für das skalierbare Design besprochen: Schaltraum-Switch-Redundanz und die Verteiler-Switch-Redundanz. (Diese beiden Optionen sind in Bild 12.6 beziehungsweise Bild 12.9 dargestellt.) Das komplexe Design kombiniert diese Optionen, um ein höheres Sicherheitsniveau bereitzustellen (siehe Bild 13.5).

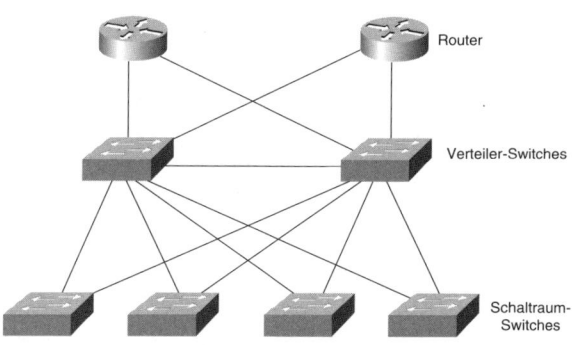

Router

Verteiler-Switches

Schaltraum-Switches

Bild 13.5: Gebäude-Baustein-Redundanz im komplexen Design

In diesem Beispiel gibt es redundante Verbindungen von den Schaltraum-Switches zu den Verteiler-Switches (Schaltraum-Switch-Redundanz) und ebenso Verbindungen von jedem Verteiler-Switch zu den beiden Routern (Verteiler-Switch-Redundanz). Diese Kombination bietet das höchste Sicherheitsniveau bei Netzausfall und bei Verbindungsausfall.

Der Verkehr kann innerhalb der Gebäude-Bausteine viele Wege gehen, wenn er diese Redundanzschemata nutzt. Hier wird nur ein Redundanzschema besprochen (siehe Bild 13.6).

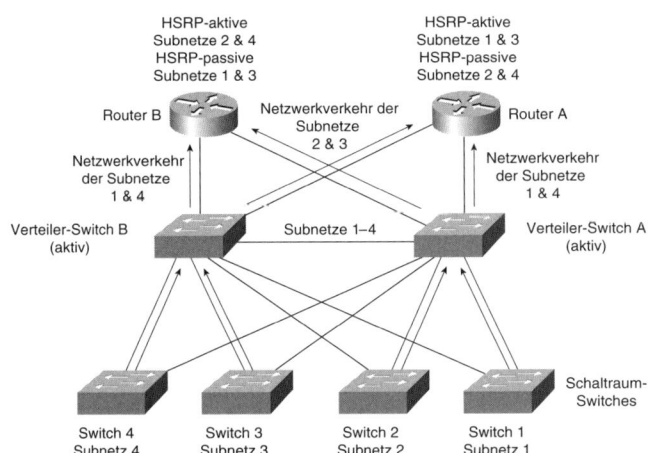

Bild 13.6:
Verkehrsmuster
mit Gebäude-
Baustein-
Redundanz

Jeder Schaltraum-Switch repräsentiert ein Subnetz. Die Schaltraum-Switches 1 und 2 leiten ihren Verkehr zum Verteiler-Switch A und benützten Verteiler-Switch B als Backup. Die Schaltraum-Switches 3 und 4 leiten ihren Verkehr zum Verteiler-Switch B und benützen Verteiler-Switch A als Backup. Die Verbindung zwischen den Verteiler-Switches unterstützt alle vier Subnetze.

Verteiler-Switch A schickt Verkehr von den Subnetzen 1 und 4 zu Router A und Verkehr von den Subnetzen 2 und 3 zu Router B. Verteiler-Switch B schickt Verkehr von den Subnetzen 1 und 4 zu Router B und Verkehr von den Subnetzen 2 und 3 zu Router A.

In einem »gesunden« Netz (einem Netz ohne Störungen) leiten beide Router Verkehr weiter. Verteiler-Switch A verschickt nur Verkehr von den Subnetzen 1 und 2 (er ist der Backup-Switch für die Subnetze 3 und 4). Da Verkehr von Subnetz 1 zu Router A und von Subnetz 2 zu Router B geschickt wird, sind beide Verbindungen aktiv. Ebenso verschickt Verteiler-Switch B nur Verkehr von den Subnetzen 3 und 4 (er ist der Backup-Switch für die Subnetze 1 und 2). Er schickt Verkehr von Subnetz 3 zu Router A und von Subnetz 4 zu Router B.

Die Verbindung zwischen Verteiler-Switch A und Verteiler-Switch B wird genutzt, wenn eine Verbindung von einem Verteiler-Switch zu einem der Router ausfällt oder wenn der Router selbst ausfällt. Dieses Fehler-Szenario wird zu einem späteren Zeitpunkt dargestellt.

HSRP wird ebenfalls auf den Routern genutzt, um den Benutzer vor dem Verlust seiner Verbindungen zu schützen. Router A ist der aktive HSRP-Router für die Subnetze 1 und 3, und Router B ist der aktive HSRP-Router für die Subnetze 2 und 4. Fällt der aktive HSRP-Router oder die Verbindung zu dem aktiven HSRP-Router aus, wird der Backup-HSRP-Router aktiv.

Um den Benutzer noch besser vor dem Verlust seiner Verbindungen zu schützen, wird auf den Arbeitsstationen im Gebäude-Baustein NIC-Karten-Redundanz genutzt. Auf den Arbeitsstationen sind zwei NIC-Karten installiert, von denen jede mit einem anderen Schaltraum-Switch verbunden ist (siehe Bild 13.7).

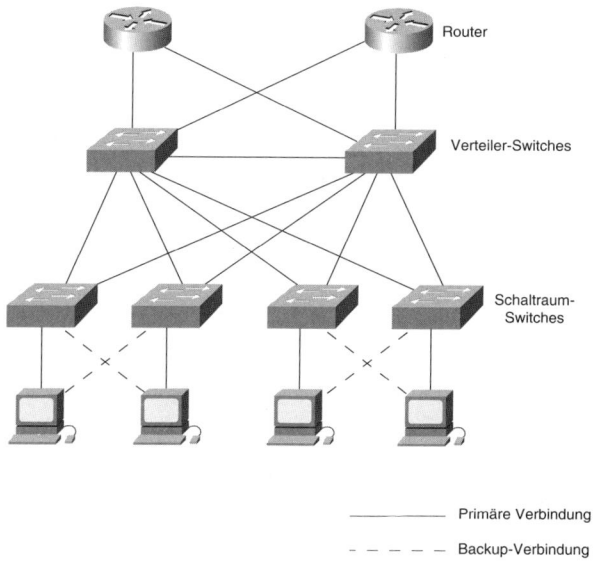

Bild 13.7: Netzwerkkartenredundanz der Arbeitsstation

Eine Netzwerkkarte leitet Daten weiter, während die andere Netzwerkkarte als Backup genutzt wird. Um diese Art der Redundanz für die Arbeitsstationen einzurichten, stellt man einfach den Endgeräten zwei RJ-45-Buchsen zur Verfügung, so daß die Benutzer beide Netzwerkkarten an das Netz anschließen können. Sobald sie angeschlossen sind, schützt die Netzwerkkartenredundanz den Benutzer vor dem Verlust seiner Verbindungen für den Fall, daß ein Schaltraum-Switch ausfällt.

13.4.2 Kern-Baustein-Redundanz

Bei der Realisierung des skalierbaren Designs nutzt man eine Teilvernetzung, um die Redundanz im Kern bereitzustellen. Das heißt, daß jeder Kern-Switch an einige, jedoch nicht an alle der anderen Kern-Switches angeschlossen ist. Für die Kern-Baustein-Redundanz im komplexen Design wird dagegen eine vollständige Vernetzung verwendet. Das heißt, jeder Kern-Switch wird an alle anderen Kern-Switches angeschlossen. In Bild 13.8 werden Teilvernetzung und vollständige Vernetzung miteinander verglichen.

Bild 13.8:
Kern-Baustein-
Redundanz:
Vergleich eines
skalierbaren
und eines kom-
plexen Designs

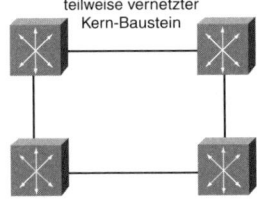
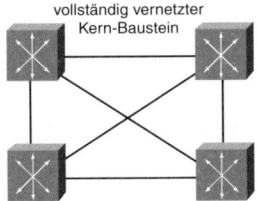

teilweise vernetzter Kern-Baustein

vollständig vernetzter Kern-Baustein

Durch die Anwendung der vollständigen Vernetzung im komplexen Design können im Störungsfall mehrere Datenpfade genutzt werden. In diesem Beispiel stehen jedem Kern-Switch drei Datenpfade zur Weiterleitung des Verkehrs zur Verfügung, im Gegensatz zu den zwei Datenpfaden, die im skalierbaren Design zur Verfügung stehen.

Das komplexe Design hat außerdem zwei Verbindungen von jedem Gebäude-Baustein-Router zum Kern-Baustein (siehe Bild 13.9).

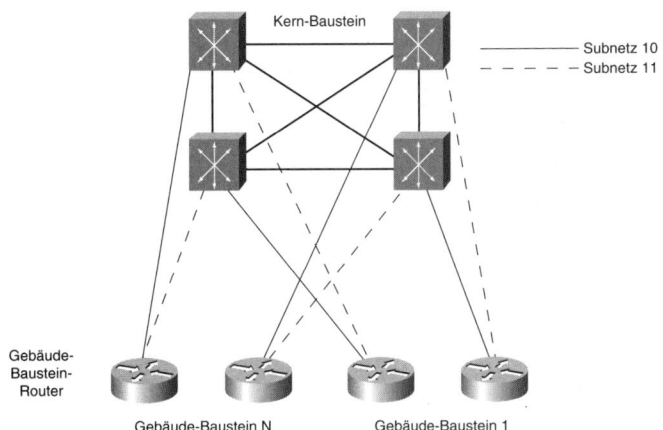

Bild 13.9:
Verbindung von
den Gebäude-
Bausteinen zum
komplexen
Kern-Baustein

Die Gebäude-Baustein-Router verbinden sich mit verschiedenen Kern-Switches, um mehrere Pfade im Kern-Baustein bereitzustellen. Für die zwei Router, die sich in jedem Gebäude-Baustein befinden, existieren Verbindungen zu vier Kern-Switches (siehe Bild 13.9). Jeder Router verbindet die beiden Subnetze 10 und 11 mit dem Kern-Baustein. Die Router können auf beiden Verbindungen Verkehr weiterleiten.

13.4.3 Server-Baustein-Redundanz

Um die Server-Baustein-Redundanz im komplexen Design einzurichten, muß die Netzwerkkartenredundanz auf den Servern bereitgestellt werden. Diese Redundanz erlaubt es den Enterprise-Servern, sich mit beiden Verteiler-Switches zu verbinden (siehe Bild 13.10).

Jede Netzwerkkarte auf dem Server gehört zu einem anderen Subnetz (in unserem Beispiel gehört eine zu Subnetz 5 und die andere zu Subnetz 6). Beide Netzwerkkarten können gemeinsam benutzt werden, um Verkehr in einem gesunden Netz zu verschicken. Fällt ein Switch aus, wird der Ausfall bemerkt, und nur eine Netzwerkkarte steuert den Verkehr.

Die beiden Verteiler-Switches verbinden sich miteinander, um einen zusätzlichen Pfad für das Netz zur Verfügung zu stellen. Jeder Switch verbindet zwei Router, um zusätzliche Pfade für das Netz zur Verfügung zu stellen und die Datenlastteilung zwischen den Routern im Server-Block zu unterstützen. Die Router verwenden HSRP.

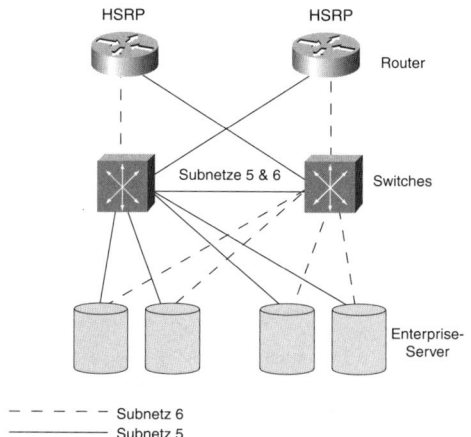

Bild 13.10:
Netzwerk-
karten-
redundanz
des Servers

Wenn wir alles zusammenfassen, dann stellt die Redundanz im komplexen Design für alle Komponenten und Datenpfade im Netz Sicherheit zur Verfügung: für den Gebäude-Baustein, den Kern-Baustein und den Server-Baustein (siehe Bild 13.11).

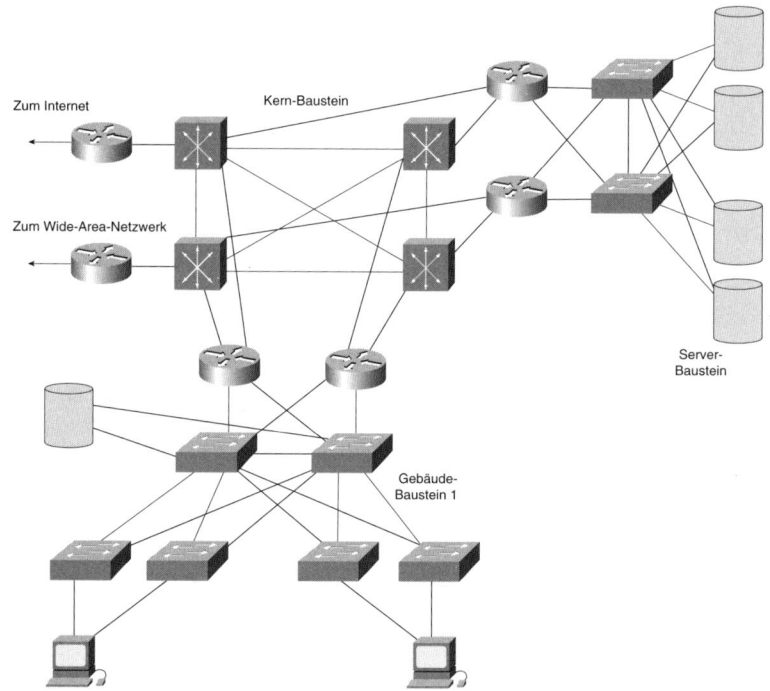

Bild 13.11:
Komplexes
Design mit
Redundanz

Das Netz ist auf Störungen vorbereitet und kann in Betrieb bleiben, wenn diese Störungen auftreten. Der nächste Abschnitt untersucht, wie das komplexe Redundanzdesign sich verhält, wenn diese Netzstörungen auftreten.

13.4.4 Potentielle Netzwerkfehlerquellen

Bevor Störungen im Netz gezeigt werden, wird das Verkehrsmuster in einem gesunden Netz dargestellt (siehe Bild 13.12). Die Arbeitsstationen im Gebäude-Baustein haben Netzwerkkartenredundanz und es gibt sowohl Schaltraum-Switch-Redundanz als auch Verteiler-Switch-Redundanz. Die Verteiler-Switches schicken Verkehr zu beiden Routern. Die Kern-Switches sind vollständig vernetzt und die Gebäude-Baustein-Router haben jeweils zwei Verbindungen zum Kern-Baustein. Der Server-Baustein nutzt Verbindungen von beiden Switches zu beiden Routern, und die Server haben mehrere Netzwerkkarten. Zusätzlich wird für die Switches Spanning-Tree auf dem Netz konfiguriert, HSRP wird auf den Routern konfiguriert.

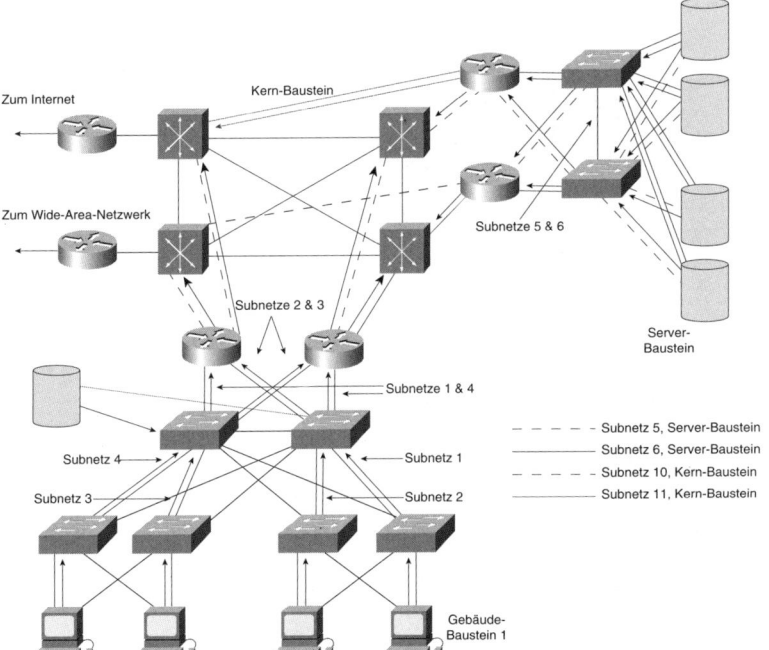

Zum Internet

Kern-Baustein

Zum Wide-Area-Netzwerk

Subnetze 5 & 6

Subnetze 2 & 3

Server-Baustein

Subnetze 1 & 4

Subnet 4

Subnet 1

Subnet 3

Subnet 2

Gebäude-Baustein 1

- - - - Subnetz 5, Server-Baustein
——— Subnetz 6, Server-Baustein
- - - - Subnetz 10, Kern-Baustein
——— Subnetz 11, Kern-Baustein

Bild 13.12:
Gesundes,
komplexes
Netzdesign

Als nächstes wird beschrieben, wie Störungen das Netz und die Benutzerverbindungen beeinträchtigen. Das erste Beispiel nimmt an, daß ein Schaltraum-Switch und ein Server-Switch ausfallen (siehe Bild 13.13).

Da auf den Arbeitsstationen im komplexen Design zwei Netzwerkkarten installiert sind, können die Benutzer noch immer auf das Netz zugreifen, und im Falle eines Schaltraum-Switch-Ausfalls entsteht kein Verbindungsverlust. Der ausgefallene Switch im Server-Baustein verursacht keinen Verbindungsverlust für einen der Enterprise-Server, da auf diesen ebenfalls zwei Netzwerkkarten installiert sind.

Sogar für den Fall, daß sowohl ein Schaltraum-Switch als auch ein Verteiler-Switch ausfallen, ist das Netz aufgrund der angewendeten Redundanzmethoden weiterhin vollständig betriebsfähig.

Bild 13.13: Ausfall von zwei Switches im komplexen Design

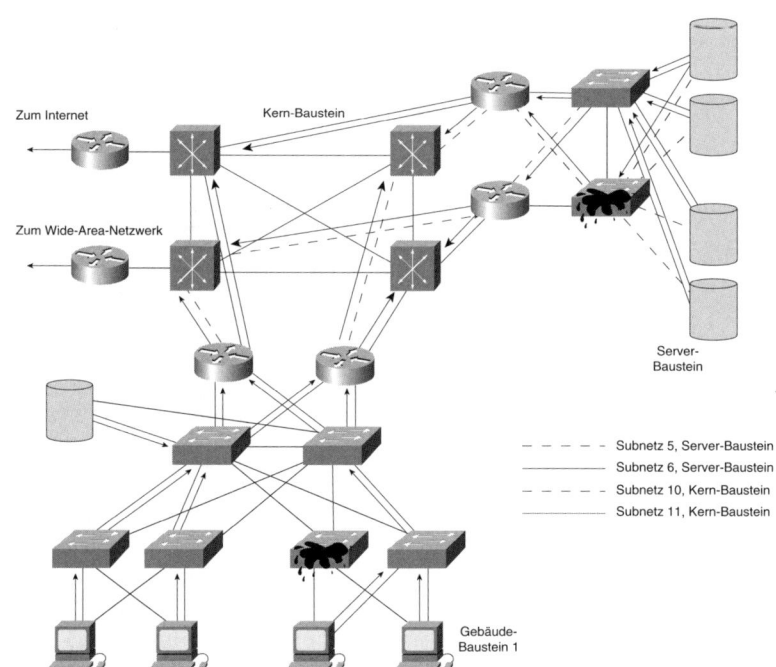

Das zweite Beispiel nimmt an, daß ein Verteiler-Switch im Gebäude-Baustein ausfällt (siehe Bild 13.13).

Kein Benutzer hat seine Verbindungen im Gebäude-Baustein verloren. Spanning-Tree hat den Verkehr umgeleitet, der von den Schaltraum-Switches kommt, so daß er nun zu Verteiler-Switch A anstatt zu Verteiler-Switch B geht. Verteiler-Switch A leitet den Verkehr an die beiden Router A und B weiter. Da der verteilte Server zwei NICs hat, ist er mit Verteiler-Switch A verbunden, und die Benutzer können weiterhin auf ihn zugreifen.

Bild 13.15 zeigt einen Router-Ausfall im Gebäude-Baustein und im Server-Baustein.

Die Verteiler-Switches A und B entdecken die unterbrochenen Verbindungen zu Router A. Verteiler-Switch A schickt den Verkehr für Subnetz 1 zu Verteiler-Switch B, und Verteiler-Switch B schickt ihn zu Router B. Verteiler-Switch A schickt den Verkehr für Subnetz 2 direkt zu Router B, ohne den Verteiler-Switch B zu benutzen.

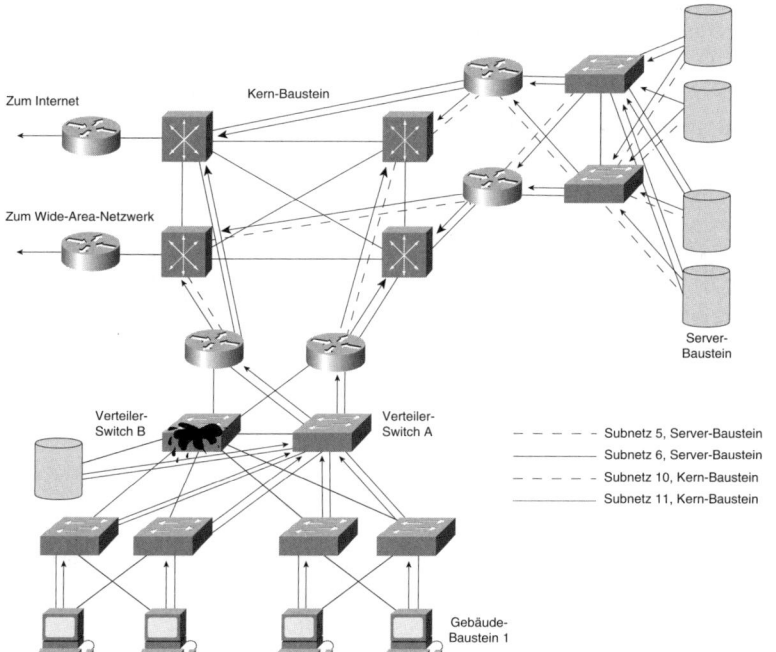

Bild 13.14: Verteiler-Switch-Ausfall im komplexen Design

Zum Internet

Kern-Baustein

Zum Wide-Area-Netzwerk

Server-Baustein

Verteiler-Switch B

Verteiler-Switch A

Gebäude-Baustein 1

- - - - - Subnetz 5, Server-Baustein
———— Subnetz 6, Server-Baustein
- - - - - Subnetz 10, Kern-Baustein
———— Subnetz 11, Kern-Baustein

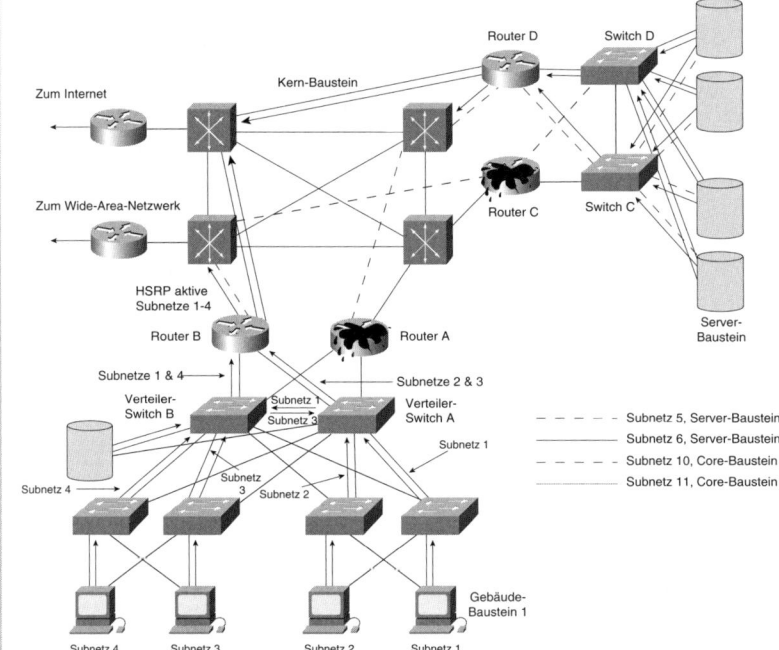

Bild 13.15:
Router-Ausfall
im komplexen
Design

Ebenso sendet Verteiler-Switch B den Verkehr für Subnetz 3 zu Verteiler-Switch A, und Verteiler-Switch A schickt den Verkehr zu Router B. Verteiler-Switch B leitet wie immer den Verkehr von Subnetz 4 direkt zu Router B.

HSRP aktiviert automatisch den HSRP-Standby-Router (Router B), so daß die Benutzer ihre Stationen nicht mit einer neuen IP-Standard-Gateway-Adresse konfigurieren müssen. Es entsteht kein Verlust der Verbindungen im Gebäude-Baustein.

Im Server-Baustein entdeckt Switch C die unterbrochene Verbindung zu Router C und schickt Verkehr von Subnetz 5 zu Router D. Switch D schickt weiterhin Verkehr von Subnetz 6 zu Router D. Alle Enterprise-Server bleiben in Betrieb.

Als nächstes wird eine Situation untersucht, in der sowohl ein Verteiler-Switch als auch ein Router ausfallen (siehe Bild 13.16).

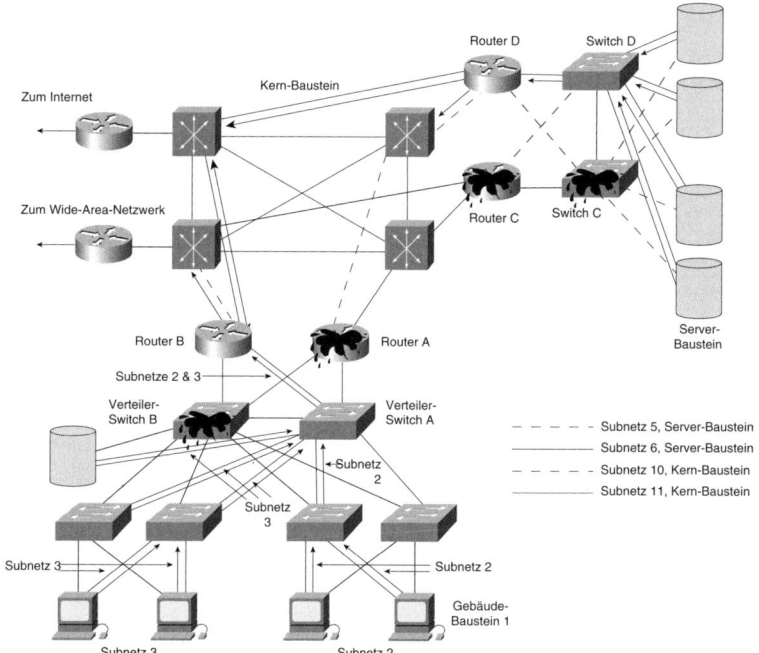

Router D   Switch D

Kern-Baustein

Zum Internet

Router C   Switch C

Zum Wide-Area-Netzwerk

Router B   Router A

Server-
Baustein

Subnetze 2 & 3

Verteiler-
Switch B   Verteiler-
Switch A

– – – – – Subnetz 5, Server-Baustein
————— Subnetz 6, Server-Baustein
– – – – – Subnetz 10, Kern-Baustein
————— Subnetz 11, Kern-Baustein

Subnetz
2

Subnetz
3

Subnetz 3   Subnetz 2

Gebäude-
Baustein 1

Subnetz 3   Subnetz 2

Bild 13.16:
Switch- und
Router-Ausfälle
im komplexen
Design

In diesem Szenario kann Verteiler-Switch A nur den Verkehr auf den Subnetzen 2 und 3 zu Router B weiterleiten. Die Benutzer, die mit den Subnetzen 1 und 4 verbunden sind, würden ihre Verbindungen zum Netz verlieren, wenn sie nicht über Netzwerkkartenredundanz verfügen würden. Aufgrund der Netzwerkkartenredundanz behalten jedoch alle Benutzer ihre Verbindungen.

Jede Arbeitsstation ist über die Schaltraum-Switches mit zwei Subnetzen verbunden. Die Benutzer, die sich mit Subnetz 1 verbinden, können sich ebenfalls mit Subnetz 2 verbinden. Benutzer, die sich mit Subnetz 3 verbinden, können sich ebenfalls mit Subnetz 4 verbinden. Da die Subnetze 1 und 4 nicht auf dem ganzen Netz betriebsbereit bleiben können, senden alle Benutzer auf diesen Subnetzen Verkehr über ihre Backup-Netzwerkkarten, die sich entweder auf Subnetz 2 oder 3 befinden.

Alle Benutzer werden so Teil der Subnetze 2 und 3. Obwohl Verteiler-Switch A nur Verkehr von den Subnetzen 2 und 3 weiterleiten kann, bleiben die Benutzer aufgrund der Netzwerkkartenredundanz mit dem Netz verbunden.

Im Server-Baustein sind die Enterprise-Server aktiv mit den beiden Subnetzen 5 und 6 verbunden. Fällt der Pfad zu Subnetz 5 aus, schicken die Server den gesamten Verkehr auf Subnetz 6 und halten so den Netzbetrieb aufrecht.

Das nächste Beispiel untersucht, was auf dem Netz passiert, wenn mehrere Kern-Switches ausfallen (siehe Bild 13.17).

In diesem Szenario wird nur untersucht, was passiert, wenn die Benutzer im Gebäude-Baustein versuchen, die Enterprise-Server im Server-Baustein zu erreichen.

Die verschiedenen Verbindungen von den Routern A und B und die vollständige Vernetzung der Kern-Switches sichern die Netzverbindungen durch den Kern. Die Gebäude-Baustein-Switches verhalten sich wie in einem gesunden Netz und bemerken nicht, daß Netzausfälle aufgetreten sind.

Bild 13.17: Ausfälle der Kern-Switches im komplexen Design

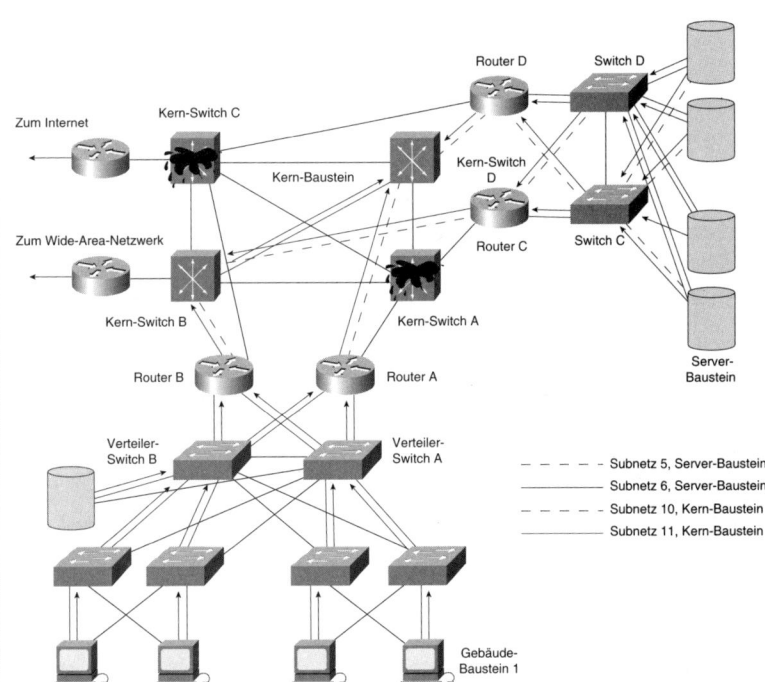

Router A schickt seinen gesamten Verkehr in den Kern auf Subnetz 10 zum Kern-Switch D. Router B schickt all seinen Verkehr in den Kern-Baustein auf Subnetz 10 zu Kern-Switch B. Kern-Switch B leitet den Verkehr zu Kern-Switch D, und Kern-Switch D leitet den Verkehr zu Router D. Der Verkehr, der die Enterprise-Server erreichen muß, kann sie erreichen. Kern-Switch B leitet den Verkehr ebenfalls direkt zu Router C, der den Verkehr dann zu den Enterprise-Servern schickt.

Zum Abschluß betrachten wir eine Situation mit mehreren Ausfällen im Netz, ein Worst-Case-Szenario, die Katastrophe. Um einen Vergleich ziehen zu können, zeigt Bild 13.18 mehrere Ausfälle im skalierbaren Design, Bild 13.19 zeigt die gleichen Ausfälle im komplexen Design, wobei die Geräte und Subnetze gekennzeichnet sind.

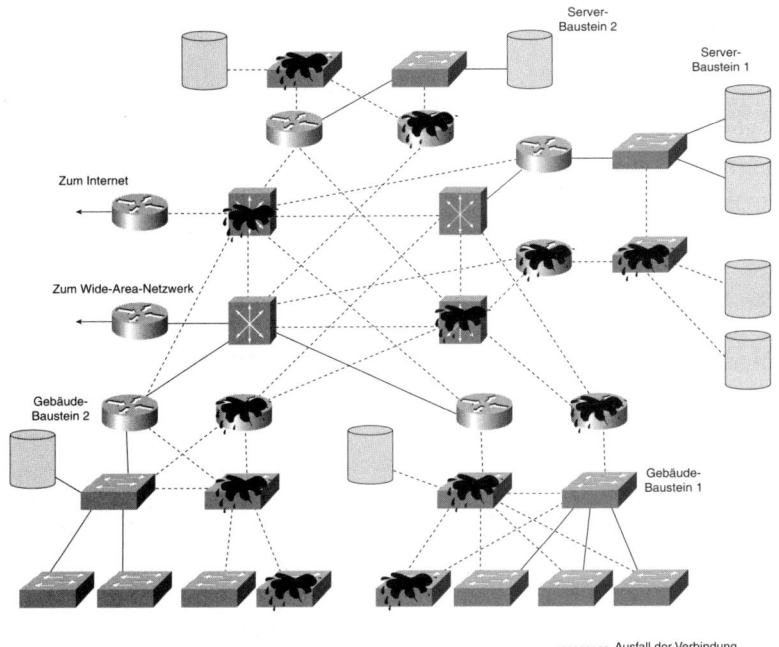

Bild 13.18: Mehrere Geräteausfälle im skalierbaren Design

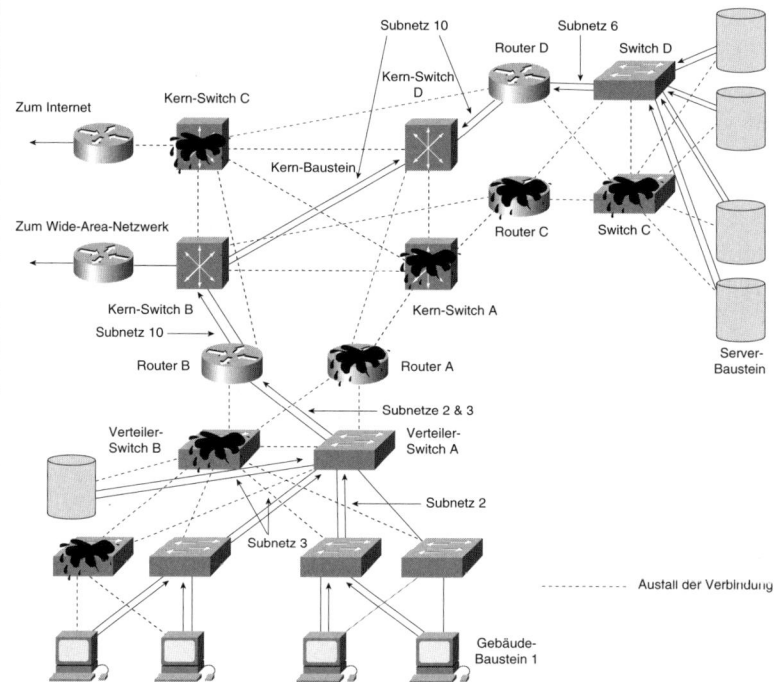

Bild 13.19:
Mehrere
Geräteausfälle
im komplexen
Design

Ein kurzer Rückblick zeigt, daß alle Benutzer im skalierbaren Design ihre Verbindungen zum Campus-Netz, ebenso zum Wide-Area-Netz und zum Internet verlieren. Im komplexen Design hingegen behalten alle Benutzer ihre Verbindungen zum Campus-Netz und zum Wide-Area-Netz. Obwohl die direkte Verbindung zum Internet blockiert ist, können die Benutzer das Internet immer noch erreichen, wenn der Internet-Router eine Verbindung zum Kern-Switch B oder zum Kern-Switch D hat oder wenn es mehr als einen Internet-Router auf dem Campus gibt (was oft der Fall ist).

Die zusätzlichen Redundanzeinrichtungen des komplexen Designs tragen dazu bei, die Fehlertoleranz in diesem Worst-Case-Szenario aufrechtzuerhalten. Die Netzwerkkartenredundanz der Arbeitsstationen ermöglicht es ihnen, den ausgefallenen Schaltraum-Switch zu umgehen und sich mit den Subnetzen 2 und 3 zu verbinden, die in Betrieb sind. Spanning-Tree im Gebäude-Baustein ermöglicht es den Schaltraum-Switches, Verkehr zum Verteiler-Switch A zu schicken. Verteiler-Switch A schickt Verkehr zum Router B auf den Subnetzen 2 und 3.

Die redundante Verbindung von Router B zum Kern ermöglicht es Router B, den gesamten Verkehr zum Kern-Switch B auf Subnetz 10 zu schicken. Das vollständige Verbindungsnetz im Kern-Baustein stellt einen Pfad für Kern-Switch B zur Verfügung, damit dieser die Daten zum betriebsbereiten Kern-Switch C schicken kann und dannach weiter zu Router D, der sich im Server-Baustein auf Subnetz 10 befindet. Und schließlich halten die Enterprise-Server mit Netzwerkkarten-Redundanz die Verbindungen zum Netz über Switch D und Router D auf dem Subnetz 6 aufrecht.

Die Redundanz im komplexen Design erlaubt die höchste Fehlertoleranz und stellt die beste Wahl für Netze dar, auf denen die Campus-Netzoperationen immer gewährleistet sein müssen.

13.5 Multimedia

Das komplexe Design nimmt an, daß einige Multimedia-Anwendungen regelmäßig auf dem Netz laufen. Diese Anwendungen bestehen in der Regel aus einer Kombination von Multicast- und Unicast-Multimedia-Verkehr.

Für das skalierbare Design wurden zwei gültige Szenarios gezeigt, wie man den Multicast-Verkehr handhaben kann: eines, das DVMRP verwendet, und eines, das die PIM-Sparse-Betriebsart verwendet. Da das komplexe Netz viele bandbreiten-intensiven Anwendungen unterstützt und auf einem hohen Netzauslastungsgrad betrieben wird, wird in diesem Fall für das Multicast-Routing-Protokoll die PIM-Sparse-Betriebsart verwendet. Die PIM-Sparse-Betriebsart erzeugt nicht so viel Multicast-Verkehr wie DVMRP. DVMRP kann jedoch möglicherweise erfolgreich im komplexen Design eingesetzt werden. Informationen zum DVMRP-Design befinden sich im Abschnitt »Multimedia« in Kapitel 12, »Design 2 – Ein skalierbares Netz«.

Ziel des Designs für Multimedia ist es, so wenig Bandbreite wie möglich für das Multicast-Fluten zu nutzen. Je weniger Geräte von Multicast-Paketen überflutet werden, desto höher ist die Netzleistung, was bedeutet, daß die Multimedia-Anwendungen effizienter unterstützt werden können. Nachdem diese Situation im skalierbaren Design veranschaulicht wurde, wird zum Vergleich dargestellt, wie das komplexe Design mehrere Multimedia-Anwendungen unterstützt.

Bild 13.20 zeigt das komplexe Design mit den Multimedia-Anforderungen. Zwei Multimedia-Server erzeugen Multicast-Verkehr, einer erzeugt Unicast-Verkehr.

Auf den in Bild 13.20 dargestellten Servern, Routern und Arbeitsstationen läuft IGMP, und auf den dargestellten Routern ist die PIM-Sparse-Betriebsart konfiguriert, um den Multicast-Verkehr zu unterstützen. Auf allen Switches ist Multicast-Adressen-Registrierung eingerichtet, um das Multicast-Fluten im Netz zu reduzieren. (Wie in Kapitel 4 beschrieben, kann der Switch so konfiguriert werden, daß er Multimedia nur auf den Ports abschickt, die Mitglieder einer Multimedia-Gruppe sind.)

Bild 13.20: Komplexes Design mit Multimedia

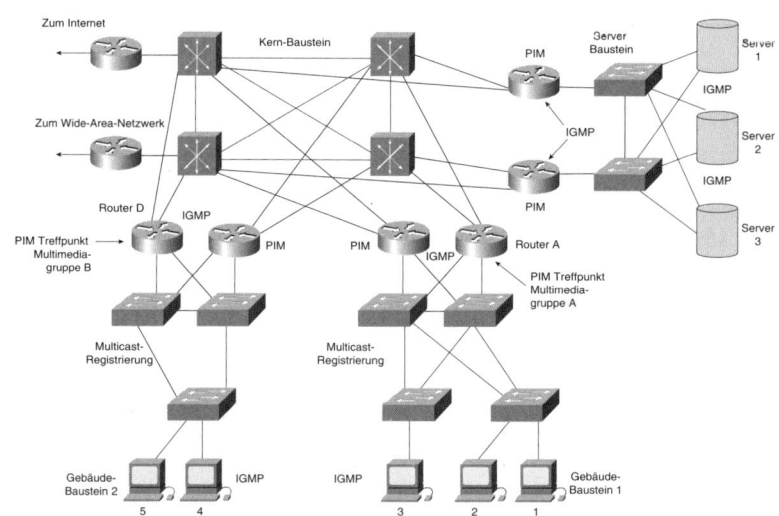

Router A ist der Treffpunkt für den Multicast-Verkehr (Multimedia-Gruppe A), der von Server 1 kommt, und Router D ist der Treffpunkt für den Multicast-Verkehr (Multimedia-Gruppe B), der von Server 2 kommt. Werden die Treffpunkte auf die Gebäude-Baustein-Router gelegt, wird der Kern-Baustein nicht von Multicasts überflutet, da die Multimedia-Server den Multimedia-Verkehr als Unicast-Verkehr zu den Treffpunkten schicken. Für den Unicast-Verkehr, der von Server 3 kommt, braucht man keinen Treffpunkt.

Als nächstes wird der Verkehrsfluß untersucht, nachdem die Hosts ihre IGMP-Joins zu den Multimedia-Servern geschickt haben, und die Server damit beginnen, den Verkehr zu generieren. Bild 13.21 zeigt den Pfad, den der Verkehr von den Multimedia-Servern aus nimmt.

Die Arbeitsstationen 1 und 4 sind Mitglieder der Multimedia-Gruppe A. Der Multimedia-Verkehr geht als Unicast-Verkehr von Server 1 durch den Kern-Baustein zu Router A, dem Treffpunkt für Multimedia-Gruppe A. Router A schickt den Multimedia-Verkehr dann zu den Arbeitsstationen 1 und 4.

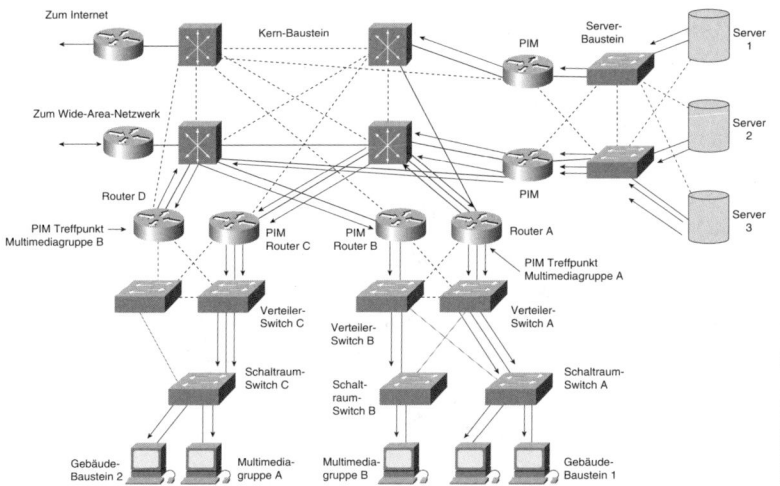

Bild 13.21: Multimedia-Verkehrsfluß über das komplexe Design

Um Arbeitsstation 1 zu erreichen, schickt der Router A den Multimedia-Verkehr als Multicasts zu Verteiler-Switch A, da Router A nicht weiß, wer genau der Empfänger ist. Verteiler-Switch A leitet ihn zum Schaltraum-Switch A weiter. Schaltraum-Switch A schickt den Verkehr zu Arbeitsstation 1. Da alle Switches die Multicast-Registrierung unterstützen, wird der Multicast-Verkehr nicht aus allen Ports der Switches geflutet.

Um Arbeitsstation 4 zu erreichen, schickt Router A den Multimedia-Verkehr über den Kern-Baustein direkt zu Router C. Da Router A weiß, daß der Multimedia-Verkehr zu Router C geht, wird dieser Verkehr weiterhin als Unicast-Verkehr und nicht als Multicast-Verkehr verschickt. Erhält Router C den Verkehr, leitet er ihn wie Router A als Multicast-Verkehr zum

Verteiler-Switch C weiter. Verteiler-Switch C leitet den Multicast-Verkehr an Schaltraum-Switch weiter, der ihn zu Arbeitsstation 4 sendet.

Arbeitsstation 3 ist ein Mitglied der Multimedia-Gruppe B. Server 2 schickt den Multicast-Verkehr zuerst zu Router D, dem Treffpunkt für Multimedia-Gruppe B. Router D schickt den Verkehr dann zu Arbeitsstation 3.

Um Arbeitsstation 3 zu erreichen, schickt Router D den Verkehr durch den Kern direkt zu Router B. Da Router D weiß, daß der Multicast-Verkehr zu Router B geht, wird dieser Verkehr weiterhin als Unicast-Verkehr und nicht als Multicast-Verkehr versendet. Erhält Router B den Verkehr, leitet er ihn als Multicast-Verkehr zum Verteiler-Switch B weiter, da er die Empfänger nicht genau kennt. Verteiler-Switch B leitet den Multicast-Verkehr zum Schaltraum-Switch B weiter, der ihn zu Arbeitsstation 3 schickt.

Die Arbeitsstationen 2 und 5 nutzen die Multimedia-Anwendung, die sich auf Server 3 befindet und die eine Unicast-Anwendung ist. Server 3 schickt die Anwendung als Unicast-Verkehr direkt zu 2 (er verwendet die Adresse von Arbeitsstation 2 als Zieladresse). Ebenso schickt der Server die Anwendung wieder als Unicast-Verkehr direkt zu 5 (er verwendet die Adresse von Workstationen 5 als Zieladresse).

Die PIM-Sparse-Betriebsart wird nicht für die Arbeitsstationen 2 und 5 genutzt. Statt dessen behandelt das Netz diesen Verkehr wie jeden anderen Unicast-Verkehr. Der Verkehr geht über den Router A im Gebäude-Baustein 1 zu Arbeitsstation 2 und über Router C in Gebäude-Baustein 2 zu Arbeitsstation 5.

Wie aus Kapitel 4 bekannt, optimiert die PIM-Sparse-Betriebsart den Datenpfad, sobald dieser Pfad festgelegt ist. Bild 13.22 zeigt die optimierten Verkehrsmuster.

Der Weg von Server 1 zu Arbeitsstation 1 ändert sich nicht, da er bereits der beste Weg zwischen den beiden Geräten ist. Die Pfade von Server 3 zu den Arbeitstationen 2 und 5 müssen nicht optimiert werden, da diese Stationen, wie schon früher besprochen, Unicast-Verkehr erhalten und die PIM-Sparse-Betriebsart nicht verwenden.

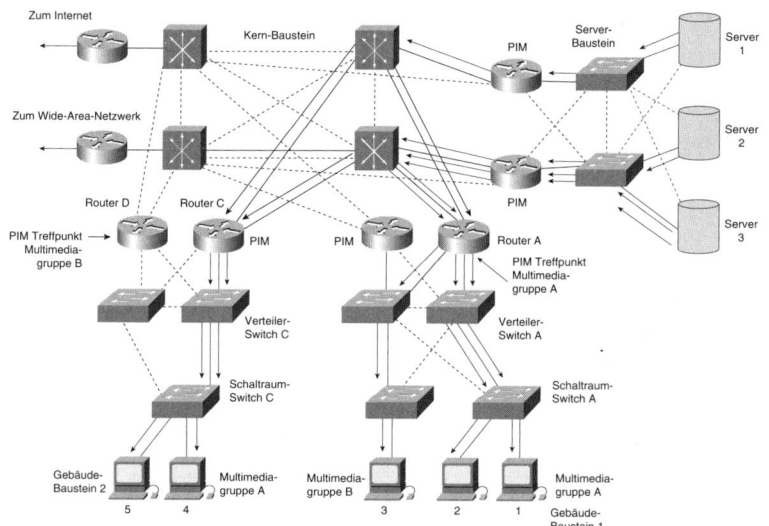

Bild 13.22:
Optimierte
Multimedia-
Verkehrsmuster
im komplexen
Design

Der Weg von Server 2 zu Arbeitsstation 3 und der Weg von Server 1 zu Arbeitsstation 4 werden jedoch optimiert. Um Arbeitsstation 3 zu erreichen, muß der Multicast-Verkehr nicht länger über den Treffpunkt der Multimedia-Gruppe B gehen (Router D). Der Router im Server-Baustein schickt den Multicast-Verkehr jetzt direkt zu Router A, der ihn dann an Arbeitsstation 3 weiterleitet.

Um Arbeitsstation 4 zu erreichen, geht der Verkehr nicht länger durch den Treffpunkt für Multimedia-Gruppe A (Router A). Der Router im Server-Baustein schickt den Multicast-Verkehr nun direkt zu Router C, der ihn dann an Arbeitsstation 4 weiterleitet.

Werden mehrere Multimedia-Anwendungen auf dem Netz unterstützt, muß genau überlegt werden, wo man die Treffpunkte auf dem Netz einrichtet. Um zu vermeiden, daß am Treffpunkt ein Verkehrsengpaß entsteht, muß sichergestellt werden, daß das Design mehr als einen Treffpunkt implementiert, um die Multimedia-Anwendungen zu unterstützen, und nicht der gesamte Verkehr von einem einzigen Treffpunkt aus dirigiert wird.

13.6   Sicherheit

Das komplexe Design verwendet mehrere Sicherheitsmechanismen (siehe Bild 13.23). Es unterstützt die Netzanmeldung als grundlegendes Sicherheitsniveau für sein Netz. Es verwendet außerdem die Server-Anmeldung zur Benutzer-Authorisierung. Um ein zusätzliches Sicherheitsniveau bereitzustellen, unterstützen die Router Zugriffslisten, um die Server vor unberechtigten Benutzern zu schützen, und die Routen-Authentifizierung, um zu vermeiden, daß andere Geräte sich als Standard-Gateways ausgeben. Alle diese Mechanismen wurden ebenfalls im skalierbaren Design verwendet.

Das komplexe Design geht in vielerlei Hinsicht über das Sicherheits-Design des skalierbaren Netzes hinaus. Zuerst wird die Anmeldung in die Netzinfrastruktur (Router, Server) integriert, um zusätzliche Authorisierungssicherheit zu gewährleisten. Es können sich nur ausgewählte Benutzer an den Routern und Servern anmelden, um deren Konfiguration zu ändern.

Bild 13.23:
Komplexes
Design mit
Authentifizie-
rungs- und
Authorisie-
rungsmecha-
nismen

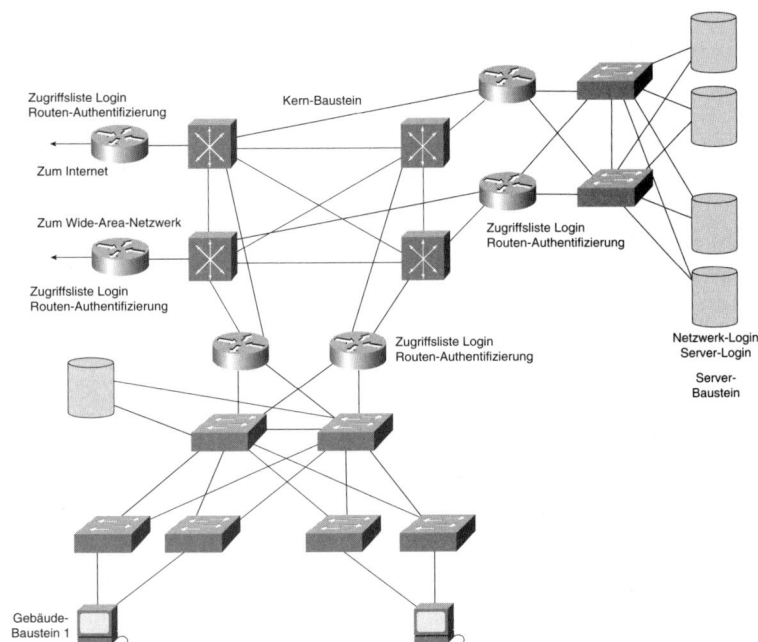

Das komplexe Design verwendet außerdem die Verschlüsselung, um die Datenintegrität auf dem Netz zu gewährleisten. Wie in Kapitel 8 besprochen, gibt es zwei Orte, an denen die Verschlüsselung stattfinden kann: auf den Routern und zwischen der Arbeitsstation und dem Sever.

Die Verschlüsselung auf den Routern sollte auf allen Routern im Netz eingerichtet werden: den Gebäude-Baustein-Routern, den Server-Baustein-Routern und den Routern des Wide-Area-Netzes. Dadurch entsteht das höchste Maß an Datenintegrität in der Netzinfrastruktur.

Wie jedoch ebenfalls in Kapitel 8 besprochen, stellt die Verschlüsselung auf dem Router nur partielle Datenintegrität auf dem Campus-Netz zur Verfügung.

Der Grund dafür wird klar, wenn man die Datenverkehrsmuster betrachtet. In allen drei Netzentwürfen trennen die Router die Gebäude-Bausteine und den Server-Baustein vom Kern-Baustein. Werden Daten von einer Arbeitsstation zu einem Server geschickt oder umgekehrt, kreuzt der Verkehr zwei Router. Ist auf dem Router Verschlüsselung eingerichtet, wird der Verkehr nur verschlüsselt, wenn er den Kern-Baustein überquert (siehe Bild 13.24).

Werden die Daten von einem anderen Benutzer im Gebäude-Baustein abgefangen, bevor sie den Router erreichen, sind sie lesbar. Noch bedenklicher ist es, daß unautorisierte Benutzer im Server-Baustein die Daten lesen können, nachdem sie den Router passiert haben. Da der größte Teil des Netzverkehrs zu den Enterprise-Servern geht, ist es sehr wahrscheinlich, daß Sicherheitsverletzungen und Raub von Informationen im Server-Baustein stattfinden. Diese Situation ist unhaltbar, wenn hochempfindliche Daten im Spiel sind.

Transportiert das Netz hochempfindliche Daten, sollte die Verschlüsselung außer auf den Routern auch auf den Arbeitsstationen und den Servern implementiert werden (siehe Bild 13.25). Auf diese Weise kann die vollständige Datenintegrität im ganzen Netz erreicht werden.

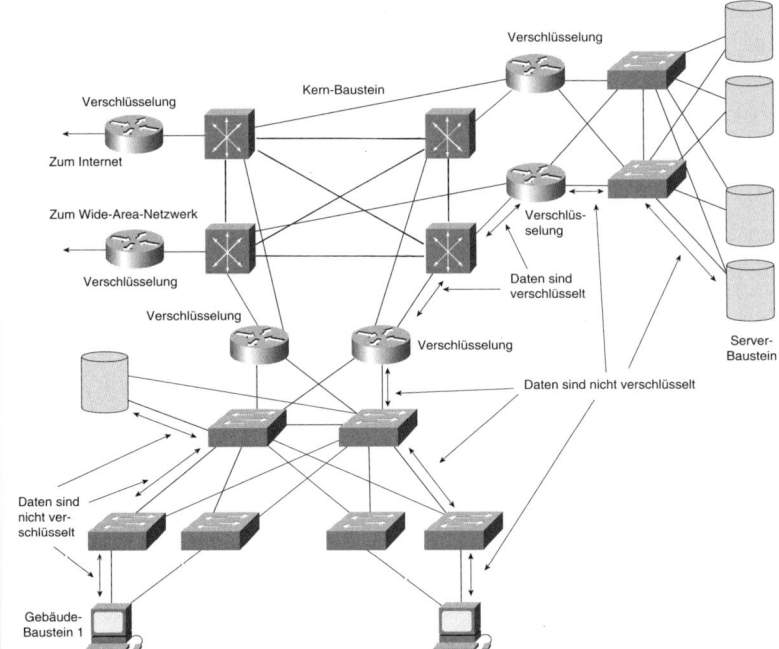

Bild 13.24: Router-ver-schlüsselter Verkehr im komplexen Netz

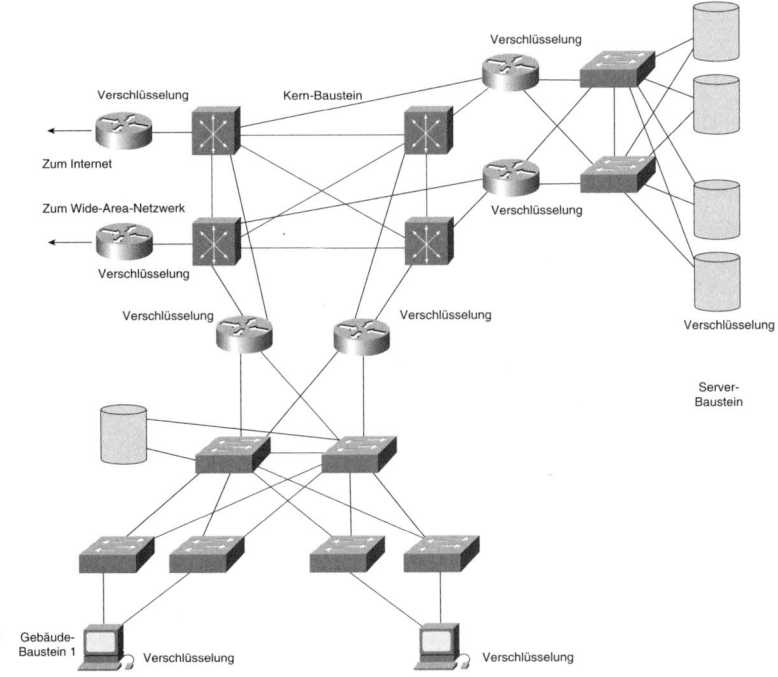

Bild 13.25: Arbeitsstation- und Router-Ver-schlüsselung im komplexen Netz

Das Verschlüsselungsniveau auf den Arbeitsstationen sollte auf dem Geheimhaltungsniveau basieren, das die Dokumente fordern, die über das Netz geschickt werden sollen. Ist das Dokument streng vertraulich, dann können alle Verschlüsselungsmethoden – Hash-Funktionen, asymmetrische und symmetrische Verschlüsselung – zur Sicherung der Datenintegrität eingesetzt werden. Diese Verschlüsselungsmethoden arbeiten zusammen, um die Identität des Senders und des Empfängers (Hash-Funktionen und asymmetrische Verschlüsselung) zu sichern und um die Integrität des Dokuments (symmetrische Verschlüsselung) und des Datenpfads, auf dem es verschickt wird, (asymmetrische Verschlüsselung) zu sichern. Fordert das Dokument nicht so viel Vertraulichkeit, können weniger Verschlüsselungsmethoden eingesetzt werden.

Man sollte die Verschlüsselung auf den Arbeitsstationen einrichten, auf denen die vollständige Datenintegrität gewährleistet sein muß. Vermutlich muß man die Verschlüsselung jedoch nicht auf allen Arbeitsstationen im Netz einrichten. Die Verschlüsselung verlangsamt die Leistung der Arbeitsstationen und einiger Netzwerkgeräte, so daß sie nur dort durchgeführt werden sollte, wo es wirklich notwendig ist.

13.7 Mobilität

Um die Erweiterung der Benutzeranzahl und die Mobilität im Netz zu ermöglichen, setzt das komplexe Design ein dynamisches IP-Adressierschema ein. DHCP-Server-Software (siehe Kapitel 9) wird auf einem Server konfiguriert, der den Arbeitsstationen IP-Adressen zuteilt, die als DHCP-Client konfiguriert sind. Bestimmte Router sind so konfiguriert, daß sie IP-Broadcast-Pakete als Unicast-Pakete weiterleiten, so daß die DHCP-Server sie empfangen können (siehe Bild 13.26). Die relevanten Router werden im Bild als IP/BootP-Helfer bezeichnet.

Die Gebäude-Baustein-Router wandeln die DHCP-Broadcasts in Unicast-Rahmen um und leiten diese durch das Netz zum DHCP-Server. Die Router im Server-Baustein müssen die DHCP-Broadcasts nicht verstehen, da die DHCP-Discover- und DHCP-Request-Rahmen, wenn die Router sie sehen, schon Unicast-Rahmen sind, die an den DHCP-Server adressiert sind. Die Router im Server-Baustein senden diese Unicasts einfach an den DHCP-Server.

Da sich weit entfernte Benutzer über den WAN-Router auf dem Campus anmelden, ist dort ebenfalls der IP/BootP-Helfer konfiguriert.

Die Gebäude-Baustein-Router leiten die DHCP-Discover und -Request-Nachrichten in Form eines Unicast zum DNS/DHCP-Server und beschränken den Broadcast-Verkehr dadurch auf ein Minimum.

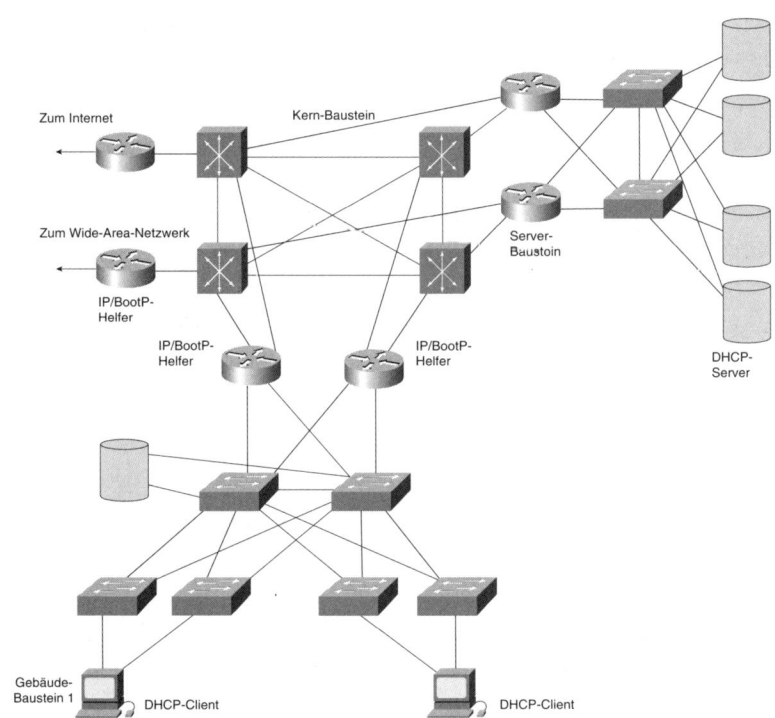

Bild 13.26: DHCP-Unterstützung im komplexen Design

Jedesmal, wenn sich Benutzer auf dem Netz anmelden, erhalten sie eine neue IP-Adresse oder auch nicht (je nachdem, welche Leasing-Zeit auf dem DHCP-Server festgelegt ist). Ziehen die Benutzer in ein anderes Stockwerk oder Gebäude um, erhalten sie automatisch neue IP- und IP-Standard-Gateway-Adressen. Sobald DHCP auf den Arbeitsstationen konfiguriert ist, wird es wahrscheinlich nicht mehr nötig sein, statische Adressierung auf den Endstationen einzurichten.

Es ist eine einfache Sache, DHCP auf den Stationen, Routern und auf dem DHCP-Server freizugeben. Schwieriger ist es, jedem Subnetz auf dem DHCP-Server die richtige Menge an Adressen zuzuordnen. Je komplexer das Subnetzschema ist, desto schwieriger wird die Zuteilung. Unterstützt ein Subnetz beispielsweise 200 Benutzer, das nächste Subnetz nur 100 Benutzer und so weiter (so daß jedes Subnetz eine andere Anzahl von Benutzern unterstützt), dann wird es eine komplizierte Aufgabe, jedem Subnetz auf dem DHCP-Server die Adressen zuzuteilen. Richtet man das Subnetzschema so ein, daß jedes Subnetz dieselbe Anzahl von Benutzern unterstützt, dann wird es einfacher, die Adressen zuzuordnen, und DHCP bleibt skalierbar, während das Netz wächst.

Wenn man DHCP im komplexen Netzdesign implementiert, wird es für den Netzwerkadministrator einfacher, die Benutzermobilität und das Benutzerwachstum zu managen, da die mühsame Aufgabe des Zuteilens und Wiederverteilens von statischen Adressen wegfällt.

13.8   VLANs

VLANs können auf verschiedene Weise auf dem komplexen Netz implementiert werden. Um die Broadcast-Domäne gut kontrollieren zu können, empfiehlt es sich, die VLAN-Methode anzuwenden, die im skalierbaren Netzwerkdesign beschrieben ist. Ist es im komplexen Design jedoch wichtiger, die Benutzermobilität zu unterstützen, als die Broadcast-Domäne unter straffer Kontrolle zu haben, dann stehen zwei andere Implementierungen zur Verfügung: VLANs im Gebäude-Baustein und Benutzerschicht-VLANs.

13.8.1   VLANs im Gebäude-Baustein

VLANs innerhalb des Gebäude-Bausteins sind eine Erweiterung der VLANs auf dem Verteiler-Switch, die wir beim skalierbaren Design beschrieben haben (siehe Bild 13.27). Im skalierbaren Design ist jedes VLAN nur mit einem Verteiler-Switch verbunden. Im Gegensatz dazu kann sich im komplexen Design jedes VLAN mit beiden Verteiler-Switches verbinden, statt nur auf einen beschränkt zu sein (siehe Bild 13.28).

Bild 13.27:
Gebäude-Bau-
stein-VLANs im
skalierbaren
Design

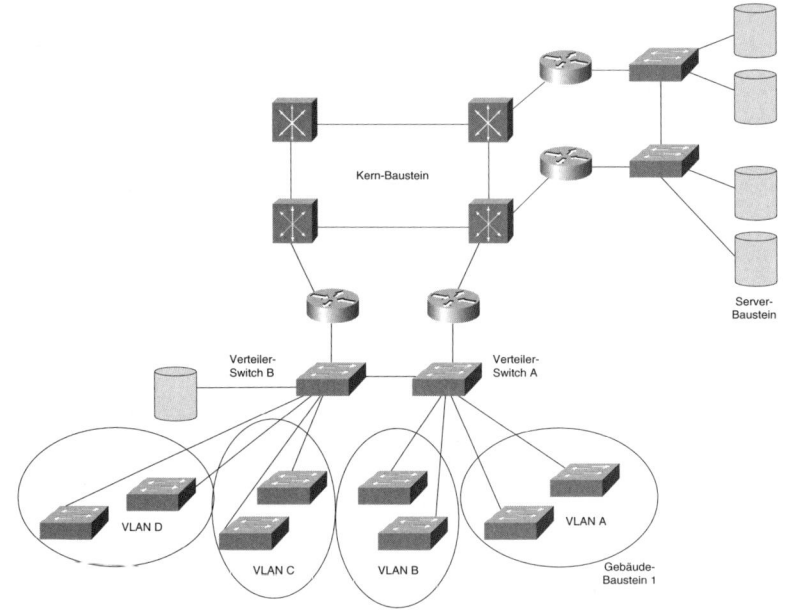

Bild 13.28:
Gebäude-Bau-
stein-VLANs im
komplexen
Design

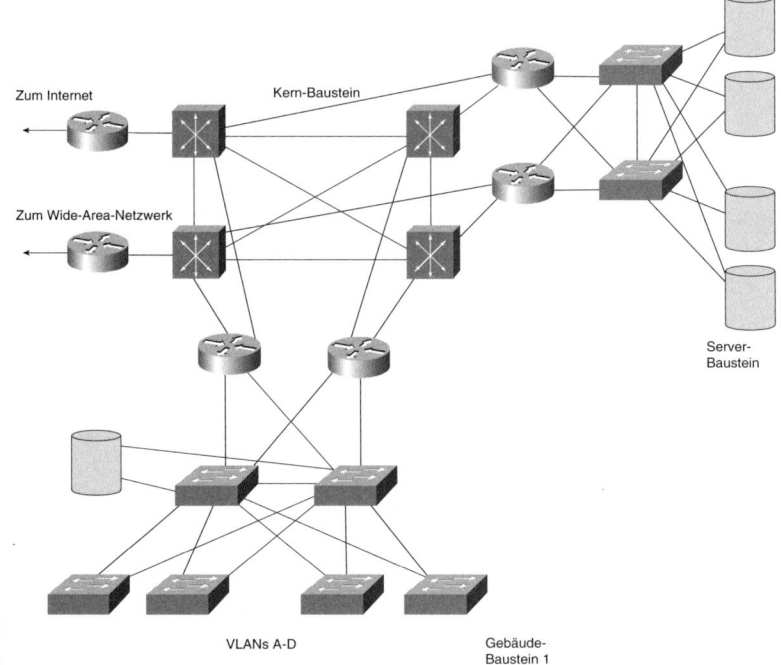

In beiden Designs hat der Gebäude-Baustein vier Broadcast-Domänen, und somit auch vier VLANs. Im skalierbaren Design unterstüzt jeder Schaltraum-Switch nur ein VLAN. Nur wenn ein Router ausfällt, unterstützen die Verteiler-Switches alle vier VLANs. (Die Verbindung zwischen den Verteiler-Switches transportiert dann den gesamten VLAN-Verkehr.) Im komplexen Design unterstützen alle Schaltraum-Switches und alle Verteiler-Switches alle vier VLANs.

Im komplexen Design muß jeder Schaltraum-Switch Verkehr auf allen vier VLANs weiterleiten, wohingegen im skalierbaren Design jeder Schaltraum-Switch den Verkehr nur für ein einzelnes VLAN weiterleiten muß. Im komplexen Design entsteht dadurch etwas mehr Benutzermobilität, die Verkehrsmuster werden jedoch komplizierter, da der Broadcast-Verkehr für alle vier VLANs beide Verteiler-Switches und die Schaltraum-Switches überquert.

Das komplexe Design ermöglicht die Benutzermobilität auf folgende Weise: Bewegen sich die Benutzer auf VLAN A zu einem anderen Switch innerhalb des Gebäude-Bausteins, bleiben sie Teil von VLAN A und müssen sich nicht einem anderen VLAN anschließen. Es spielt keine Rolle, welchem Switch sie sich anschließen, da beide Verteiler-Switches alle VLANs im Gebäude-Baustein unterstützen. Ziehen die Benutzer jedoch in einen anderen Gebäude-Baustein um, müssen sie sich einem anderen VLAN anschließen, da die VLANs sich nicht über mehrere Gebäude-Bausteine erstrecken.

Um die Benutzer im VLAN zu unterstützen, führen die Verbindungen zu den Routern den Lastenausgleich für den VLAN-Verkehr durch (siehe Bild 13.29).

Das Bild zeigt, daß Verteiler-Switch A Verkehr von den VLANs A und B zum Router A und Verkehr von den VLANs C und D zum Router B transportiert. Ebenso schickt Verteiler-Switch B Verkehr von den VLANs A und B zum Router B und Verkehr von den VLANs C und D zum Router A. Alle Verbindungen von den Verteiler-Switches zu den Routern leiten aktiv Verkehr weiter. Die Verbindung zwischen den Verteiler-Switches unterstützt alle vier VLANs, indem es Intra-VLAN-Verkehr ermöglicht und Redundanz bereitstellt.

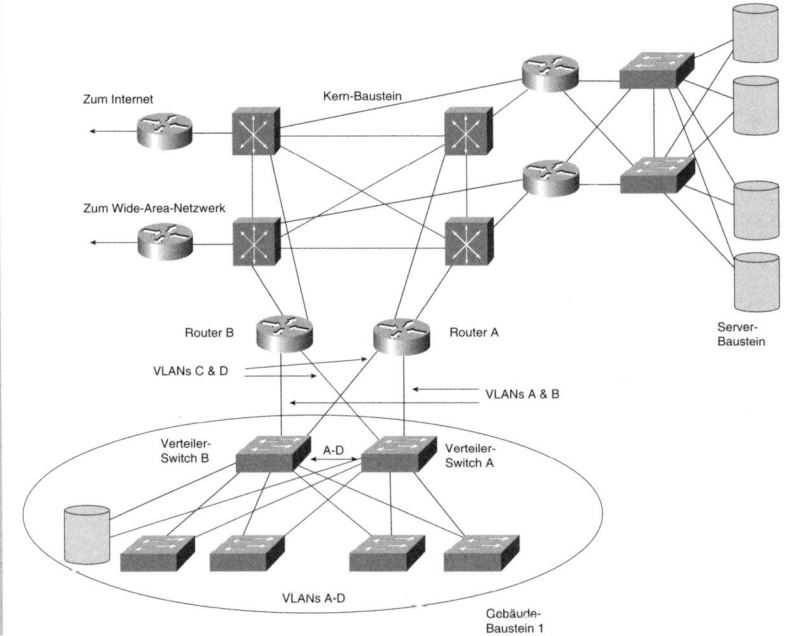

Bild 13.29:
Lastenausgleich
auf den VLAN-
Router-Verbin-
dungen im
komplexen
Design

Wie beim skalierbaren Design können die verteilten Server im Gebäude-Baustein entweder ein einzelnes VLAN oder alle vier VLANs unterstützen. Der verteilte Server sollte jedoch mit einem Verteiler-Switch verbunden sein, da die VLANs mehrere Schaltraum-Switches umspannen und der Verteiler-Switch der gemeinsame Verbindungspunkt für die VLANs ist.

Der gesamte Intra-VLAN-Verkehr (Verkehr innerhalb desselben VLANs) kreuzt die Verbindung der beiden Verteiler-Switches (siehe Bild 13.30).

Diese Verbindung ist nicht mehr, wie im skalierbaren Design, nur für die Redundanz reserviert. Statt dessen leitet diese Verbindung Intra-VLAN-Verkehr, wie beispielsweise Verkehr zum verteilten Server, weiter.

Der gesamte Inter-VLAN-Verkehr (Verkehr zwischen VLANs) muß über den Router geleitet werden. Siehe Bild 13.31.

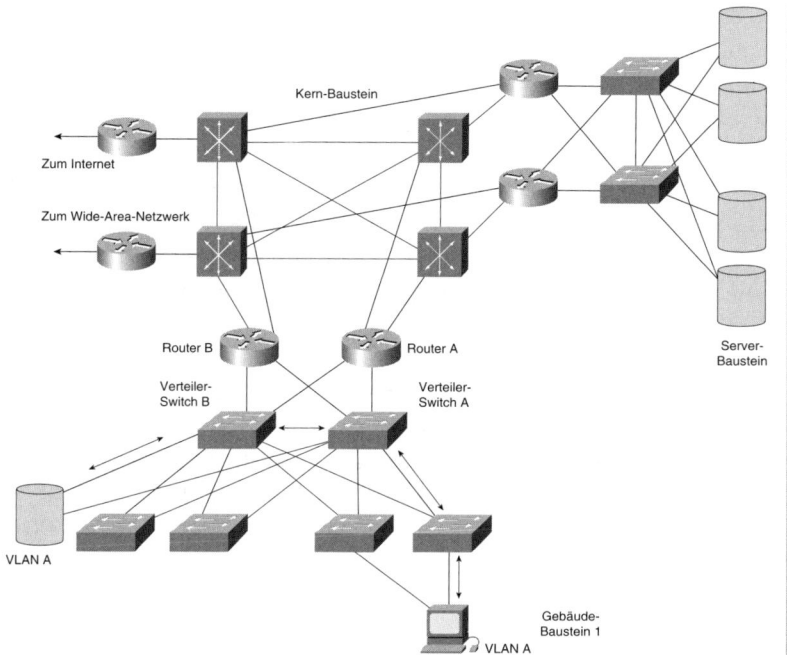

*Bild 13.30:
Intra-VLAN-
Verkehr im Ge-
bäude-Block-
VLAN-Design*

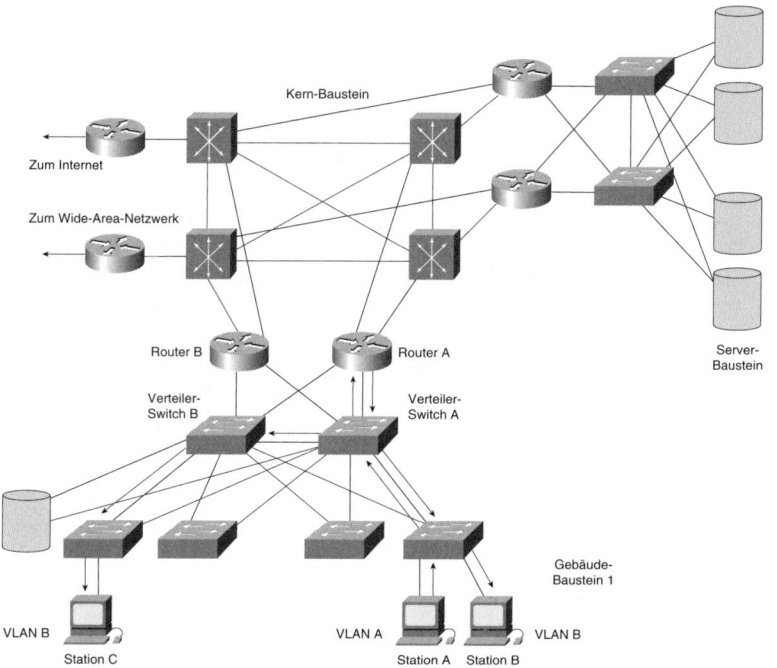

*Bild 13.31:
Inter-VLAN-
Verkehr im
Gebäude-Block-
VLAN-Design*

Obwohl Station A und Station B sich auf dem gleichen Schaltraum-Switch befinden, muß der Verkehr von Station A zu Router A gehen und zum VLAN von Station B geleitet werden. Um Station C zu erreichen, wird der Verkehr von Station A entweder zu Router A geleitet, oder er wird zu Verteiler-Switch B geschickt, von dort aus zu Router B und dannach zu Station C. Im Vergleich zu den VLANs im skalierbaren Design, macht es diese VLAN-Implementierung schwieriger, die Verkehrsmuster zu managen, ermöglicht jedoch eine höhere Benutzerflexibilität.

13.8.2 Benutzerschicht-VLANs

Die zweite Möglichkeit, VLANs im komplexen Design zu implementieren, ist die Einrichtung von Benutzerschicht-VLANs, auch als Cross-Campus VLANs bekannt. Bild 13.32 veranschaulicht diese Methode.

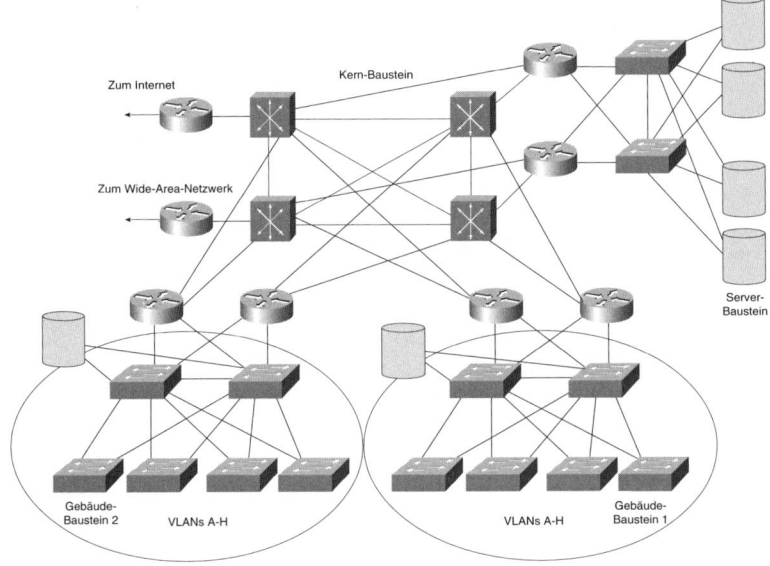

Bild 13.32: Benutzerschicht-VLAN-Implementierung

Das gleiche VLAN kann sich über zwei Gebäude-Bausteine erstrecken. In dieser Situation müssen die Schaltraum-Switches eine Vielzahl von VLANs unterstützen. Ein Schaltraum-Switch kann die VLANs A, B, C und E unterstützen, ein anderer die VLANs C, E, G und H. Die Verteiler-Switches müssen all die VLANs unterstützen, die sich auf den Schaltraum-Switches befinden.

Diese VLAN-Methode ist aufgrund der variablen Router-Standorte sehr schwierig zu implementieren. Intra-VLAN-Verkehr kann die Router nicht kreuzen und in der gleichen Broadcast-Domäne bleiben. Eine andere Alternative des Netzdesigns kann jedoch die Implementierung dieser VLAN-Methode erleichtern (Bild 13.33).

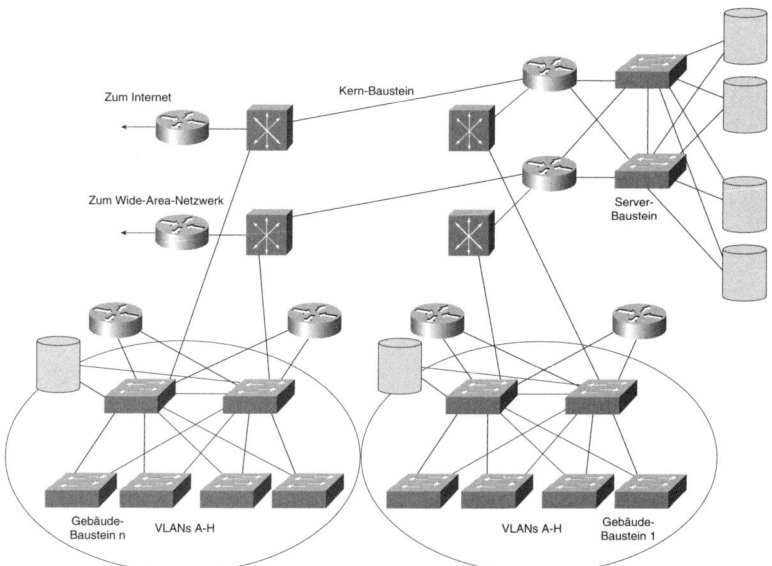

Zum Internet

Kern-Baustein

Zum Wide-Area-Netzwerk

Server-Baustein

Gebäude-Baustein n   VLANs A-H

VLANs A-H   Gebäude-Baustein 1

Bild 13.33: Alternative eines komplexen Designs zur Unterstützung von Benutzerschicht-VLANs

In dieser Designalternative sind die Router von den Verteiler-Switches getrennt worden und haben keine Verbindung zu den Kern-Baustein-Switches. Die Router befinden sich nicht auf dem Pfad des Intra-VLAN-Verkehrs, sie sind jedoch weiterhin für das Inter-VLAN-Routing verantwortlich. In diesem Szenario werden die Router nicht mehr genutzt, um die Trennung der Broadcast-Domänen zwischen dem Gebäude-Baustein und dem Kern-Baustein für alle VLANs aufrechtzuerhalten.

Für diese Designalternative werden drei Verkehrssituationen dargestellt: Intra-VLAN-Verkehr, Broadcast-Verkehr und Inter-VLAN-Verkehr. Bild 13.34 zeigt den Intra-VLAN-Verkehr in diesem neuen Design.

Unicast-Verkehr wird von Station A zu Server B in VLAN A geschickt. Der Verkehr kommt aus Gebäude-Baustein 1 und geht über den Verteiler-Switch A zu Kern-Switch A, ohne einen Router zu benutzen. Kern-Switch A schickt den Verkehr zu Kern-Switch B. Kern-Switch B schickt den Verkehr über den Verteiler-Switch B zu Gebäude-Baustein 2, wieder ohne durch einen Router zu gehen. Der Verkehr erreicht dann Server B.

Bild 13.34: Intra-VLAN-Verkehr im Benutzerschicht-VLAN-komplexen Design

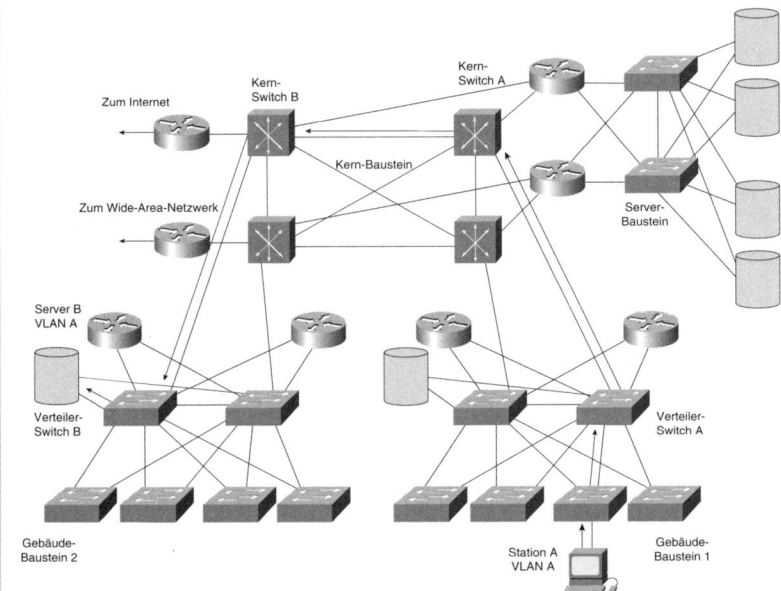

Ist dieser Verkehr nicht Unicast-Verkehr, sondern Broadcast-Verkehr, zeigt Bild 13.35 das Verhalten des Broadcast-Verkehrs in VLAN A.

Da die Router die Broadcast-Domäne zwischen Gebäude-Baustein 1 und dem Kern-Baustein nicht trennen, verteilt sich der Broadcast-Verkehr über den Kern-Baustein und im Gebäude-Baustein 2. Die Router im Server-Baustein halten den Broadcast-Verkehr davon ab, in den Server-Baustein einzudringen. Sind jedoch viele Broadcasts vorhanden, dann wird sowohl im Kern-Baustein als auch in den Gebäude-Bausteinen viel wertvolle Bandbreite beansprucht.

Zum Abschluß wird das Verhalten des Inter-VLAN-Verkehrs in diesem neuen Design betrachtet (siehe Bild 13.36).

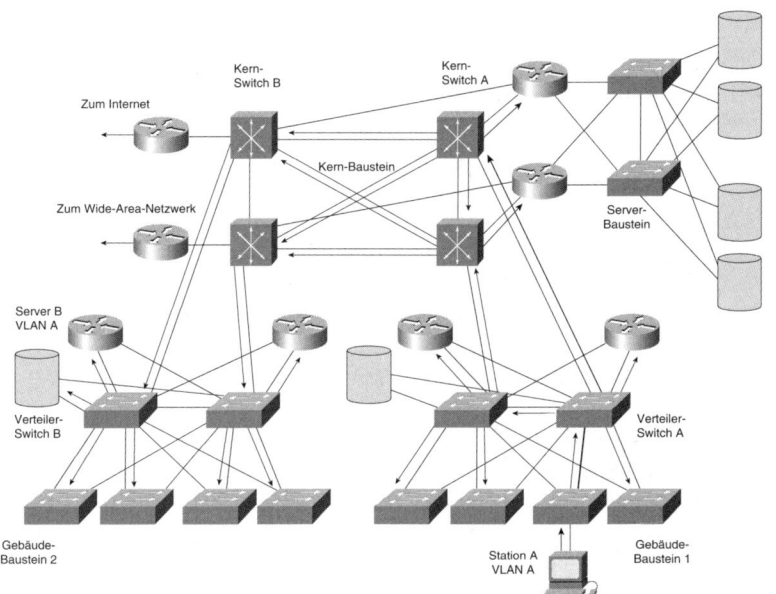

*Bild 13.35:
Broadcast-Ver-
kehr im Benut-
zerschicht-
VLAN-komple-
xen Design*

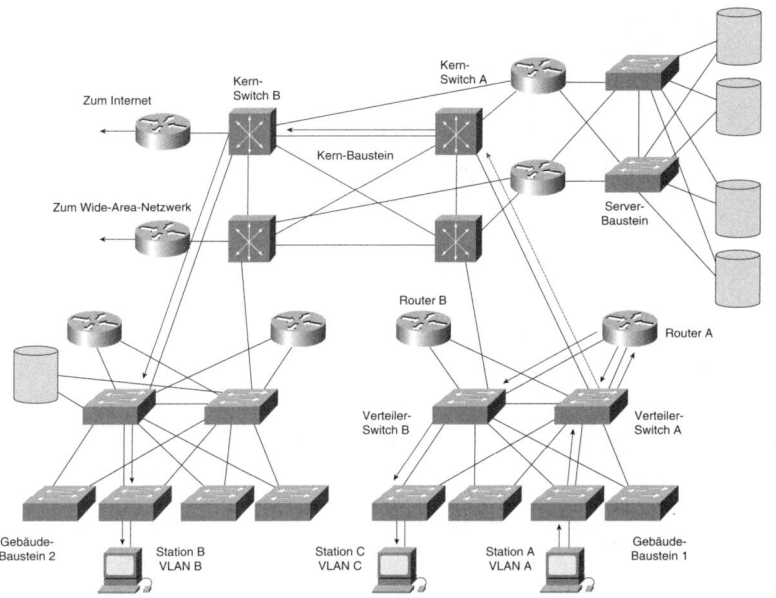

*Bild 13.36:
Inter-VLAN-
Verkehr im
komplexen
Design*

Der Verkehr, der von einer beliebigen Station innerhalb von
VLAN A zu einer beliebigen Station innerhalb eines anderen
VLAN geht, muß einen Router passieren. Entsteht der Ver-
kehr auf Station A in Gebäude-Baustein 1, dann leitet entwe-

der Router A oder Router B den Verkehr. Der geeignete Router sendet den Verkehr entweder über den Kern-Baustein zu Station B in Gebäude-Baustein 2 oder schickt Daten zu Verteiler-Switch B und weiter zu Station C.

Ein anderer Punkt, der beachtet werden sollte, ist die Tatsache, daß ein Benutzerschicht-VLAN-Design den Intra-VLAN-Verkehr davon abhält, sich der Sicherheitsvorkehrungen auf dem Netz (die bereits besprochen wurden) zu bedienen, wie beispielsweise Netzschichtverschlüsselung oder Zugriffslisten. Jeder Verkehr, der nicht über einen Router geht, kann diese Sicherheitsschranken nicht passieren.

Ein Benutzerschicht-VLAN kann jedoch für kritische oder zeitkritische Anwendungen geeignet sein und so strukturiert werden, daß es ein gewisses Maß an Stabilität der Verkehrsmuster gewährleistet. In diesem Fall erlaubt es das Design einem VLAN, überall im Netz zu existieren, und zwingt die anderen VLANs innerhalb eines einzelnen Gebäude-Bausteins zum Bleiben (siehe Bild 13.37).

Bild 13.37: Benutzerschicht-VLAN für eine spezifische Anwendung

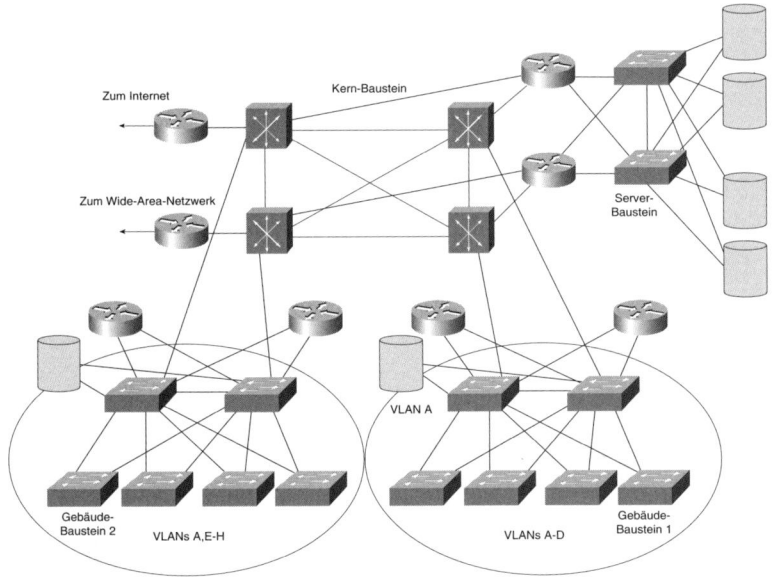

VLAN A ist das einzige VLAN, das die Gebäude-Bausteine umspannt. Die Benutzer in diesem VLAN teilen sich eine spezifische zeitkritische Anwendung. Die anderen Benutzer im

Netz nutzen diese Anwendung nicht und alle anderen VLANs dürfen nur innerhalb des Gebäude-Bausteins existieren. Daher ist der Großteil des Verkehrs in diesem Design berechenbar, abgesehen von einem Teil des Verkehrs in VLAN A. Es ist außerdem sinnvoll, die kritische Anwendung auf einen verteilten Server in VLAN A zu legen, statt auf einen Enterprise-Server.

13.8.3 Kern-Baustein- und Server-Baustein-VLANs

Die Art und Weise, wie der Kern-Baustein VLANs unterstützt, hängt von der VLAN-Implementierung ab, die in den Gebäude-Bausteinen verwendet wird. Ist jedes VLAN auf einen einzelnen Gebäude-Baustein begrenzt, muß der Kern-Baustein nur zwei VLANs unterstützten (siehe Bild 13.38).

Da es von jedem Gebäude-Baustein-Router zwei Router-Verbindungen zum Kern-Baustein gibt, müssen zwei Kern-Baustein-VLANs vorhanden sein statt einem. Bild 13.38 unterstützt eine Router-Verbindung VLAN 10 und eine VLAN 20. Beide Verbindungen können gleichzeitig Verkehr weiterleiten.

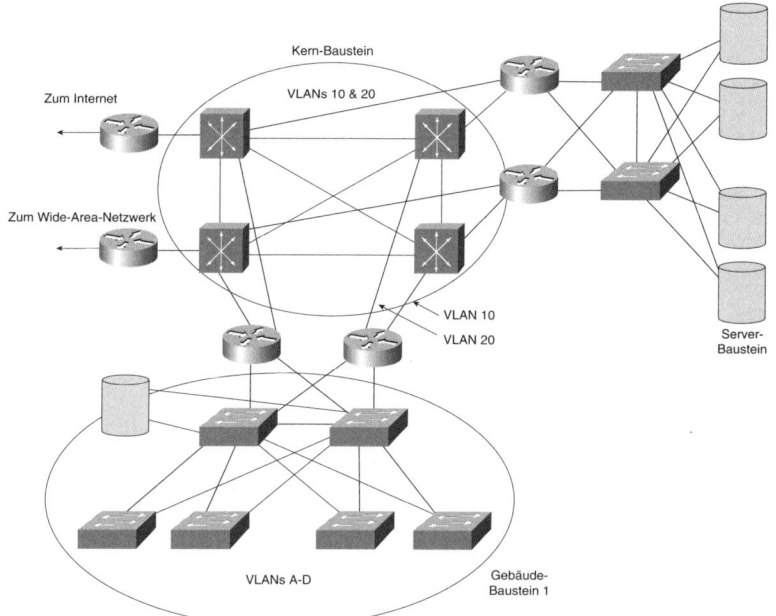

Bild 13.38:
Zwei VLANs im Kern-Baustein des komplexen Designs

Wenn ein VLAN Gebäude-Bausteine umspannen kann (Benutzerschicht-VLANs), unterstützt der Kern-Baustein mehr als
zwei VLANs. Befinden sich beispielsweise zehn VLANs in den
Gebäude-Bausteinen, muß der Kern-Baustein alle zehn VLANs
unterstützen (siehe Bild 13.39).

Bild 13.39:
Kern-Baustein,
der alle VLANs
im komplexen
Design unter-
stützt

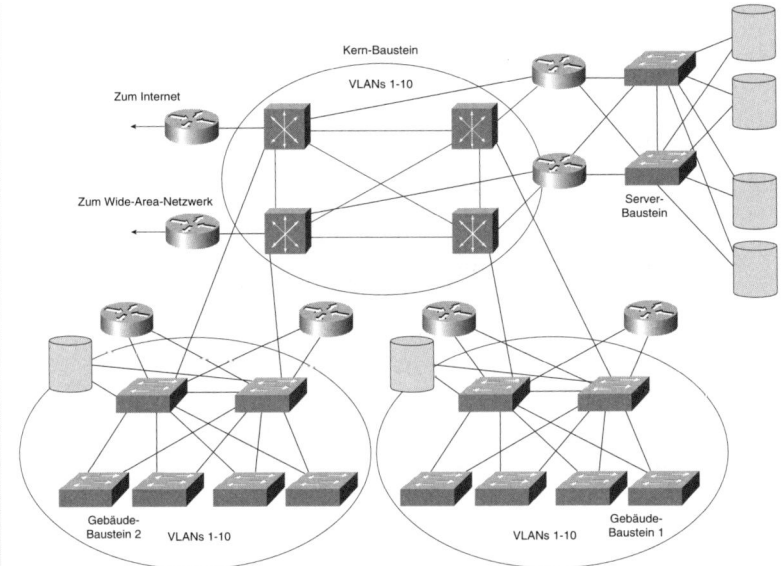

Werden Benutzerschicht-VLANs eingesetzt, verbinden sich,
wie schon früher erklärt, die Gebäude-Baustein-Router nicht
mit den Kern-Switches. Sie unterstützen jedoch alle VLANs.
Außerdem müssen die Verbindungen, die die Verteiler-Switches mit den Kern-Switches verbinden, ebenso wie die Verbindungen zwischen den Kern-Switches alle VLANs unterstützen.

Im komplexen Design muß der Server-Baustein nur zwei
VLANs unterstützen. Wie schon besprochen, unterstützt der
Server-Baustein zwei Subnetze, da es in den Enterprise-Servern
mehrere NIC-Karten gibt und jede NIC-Karte ein Subnetz
unterstützt. Jedes Subnetz ist mit einem VLAN verknüpft. Die
Verbindungen zwischen den Routern und den Switches unterstützt jeweils ein VLAN (siehe Bild 13.40).

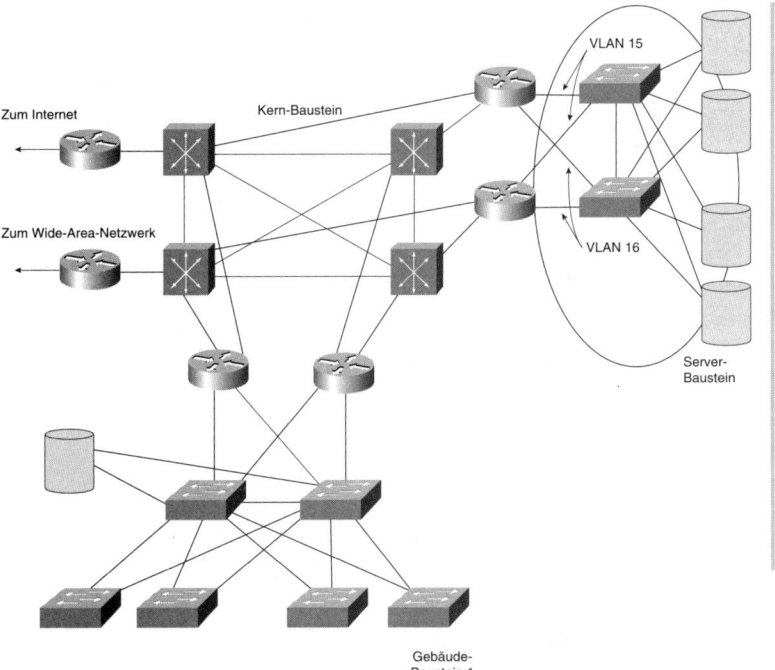

Bild 13.40:
VLANs im Ser-
ver-Baustein des
komplexen
Designs

13.8.4 Ausfall-Szenario für VLANs

Wie im skalierbaren Design werden auch einige Ausfall-Szenarien für VLANs im komplexen Design untersucht, wobei als erstes die Auswirkungen des Router-Ausfalls betrachtet werden. Bild 13.41 zeigt VLANs, die den Gebäude-Baustein umspannen, und Bild 13.42 zeigt Benutzerschicht-VLANs. In beiden Bildern sind Router A im Gebäude-Baustein und Router B im Server-Baustein ausgefallen.

Beide Bilder zeigen, daß im Gebäude-Baustein Verteiler-Switch A den Verkehr zu Router B schickt, da er entdeckt, daß Router A ausgefallen ist. In Bild 13.41 wird der Verkehr für die VLANs 1 und 2 über den Verteiler-Switch B geschickt, der ihn dann zu Router B weiterleitet. Verteiler-Switch A schickt weiterhin Verkehr für die VLANs 3 und 4 direkt zu Router B, da dies der normale Verkehrsfluß für diese VLANs ist.

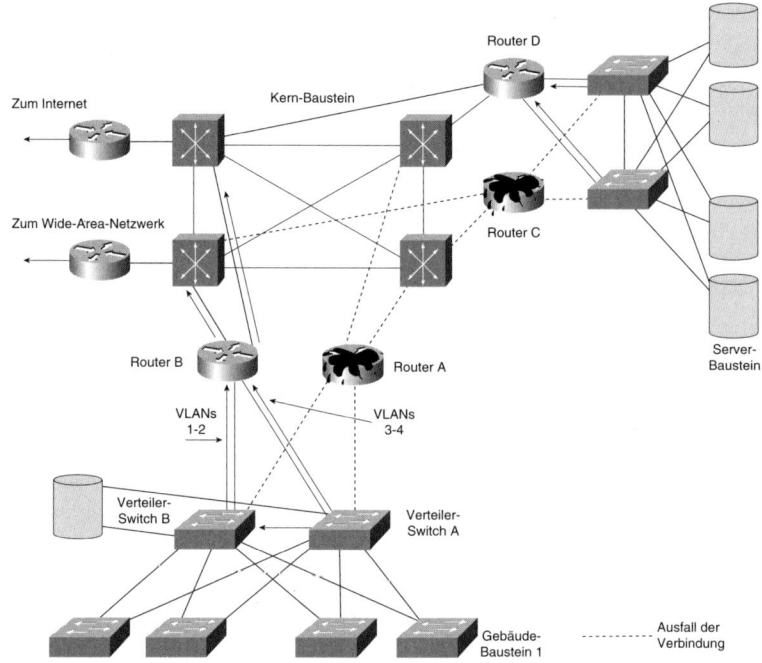

Bild 13.41: Gebäude-Baustein-VLAN-Redundanz für den Router-Ausfall im komplexen Design

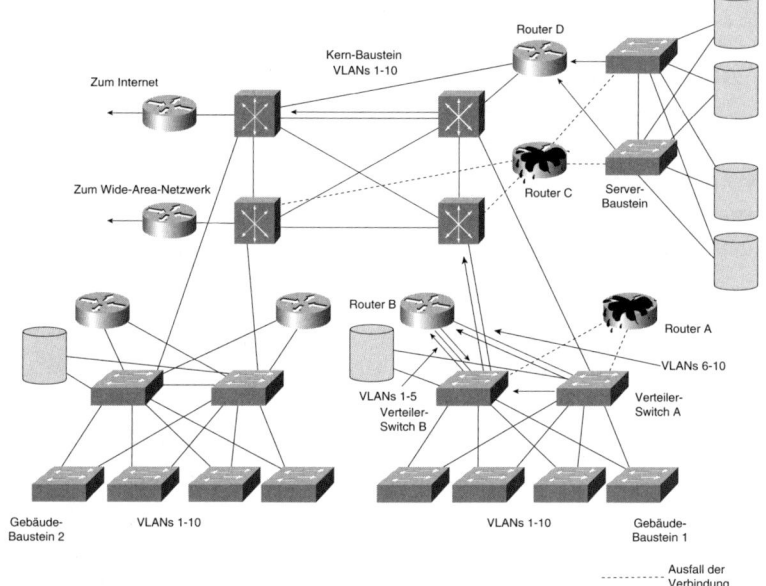

Bild 13.42: Benutzerschicht-VLAN-Redundanz für den Router-Ausfall im komplexen Design

In Bild 13.42 schickt der Verteiler-Switch A den Verkehr für die VLANs 1 bis 5 über den Verteiler-Switch B, der ihn dann zu Router B weiterleitet. Verteiler-Switch A schickt weiterhin Verkehr für die VLANs 6 bis 10 direkt zu Router B, da dies der normale Verkehrsfluß für diese VLANs ist.

Beide Bilder zeigen, daß Router B den gesamten Verkehr vom Gebäude-Baustein zum Kern-Baustein schickt. Im Server-Baustein leiten die Switches den gesamten Verkehr zu Router D.

Angenommen, der Verteiler-Switch fällt aus, dann schicken die Schaltraum-Switches den Verkehr zu Verteiler-Switch B, egal welche VLAN-Implementierung genutzt wird. Bild 13.43 zeigt die Gebäude-Baustein-VLANs und Bild 13.44 die Benutzerschicht-VLANs und den Verteiler-Switch-Ausfall.

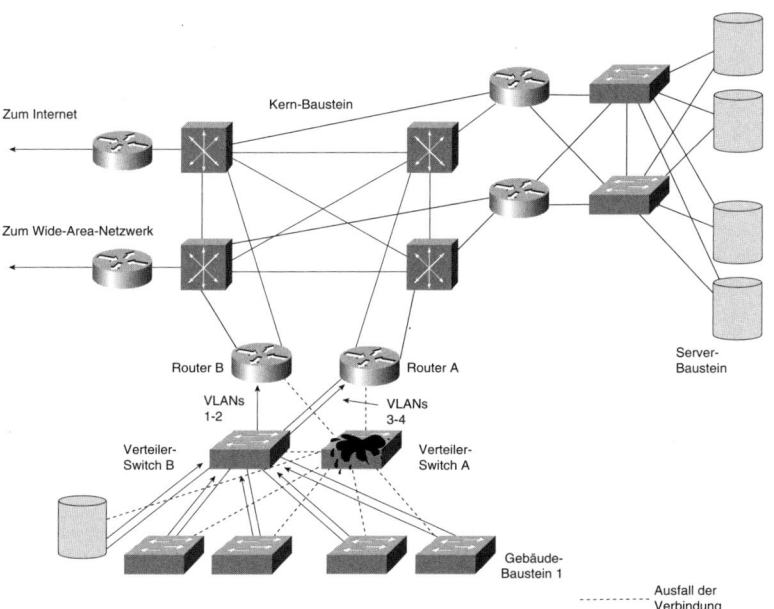

Bild 13.43: Gebäude-Baustein-VLAN-Redundanz für den Verteiler-Switch-Ausfall im komplexen Design

Als Zusammenfassung dieses Abschnitts über VLANs zeigt Bild 13.45 das vollständige VLAN-Design für das komplexe Netz. Die VLANs, die mit jeder Verbindung korrespondieren, sind durch eine Nummer und einen Buchstaben gekennzeichnet. Das Bild stellt ein Design dar, das Gebäude-Baustein-VLANs nutzt, die auch durch Benutzerschicht-VLANs ersetzt werden können.

*Bild 13.44:
Benutzer-
schicht-VLAN-
Redundanz für
den Verteiler-
Switch-Ausfall
im komplexen
Design*

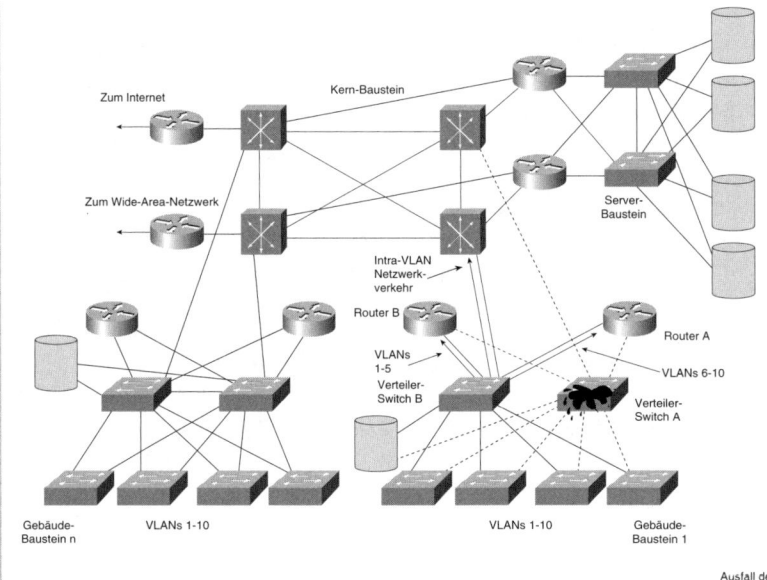

*Bild 13.45:
VLANs im
komplexen
Netzdesign*

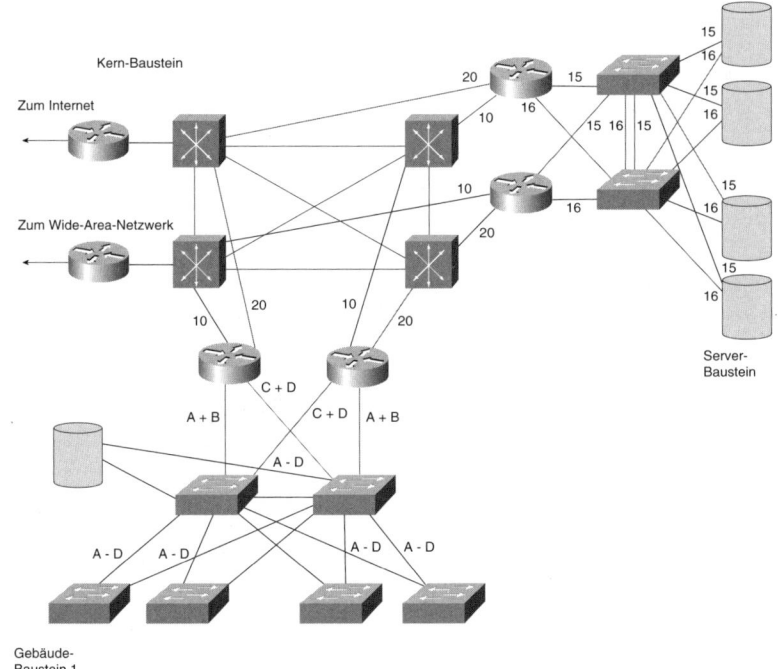

Obwohl Gebäude-Baustein-VLANs oder Benutzerschicht-VLANs die Benutzerflexibilität im gesamten Netz ermöglichen, muß man beachten, daß diese Methoden, im Vergleich zu den VLANs, die für die Kontrolle der Broadcast-Domänen genutzt werden, weniger Stabilität für die Verkehrsmuster gewährleisten.

13.9 Datenverkehrsprioritäten

Genau wie im skalierbaren Design ist das Bestimmen von Verkehrsprioritäten für das komplexe Netzdesign nicht von großer Bedeutung. Werden Anwendungen wie Sprachübertragung und Echtzeit-Video häufiger genutzt, ist es ratsam, Verkehrsprioritäten festzulegen, da dadurch den Anwendungen eine höhere Netzleistung zur Verfügung steht.

Das komplexe Netzdesign kann die Festlegung von Verkehrsprioritäten einfach unterstützen, wenn der Bedarf entsteht. Das nächste Beispiel zeigt, wie eine Anwendung, die von einer Benutzergruppe gemeinsam genutzt wird, durch das Festlegen von Verkehrsprioritäten unterstützt werden kann.

Eine Gruppe von fünf Benutzern nutzt eine Anwendung, die sehr verzögerungskritisch ist. Das Netz könnte möglicherweise die Verzögerungsanforderungen der Anwendung unterstützen, ohne Verkehrsprioritäten festzulegen, die Benutzer wollen jedoch kein Risiko eingehen. Statt dessen sollen ihre Arbeitsstationen und auch die Netzinfrastruktur dieser Anwendung vor allen anderen Anwendungen im Netz Priorität einräumen. Bild 13.46 zeigt das komplexe Netzdesign, das diese Anwendung unterstützt, indem es dem Verkehr Priorität einräumt.

Zuerst müssen die Arbeitsstationen der Benutzer über genügend Bandbreite verfügen, um die Anwendungen handhaben zu können. In Bild 13.46 hat jede der Stationen eine 100-Mbps-Verbindung zum Schaltraum-Switch. Außerdem besteht eine 100-Mbps-Verbindung zwischen den Schaltraum-Switches und den Verteiler-Switches und zwischen den Verteiler-Switches und den Gebäude-Baustein-Routern. Diese Verbindungen können entweder Fast Ethernet oder 155-Mbps-ATM sein.

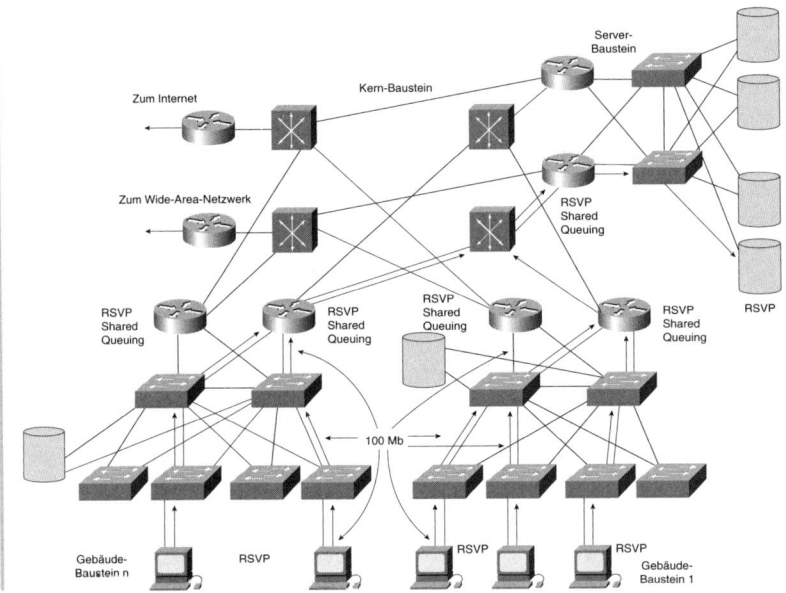

Bild 13.46:
Festlegen von
Verkehrspriori-
täten im kom-
plexen Design

Außerdem unterstützen die Router RSVP und Shared Queuing (oder geteiltes Queuing). Wie in Kapitel 7 bereits besprochen, ermöglicht Shared Queuing, daß sowohl die bevorzugte Anwendung als auch der Verkehr geringer Bandbreite den Router zur gleichen Zeit passieren.

Die Anwendung, die die Gruppe betreiben will, benötigt 3 Myte Bandbreite. RSVP wird die 3 Mbyte Bandbreite, die diese Anwendung vom Netz fordert, garantieren. Wie in Bild 13.46 dargestellt, betreiben die Gebäude-Baustein-Router und die Server-Baustein-Router RSVP und unterstützen die 3 Mbyte Bandbreite auf dem gesamten Netz.

Die Arbeitsstationen betreiben ebenfalls RSVP. Die Anwendung unterstützt RSVP und sendet eine Anfrage an das Netz, 3 Mbyte Bandbreite zu reservieren, während sie läuft. Der Enterprise-Server, der die Anwendung betreibt, unterstützt ebenfalls RSVP. Während die RSVP-Anfragen eintreffen, reserviert der Server 3 Mbyte Bandbreite für diese Anwendung.

Brauchen mehrere Anwendungen im Netz zugeteilte Bandbreite oder Garantien für minimale Verzögerung, können die Methoden zur Festlegung von Verkehrsprioritäten im komplexen Design ohne Probleme implementiert werden, um diese zusätzlichen Bedürfnisse zu unterstützen.

13.10 Zusammenfassung

Das komplexe Netzdesign unterstützt all die Designkomponenten, die wir in diesem Buch besprochen haben: Verkehrsmuster, Redundanz, Multimedia, Sicherheit, VLANs und die Methoden zur Festlegung von Verkehrsprioritäten. Um all diese Komponenten zu vereinen, zeigt Bild 13.47 die Entwürfe eines vollständigen komplexen Netzdesigns.

In diesem Netz befinden sich viele Netzwerkdienste, die man braucht, um ein robustes Hochleistungsnetz zu entwerfen. Wie im skalierbaren Design kann die Administration dieses Netzes kompliziert sein. Instrumente für die Beobachtung des Netzes, Programmpakete für die Netzwerkadministration und das Verstehen der Fähigkeiten des Netzes helfen, dieses Netzwerk effizient zu unterstützen. Kennt man die Grundzüge des Datenverkehrs im Netz, hat man eine solide Basis, wenn es gilt, Störungen zu beheben oder zukünftiges Wachstum zu planen.

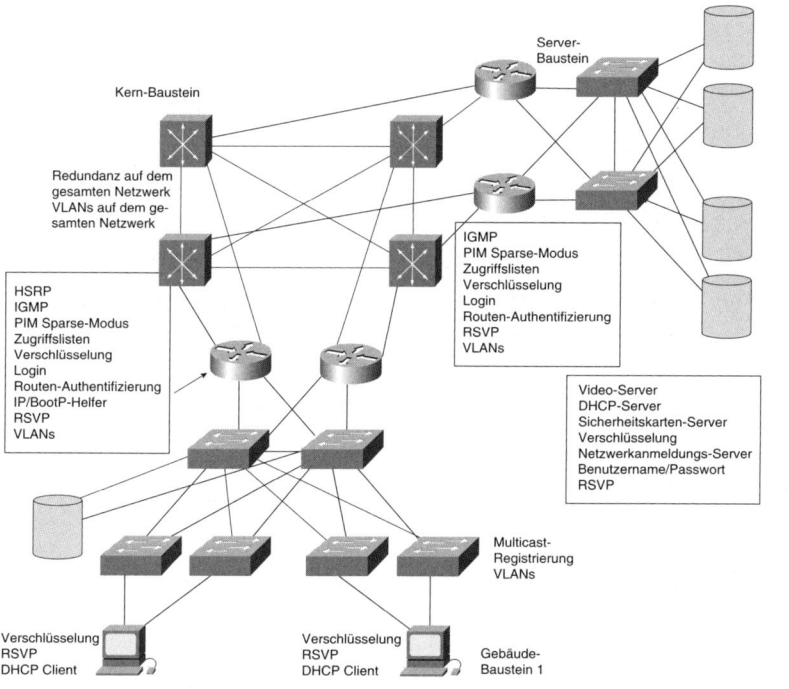

Bild 13.47: Entwurf eines vollständigen, komplexen Netzdesigns

Für den Netzwerk-Support ist es außerdem wichtig, Fachkenntnisse in den Bereichen des Netzwerks zu sammeln, für die er verantwortlich ist. So sollte beispielsweise ein Mitarbeiter des Netzwerk-Supports nur für die Sicherheit im Netzwerk verantwortlich sein. Diese Person wird dann ein Experte auf dem Gebiet der Sicherheit, nicht notwendigerweise jedoch zum Experten für die Multimedia-Unterstützung. Das Netzwerk zu administrieren, nachdem es implementiert ist, ist mindestens ebenso wichtig, wie das anfängliche Netzdesign.

Erfüllt Ihr Netz die Kriterien für ein komplexes Design, sollte bei der Planung und bei der Implementierung folgendes beachtet werden:

– Um einzelne Fehlerquellen zu umgehen, sollte man den Server-Baustein und den Kern-Baustein in mehr als eine Broadcast-Domäne aufteilen. Jeder Gebäude-Baustein hat in der Regel mehr als eine Broadcast-Domäne.

– Die Redundanz kann maximiert werden, wenn man auf den Arbeitsstationen im Gebäude-Baustein Schaltraum-Switch-Redundanz, Verteiler-Switch-Redundanz und Netzwerkkartenredundanz einrichtet.

– Im Kern-Baustein bietet die vollständige Vernetzung maximale Redundanz: Jeder Kern-Switch ist mit jedem der anderen Kern-Switches verbunden.

– Im Server-Baustein ist es ratsam, Netzwerkkartenredundanz auf den Servern und Verteiler-Switch-Redundanz einzurichten.

– Ist Multicast-Verkehr auf dem Netz vorhanden, muß ein geeignetes Multicast-Routing-Protokoll für das jeweilige komplexe Netz ausgewählt werden.

– Wahrscheinlich müssen alle Sicherheitsmethoden, die in Kapitel 8 diskutiert wurden, implementiert werden – einschließlich der Verschlüsselung auf den Routern, den Servern und auf einigen oder allen Arbeitsstationen.

– Ein dynamisches IP-Adressierschema wie DHCP wird benötigt, um die Benutzermobilität zu gewährleisten.

– Benutzerschicht-VLANs oder Gebäude-Baustein-VLANs, die mehrere Schaltraum-Switches und Verteiler-Switches umspannen, können die Benutzerflexibilität erleichtern (die Stabilität der Verkehrsmuster leidet jedoch).

– Wie in skalierbaren Netzwerken ist es unbedingt nötig, beim Entwurf des komplexen Designs eine Ausfalls-Analyse durchzuführen. Es muß analysiert werden, was in den Broadcast-Domänen, den VLANs und dem gesamten Netz passieren könnte, wenn ein oder mehrere Geräte ausfallen.

Dieses Kapitel behandelt die folgenden Themen:

– Sprachübertragung über das Datennetz
– Vom Internet beeinflußte Veränderungen
– Weiterentwicklung der Technik und Geräte
– Netzwerkmanagement

KAPITEL 14

Vorbereitung für die Zukunft

Wie in diesem Buch immer wieder erwähnt wurde, entwickelt sich das Campus-LAN ständig weiter. In diesem Kapitel wird beschrieben, was das Campus-Netzwerk in der Zukunft erwartet.

14.1 Sprachübertragung über das Datennetz

Eine bevorstehende Neuerung, die Veränderungen für den Campus mitbringen wird, ist der Sprachverkehr, der über das Datennetz fließen wird. Die Entwicklung geht dazu über, den Sprachverkehr vom Telefonnetz auf das Datennetz zu verlagern, wobei der Sprachverkehr im Netzwerk sowohl auf kurze als auch auf lange Sicht gesehen exponentiell ansteigen wird. Von dieser Neuerung wird vor allem das WAN betroffen sein, da man versuchen wird, die hohen Kosten der Fernverbindungen zu reduzieren. Ebenso wie die Web-basierenden Anwendungen und Multimedia vom WAN ins LAN gewechselt haben, wird auch Sprachübertragung über das Datennetz in das Campus-Netzwerk integriert werden. Für diesen logischen Wechsel gibt es hauptsächlich zwei Gründe: Der Campus ist der Hauptstandort des Datennetzes, in dem sich die Enterprise-Server und das Backbone des Netzwerks befinden. Ebenso ist er der zentrale Standort des Sprachnetzes, auf dem sich die Haupt-PBX des Unternehmens und umfangreiche Sprachanwendungen befinden.

14.2 Vom Internet beeinflußte Veränderungen

Es wurde bereits beschrieben, wie die enorme Akzeptanz und Nutzung des *Internet* und des *WWWs* die Arbeitsweise von Unternehmen beeinflußt haben. Das Web enthält interaktive Anwendungen, die schneller, günstiger und einfacher Informationen liefern, als es je zuvor in der Computerindustrie möglich war. Die Tatsache, daß Web-basierte Anwendungen im kommerziellen Internet zur Verfügung stehen, hat den Konsumenten mehr Macht verliehen und gleichzeitig revolutionäre Schritte zur Reorganisierung internationaler Geschäftsabläufe eingeleitet.

Das nächste Ziel besteht darin, die vielen Arbeitsvorgänge, die der »Electronic Commerce« (kurz: E-Commerce) mit sich bringt, zu automatisieren. Kauft beispielsweise ein Kunde ein Produkt über das Internet, so startet dieser Kauf Aktionen und aktiviert dynamisch Veränderungen und Updates. Zu diesen Aktionen gehört das Erstellen eines Kaufvertrags, die Rechnungsstellung und der Transport zum Kunden sowie die Durchführung der Inventur – Vorgänge, die alle automatisch ablaufen. Sind diese Aktionen abgeschlossen, müssen als nächstes alle Verkäufer des Unternehmens an die Inventur-Datenbanken angeschlossen werden, damit sie sofort herausfinden können, welche Vorräte an das Unternehmen geschickt werden müssen. Um diese Vorgänge zu integrieren, muß das Netzwerk verändert und erweitert werden, es müssen neue Anwendungen und Unterstützung für diese Anwendungen bereitgestellt werden.

14.3 Weiterentwicklung der Technik und Geräte

Die Campus-LAN-Transport-Technologien werden sich dahingehend entwickeln, daß sie eine höhere Geschwindigkeit und Kapazität anbieten werden. Die neueste Transport-Technologie mit hoher Bandbreite ist Gigabit-Ethernet. ATM, eine Transport-Technologie mit hoher Bandbreite, wird noch weiter verbessert. Es sind größere Veränderungen möglich, und wieder kommen diese Veränderungen von Entwicklungen auf dem Internet. So gibt es beispielsweise ein experimentelles

Computernetzwerk namens vBNS – der very high-speed Backbone Network Service. Es wurde 1995 auf den Markt gebracht und verbindet heute Forschungsinstitute über Glasfaserkabel mit Geschwindigkeiten von 622 Millionen Bits-pro-Sekunde. Die Geschwindigkeit soll innerhalb von zwei Jahren auf 2,4 Billionen bps erhöht werden.

Obwohl vBNS eine Internet-Technologie ist und nicht für jedermann zur Verfügung steht (die »National Science Foundation« stellt Fördermittel zur Verfügung, um die Verbindung zum Netzwerk herzustellen), wird sie nach und nach auf dem Campus Einzug halten.

Wie erwartet, werden sich die Gerätehersteller bemühen, ihre Produkte schneller und intelligenter zu machen, und ihnen die Fähigkeit verleihen, mehr Bandbreite anzubieten. Ein gutes Beispiel sind die kürzlich auf dem Markt erschienenen Schicht-(Layer-)3-Switches, die Schicht-2-Switching-Fähigkeiten mit Schicht-3-Router-Funktionalität verbinden. Der nächste Schritt für die Schicht-3-Switches besteht darin, alle Schicht-3-Netzwerkdienste mit einer höheren Leistung zur Verfügung zu stellen, als der Router es heute kann.

14.4 Netzwerkmanagement

Das *Netzwerkmanagement* wird in Zukunft eine noch wichtigere Rolle spielen wie heute. Da Anwendungen wachsen und zunehmend untereinander verknüpft sind, wird es immer wichtiger und auch komplizierter, diese Anwendungen im Netzwerk zu überwachen. Wenn beispielsweise Unternehmen, wie im automatisierten Unternehmensszenario beschrieben, Geschäftsfunktionen integrieren, so tun sie das auf der Basis der Anwendungen. Die Anwendung, die zur Erstellung des Kaufvertrags genutzt wurde, wird mit der Anwendung verbunden, die die Rechnungsstellung durchführt. Diese wiederum wird mit der Anwendung verbunden, welche die Bestandsdatenbank aktualisiert etc. Aufgrund dieser Entwicklung wird es für den Netzwerkadministrator immer wichtiger werden, Netzwerkmanagement-Instrumente zur Verfügung zu haben, die auf dem neuesten Stand sind und welche die Geschwindigkeit und die Antwortzeiten dieser neuen Anwendungen überwachen können.

14.5 Zusammenfassung

Diese Zukunftstrends führen natürlicher Weise dazu, daß die Datennetze immer komplexer werden. Es ist daher möglich, daß es in Zukunft schwieriger wird, ein robustes Campus-Netzwerk zu konstruieren – unmöglich wird es jedoch nicht. Wird man von einem neuen Trend überrascht, sollte man, vorausgesetzt, man verfügt über solide Netzwerkfundamente, der neuen Herausforderung ruhig begegnen. Die Maßnahmen, die in diesem Buch vorgestellt wurden, sollten auch in Zukunft beachtet werden: Man muß die Datenverkehrsmuster im Netzwerk verstehen, die grundlegenden Elemente für das Netzwerk müssen integriert werden, und die Netzinfrastruktur muß so konstruiert werden, daß sie auch bei Expansion und Veränderungen die optimale Netzwerkleistung und Elastizität zur Verfügung stellen kann.

Technische Referenzen

Die im folgenden beschriebenen Quellen enthalten weitere Informationen über das technische Material, das wir in diesem Buch bereitstellen. Es folgt eine Auflistung der wichtigsten Dokumente:

- RFC-Berichte

- Internet-Drafts

- Standards des ATM-Forums

- IEEE-Spezifikationen

- Weiterführende Literatur

Informationensquellen

Im Januar 1993 wurde InterNIC als Gemeinschaftsprojekt von AT&T, General Atomics und Network Solutions, Inc. eingerichtet. Es wurden zwei Dienstleistungskategorien erkannt, die besonders wichtig sind: die Dienste des Info Scout und die Unterstützung des Campus-Netzwerk-Informationszentrums (campus network information center NIC) auf der zweiten Ebene. Network Solutions, Inc. bat 1995 darum, auch weiterhin diese Dienstleistungen, die jetzt als InterNIC-Unterstützungsleistung und als NetScout-Dienst bekannt sind, anbieten zu dürfen. Die Genehmigung wurde erteilt.

InterNIC nimmt also weiterhin an Internet-Sitzungen teil, arbeitet mit Forschung und Lehre zusammen, um die Internet-

Dienste zu fördern, neue Tools und Technologien zu erforschen und zur schnellwachsenden Internet-Gemeinde beizutragen. Informationen über RFCs, Internet-Entwürfe, Arbeitsunterlagen und anderes technisches Material können bei InterNIC angefordert werden:

E-Mail: `admin@ds.internic.net`

World Wide Web: `http://www.internic.net`

RFC-Berichte

Die umfangreichste Sammlung von Netzwerkinformationen ist eine Reihe von Berichten, von denen jeder *»Request for Comment«* genannt wird. Jeder RFC-Bericht hat einen Titel und eine RFC-Nummer, z.B. Internet-Protokoll, RFC-791.

Für diese Arbeit, die früher Government Systems, Inc. verwaltet hat, ist nun der Internet Engineering Task Force (IETF) verantwortlich. IETF ist der protokollentwerfende Entwicklungs- und Standardisierungsteil des Internet Architecture Board, das eine technische Beratergruppe der Internet-Gemeinde ist. IETF ist eine große, international offene Gemeinschaft von Netzwerkdesignern, -betreibern, -verkäufern und -forschern, die sich mit der Entwicklung der Internet-Protokoll-Architektur und der reibungslosen Tätigkeit des Internet befassen.

InterNIC unterhält ein Archiv, das alle RFC-Dokumente der IETF umfaßt. Die RFCs sind alle in einem Verzeichnis namens »rfc-index« aufgelistet. Das Verzeichnis ist nicht selbsterklärend, da die Titel nicht immer Auskunft über den Inhalt geben. Um einen oder mehrere RFCs zu erhalten, kann man InterNIC unter der oben angegebenen Adresse erreichen, oder man durchsucht das RFC-Verzeichnis direkt über deren Webseite:

`http://www.internic.net/ds/rfc-index.html`

In Tabelle A.1 sind alle RFCs aufgelistet, auf die in diesem Buch Bezug genommen wird.

Titel	RFC-Nummer
Address Resolution Protocol (ARP)	RFC 826
Data Encryption Standard (3DES)	RFC 1851
Distance Vector Multicast Routing Protocol	RFC 1075, siehe auch draft-ietf-idmr-dvmrp-v3-05.txt
Dynamic Host Configuration Protocol (DHCP)	RFC 2131
Host Extension for IP Multi-casting	RFC 1112
Internet Group Management Protocol (IGMP)	RFC 1112
Internet Protocol (IP)	RFC 791
Message Digest 4 Algorithm (MD4)	RFC 1320
Message Digest 5 Algorithm (MD5)	RFC 1321
Multicast OSPF (MOSPF)	RFC 1584
Open Shortest Path First (OSPF)	RFC 2178
PIM Sparse-mode	RFC 2117
Proxy ARP	RFC 1027
Resource Reservation Protocol (RSVP)	RFC 2205
Routing Information Protocol (RIP)	RFC 1058
Routing Information Protocol (RIP) Version 2	RFC 1723

Tabelle A.1:
Titel und
Nummern
der RFCs

Internet-Drafts

Internet-Drafts (Internet-Entwürfe – Anmerkung des Übersetzers) sind Arbeitsunterlagen der Internet Engineering Task Force (IETF). Es muß beachtet werden, daß möglicherweise auch andere Gruppen Arbeitsunterlagen als Internet-Entwürfe verteilen.

Internet-Drafts sind Konzepte, die für höchstens sechs Monate gültig sind; sie können jederzeit durch andere Dokument aktualisiert, ersetzt oder ungültig werden.

InterNIC unterhält ein Archiv, das die Internet-Drafts enthält. Die Dokumente sind alle in einem Verzeichnis mit dem Titel *internet-drafts.* abgelegt. Das Verzeichnis ist nicht selbsterklärend, da die Titel nicht immer Auskunft über den Inhalt geben. Um einen oder mehrere RFCs zu erhalten, kann man InterNIC unter der oben angegebenen Adresse erreichen, oder man betrachtet das RFC-Verzeichnis direkt über deren Webseite:

`http://www.internic.net/internet-drafts`

In Tabelle A.2 sind alle Internet-Drafts aufgelistet, auf die in diesem Buch Bezug genommen wird.

Tabelle A.2: Titel und Nummer des Internet-Draft

Titel des Internet-Draft	Referenz
Hot Standby Routing Protocol (HSRP)	draft-li-hsrp-00.txt
Internet Group Management Protocol (IGMP) Version 2	draft-ietf-idmr-igmp-v2-08.txt
Next Hop Routing Protocol (NHRP)	draft-ietf-ion-nhrp-appl-02.txt
Open Shortest Path First (OSPF) Version 2	draft-ietf-ospf-ver2-00.txt
Protocol Independent Multicast (PIM) dense-mode	draft-ietf-idmr-pim-dm-05.txt

Standards des ATM–Forums

Das ATM-Forum ist eine internationale, nicht-kommerzielle Organisation, die gegründet wurde, um die Verwendung von ATM-Produkten (ATM = Asynchronous Transfer Mode: asynchroner Übertragungsmodus) und Dienstleistungen durch die Zusammenführung von Spezifikationen für Interoperabilität zu beschleunigen.

Die Spezifikationen, die vom ATM-Forum genehmigt worden sind, stehen über dessen Webseite zur Verfügung:

`http://www.atmforum.com/atmforum/specs`

In Tabelle A.3 sind alle ATM-Standards aufgelistet, auf die in diesem Buch Bezug genommen wird.

Titel des ATM-Standards	Referenz
ATM UNI Signalling Specification Vers 4.0	af-sig-0061.00
LAN Emulation (LANE) 1.0	af-lane-0021.000
LAN Emulation (LANE) 2.0 LUNI Interface	af-lane-0084.000
LAN Emulation (LANE) 2.0 LNNI Interface	in Arbeit
MPOA 1.0	af-mpoa-0087.000

Tabelle A.3: Titel und Nummer der ATM-Standards

IEEE-Spezifikationen

Das *Institute of Electrical and Electronics Engineers* (IEEE) ist eine Berufsvereinigung, die 1984 von Mitgliedern einer kleinen, praktisch orientierten Gruppe der damals neuen Fachrichtung Elektrotechnik gegründet worden ist. Heute hat die IEEE mehr als 320000 Mitglieder in 147 Ländern. Die Mitglieder der IEEE konzentrieren sich darauf, Theorie und Praxis der Elektronik, der Computertechnik und der Computerwissenschaft voranzutreiben.

Die IEEE-Standardisierung ist ein Programm, das freiwillige, auf Übereinstimmung basierende Industriestandards über die aktuelle Elektrotechnologie entwickelt und verbreitet.

Spezifikationen, die vom IEEE genehmigt worden sind, stehen über dessen Webseite zur Verfügung:

`http://www.standards.ieee.org`

In Tabelle A.4 sind alle IEEE-Spezifikationen aufgelistet, auf die in diesem Buch Bezug genommen wird.

Titel der IEEE-Spezifikation	Beschreibung
IEEE 802.1q	Ein zur Zeit in der Entwicklung befindliches Dokument, das sich mit VLAN-Interoperability beschäftigt
IEEE 802.1.d	Spanning Tree Protocol

Tabelle A.4: Titel und Nummern der IEEE-Spezifikationen

Weiterführende Literatur

Folgende technikbezogene Dokumente und Veröffentlichungen können noch von Interesse sein:

Ford, Merilee, et al, Internetworking Technologies Handbook, Cisco Press, 1997

»Data Encryption Standard« (FIPS-46) U.S. National Bureau of Standards, Federal Information Processing Standard (FIPS) Publication 46, Januar 1997

»Secure Hash Standard« (FIPS-180-1) National Institute of Standards and Technology, U.S. Department of Commerce, April 1995

»The Digital Signature Standard«, Communication of the ACM, Vol. 35, Juli 1992

Diffie, W., and Hellman, M., »New Directions in Cryptography«, IEEE Transactions on Information Theory, Vol. IT-22, Nr. 6, Novembeer 1996.

Glossar

ABR – Available Bit Rate. Dienstgüteklassen, die vom ATM-Forum für ATM-Netze definiert wurden. ABR wird für Verbindungen benutzt, die keine zeitliche Koordination zwischen Ursprung und Ziel benötigen. ABR garantiert nicht für Zellverlust oder -verzögerung. Es stellt nur best-effort-Dienste zur Verfügung. Verkehrsquellen regulieren ihre Übertragungsraten entsprechend der Informationen, die sie über den Status des Netzes und seine Fähigkeit, Daten erfolgreich zu liefern, erhalten.

Acknowledgement – positive Rückmeldung. Meldung, die von einem Endgerät zu einem anderen gesendet wird, um zu bestätigen, daß ein Ereignis (beispielsweise der Erhalt einer Nachricht) eingetreten ist. Manchmal abgekürzt ACK. Vergleiche mit NAK.

Address Resolution Protocol – Siehe ARP.

Adreßauflösung – Im allgemeinen eine Methode, um Unterschiede in verschiedenen Addressierungsschemata auszugleichen. Die Adreßauflösung wird üblicherweise benutzt, um Netzschichtadressen (Schicht 3) mit Datenverbindungsschichtadressen (Schicht 2) zu verbinden.

Adresse – Datenstruktur oder logische Konvention, die dazu dient, eine einzige Einheit, wie z.B. einen bestimmten Prozeß oder ein bestimmtes Netzgerät, zu identifizieren.

Algorithmus – Sorgfältig festgelegte Regelung oder sorgfältig festgelegter Prozeß, um an die Lösung eines Problems zu gelangen. Im Netzwerkbereich werden Algorithmen im allgemeinen benutzt, um den besten Netzwerkverkehrsweg von einem bestimmten Ort an ein bestimmtes Ziel festzulegen.

AppleTalk-Protokoll – Eine Reihe von Kommunikationsprotokollen, die von Apple Computer entworfen wurden. Gegenwärtig gibt es zwei Phasen. Phase 1, die frühere Version, unterstützt ein einziges physisches Netz, das nur eine Netznummer haben kann und nur in einer Zone existieren darf. Phase 2, die neuere Version, unterstützt eine Vielzahl von logischen Netzen auf einem einzigen physischen Netz und erlaubt es den Netzen, in mehr als einer Zone zu existieren.

Application layer – Anwendungsschicht – Schicht 7 des OSI-Referenzmodells. Diese Schicht stellt den Anwendungsprozessen Dienste zur Verfügung (beispielsweise E-Mail, Datentransfer und Terminal Emulation), die außerhalb des OSI-Modells liegen. Die Anwendungsschicht identifiziert gewünschte Kommunikationspartner und ermöglicht den Zugang zu ihnen (und den Ressourcen, die benötigt werden, um eine Verbindung herzustellen), synchronisiert kooperierende Anwendungen und erzielt eine Einigung über die Vorgehensweise bei der Fehlerbehebung und der Kontrolle von Datenintegrität. Siehe auch Datenverbindungsschicht, Netzschicht, Physische Schicht, Präsentationsschicht, Sitzungsschicht und Transportschicht.

ARP – Address Resolution Protocol – Ein Internet-Protokoll, das genutzt wird, um eine IP-Adresse mit einer MAC-Adresse zu koordinieren. Definiert in RFC 826.

Asymmetrische Verschlüsselung – Verschlüsselungsmethode, die sowohl öffentliche als auch geheime (oder private) Schlüssel verwendet und die Datensicherheit und Sender-Authentifizierung garantiert. Jede Endstation erzeugt ein öffentliches/privates Schlüsselpaar. Wenn zwei Endstationen einander vertrauliche Daten senden wollen, einigen sie sich auf den zu verwendenden Verschlüsselungsalgorithmus und tauschen dann ihre öffentlichen Schlüssel aus.

ATM – Asynchroner Transfer Modus. Internationaler Standard für Zellenrelais, in dem eine Vielzahl von Servicetypen (so wie

Sprache, Video oder Daten) in Festlängenzellen – Zellen mit fester Länge (53 Byte) – übertragen werden. Festlängenzellen ermöglichen, daß Zellenverarbeitung in der Hardware stattfindet, und verringern dadurch Transitverzögerungen. ATM ist so konstruiert, daß es Hochgeschwindigkeitsübertragungsmedien wie E3, SONET und T3 nutzen kann.

ATM MPOA – Siehe MPOA.

ATM-Pfad – Siehe Pfad.

Authentifizierung – Die Bestimmung des Ursprungs einer Information von einem Endbenutzer oder einem Gerät wie einem Host, einem Server, einem Switch oder einem Router.

Authorisierung – Das Netz wird gesichert, indem man spezifiziert, auf welche Bereiche des Netzes (Anwendungen, Geräte und so weiter) ein Benutzer zugreifen darf.

Autonomes System – Ansammlung von Netzen, die eine gemeinsame Verwaltung haben und die sich eine gemeinsame Routing-Strategie teilen. Autonome Systeme sind in Bereiche aufgeteilt. Einem autonomen System muß vom IANA (die Abkürzung lautet manchmal auch AS) eine spezielle 16-Byte-Nummer zugeteilt werden.

B

Backbone – Der Teil eines Netzes, der dem Netzwerkverkehr, der meistens von anderen Subnetzen kommt oder zu anderen Subnetzen geht, als Hauptverkehrsweg dient. Man bezeichnet ihn auch als Kern.

Backup-Verbindungen – Physikalisch redundante Verbindungen zwischen Netzgeräten. Auch Netzverbindungsredundanz genannt.

Bandbreite – Bewertete Durchlaufkapazität eines bestimmten Netzmediums oder -protokolls.

Bandbreitenanteil-Queuing – Ein bestimmter Prozentsatz der Verarbeitungsbandbreite eines Netzwerkgeräts wird dem Verkehr mit der höchsten Priorität, der übrige dem anderen Verkehr zugeordnet.

Bandbreitenzuordnung – Prozeß des Zuordnens von Bandbreite an die an das Netz angeschlossenen Benutzer und Anwendungen. Unterschiedlichen Verkehrsströmen wird Priorität eingeräumt, je nachdem, wie wichtig und verzögerungssensitiv sie sind. Dadurch wird die zur Verfügung stehende Bandbreite ideal genutzt, und für den Fall einer Überlastung des Netzes kann Verkehr mit geringerer Priorität fallengelassen werden.

Banyan Vines – Siehe Vines.

Basisnivellierung – Charakterisierung des normalen Verkehrsflusses im Netz.

Benutzerauthentifizierung – Siehe Authentifizierung.

Benutzerautorisierung – Siehe Autorisierung.

Benutzerschicht-VLANs – Die Benutzer gehören zu einem bestimmten VLAN, egal wo sie sich im Netz befinden.

BOOTP – Bootstrap Protocol – Protokoll, das von einem Netzwerkknotenpunkt benutzt wird, um die IP-Adressen seiner Ethernet Interfaces zu bestimmen, um das Booten von Netzwerkkomponenten zu beeinflussen.

Broadcast – Datenpaket, das an alle Knotenpunkte eines Netzes geschickt wird. Broadcasts werden über die Broadcast-Adresse identifiziert. Vergleiche dazu Multicast und Unicast. Siehe auch Broadcast-Adresse

Broadcast-Adresse – Spezielle Adresse, die ausschließlich dazu dient, eine Nachricht an alle Stationen zu senden. Im allgemeinen ist eine Broadcast-Adresse eine MAC-Zieladresse, bestehend aus ausschließlich Einsen (ffffff). Vergleiche dazu Multicast und Unicast. Siehe auch Broadcast-Adresse

Broadcast-Domäne – Die Gruppe aller Geräte, die Broadcast-Rahmen von jedem Gerät innerhalb der Gruppe bekommt. Broadcast-Domänen sind für gewöhnlich durch Router begrenzt, da Router keine Broadcast-Rahmen übermitteln.

Broadcast-Sturm – Unerwünschtes Netzereignis, bei dem viele Broadcasts gleichzeitig durch alle Netzsegmente geschickt werden. Ein Broadcast-Sturm nutzt eine beträchtliche Menge an Netzbandbreite und verursacht normalerweise Netzausfälle.

Broadcast- und Unbekannter Server (BUS) – Siehe BUS.

Broadcast-Weiterleitung – Ein Netzgerät sendet einen Broadcast-Rahmen von all seinen Ports ab, so daß der Broadcast-Rahmen durch das Netz läuft.

BUS – Broadcast and unknown Server – In ELANs genutzter Multicast-Server, der Verkehr mit unbekannter Zieladresse aussendet und Multicast- und Broadcast-Verkehr an die gewünschten Arbeitsstationen weiterleitet. Siehe auch ELAN.

C

CBR – Constant Bit Rate – Konstante Bit-Rate – Dienstgüteklassen, die vom ATM-Forum für ATM-Netze definiert wurden. CBR wird für Verbindungen genutzt, die zeitlich genau festgelegt sein müssen, damit eine störungsfreie Lieferung gewährleistet ist. Vergleiche mit ABR, UBR und VBR.

Client – Endgerät oder Anwendung (Front-End-Gerät), der bzw. das die Dienste eines Servers anfordert.

Client/Server – Bezeichnung, die benutzt wird, um verteilte Computernetzsysteme zu beschreiben, in denen die Verantwortung für Transaktionen in zwei Bereiche aufgeteilt wird: Client (front end) und Server (back end). Beide Bezeichnungen (Client und Server) können sowohl für Software-Programme wie auch für Endgeräte verwendet werden.

COS – Class of Service (Dienstklasse) – Beschreibung der Art und Weise, wie ein Unterschichtprotokoll die Nachrichten eines Oberschichtenprotokolls behandeln soll.

Cross-Campus-Verkehr – Netzwerkverkehr, der durch den Backbone und/oder durch einen Router läuft.

D

Dateitransfer – Ermöglicht es, Dateien von einem Netzgerät an ein anderes zu übertragen.

Daten-Backup – Kopieren von Daten, die auf einem Server gespeichert sind, auf ein anderes Medium zur Datensicherung.

Datenlastteilung – siehe Lastenaufteilung.

Datenstrom – Alle Daten, die in einer einzigen Lese- oder Schreib-Operation über einen Kommunikationspfad geleitet werden.

Datenverbindungsschicht – Schicht 2 des OSI-Referenzmodells. Diese Schicht stellt den zuverlässigen Datendurchlauf über eine physikalische Verbindung sicher. Die Datenverbindungsschicht betrifft Physikalisches Adressieren, Netztopologie, Pfaddisziplin, Fehlermeldung, angeforderte Lieferung von Rahmen und Verkehrsflußkontrolle. Das IEEE hat diese Schicht in zwei Teilschichten aufgeteilt: die MAC-Teilschicht und die LLC-Teilschicht, manchmal einfach Verbindungsschicht genannt. Sie entspricht ungefähr der Datenverbindungs-Kontrollschicht des SNA-Modells. Siehe auch Anwendungsschicht, Netzschicht, Physische Schicht, Präsentationsschicht, Sitzungsschicht und Transportschicht.

DECnet – Gruppe von Kommunikationsprodukten (einschließlich einer Protokoll-Suite), die von Digital Equipment Corporation entwickelt und unterstützt werden. DECnet /OSI (auch DECnet Phase V genannt) ist die jüngste Entwicklung und unterstützt sowohl OSI-Protokolle als auch spezifische Protokolle von Digital. Phase IV Prime unterstützt MAC-Adressen, die es DECnet-Knotenpunkten erlauben, mit Systemen, die auf anderen Protokollen mit MAC-Adreß-Restriktionen laufen, zu koexistieren.

DHCP – Dynamic Host Configuration Protocol. Stellt einen Mechanismus zur Verfügung, um IP-Adressen dynamisch zuzuordnen, so daß Adressen wieder benutzt werden können, falls die Hosts sie nicht länger benötigen. Definiert in RFC 2131.

DHCP-Acknowledge – Rahmen, der vom DHCP-Server an die DHCP-Arbeitsstationen gesendet wird und dieser Station eine IP-Adresse zuteilt.

DHCP-Adressenvergabezeit – Zeit, die der DHCP-Client die IP-Adresse, die ihm vom DHCP-Server zugeteilt wurde, behalten darf.

DHCP-Client – Arbeitsstation, die DHCP benutzt, um eine IP-Adresse vom DHCP-Server des Netzes zu erhalten.

DHCP-Discover-Frame – Broadcast-Rahmen, der vom DHCP-Client an das Netz gesendet wird, um nach einer IP-Adresse zu fragen.

DHCP-No-Acknowledge – Rahmen, der vom DHCP-Server an die DHCP-Arbeitsstation gesendet wird, die die Zuteilung einer IP-Adresse an dieses Endgerät verweigert.

DHCP-Offer-Frame- Rahmen, der vom DHCP-Server als Antwort auf einen DHCP-Discover-Rahmen gesendet wird und der eine verfügbare IP-Adresse für die DHCP-Stationen enthält.

DHCP-Request-Frame – Broadcast-Rahmen, der vom DHCP-Client gesendet wird, um nach der Erlaubnis zu fragen, die IP-Adresse benutzten zu dürfen, die im DHCP-Angebotsrahmen enthalten war.

DHCP-Server – Server, der den DHCP-Stationen IP-Adressen zuteilt.

Dienstgüte – Siehe QoS.

Dienstklasse – Siehe auch COS (Class of Service).

Digitale Signatur – Eine Reihe von Bits, die an eine Nachricht angehängt sind (ein verschlüsselter »Mischmasch«) und die Authentifizierung und Datenintegrität gewährleisten.

Domain Name System (DNS) – Im Internet benutztes Verfahren, um Netzwerkadressen in Namen aufzulösen.

Durchsatz – Informationsrate, die an einem bestimmten Punkt im Netz ankommt und diesen möglicherweise passiert.

DVMRP – Distance Vector Multicast Routing Protocol. – Multicast-Routing-Protokoll, das weitgehend auf RIP basiert. Von allen Schnittstellen, die Verbindungen nach außen besitzen, werden Pakete weitergeleitet, bis sie verfallen. DVMRP nutzt IGMP, um Routen-Datagramme mit seinen Nachbarn auszutauschen. Es ist in RFC 1075 definiert. Siehe auch IGMP.

Dynamic Host Configuration Protocol (DHCP) – Dynamisches Host-Konfigurations-Protokoll – Siehe DHCP

Dynamische Benutzername/Paßwort-Kombination – Sicherheitsmechanismus, der auf einem Paßwort basiert, das sich ständig ändert und nur einmal benutzt werden kann.

Dynamische VLANs – Arbeitsstationen-VLANs, die auf der Basis eines Benutzerprofils automatisch konfiguriert werden und in der Regel für die Profilspeicherung eine zentralisierte Datenbank benötigen.

E

EIGRP – Enhanced Interior Gateway Routing Protocol – Weiterentwickelte Version von IGRP, die von Cisco entwickelt wurde. Stellt höherstehende verbindende Eigenschaften und Bedienungseffizienz zur Verfügung und verbindet die Vorteile der Verbindungsstatus-Protokolle mit denen der Distanz-Vektor-Protokolle. Vergleiche mit IGRP. Siehe auch OSPF und RIP.

ELAN – Emuliertes LAN. ATM-Netz, in dem mit Hilfe eines Client/Server-Modells ein Ethernet- oder ein Token-Ring-LAN emuliert wird. ELANs sind aus einem LEC, einem LES, einem BUS und einem LECS zusammengesetzt. Mehrere ELANs können gleichzeitig in einem einzigen ATM-Netz existieren. ELANs sind in den LANE-Spezifikationen definiert. Siehe auch BUS, LANE, LEC, LECS und LES.

E-Mail – Elektronische Nachricht. Viel genutzte Netzanwendung, die über verschiedene Netztypen hinweg Textnachrichten zwischen Endbenutzern elektronisch überträgt und dabei verschiedene Netzprotokolle verwendet.

Emuliertes LAN – Siehe ELAN.

Endgerät – Siehe Knotenpunkt.

End-Router – Router, der mit Endbenutzer-Subnetzen verbunden ist und der dafür verantwortlich ist, den Multicast-Strom an diese Subnetze weiterzuleiten.

Enterprise-Server – Server, der entweder alle oder die Mehrheit der Netzbenutzer unterstützt. Auch bekannt als Zentralisierter Server.

Entschlüsseln – Die umgekehrte Anwendung eines Verschlüsselungs-Algorithmus auf verschlüsselte Daten. Die Daten werden dabei in ihren ursprünglichen, unverschlüsselten Zustand transferiert. Siehe dazu auch Verschlüsselung.

Ethernet – Basisband-LAN-Spezifikation, die von der Xerox Corporation erfunden wurde und von Xerox, Intel und Digital Equipment Corporation gemeinsam entwickelt wurde. Ethernet-Netze nutzen CSMA/CD und laufen mit 10 Mbps über unterschiedlichste Kabeltypen. Ethernet ist der IEEE-802.3-Serie von Standards ähnlich.

F

Fast Ethernet – Alle Spezifikationen, die 100-Mbps-Ethernet unterstützen. Fast Ethernet bietet eine Geschwindigkeit, die um das Zehnfache über der 10BaseT-Ethernet-Spezifikation liegt, während es Qualitäten wie Rahmenformate, MAC-Mechanismen und MTU weiterhin anbietet. Diese Ähnlichkeiten ermöglichen die Nutzung existierender 10BaseT-Anwendungen und Netzmanagment-Instrumente auf den Fast-Ethernet-Netzen. Es basiert auf einer Erweiterung der IEEE-802.3-Spezifikation. Vergleiche mit Ethernet.

FDDI – Fiber Distributed Data Interface. – LAN-Standard, der durch ANSI x3T9.5 definiert ist, ein 100-Mbps-Token-Passing-Netz spezifiziert und Glasfaser-Kabel mit Übertragungsdistanzen von bis zu 2 km verwendet. FDDI nützt eine Dual-Ring-Architektur, um Redundanz bereitzustellen.

Festlegen von Prioritäten – Der Prozeß, in dem festgelegt wird, welcher Verkehr zuerst über das Netzgerät fließen sollte.

FIFO – First in, first out. Methode, um Verkehr über einen Router zu schicken.

Filter – Allgemein ein Prozeß oder Gerät, das den Netzverkehr in Hinblick auf bestimmte Charakteristika wie Quellenadresse, Zieladresse und Protokoll überwacht und in Abhängigkeit von den festgelegten Kriterien bestimmt, ob der Verkehr weitergeleitet oder verworfen werden soll.

Firewall – Router oder Zugriffs-Server (oder mehrere Router oder Zugriffs-Server), der als Puffer zwischen jedem angeschlossenen öffentlichen Netz und einem privaten Netz dient. Ein Firewall-Router verwendet Zugriffslisten und andere Methoden, um die Sicherheit des privaten Netzes zu gewährleisten.

Fluten (engl.: Flooding) – Technik zur Weiterleitung von Verkehr, die von Switches und Bridges angewendet wird. Der Verkehr, der auf einer Schnittstelle empfangen wird, wird von allen Schnittstellen des Geräts abgeschickt, außer von der Schnittstelle, auf der die Information ursprünglich empfangen wurde.

G

Gebäude-Baustein – Netzwerkdomäne mit Router und Switches, die benötigt wird, um Benutzer an das Netz anzuschließen, und die verteilte Netzdienste und Netzintelligenz zur Verfügung stellt.

Gerät – Siehe Knoten.

Gigabit Ethernet – IEEE 802.3z. Gigabit Ethernet bietet eine Geschwindigkeit, die um das Hundertfache über der der 10BaseT-Ethernet-Spezifikation liegt, während es Qualitäten wie Rahmenformat, MAC-Mechanismen und MTU weiterhin bereitstellt. Es basiert auf einer Erweiterung der IEEE-802.3-Spezifikation. Vergleiche mit Ethernet.

Gruppen-Adresse – Siehe Multicast-Adresse.

H

Hardware-Adresse – Siehe MAC-Adresse.

Hash – Bit-String, der aus der Hash-Funktion resultiert.

Hash-Funktion – Eine mathematische Berechnung, die einen Bit-String produziert (digitaler Code). Die Funktion ist nicht umkehrbar, der ursprüngliche Input kann nicht wiederhergestellt werden.

Hilfs-Adresse – Adresse, die auf einer Schnittstelle konfiguriert ist und zu der die Broadcasts, die auf dieser Schnittstelle empfangen werden, geschickt werden.

Hop Count – Routing-Metrik, die angewandt wird, um die Distanz zwischen einer Quelle und einem Ziel zu messen. RIP nutzt Hop Counts als einzige Metrik. Siehe auch Hop.

Hops- Bezeichnung, die die Bewegung eines Datenpakets zwischen zwei Netzknoten (beispielsweise zwischen zwei Routern) beschreibt. Siehe auch Hop Count.

Host – Computersystem auf einem Netz. Ähnlich der Bezeichnung Knoten, nur daß Host in der Regel ein Computersystem mit einbezieht. Die Bezeichnung Knoten bezieht sich im allgemeinen auf jedes vernetzte System, einschließlich der Zugriffs-Server und -Router. Siehe auch Knoten.

Host-Adresse – Teil einer IP-Adresse, die bestimmt, welcher Knoten auf dem Subnetz adressiert wird.

Host-Gruppe – Dynamisch bestimmte Gruppe von IP-Hosts, die von einer einzigen IP-Multicast-Adresse identifiziert wird.

Host–Name – Name, der einer Arbeitsstation zugeteilt ist, um diese identifizieren zu können.

Hot–Backup-Verbindungen – Physische Backup-Verbindungen, die schon implementiert sind und jederzeit ohne manuelle Eingriffe von Spanning-Tree aktiviert werden können.

HSRP – Hot-Standby-Router-Protokoll. Sichert eine hohe Netzleistungsverfügbarkeit und sorgt dafür, daß Veränderungen der Netztopologie transparent sind. HSRP erstellt eine Hot-Standby-Router-Gruppe mit einem Leit-Router, der alle Pakete, die an die Hot-Standby-Adresse geschickt werden, bearbeitet. Der Leit-Router wird von den anderen Routern in der Gruppe überwacht. Fällt der Leit-Router aus, übernimmt einer dieser Router die Leitposition und die Hot-Standby-Gruppen-Adresse.

Hub – 1. Im allgemeinen die Bezeichnung für ein Gerät, das das Zentrum einer sternförmigen Netztopologie darstellt. 2. Hardware- oder Software-Einrichtung, die mehrere unabhängige, jedoch miteinander verbundene Netzmodule und Netzgruppenmodule enthält. Hubs können aktiv (sie verstärken dann Signale, die über sie geschickt werden) oder passiv (sie verstärken dann die Signale nicht, die über sie geschickt werden, sondern teilen sie auf) sein. 3. Im Ethernet und IEEE 802.3 ein Ethernet-Multiport-Repeater, manchmal als Konzentrator bezeichnet.

Identity – Identität eines Benutzers im Netz.

IEEE 802.1q – VLAN-Standard für VLAN-Unterstützung über Rahmenmedien. Ratifizierung wird 1998 erwartet.

IGMP – Internet-Gruppen-Management-Protokoll. Wird von IP-Hosts genutzt, um ihre Multicast-Gruppen-Mitgliedschaften einem benachbarten Multicast-Router mitzuteilen. Definiert in RFC 1112. Siehe auch Multicast-Router.

IGMP-Join – Eine Nachricht, die von den Endstationen an den Multimedia-Server geschickt wird, mit der angefragt wird, ob eine Endstation Mitglied einer bestimmten Multimedia-Anwendung werden kann.

IGMP-Leave – Eine Nachricht, die von den Endstationen an den Multimedia-Server geschickt wird und darum bittet, aus der Mitgliedschaft einer Multimedia-Anwendung entfernt zu werden.

IGMP-Query – Eine Nachricht, die ein Multicast-Router von seinen Schnittstellen abschickt und mit der angefragt wird, ob Mitglieder einer Multimedia-Gruppe anwesend sind. Für jede Multimedia-Gruppe wird eine IGMP-Query abgeschickt.

IGMP-Report – Eine Nachricht, die von einer Endstation als Antwort auf eine IGMP-Query abgeschickt wird, die die Mitgliedschaft zu einer Multimedia-Gruppe bekanntgibt.

IGRP – Interior-Gateway-Routing-Protokoll. Ein IGP, das von Cisco entwickelt wurde, um Routing-Probleme in großen, heterogenen Netzen zu lösen. Siehe Enhanced IGRP, OSPF und RIP.

Integrity – Das Absichern von Daten, während sie das Netz durchqueren.

Internet – Bezeichnung für das größte globale Netzwerk, das Zehntausende von Netzen weltweit verbindet und eine »Kultur« besitzt, die sich auf Forschung und Standardisierung konzentriert, basierend auf dem echten Leben. Viele führende Netzwerktechnologien wurden von der Internet-Gemeinde entwickelt. Das Internet entwickelte sich teilweise aus dem ARPANET, das einst DARPA-Internet genannt wurde.

Internet-Gruppen-Management-Protokoll – Siehe IGMP.

Inter-VLAN – Datennetzverkehr von einem VLAN zu einem anderen.

Intra-VLAN – Datennetzverkehr, der innerhalb desselben VLANs stattfindet.

IP – Internet-Protokoll. Protokoll einer Netzwerkschicht im TCP/IP-Stack, das einen verbindungslosen Netzwerk-Dienst anbietet. IP unterstützt Features für Adressierung, Spezifikation von Servicearten, Fragmentierung und Wiederherstellung und die Sicherheit. Definiert in RFC 791.

IP-Adresse – 32-Bit-Adresse, die mit Hilfe von TCP/IP den Hosts zugeteilt wird. Eine IP-Adresse gehört zu einer von fünf Klassen (A, B, C, D oder E) und ist durch vier Zeichen á acht Bit, die durch vier Punkte voneinander getrennt sind, charakterisiert (punktiertes Dezimalformat). Jede Adresse besteht aus einer Netzwerknummer, einer optionalen Subnetznummer und einer Host-Nummer. Die Netzwerknummer und die Subnetznummer werden gemeinsam für das Routing verwendet, während die Host-Nummer einen individuellen Host innerhalb des Netzes oder des Subnetzes adressiert. Eine Subnetzmaske wird benützt, um von der IP-Adresse Netz- und Subnetzinformationen zu erhalten.

IP-Multicast – RFC 1112. Routing-Technik, die es ermöglicht, daß Netzwerkverkehr von einer Quelle zu einer Vielzahl von Zielen, oder von vielen Quellen an viele Ziele, geschickt werden kann. Statt ein Packet an jedes Ziel zu schicken, wird ein Paket zu einer Multicast-Gruppe geschickt, die von einer einzigen IP-Zielgruppen-Adresse identifiziert wird.

IP-Quellenadresse – IP-Adresse eines Netzwerkgeräts, das Daten sendet. Siehe auch IP-Zieladresse, MAC-Zieladresse und MAC-Quellenadresse.

IPX – Internetwork Packet Exchange. NetWare-Netzwerkschicht-Protokoll (Schicht 3), das genutzt wird, um Daten von Servern zu Endstationen zu übertragen.

IPX SAP – Internetwork Packet Exchange Service Advertisement Protocol. Protokoll, mit dessen Hilfe man über Router und Server Netzwerk-Clients über die verfügbaren Netzressourcen und Netzdienste informieren kann.

IP-Zieladresse – IP-Adresse eines Netzgeräts, das Daten empfängt. Siehe auch IP-Quellenadresse, MAC-Zieladresse und MAC-Quellenadresse.

K

Kern-Baustein – Netzdomäne, die dafür verantwortlich ist, den Netzwerkverkehr durch den Campus so schnell wie möglich zu übermitteln, ohne irgendwelche prozessorintensiven Operationen durchzuführen (Schicht-3-Funktionalität).

Knotenpunkt – Endpunkt einer Netzverbindung oder einer Netzkreuzung, die zwei oder mehr Leitungen verbindet. Knotenpunkte können Prozessoren, Steuergeräte oder Arbeitsplatzstationen sein. Knotenpunkte, die in Routing-Einrichtungen oder anderen funktionalen Einrichtungen verschieden sind, können durch Verbindungen vernetzt sein und dienen als Kontrollpunkte im Netz. Die Bezeichnung Knotenpunkt wird manchmal allgemein benützt, um eine beliebige Einheit zu beschreiben, die auf ein Netzwerk zugreifen kann, und wird oft im Wechsel mit der Bezeichnung Gerät benutzt. Siehe auch Host.

Komponentenredundanz – Computer, Router, Switch oder anderes Rechensystem, das zwei oder mehr von jedem der wichtigsten Teilsysteme wie zwei Festplattenlaufwerke, zwei CPUs oder zwei Netzteile beinhaltet. Man bezeichnet es auch als Redundantes System.

Konstante Bit-Rate – siehe CBR

Konzentrator – 1. Im allgemeinen die Bezeichnung für ein Gerät, das als Zentrum eines Netzes mit sternförmiger Raumstruktur dient. 2. Hardware- oder Software-Einrichtung, die eine Vielzahl von unabhängigen und doch miteinander verbundenen Netz-Bausteinen enthält. Hubs können aktiv sein (wenn sie Signale, die über sie gesendet werden verstärken) oder passiv (wenn sie die Signale, die über sie gesendet werden, nicht verstärken, sondern nur verteilen). 3. Bei Ethernet und IEEE 802.3, wird der Ethernet Multiport Repeater auch als Hub bezeichnet.

L

LAN – Local Area Network. Hochgeschwindigkeitsnetz mit niedriger Fehlerquote, das ein relativ kleines geographisches Gebiet (bis zu ein paar Tausend Metern) abdeckt. LANs verbinden Workstations, Peripheriegeräte, Terminals und andere Geräte in einem einzelnen Gebäude oder anderen geographisch begrenzten Gebieten. LAN-Standards spezifizieren die Verkabelung und die Signalgebung in den physischen Schichten und den Netzwerkverknüpfungsschichten des OSI-Modells. Ethernet, FDDI und Token Ring sind weit verbreitete Technologien.

LAN Emulation Client – Siehe LEC.

LAN Emulation Configuration Server – Siehe LECS.

LAN Emulation Server – Siehe LES.

LANE – LAN Emulation. Technologie, die es ermöglicht, ein ATM-Netzwerk als LAN-Backbone einzusetzen. Das ATM-Netzwerk muß Multicast- und Broadcast-Unterstützung, Adressen-Konvertierung (MAC-zu-ATM), SVC-Managment und ein verwendbares Paket-Format bereitstellen. LANE definiert auch Ethernet- und Token-Ring-ELANs. Siehe auch ELAN.

LANE Network-to-Network Interface – Siehe LNNI.

LANE User-to-Network Interface – Siehe LUNI.

Lastenverteilung – Beim Routing die Fähigkeit eines Routers, Netzwerkverkehr über all seine Netzwerkports zu verteilen, die dieselbe Entfernung von der Zieladresse haben. Gute Lastenverteilungsalgorithmen nutzen sowohl Informationen über die Leitungsgeschwindigkeit als auch Informationen über die Zuverlässigkeit. Lastenteilung erhöht die Ausnutzung der Netzwerksegmente und somit die effektive Netzwerkbandbreite.

LEC – LAN-Emulation-Client. Einheit in einem Endsystem, die Datenweiterleitung, Adressenauflösung und andere Funktionen für ein einzelnes Endsystem innerhalb eines einzelnen ELAN durchführt. Ein LEC stellt auch jeder Höheren-Schicht-Einheit, die eine Schnittstelle zum LEC besitzt, eine Standard-LAN-Dienst-Schnittstelle zur Verfügung. Jedes LEC wird durch eine eigene ATM-Adresse identifiziert und ist mit einer oder mehreren MAC-Adressen assoziiert, die über diese ATM-Adresse erreichbar sind. Siehe auch BUS, ELAN, LECS und LES.

LES – LAN Emulation Server. Einheit, die die Kontrollfunktion in einem bestimmten ELAN implementiert. Es gibt in jedem ELAN nur einen logischen LES, der durch eine eigene ATM-Adresse identifiziert wird. Siehe auch BUS, ELAN, LEC und LECS.

LNNI – LAN Emulation Network-to-Network Interface. Unterstützt die Kommunikation zwischen den Server-Komponenten innerhalb eines einzelnen ELANs. Phase-1-LANE-Protokolle erlauben keine standardisierte Unterstützung multipler LESs oder BUSs innerhalb eines ELAN. Phase 2 widmet sich diesen Beschränkungen.

LocalTalk – Eigentümerrechtlich geschütztes Basisband-Protokoll von Apple Computer, das auf der Datenverbindungsschicht und der physischen Schicht des OSI-Referenz-Modells operiert. LocalTalk nutzt CSMA/CD und unterstützt Übertragungen mit Geschwindigkeiten von 230,4 Kbps.

Lokaler Netzwerkverkehr – Netzwerkverkehr, der innerhalb eines kleinen Teils des Netzwerks bleibt. Dieser Typ von Netzwerkverkehr betrifft weder den Backbone des Netzes noch kreuzt er einen Router.

Lokaler Server – Siehe Verteilter Server.

Loop – Verbindung, auf der die Pakete ihren Bestimmungsort nie erreichen, sondern immer wieder durch eine konstante Folge von Netzwerkknotenpunkten kreisen.

LUNI – LAN Emulation User-to-Network Interface. Der ATM-Forum-Standard für LAN-Emulation auf ATM-Netzen. LUNI definiert die Schnittstelle zwischen dem LAN-Emulation Client (LEC) und den LAN-Emulation-Server-Komponenten.

M

MAC – Media Access Control. Die untere der zwei Subschichten der Datenverbindungsschicht, die in IEEE definiert ist. Die MAC-Unterschicht kontrolliert den Zugriff auf ein aufgeteiltes Medium, beispielsweise ob Token Passing oder Token Contention genutzt wird.

MAC-Adresse – Standardisierte Datenverbindungsschichtadresse, die jeder Port oder jedes Gerät, das mit einem LAN verbunden ist, benötigt. Andere Geräte im Netzwerk nutzen diese Adressen, um bestimmte Ports im Netz auszumachen und um Routing-Tabellen und Datenstrukturen zu kreieren und zu aktualisieren. MAC-Adressen sind 6 Byte lang und werden von IEEE kontrolliert. Sie werden auch als Hardware-Adresse bezeichnet.

MAC-Adressen-basierte VLANs – VLANs, die auf Basis der MAC-Adressen der Endstation konfiguriert sind.

MAC-Quellenadresse – MAC-Adresse eines Netzwerkgeräts, das Daten sendet. Siehe auch IP-Zieladresse, IP-Quellenadresse und MAC-Zieladresse.

MAC-Zieladresse – MAC-Adresse eines Netzwerkgeräts, das Daten empfängt. Siehe auch IP-Zieladresse, IP-Quelladresse und MAC-Zieladresse.

Manuelle Benutzername/Paßwort-Kombination – Sicherheitsmechanismus, der es den Benutzern erlaubt, eigene Benutzernamen und Paßwörter zu vergeben, die sich nicht ändern, bis sie von den Benutzern geändert werden.

MBONE – Multicast-Backbone. Multicast-Backbone des Internet. MBONE ist ein virtuelles Multicast-Netz, das aus Multicast-LANs und den Punkt-zu-Punkt-Tunnels (point-to-point tunnels) besteht, die sie verbinden.

Medien – Plural von Medium. Die verschiedenen physischen Umgebungen, die von den Übertragungssignalen durchlaufen werden. Zu den gebräuchlichen Netzwerkmedien gehören Twisted-Pair-, Koaxial- und Glasfaserkabel und die Umgebung (wo die Übertragung durch Mikrowellen, Laser und Infrarotstrahlen stattfindet).

Message Digest – Ergebnis der Hash-Funktion, auch Hash genannt.

Möglichkeiten der Datenwege (Data path loops) – Mehr als ein Datenpfad zwischen zwei Endpunkten über Switches, die aktiv Daten übermitteln.

MOSPF – Multicast OCPF. Intradomäne-Multicast-Routing-Protokoll, das in OSPF-Netzen genutzt wird. Erweiterungen werden an das Basis-OSPF-Unicast-Protokoll angeschlossen, um IP-Multicast-Routing zu unterstützen. Definiert in RFC 1584.

MPOA – Multiprotocol over ATM. Standardisierungserfolg des ATM-Forums, die spezifizieren, wie existierende und zukünftige Netzschicht-Protokolle wie IP, IPv6, AppleTalk und IPX über ein ATM-Netz mit direkt angeschlossenen Hosts, Routern und Multilayer LAN Switches laufen.

Multicast – Einzelne Pakete, die vom Netzwerk kopiert werden und zu einer bestimmten Unterklasse von Netzwerkadressen geschickt werden. Diese Adressen sind im Zieladreßfeld spezifiziert. Vergleiche mit Broadcast und Unicast.

Multicast-Adresse – Einzelne Adresse, die sich auf multiple Netzwerkgeräte bezieht. Auch Gruppenadresse genannt. Vergleiche mit Broadcast-Adresse und Unicast-Adresse. Siehe auch Multicast.

Multicast-Backbone – Siehe MBONE.

Multicast-Gruppe – Dynamisch bestimmte Gruppe von IP-Hosts, die durch eine einzelne IP-Adresse identifiziert werden.

Multicast-Open-Shortest-Path-First – Siehe MOSPF.

Multicast-Registrierung – Methode, um Multicast-Rahmen auf dem Switch zu filtern, so daß der Switch die Multicast-Rahmen nicht aus all seinen Ports abschickt.

Multicast-Router – Router, der benützt wird, um IGMP-Query-Nachrichten auf die angeschlossenen lokalen Netze zu senden. Host-Mitglieder einer Multicast-Gruppe antworten auf eine Query, indem sie IGMP-Reports schicken, die die Multicast-Gruppen, denen sie angehören, benennen. Der Multicast-Router übernimmt die Verantwortung dafür, die Datagramme von einer Multicast-Gruppe zu allen anderen Netzen zu schicken, die Mitglieder in der Gruppe haben. Siehe auch IGMP.

Multicast-Routing-Protokoll – Routing-Protokoll, das benützt wird, um Multicast-Pakete routet. Siehe auch DVMRP, MOSPF, PIM-Dense-Modus und PIM-Sparse-Modus.

Multilayer-Switch – Switch, der Pakete, die auf MAC-Adressen und Netzwerkadressen basieren, filtert und weiterleitet. Unterklasse des LAN-Switch.

N

NAK – Negative Acknowledgement. 1. Antwort eines Empfangsgeräts an ein Sendegerät, die besagt, daß die empfangene Information fehlerhaft war. 2. Antwort, die eine Anfrage ablehnt. Vergleiche mit Acknowledgement.

Negative Acknowledgement – Siehe NAK.

NetBIOS – Network Basic Input/Output System. API, das von Anwendungen auf einem IBM LAN genutzt wird, um Dienste von Netzwerk-Prozessen auf einer niedrigeren Schicht zu fordern. Zu diesen Diensten zählen der Verbindungsaufbau, das Verbindungsende und der Informationstransfer.

Netzadresse – Netzwerkschichtadresse, die sich eher auf eine logische als auf eine physische Einrichtung bezieht. Auch Protokolladresse genannt. Vergleiche mit MAC-Adresse.

Netzwerk – Ansammlung von Computern, Druckern, Router, Switches und anderen Geräten, die über ein Übertragungsmedium miteinander kommunizieren können.

Netzwerkanmeldung – Sicherheitsmechanismus, bei dem der Benutzer einen gültigen Benutzernamen und ein gültiges Paßwort angeben muß, um auf das Netz zugreifen zu können.

Netzwerkkarte – Siehe NIC.

Netzwerkschicht – Schicht 3 des OSI-Referenzmodells. Diese Schicht stellt Verbindungen und Pfadauswahl zwischen zwei Endsystemen zur Verfügung. Die Netzschicht ist die Schicht, auf der das Routing stattfindet. Sie ist mit der Pfad-Kontroll-Schicht des SNA-Modells vergleichbar. Siehe auch Anwendungsschicht, Datenverbindungsschicht, Physische Schicht, Präsentationsschicht, Verbindungsschicht und Transportschicht.

Netzwerkverbindungsredundanz – Physisch redundante Verbindungen zwischen Netzwerkgeräten. Auch Backup-Verbindungen genannt.

Next Hop Resolution Protocol – Siehe NHRP.

NHRP – Next Hop Resolution Protocol. Protokoll, das von den Routern genutzt wird, um die MAC-Adresse anderer Router und Hosts, die mit einem NBMA-Netz verbunden sind, dynamisch festzustellen. Diese Systeme können dann direkt miteinander kommunizieren, ohne daß der Netzwerkverkehr einen zwischengeschalteten Hop nutzen muß, so daß die Leistung in ATM, Frame Relay, SMDS und x.25-Umgebungen erhöht wird.

NIC – Netzwerkkarte. Steckkarte, die Wege für die Netzkommunikation zu und von einem Computer zur Verfügung stellt.

NNI – Network-to-Network Interface. ATM-Forum-Standard, der die Schnittstelle zwischen zwei ATM-Switches definiert, die sich beide in einem privaten oder in einem öffentlichen Netz befinden. Die Schnittstelle zwischen einem öffentlichen und einem privaten Switch ist durch den UNI-Standard definiert.

O

OC – Optical Carrier. Reihe von physischen Protokollen (OC-1, OC-2, OC-3 und so weiter), die für SONET-Übertragungen von optischen Signalen definiert sind. OC-Signalniveaus legen die STS-Rahmen auf Multimode-Glasfaserleitungen mit unterschiedlichen Geschwindigkeiten. Die Basisrate beträgt 51,84 Mbps (OC-1). Jedes Signalniveau, das darauf folgt, arbeitet mit einer Geschwindigkeit, die durch diese Zahl teilbar ist (so läuft OC-3 mit 155,52 Mbps).

Open Shortest Path First – Siehe OSPF.

OSI-Referenz-Modell – Open System Interconnection Referenz Modell. Architektonisches Netzmodell, das von ISO und ITU-T entwickelt wurde. Das Modell besteht aus sieben Schichten, von denen jede bestimmte Netzfunktionen wie Adressierung, Flußkontrolle, Fehlerkontrolle, Encapsulation und verläßliche Nachrichtenübertragung spezifiziert. Die niedrigste Schicht (die physische Schicht) ist der Übertragungsmedium-Technologie am nächsten. Die zwei nächsthöheren Schichten sind durch Hardware und Software implementiert, die fünf oberen Schichten sind nur durch Software implementiert. Die höchste

Schicht (die Anwendungsschicht) ist dem Benutzer am nächsten. Das OSI-Referenz-Modell wird allgemein als Methode genutzt, die Netzfunktionalität zu lehren und zu verstehen. In manchen Aspekten ist es dem SNA ähnlich. Siehe Anwendungsschicht, Datenverbindungsschicht, Netzwerkschicht, Physische Schicht, Präsentationsschicht, Sitzungsschicht und Transportschicht.

OSPF – Open Shortest Path First. Verbindungsstatus, hierarchischer IGP-Routing-Algorithmus, der in der Internet-Gemeinde als Nachfolger von RIP vorgeschlagen wurde. Zu den Merkmalen von OSPF gehören Least-Cost-Routing, Multipfad-Routing und Lastenausgleich. OSPF wurde aus einer frühen Version des ISIS-Protokolls abgeleitet. Definiert in RFC 2178. Vergleiche mit IGRP, EIGRP und RIP.

P

Paket – Logische Gruppierung von Informationen mit einem Kopf, der Kontrollinformationen und (normalerweise) Benutzerdaten enthält. Pakete werden meistens gebraucht, um auf Netzwerkschicht-Dateneinheiten hinzuweisen.

Parallelismus – Zeigt an, daß zwischen zwei Punkten im Netz mehrere Pfade existieren. Diese Pfade können gleich oder ungleich teuer sein. Parallelismus ist oft ein Ziel des Netzdesign: Es ist Redundanz im Netz vorhanden, so daß bei Ausfall eines Pfads ein alternativer Pfad existiert, der an den gleichen Punkt führt.

Parallel-Router – Mehrere Pfade vom Router zu anderen Netzgeräten. Alle Pfade können genutzt werden, um Verkehr über das Netz zu schicken.

Partielle Vernetzung – Bezeichnung, die ein Netz beschreibt, in dem die Geräte einer Vernetzungstopologie entsprechend angeordnet sind. Einige Netzknoten befinden sich in einer vollständigen Vernetzung, andere sind nur mit ein oder zwei anderen Knotenpunkten im Netz verbunden. Die partielle Vernetzung stellt nicht das gleiche Redundanzniveau zur Verfügung wie die vollständige Vernetzung, die Implementierung ist jedoch weniger teuer. Partielle Vernetzungstopologien werden im allgemeinen in Peripherienetzen verwendet, die mit einem vollständig vernetzten Backbone verbunden sind. Siehe auch Vollständige Vernetzung und Vernetzung.

Phantom-Router – In HSRP teilen sich zwei Router dieselbe virtuelle IP-Adresse und dieselbe virtuelle MAC-Adresse. Dadurch wird ein dritter Router erzeugt, der physisch nicht existent ist. Dieser Router wird auch Virtueller Router genannt. Siehe auch HSRP, Virtuelle IP-Adresse und Virtuelle MAC-Adresse.

Physische Schicht – Schicht 1 des OSI-Referenz-Modells. Die physische Schicht definiert die elektrischen, mechanischen, verfahrensrechtlichen und funktionalen Spezifikationen für das Aktivieren, das Inbetriebhalten und das Deaktivieren der physischen Verbindung zwischen Endstationen. Sie ist mit der physischen Kontrollschicht des SNA-Modells vergleichbar. Siehe auch Anwendungsschicht, Datenverbindungsschicht, Netzschicht, Präsentationsschicht, Sitzungsschicht und Transportschicht.

PIM – Protocol Independent Multicast. Multicast-Routing-Architektur, die die Verwendung von IP-Multicast-Routing auf bereits existenten IP-Netzen ermöglicht. PIM ist unabhängig von einem Unicast-Routing-Protokoll und kann auf zwei Arten eingesetzt werden: Dense-Modus und Sparse-Modus. Siehe auch PIM-Dense-Modus und PIM-Sparse-Modus.

PIM-Dense-Modus – Eine der beiden PIM-Betriebsarten. PIM-Dense-Modus ist datengesteuert und ähnelt typischen Multicast-Routing-Protokollen. Pakete werden von allen nach außen gehenden Schnittstellen weitergeleitet, bis Löschaktionen auftauchen. Im Dense-Modus gibt es viele Empfänger auf engem Raum, und man nimmt an, daß die Downstream-Netze die Datengramme, die an sie gesendet werden, empfangen und verwenden wollen. Der Nachteil der Nutzung von Dense-Modus ist sein standardisiertes Flutungsverhalten. Auch als dense mode PIM oder PIM DM bekannt. Im Gegensatz zu PIM-Sparse-Modus. Siehe auch PIM.

PIM-Sparse-Modus – Eine der beiden PIM-Betriebsarten. PIM-Sparse-Modus versucht, die Datenverteilung zu begrenzen, so daß nur eine minimale Anzahl von Routern im Netz Daten erhalten. Pakete werden nur versendet, wenn sie explizit am Treffpunkt angefordert wurden. Im Sparse-Modus sind die

Empfänger weit verteilt, und man nimmt an, daß die weiter entfernten Netze die Datagramme, die an sie gesendet werden, nicht unbedingt verwenden. Die Nachteile der Nutzung von Sparse-Modus sind die Abhängigkeit von der periodischen Erneuerung expliziter Join-Nachrichten und sein Bedarf an RPs. Auch als sparse mode PIM oder PIM SM bekannt. Definiert in RFC 2117. Im Gegensatz zu PIM Dense-Modus. Siehe auch PIM und Treffpunkt.

Port – Schnittstelle auf einem vernetzten Gerät (wie beispielsweise einem Router).

Port-basierte VLANs – VLANs, die auf dem Switch-Port konfiguriert sind.

Präsentationsschicht – Schicht 6 des OSI-Referenz-Modells. Diese Schicht stellt sicher, daß Informationen, die von der Anwendungsschicht eines Systems gesendet werden, von der Anwendungsschicht eines anderen Systems gelesen werden können. Die Präsentationsschicht beschäftigt sich auch mit den Datenstrukturen, die von den Programmen genutzt werden, und verhandelt daher über die Datentransfer-Syntax für die Anwendungsschicht. Ist ungefähr mit der Präsentations-Dienstschicht des SNA-Modells vergleichbar. Siehe auch Anwendungsschicht, Datenverbindungsschicht, Netzschicht, Physische Schicht, Sitzungsschicht und Transportschicht.

Prioritäten-Warteschlange – Das Netzgerät wird instruiert, daß es zuerst den Verkehr, der Priorität besitzt, senden und allen anderen Verkehr zurückhalten soll, bis kein Verkehr mit Priorität mehr vorhanden ist.

Protokoll – Formale Beschreibung einer Reihe von Regeln und Konventionen, die bestimmen, wie Geräte in einem Netz Informationen austauschen.

Protokoll Independent Multicast – Siehe PIM.

Protokoll-Adresse – Siehe Netzadresse.

Protokoll-basierte VLANs – VLANs, die vom Protokollnetz, dem die Endstation angehört, konfiguriert werden.

Protokoll-Quellenadresse – Protokolladresse eines Netzgeräts, das Daten sendet.

Protokoll-Schicht – Siehe Netzschicht.

Protokoll–Zieladresse – Protokolladresse eines Netzgeräts, das Daten erhält.

Proxy–ARP – Proxy-Adressen-Resolutions-Protokoll. Eine Variation des ARP-Protokolls, in der ein zwischengeschaltetes Gerät (beispielsweise ein Router) im Namen eines Endknotens eine ARP-Anwort an den anfragenden Host sendet. Definiert in RFC 1027.

Prune – Entdeckt der Endrouter, daß sich keine Gruppenmitglieder auf einer seiner Schnittstellen befinden, hört er auf, den Multicast-Strom von dieser Schnittstelle abzuschicken. Auch Reverse Path Forwarding oder Truncated Reserve Path Forwarding (TRPB) genannt.

Q

QoS – Quality of Service. Leistungsmaßstab für ein Übertragungssystem, das dessen Übertragungsqualität und die Verfügbarkeit seiner Dienste zeigt.

Quellenadresse – Adresse eines Netzgeräts, das Daten sendet. Siehe auch Zieladresse.

Queue/Warteschlange – 1. Im allgemeinen Sinn eine geordnete Liste von Elementen, die darauf warten, bearbeitet zu werden. 2. Beim Routing ein Rückstau von Paketen, die darauf warten, über eine Router-Schnittstelle weitergeleitet zu werden.

Queuing – Eine Methode, den Netzverkehr so in einer Reihe anzuordnen, daß er seinen Prioritäten entsprechend fließt.

Queuing mit dedizierter Bandbreite – Eine Verarbeitungsbandbreite des Netzwerkgeräts wird dem priorisierten Verkehr zu jeder Zeit zugeordnet.

R

Rahmen (engl.: Frame) – Logische Gruppierung von Informationen, die als Datenverbindungsschicht-Einheit über ein Übertragungsmedium geschickt wird. Bezieht sich oft auf den Nachrichtenkopf und den Nachspann, die zur Synchronisation und zur Fehlerkontrolle genutzt werden, und die Benutzerdaten, die in der Einheit enthalten sind, umgeben.

Redundantes System – Computer, Router, Switch oder anderes System, das zwei oder mehrere der wichtigsten Untersysteme enthält, wie beispielsweise zwei Festplattenlaufwerke, zwei CPUs oder zwei Stromversorgungseinrichtungen. Auch Komponentenredundanz genannt.

Redundanz – Beim Vernetzen die Bereitstellung von Ersatzgeräten, -diensten oder -verbindungen, damit im Störungsfall die redundanten Geräte, Dienste oder Verbindungen die Aufgaben der ausgefallenen Einheiten wahrnehmen können. Siehe auch Redundantes System.

Redundanz der Datenwege – Software-Protokolle, die den Weg bestimmen, den die Daten über diese Netzverbindungen nehmen. Die Redundanz der Datenwege bestimmt, wie die Daten über mehrere Netzverbindungen geschickt werden.

Resource ReServation Protocol – Siehe RSVP.

Reverse Path Forewarding – Siehe Prune.

RFC – Request for Comments. Dokumentenreihe, die das wichtigste Mittel für die Übermittlung von Informationen über das Internet ist. Einige RFCs sind vom IAB als Internet-Standards gekennzeichnet. Die meisten RFCs, wie Telnet und FTP, dokumentieren Protokollspezifikationen, einige sind jedoch humorvoll oder historisch. RFCs können Online von einer Vielzahl von Quellen bezogen werden.

RIP – Routing Information Protocol. IGP, das mit UNIX-BSD-Systemen ausgestattet ist. Das gebräuchlichste IGP im Internet. RIP verwendet Hop Count als Routing-Maßanalyse. Definiert in RFC 1058 und RFC 1723. Siehe auch Enhanced IGRP, IGRP und OSPF.

Route – Weg durch das Netz.

Routenüberprüfung – Methode, bei der Router gültige Gateways verifizieren und ungültige Gateways und Pfade im Netz aufspüren.

Router – Netzwerkschichtgerät, das eine oder mehrere Maßanalysen verwendet, um den optimalen Pfad zu ermitteln, über den der Netzwerkverkehr gesendet werden sollte. Aufgrund der vorhandenen Netzwerkschichtinformationen leiten

Router Pakete von einem Netz an das andere weiter. Router führen auch Netzwerkschichtdienste im Netz aus.

Routing – Prozeß des Findens eines Wegs zu einem Zielhost. Das Routing in großen Netzen ist aufgrund der vielen potentiellen Zwischenziele, die ein Paket unter Umständen durchquert, bevor es seinen Zielhost erreicht, sehr komplex.

Routing Information Protocol – Siehe RIP.

Routing-Protokoll – Protokoll, das Routing durchführt, indem es einen spezifischen Routing-Algorithmus implementiert. Beispiel für Routing-Protokolle sind EIGRP, IGRP, OSPF und RIP.

Routing-Tabelle – Tabelle, die in einem Router oder einem anderen Netzgerät gespeichert ist und Routen zu bestimmten Netzzielen, in einigen Fällen auch die Maßanalysen, die mit diesen Routen verbunden sind, speichert.

Routing-Update – Nachricht, die von einem Router gesandt wurde, um anzuzeigen, daß er erreichbar ist, und über die damit verbundenen Kosten informiert. Routing-Updates werden in der Regel in regelmäßigen Intervallen oder nach Veränderungen der Netz-Topologie gesendet.

RSVP – Resource Reservation Protocol. Ein Protokoll, das die Bereitstellung von Ressourcen in einem IP-Netz unterstützt. Anwendungen, die auf IP-Endsystemen laufen, können RSVP benutzen, um anderen Knotenpunkten die Art des Paketstroms, den sie erhalten möchten, mitzuteilen. Definiert in RFC 2205.

S

SAP – Service Advertisement Protocol. IPX-Protokoll, das Mittel bereitstellt, um Netzwerkstationen via Router und Server über verfügbare Netzressourcen und Dienste zu informieren.

Schaltraum (engl.: wiring closet) – Abgetrennter Raum, der genutzt wird, um ein Daten- oder Sprachnetz zu verbinden. Schaltschränke dienen als zentrale Verbindungsstelle für die Verdrahtung und die Verdrahtungsausrüstung, die benützt wird, um Geräte zu verbinden.

Schaltraum-Switch (engl.: wiring closet switch) – Switch, der Benutzer mit dem Netz verbindet.

Schaltraum-VLAN – VLAN existiert auf bestimmten Schaltraum-Switches (engl.: wiring closet switches) und umspannt nicht das Netz.

Schicht-(Layer-)3-Switch – Switch, der aufgrund von MAC- und Netzwerkadressen Pakete filtert und weiterleitet. Ein Untergerät des LAN-Switch. Auch Multilayer-Switch genannt.

Schnittstelle – 1. Verbindung zwischen zwei Systemen oder Geräten. 2. In der Routing-Terminologie eine Netzwerkverbindung.

Server – Knotenpunkt oder Software-Programm, das Arbeitsstationen Dienste zur Verfügung stellt.

Server-Baustein – Netzdomäne, bestehend aus den Enterprise-Servern des Netzes und den Switching- und Routing-Geräten, die benötigt werden, um diese an das übrige Netz anzuschließen.

Shared Queuing – Sowohl High-Priority-Verkehr als auch der andere Verkehr können vom Netzwerkgerät zur gleichen Zeit verarbeitet werden. Verkehr niedriger Priorität kann zur gleichen Zeit verarbeitet werden wie der hoch priorisierte Verkehr.

Sitzungsschicht – Schicht 5 des OSI-Referenz-Modells. Diese Schicht ermöglicht, verwaltet und beendet Sitzungen zwischen Anwendungen und steuert den Datenaustausch zwischen Einheiten der Präsentationsschicht. Sie korrespondiert mit der Datenfluß-Kontrollschicht des SNA-Modells. Siehe auch Anwendungsschicht, Datenverbindungsschicht, Netzschicht, Physische Schicht, Präsentationsschicht und Transportschicht.

Skalierbarkeit – Fähigkeit eines Netzes, mit Veränderungen und Wachstum Schritt zu halten.

Spanning-Tree-Protokoll – Bridge-Protokoll, das den Spanning-Tree-Algorithmus verwendet und es einer Learning-Bridge ermöglicht, in einer Netz-Topologie dynamisch über eine Ringleitung zu arbeiten, indem es einen Spanning-Tree generiert. Bridges tauschen BPDU-Nachrichten mit anderen Bridges aus, um Ringleitungen zu entdecken und diese dann zu entfernen, indem sie ausgewählte Schnittstellen schließen. Es bezieht sich sowohl auf den IEEE-802.1-Spanning-Tree-Protokoll-Standard als auch auf das ältere Digital-Equipment Corporation-Spanning-Tree-Protokoll, auf dem es basiert. Die IEEE-Version unterstützt Bridge-Domänen und erlaubt es der Bridge, eine ringleitungsfreie Topologie über ein erweitertes LAN zu konstruieren. Die IEEE-Version wird der digitalen Version generell vorgezogen. Manchmal abgekürzt als STP.

Spanning-Tree-Rekonvergenz – Die Zeit, die Spanning-Tree benötigt, um sich einen neuen Datenweg durch das Netz zu suchen.

Spitzendurchsatz (engl.: peak cell rate) – Parameter, der vom ATM-Forum für das ATM-Verkehrsmanagment definiert wurde. In CBR-Übertragungen bestimmt PCR, wie oft Datenproben verschickt werden. In ABR-Übertragungen bestimmt PCR den maximalen Wert von ACR. Siehe auch ABR, CBR, UBR und VBR.

Spoofing – Aktion eines Pakets, das illegal behauptet, von einer Adresse zu kommen, von der es nicht wirklich abgeschickt wurde. Spoofing wird verwendet, um Sicherheitsmechanismen im Netz, wie Filter und Zugriffslisten, zu täuschen.

Standard-Gateway – IP-Adresse des Router, der den größten Teil des Verkehrs in andere Bereiche des Netzwerks leitet.

Statische Adresse – Adresse, die eindeutig konfiguriert und auf der Arbeitsstation eingetragen wird.

Stau – Netzwerkverkehr, der die Netzkapazität übersteigt.

Subnetz (Subnetz) – In IP-Netzen ein Netz, das eine Teilmenge eines Gesamtnetzes darstellt. Subnetze sind Netze, die von einem Netzverwalter beliebig eingeteilt werden, um eine vielschichtige, hierarchische Routing-Struktur bereitzustellen, während das Subnetz von der Adressierungskomplexität verbundener Netze geschützt wird. Siehe auch IP-Adresse, Subnetzadresse und Subnetzmaske.

Subnetzadresse – Teil einer IP-Adresse, die von der Subnetz-Maske als Subnetz spezifiziert wurde. Siehe auch IP-Adresse, Subnetzmaske und Subnetz.

Subnetzmaske – 32-Bit-Adressen-Maske, die bei IP genutzt wird, um die Bits einer IP-Adresse anzuzeigen, die für die Subnetzadresse verwendet werden. Siehe auch IP-Adresse, Subnetz und Subnetzadresse.

Super Server – Mehrere Enterprise-Server werden zu einer einzigen, leistungsfähigeren Einheit zusammengefaßt.

Switch – Netzgerät, das aufgrund der Zieladresse des jeweiligen Rahmens die Rahmen filtert, weiterleitet und flutet. Der Switch arbeitet auf der Datenverbindungsschicht des OSI-Modells.

Symmetrische Verschlüsselung – Verschlüsselungsmethode, die sich eines geheimen Schlüssels bedient und die Vertraulichkeit der Daten gewährleistet. Verwenden zwei Endstationen die symmetrische Verschlüsselung, müssen sie sich auf einen gemeinsamen Algorithmus und einen gemeinsamen geheimen Schlüssel einigen.

T

Token Ring – Von IBM entwickeltes und unterstütztes Token-Verfahren LAN. Token-Ring läuft mit 4 oder 16 Mbps über eine Ringleitungstopologie.

Transportschicht – Schicht 4 des OSI-Referenz-Modells. Diese Schicht ist für die zuverlässige Netzkommunikation zwischen zwei Endknoten verantwortlich. Die Transportschicht stellt Mechanismen für die Schaffung, die Instandhaltung und die Beendung virtueller Kreisläufe zur Verfügung, als auch zur Transportfehlererkennung und -fehlerbeseitigung und Informationsflußkontrolle. Sie korrespondiert mit der Übertragungskontrollschicht des SNA-Modells. Siehe auch Anwendungsschicht, Datenverbindungsschicht, Netzschicht, Physische Schicht, Präsentationsschicht und Sitzungsschicht.

Treffpunkt – Router, der in PIM-Sparse-Modus-Implementierungen spezifiziert ist, um Mitglieder von Multicast-Gruppen aufzuspüren und um Nachrichten an bekannte Multicast-Gruppenadressen weiterzuleiten. Siehe auch PIM-Sparse-Modus.

Truncated Reverse Path Broadcasting (TRPB) – Siehe Prune.

U

Überlasteter Backbone – Nichtverteilter Backbone, auf dem alle Netzsegmente durch ein netzübergreifend arbeitendes Gerät miteinander verbunden sind. Ein überlasteter Backbone kann ein virtuelles Netzsegment sein, das in einem Gerät wie einem Hub, einem Router oder einem Switch existiert.

UBR – Unspezifizierte Bit-Rate. Dienstgüte, die vom ATM-Forum für ATM-Netze definiert ist. UBR ermöglicht es, daß jede Datenmenge bis zu einem festgelegten Maximum durch das Netz gesendet werden kann, es gibt jedoch keine Garantie für die Zellenverlustrate oder die Verzögerung. Vergleiche mit ABR, CBR und VBR.

UNI – User-Network-Interface. Spezifikation des ATM-Forums, die einen übergreifenden Standard für die Schnittstelle zwischen auf ATM basierenden Produkten (einem Router oder einem ATM-Switch), die sich in einem privaten Netz befinden, und den ATM-Switches, die sich in öffentlichen Netzen befinden, definiert.

Unicast – Nachricht, die an einen einzigen Zielort im Netz gesendet wird. Vergleiche mit Broadcast und Multicast.

Unicast-Adresse – Adresse, die ein einzelnes Netzgerät spezifiziert. Vergleiche mit Broadcast-Adresse und Multicast-Adresse. Siehe auch Unicast.

Unspezifizierte Bit-Rate – Siehe UBR.

V

VBR (Variable Bit-Rate) – Dienstgüte, die vom ATM-Forum für ATM-Netze definiert ist. VBR ist in eine Echtzeit-Klasse (Real Time class = RT) und eine Nicht-Echtzeit-Klasse (Non-Real Time class = NRT) unterteilt. VBR (RT) wird für Verbindungen genutzt, auf denen ein festgelegtes Zeitverhalten zwischen Intervallen besteht. VBR (NRT) wird für Verbindungen genutzt, auf denen kein festgelegtes Zeitverhalten zwischen Intervallen besteht, die jedoch trotzdem eine garantierte Dienstgüte benötigen. Vergleiche mit ABR, CBR und UBR.

Verbindung – Netzwerkkommunikationskanal, der aus einem Kreislauf oder einem Übertragungspfad und allen verknüpften

Geräten zwischen einem Sender und einem Empfänger besteht.

Verkehrsprioritäten – Siehe Festlegen von Prioritäten.

Verschlüsselung – Anwendung eines spezifischen Algorithmus, um das Erscheinungsbild von Daten zu verändern und sie für Personen unverständlich zu machen, die nicht berechtigt sind, diese Informationen zu sehen. Siehe auch Entschlüsselung.

Verschlüsselung mit einem privaten Schlüssel – Digitaler Code, der benutzt wird, um Informationen zu verschlüsseln/entschlüsseln und um digitale Unterschriften zu erstellen. Dieser Schlüssel sollte vom Besitzer des privaten Schlüssels geheimgehalten werden. Es existiert ein korrespondierender öffentlicher Schlüssel.

Verschlüsselung mit geheimem Schlüssel – Digitaler Code, der von zwei Parteien geteilt und genutzt wird, um Daten zu verschlüsseln und zu entschlüsseln.

Verschlüsselung mit öffentlichen Schlüsseln – Ein digitaler Code, der verwendet wird, um Informationen zu verschlüsseln/entschlüsseln und um digitale Signaturen zu verifizieren. Dieser Schlüssel kann allgemein verfügbar gemacht werden und hat einen korrespondierenden privaten Schlüssel.

Verteiler-Switch – Switch, der als Konzentrationspunkt für Schaltraum-Switches genutzt wird.

Verteiler-Switch-VLANs – VLANs, die auf bestimmten Verteiler-Switches existieren. VLANs können nicht das gesamte Netz, aber eine Anzahl von Schaltraum-Switches umspannen.

Verteilter Server – Server, der eine bestimmte Gruppe von Benutzern im Netz unterstützt. Wird auch als Lokaler oder Arbeitsgruppen-Server bezeichnet.

Verzögerung – 1. Zeit zwischen der Einleitung einer Transaktion durch einen Sender und der ersten Antwort, die der Sender erhält. 2. Zeit, die benötigt wird, um ein Datenpaket über einen bestimmten Pfad von der Quelle zum Ziel zu senden.

VINES – Virtual Integrated Network Service. Von Banyan Systems entwickeltes und auf den Markt gebrachtes NOS.

Virtuelle IP-Adresse – IP-Adresse die von zwei Routern gemeinsam genutzt wird, wenn HSRP verwendet wird. Siehe auch HSRP, Virtuelle MAC-Adresse, Virtueller Router und Phantom-Router.

Virtuelle MAC-Adresse – MAC-Adresse, die von zwei Routern gemeinsam genutzt wird, wenn HSRP verwendet wird. Siehe auch HSRP, Virtuelle MAC-Adresse, Virtueller Router und Phantom-Router.

Virtueller Router – Im HSRP: Zwei Router teilen sich die gleiche virtuelle IP-Adresse und die gleiche virtuelle MAC-Adresse und kreieren dadurch einen dritten, nichtphysischen Router. Auch Phantom-Router genannt. Siehe auch HSRP, Virtuelle IP-Adresse und Virtuelle MAC-Adresse.

Virtuelles LAN – Siehe VLAN.

VLAN – Virtuelles LAN. Gruppe von Geräten auf einem oder mehreren LANs, die so konfiguriert sind (es wird Management-Software verwendet), daß sie kommunizieren können, als wären sie an die gleiche Leitung angeschlossen, obwohl sie sich tatsächlich auf verschiedenen LAN-Segmenten befinden. Da VLANs auf logischen und nicht auf physischen Verbindungen basieren, sind sie extrem flexibel.

VLAN trunking – Eine einzige physische Verbindung, die mehr als ein VLAN unterstützt.

Vollständige Vernetzung (engl.: Full Mesh) – Bezeichnung, die ein Netz beschreibt, in dem die Geräte in einer Vernetzungstopologie (engl.: Mesh) angeordnet sind, und wo jeder Netzknoten entweder eine physische Schaltung oder eine virtuelle Schaltung hat, die ihn mit jedem anderen Netzknoten verbindet. Sie stellt sehr viel Redundanz zur Verfügung, wird jedoch, da ihre Implementierung mit ungeheuren Kosten verbunden ist, nur für den Backbone des Netzes verwendet. Siehe auch Vernetzung und partielle Vernetzung.

W

WAN – Wide-Area-Netz. Datenkommunikationsnetz, das Benutzer eines großen geographischen Gebiets bedient und oft Übertragungsgeräte verwendet, die von gemeinsamen Netzbetreibern zur Verfügung gestellt werden. Frame-Relay, SMDS und ATM sind Beispiele für WANs.

Web – Siehe WWW.

Weiterleiten – Prozeß, bei dem ein Rahmen von einem Endgerät an sein endgültiges Ziel geschickt wird.

Wide-Area-Netz – Siehe WAN.

Workgroup-Server – Siehe Verteilter Server.

World-Wide-Web – Siehe WWW.

WWW – World-Wide-Web. Großes Netz von Internet-Servern, das Hypertext und andere Dienste für Terminals zur Verfügung stellt, die Client-Anwendungen, wie beispielsweise Suchprogramme, betreiben.

Z

Zellverlust – Die akzeptable Anzahl von Zellen, die im Falle eines Staus fallengelassen werden können.

Zellverzögerung – In ATM-Netzen wird dadurch die Zeitspanne festgelegt, die vom Zeitpunkt des Versendens der Zelle bis zum Zeitpunkt des Empfangs der Zelle verstreichen darf.

Zentralisierter Server – Server, der entweder alle oder die Mehrzahl der Netzbenutzer unterstützt. Er wird auch als *Enterprise Server* bezeichnet.

Zieladresse – Adresse eines Netzgeräts, das Daten empfängt. Siehe auch Quellenadresse.

Zugriffsliste – Liste, die der Router unterhält, um für eine Anzahl von Diensten den Zugang zum Router oder den Abgang vom Router zu kontrollieren (beispielsweise, um zu verhindern, daß Pakete mit einer bestimmten IP-Adresse ein spezielles Interface auf dem Router verlassen).

Zuverlässigkeit – Fähigkeit eines Netzes, Störungen standzuhalten und den Netzbetrieb trotzdem aufrechtzuerhalten.

Zwischen-Router – Router, der einen Multicast-Strom empfängt und mit anderen Routern verbunden ist, an die er den Multicast-Strom schickt.

Stichwortverzeichnis

A

ABR 357
Acknowledgement 357
Address-Resolution-Protokoll
357
Adreßauflösung 357
Adresse 357
Algorithmus 358
AppleTalk-Protokoll 358
Application Layer 358
Arbeitsstationen, Multicast
62, 66
ARP 358
Asymmetrische
Verschlüsselung 358
ATM 358
ATM LAN-Emulation (LANE)
130
–, Broadcast and Unknown
Server (BUS) 131
–, Configuration-Server
(LECS) 130
–, Emulated LAN 130
–, Server (LES) 130
ATM mit LAN-Emulation
(ATM LANE) 213
ATM-Forum 354
ATM-Netze 148
Authentifizierung 359
Authorisierung 359

Automatische IP-Adressen-
Konfigurierung 189
Autonomes System 359

B

Backbone 359
Backup-Verbindungen 359
Bandbreite 359
Bandbreitenteil-Queuing 138
Bandbreiten-Zuordnung 360
Banyan Vines 360
Basis-Netzwerk 233
–, Basisentwurf 234
Basis-Netzwerk-Design 245
Basisnivellierung 21
Basispfadbündelung 360
Benutzerauthentifizierung
155, 360
Benutzerautorisierung 159,
360
Benutzeridentität 154
Benutzermobilität in Basis-
Netzen 242
Benutzername/Paßwort,
dynamisch 158
–, manuell 157
Benutzerschicht-VLANs 360
BOOTP 360
Broadcast 360
–, Rahmentypen 36

–, Adresse 360
–, Domäne 253, 360
–, Sturm 360
–, Weiterleitung 361
Broadcast-Domäne 297
– in Gebäude-Bausteinen 299
– in komplexen Netzen 298
Broadcast-Verkehr 58
BUS 361

C
Campus-LAN 13
Campus-zum-Internet-Verkehr 94
CBR 361
Client 361
Client/Server 361
COS 361
Cross-Campus-Verkehr 88, 361

D
Data path loops 373
Dateitransfer 361
Daten-Backup 361
Datenlastteilung 361
Datensicherheit 164
Datenstrom 362
Datenverbindungsschicht 362
Datenverkehr, ausgeglichener 25
Datenverkehrsmuster 20
– in Basis-Netzen 236
– in komplexen Netzen 297
– in skalierbaren Netzen 252
Datenverkehrsprioritäten in komplexen Netzwerken 341
DECnet 362
Dedicated bandwith queuing 380
Design, komplexes Netzwerk 293
–, skalierbar 249
DHCP 323, 362

–, Broadcast 323
DHCP Acknowledge 362
DHCP-Adressenvergabezeit 362
DHCP Client 362
DHCP Discover Frame 363
DHCP No Acknowledge 194, 363
DHCP Offer Frame 363
DHCP Request Frame 363
DHCP Server 363
DHCP-Acknowledge 193
DHCP-Discover-Broadcast 190
DHCP-Discover-Rahmen 190, 193
DHCP-Offer-Rahmen 192
Dienstgüte 363
Dienstgüte-Methoden 141
Dienstklasse 363
Digitale Signatur 363
Distance Vector Multicast-Routing-Protokoll (DVMRP) 69
DNS 363
DNS-Server 187
Domain-Name-System (DNS) 187
Durchsatz 363
DVMRP 363
Dynamic Host Configuration Protocol (DHCP) 189
Dynamische Benutzername/Paßwort-Kombination 363
Dynamische VLANs 198, 364

E
Echtzeit-Bildverarbeitung 56, 135
E-Commerce 348
EIGRP 230, 364
ELAN 364
E-Mail 364
Emuliertes LAN 364

End-Router 364
Enterprise-Server 364
Entschlüsseln 364
Ethernet 365

F
Fast Ethernet 224, 365
FDDI 365
Festlegen von Netzwerk-
  verkehrsprioritäten 288
Festlegen von Prioritäten 365
FIFO 365
Filter 365
–, Zugriffslisten 161
Firewall 161, 365
Flooding 366
Fluten 366
Frame 380

G
Gebäudebaustein 221, 231,
  299, 366
– in Basis-Netzen 234
– in komplexen Netzen 295
– in skalierbaren Netzen 250
Generieren von Broad-
  casts 45
– Unicasts 43
Geteiltes Queuing 139
Gigabit Ethernet 224, 366
Glasfaserkabel 349

H
Hardware, Verkehrsprioritäten
  145
Hardware-Adresse 366
Hardware-Methode 145
Hash 366
Hash-Funktion 170, 173, 366
Hexadezimale Schreibweise
  36
Hilfsadresse 366
Hop Count 366
Hops 367
Host 367

Host-Adresse 367
Host-Gruppe 367
Host-Name 367
Hot-Backup-Methode 118
Hot-Backup-Verbindungen
  367
Hot-Standby-Routing-
  Protokoll (HSRP) 128, 260
HSRP 367
–, Redundanz 303
Hub 367

I
IEEE 802.1d 119
IEEE 802.1q 215, 368
IEEE-Spezifikationen 355
IETF 352
IGMP 368
–, Join 317
IGMP-Join 368
IGMP-Leave 368
IGMP-Query 368
IGMP-Report 368
IGRP 368
Integrity 368
Internet 296, 348, 368
Internet Architecture Board
  352
Internet-Drafts 353
Internet-Gruppen-Managment-
  Protokoll 369
Internet-Verbindung in
  komplexen Netzen 296
– in skalierbaren Netzen 252
Internet-zu-Campus-Verkehr
  97
InterNIC 351
Inter-VLAN 369
Inter-VLAN-Kommunikation
  210
Intra-VLAN-Kommunikation
  210
IP 369
IP-Adresse 369
IP-Multicast 369

IP-Multicast-Operation 60
IP-Quellenadresse 369
IPX 369
IPX SAP 369
IP-Zieladresse 370

K
Kernbaustein 223, 231, 370
– in Basis-Netzen 235
– in komplexen Netzen 296
– in skalierbaren Netzen 251
Knotenpunkt 370
Komponenten-Redundanz
    370
Konstante Bit-Rate 148
Konzentrator 222, 370

L
LAN 371
LAN Emulation Client 371
LAN Emulation Configuration
    Server 371
LAN Emulation Server 371
LANE 371
LANE 1.0 213
LANE 2.0 213
LANE-Benutzer-to-Network
    Interface (LUNI) 213
LANE-Network-to-Network
    Interface (LNNI) 213, 371
LANE-User-to-Network
    Interface 371
LAN-Protokoll-
    Adressierschema 187
Lastenteilung 371
Leasing-Zeit 193
LEC 371
LES 372
LNNI 372
LocalTalk 372
Lokaler Netzverkehr 85
Lokaler Netzwerkverkehr 372
Lokaler Server 372
Loop 372
LUNI 372

M
MAC 372
MAC-Adresse 373
MAC-Adressen-basierte
    VLANs 373
MAC-Quellenadresse 373
MAC-Zieladresse 373
Manuelle Benutzername/Paß-
    wort-Kombination 373
MBONE 373
Medien 373
Message Digest 373
Migrationsmuster 26
Mobilität in komplexen
    Netzen 323
– in skalierbaren Netzen 279
MOSPF 374
MPOA 374
Multicast 374
–, Voraussetungen 62
Multicast Open Shortest Path
    First (MOSPF) 69
Multicast-Adresse 374
Multicast-Backbone 374
Multicast-Gruppe 374
Multicast-Open-Shortest-Path-
    First 374
Multicast-Registrierung 374
Multicast-Router 374
Multicast-Routing-Protokoll
    374
Multicast-Verkehr 59
Multilayer-Switch 375
Multimedia in komplexen
    Netzen 315
– in skalierbaren Netzen 271
Multimedia-Anwendungen 55
MultiProtocol Over ATM
    (MPOA) 214

N
NAK 375
Negative Acknowledgement
    375
NetBIOS 375

Netz, Elastitzität 111
Netzadresse 375
Netzanmeldung 156
Netzdienste, in Basis-Netzen
    245
Netzwerk 375
Netzwerkanmeldung 375
Netzwerkausfall in komplexen
    Netzen 307
Netzwerkkarte 375
Netzwerkmanagement 349
Netzwerkschicht 375
Netzwerkverbindungs-
    Redundanz 375
Netzwerkverkehr,
    Lokalisierung 26
Next Hop Resolution Protocol
    376
NHRP 376
NIC 376
NNI 376

O
Optical Carrier 376
OSI-Referenz-Modell 376
OSPF 230, 377

P
Paket 377
Parallelismus 377
Parallel-Methode 118, 123
Parallel-Router 377
Partielle Vernetzung 377
Phantom-Router 378
Physische Schicht 378
PIM (Protocol Independent
    Mode) 73, 315, 378
PIM dense-mode 74
PIM-Dense-Modus 378
PIM sparse-mode 74
PIM-Sparse-Modus 378
Port 379
Port-basierte VLANs 196,
    379
Präsentationsschicht 379

Prioritäten-Queuing 138
Prioritäten-Warteschlange 379
Protocol Independent
    Multicast (PIM) 69
Protokoll 379
Protokoll Independent
    Multicast 379
Protokoll-Adresse 379
Protokoll-basierte VLANs
    379
Protokoll-Quellenadresse 379
Protokoll-Schicht 379
Protokoll-Zieladresse 380
Proxy-ARP 380
Prune 380
prune-back 274
prunen 274

Q
QoS (Quality of Services) 141,
    380
Quellenadresse 380
Queue/Warteschlange 380
Queuing 136, 380
– nach zugesicherter
    Bandbreite 140

R
Rahmen 380
Redundantes System 381
Redundanz 381
–, Datenpfad 117
–, Gebäude-Baustein-
    Redundanz in skalierbaren
    Netzen 258
–, hoher Bedarf 114
– in Basis-Netzen 238
– in komplexen Netzen 300
– in skalierbaren Netzen 258
–, Kern-Baustein 304
–, Kern-Baustein in
    skalierbaren Netzen 262
–, Komponenten 115
–, Methoden 115
–, minimaler Bedarf 112

–, mittlerer Bedarf 113
–, Netzverbindung 117
–, Server 116
–, Server-Baustein 305
–, Server-Baustein in
    skalierbaren Netzen 263
–, Software 126
Redundanz der Datenwege
    381
Request for Comment 381
Resource-Reservation-
    Protokoll 141, 381
Reverse Path Forewarding
    381
RFC 381
RFC 1075, DVMRP (Distance
    Vector Multicast-Routing-
    Protokoll) 70
RFC 1092, Host Extensions
    for IP Multicasting 60
–, IGMP (Internet-Group-
    Management-Protokoll) 62
RFC 1564, MOSPF 69
RFC 2097, PIM sparse-mode
    74
RFC-Berichte 352
RIP 381
Route 381
Routen-Authentifizierung
    163, 278, 381
Router 381
Routing 382
Routing Information Protocol
    382
Routing-Methoden 68
Routing-Protokoll 382
–, DVMRP (Distance-Vector-
    Multicast-Routing-Proto-
    koll) 70
–, EIGRP (Enhanced-Interior-
    Gateway-Routing-Protokoll)
    73
–, OSPF 69
–, RIP 70
Routing-Tabelle 382

Routing-Update 382
RSVP 382
RSVP-Videoanwendung 145

S
SAP 382
Schaltraum 222
Schaltschrank 382
Schaltschrank-Switch 383
Schaltschrank-VLAN 383
Schicht-3-Switch 383
Schnittstelle 383
Server 23, 383
–, Computer-Server 27
–, Enterprise 23, 225
–, lokale 25
–, Plazierung 23
–, Super-Server 27
–, verteilte 25
–, Web-basierend 27
–, Workgroup 25
–, Zentralisierte 23
Server-Baustein 224, 231,
    296, 383
– in Basis-Netzen 235
– in skalierbaren Netzen 251
Shared Queuing 383
Sicherheit in Basis-Netzen 244
– in komplexen Netzen 320
– in skalierbaren Netzen 277
Sicherheitsaspekte 153
Sicherheitskarten 158
Sitzungsschicht 383
Skalierbarkeit 181, 383
–, Benutzermobilität 184
Spanning-Tree 119
–, Rekonvergenz 119
Spanning-Tree-Protokoll 383
Spanning-Tree-Rekonvergenz
    384
Spitzendurchsatz 384
Spoofing 384
Sprachübertragung 347
Standard-Gateway 384
Statische Adresse 384

Stau 384
Subnetz 384
Super Server 385
Switch 385
Symmetrische Verschlüsselung 385

T
Teilnetz 384
Teilnetz-Adresse 384
Teilnetz-Maske 385
Token Ring 385
Transportschicht 385
Treffpunkt 385
TRPB 385
Truncated Reverse Path Broadcasting 385

U
Überlastetes Backbone 386
UBR 386
Umgang von Netzwerkkarten mit Broadcasts 49
UNI 386
Unicast 386
Unicast-Adresse 386
Unicast-Verkehr 57
Unspezifizierte Bit-Rate 149

V
Variable Bit-Rate 149, 386
vBNS 349
VBR 386
Verbindung 386
Verfügbare Bit-Rate 149
Verkehrsprioritäten 135, 387
Verschlüsselung 165, 387
–, Asymmetrische 166
–, Methoden 323
– mit privatem Schlüssel 387
– mit geheimem Schlüssel 387
– mit öffentlichen Schlüsseln 387
–, Symmetrische 165

Verteiler-Switch 387
Verteiler-Switch-VLANs 387
Verteilter Server 387
Verzögerung 387
VINES 387
Virtuelle IP-Adresse 388
Virtuelle MAC-Adresse 388
Virtueller Router 388
Virtuelles LAN (VLAN) 196, 388
VLAN 388
–, Ausfall 337
–, Benutzerschicht 334
– in komplexen Netzen 325
VLAN trunking 215, 388
VLANs in skalierbaren Netzen 280
– auf dem Schaltraum-Switch 203
– auf dem Verteiler-Switch 206
– auf der Benutzerschicht 200
Vollständige Vernetzung 388

W
WAN 388
Web 389
Web-basierter Anwendungsserver 31
Weiterleiten 389
Wide-Area-Netz 389
Wiring-Closet 382, 383
Workgroup-Server 389
World-Wide-Web 389
WWW 389

Z
Zellverlust 389
Zellverzögerung 389
Zentralisierter Server 389
Zieladresse 389
Zugriffsliste 278, 389
Zuverlässigkeit 389
Zwischen-Router 389

Cisco Press

Cisco Systems, Inc.
Cisco IOS – Grundlagen der Konfiguration

Dieses verständliche Nachschlagewerk bietet eine umfassende, detaillierte und vollständige Übersicht über Router- und Server-Support und Konfigurationstechniken. Zusätzlich zu Implementationsanweisungen und Aufgaben lehrt dieses Buch Ihnen auch die Router- und Server-Kommandos an sich sowie die Syntax für jedes Kommando.

ca.1400 Seiten
ISBN 3-827**2-2033**-5, DM 198,–

M. Ford/H. K. Lew
S. Panier/T. Stevenson
Handbuch Netzwerk-Technologien

Dieses Buch zeigt Ihnen auf verständliche Weise die verschiedenen Alternativen im Bereich der Internet-Netzwerke auf. Es behandelt die aktuellsten Technologien für WANs und zeigt, wie sie sich effektiv in einem Netzwerk einsetzen lassen.

ca. 700 Seiten
ISBN 3-827**2-2034**-3, DM 99,95

Markt&Technik-Produkte erhalten Sie im Buchhandel, Fachhandel und Warenhaus.
Markt&Technik Buch- und Software-Verlag GmbH · Hans-Pinsel-Str. 9b · 85540 Haar · Tel. (0 89) 4 60 03-222 · Fax (0 89) 4 60 03-100 · www.mut.com

Haben Sie sich in Ihrem Netz verfangen?

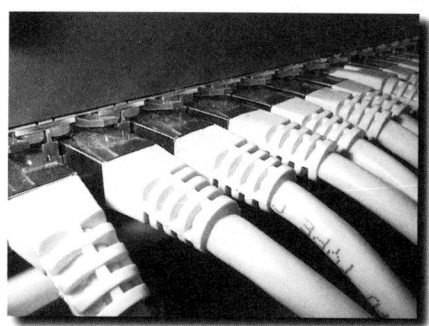

Ihr Netzwerk lebt und verändert sich täglich. Das kann neben der gewünschten Flexibilität Probleme erzeugen, denen man nicht gewachsen ist. Dafür sind wir da. Komplexe technische Zusammenhänge und Projektarbeiten sind unser Spezialgebiet. Ob Sie ISP Know-How benötigen, Ihr Netzwerk zukunftssicher aufbauen wollen oder ein Terrabyte Daten sichern müssen, unser Consulting Team berät Sie nicht nur in Fragen der Konzeption und Hardware, sondern begleitet Sie auch in den Phasen der Integration, des Service und der Schulung. Fordern Sie Informationen an unter info@cosmosnet.de.

COSMOS

CONSULTING GMBH   SCHATZBOGEN 39.81829 MÜNCHEN.TEL.: 089-451503-0

SYSTEMHAUS
INTERNETSERVICE
REDAKTION